제3판

21세기를 선도하기 위한

경영학의 이해

변상우

원종하

전외술

pnc
publishing and culture
피앤씨미디어

제3판 머리말

우리 인류는 지금 큰 변혁을 겪고 있다. 세계 대기업들의 순위가 제조업에서 IT 기업들로 바뀌고 있다. 과거 컴퓨터와 인터넷을 기반으로 한 아날로그에서 디지털로의 전환 및 지식정보혁명으로 4차산업혁명의 시대가 도래했다.

오늘날 우리 사회는 국내·외적으로 큰 변화를 겪고 있다 세상은 빛의 속도로 빠르게 변화하고 있다. 특히 급변하는 세계정세 속에서 기업이 나아가야 할 방향을 제대로 잡지 못하면 바로 위기에 직면할 수 있다. 최근 세계경기 침체로 인한 조선업 경기하강으로 인하여 세계 최고를 자랑했던 대한민국의 조선업이 큰 위기에 처하게 되었다. 세계 5대양을 누볐던 한진해운도 큰 위기에 봉착해 있다. 이처럼 기업경영은 험난한 파고를 헤쳐 나가는 배와 같다. 자칫 잘못하면 침몰하게 되는 운명에 놓여 있다. 이런 환경 하에서 기업을 경영하기 위해서는 경영학적 학문적 지식이 필수적이다.

흔히 기업경영은 '종합예술'에 비유한다. 기업에서는 인재를 발굴해서 양성하고 최고의 제품을 만들고, 효율적인 조직 커뮤니케이션을 가능하도록 하며, 최적의 의사결정을 통해 전략을 수립하고 실행하고 혁신을 지속적으로 이끌어 나갈 때 지속경영이 가능하다. 이제 경영관리기법도 변해야 한다. 기업이 글로벌 경영환경하에서 변화에 능동적으로 대처하지 못하면 살아남을 수 없다.

본 교재는 우리 기업이 당면하고 있는 수많은 경영 문제를 극복해 나갈 수 있는 지침서로서의 역할을 다하기 위해 관련 내용을 정리했다. 특히 경영관련 문헌과 서적의 내용을 정리해서 가장 이해하기 쉽도록 각장마다 설명을 했다.

따라서 경영학에 대한 학문적 지식을 얻고자 하는 분이나 일선에서 경영학적 학문적 지식을 활용하고자 하는 학생이나 기업체의 경영 관리자들에게 경영학을 이해하는 데 도움이 될 수 있도록 내용을 구성하였다. 본 교재의 구성은 총 Part 4, 14장으로 구성되어 있다.

Part 1(제1장~제2장)에서는 경영학의 기초에 관련 내용으로 구성하였다. 제1장은 경영학의 이해, 제2장은 경영이론의 발전에 대해 내용을 정리하였다.

Part 2(제3장~제4장)에서는 기업환경과 사회적 책임에 대해 살펴보았다. 제3장에서는 기업환경에 대해서 살펴보았고, 제4장에서는 기업의 사회적 책임에 대한 내용을 정리하였다.

Part 3(제5장~제9장)에서는 경영관리프로세스에 대한 이해를 돕기 위해 제5장에서는 기업에서 제일 중요한 경영활동인 의사결정에 대해 살펴보았고, 제6장에서는 경영계획, 제7장에서는 경영조직, 제8장에서는 경영지휘, 제9장에서는 경영통제에 관해 내용을 정리하였다.

Part 4(제10장~제14장)에서는 경영의 주요 기능에 대해 정리하였다 제10장에서는 인적자원관리와 마케팅관리, 제11장에서는 재무관리, 제12장에서는 회계관리와 생산운영관리, 제13장에서는 경영정보와 국제경영, 제14장에서는 경영컨설팅과 창업경영 부분으로 나누어 내용을 정리하였다.

본 교재는 21세기 미래를 향해 나아가고자 하는 수많은 학생, 기업체 임직원들에게 경영학에 대한 기초적인 지식을 제공하게 될 것이다. 그러나 무한경쟁시대에 필요한 경영학적 지식을 제시하고자 했지만 막상 탈고를 해 놓고 보니 여러 부분에서 미비한 점이 나타나 송구스럽다. 앞으로 더 많은 연구와 노력으로 부족한 점을 보충하고 새로운 것으로 채우고자 노력할 것을 약속드리며 관련 분야의 많은 분들의 조언을 바란다.

이 책이 세상에 나오기까지 물심양면으로 지원을 아끼지 않은 피앤씨미디어 박노일 사장님과 이 책을 세상에서 가장 가치 있게 만들기 위해 노력하신 편집부 관계자 여러분께 깊이 감사드린다.

2022년 1월

차례

PART 1 경영학의 기초

Chapter 1 경영(학)의 이해

Chapter 2 경영이론의 발전

PART 2
기업환경과 사회적 책임

Chapter 3 기업환경

Chapter 4 사회적 책임

PART 3

경영관리 프로세스

Chapter 5 의사결정

Chapter 7 경영조직

Chapter 8 경영지휘

PART 4

경영의 주요 기능

Chapter 10 인적자원관리와 마케팅관리

Chapter 11 재무관리

Chapter 14 경영컨설팅과 창업경영

Part 01

경영학의 기초

Chapter 01　경영(학)의 이해

Chapter 02　경영이론의 발전

01

Chapter

01

경영(학)의 이해

인생은 도전이다!

우리는 인생을 살아가면서 현실에 안주하고 싶어 한다. 가급적 변화를 싫어하고 현재 상태를 계속 유지하고 싶어 한다. 그렇다면 도전하지 않는 삶은 행복할까? 아마 인생이 매우 단조롭고 무미건조한 생활의 연속이 될 것이다. 그런데 대부분의 사람들은 이런 생활이 그냥 편하게 느껴진다.

세상은 넓고 할 일은 많다고 한 대우그룹의 창업자 김우중 회장의 말처럼 지금 우리가 살고 있는 21세기는 전 세계가 하나인 글로벌 세계이다. 이런 세상에 그냥 편하게만 살기에는 무언가 부족한 점이 많다. 그렇다면 자신의 모든 열정을 다 바쳐 무언가 도전해 보는 것이 아름다운 인생이 아닐까?

인생에 있어 새로운 도전은 아무나 할 수 있는 일은 아니다. 그런데 인생의 꽃길을 마다하고 새로운 일에 도전한 사람이 있는데 그중에 한 사람이 바로 한비야이다. 그녀는 가슴이 뛰는 일에 끊임없이 도전하는 것이 행복하다고 한다. 한비야는 "낙타로 태어났다면 사막으로 가서 도전하라. 호랑이로 태어났다면 숲으로 가서 도전하라. 숲으로 간 낙타와 사막으로 간 호랑이는 자기 꿈을 찾을 수가 없다. 무엇을 먹고 살 것인지를 걱정하지 마라. 그 걱정조차 넘어설 만큼 간절히 원하는 일에 도전하라"라고 했다.

성공하는 사람들의 공통적인 특징은 도전자의 자세로 삶을 살아간다. 삶에 있어 대하는 마인드는 남이 간 길을 따라가는 편한 길을 택하지 않고 남이 가지 않은 새로운 길에 도전하는 도전자의 자세로 삶을 개척해 나간다.

우리 인간의 삶은 매사 새롭게 도전하면서 실패와 고난을 겪으면서 성장하게 된다. 실패를 두려워하지 말고 당당히 맞서야 한다. 그 어려운 과정을 헤쳐 나가 결국 성공의 자리에 올랐을 때 성취감과 희열은 그 자리에 가보지 않고는 알 수 없다. 처음 시작하기가 어렵지 한 번 시작했으면 두 번, 세 번째는 훨씬 쉽다. 다양한 도전을 통해 경험한 지식은 그 무엇보다도 값진 것이다.

이제 여러분은 자신에게 가슴 벅차게 할 새로운 일을 찾아 도전해 보자. 이러한 도전은 인생을 보다 의미 있게 만들고 도전으로 일을 성취하게 되었을 때 기쁨은 세상에 그 어떤 것으로 느낄 수 없는 행복이 될 것이다.

젊은 날의 도전은 돈을 주고라도 해 보라고 한다. 세월이 지나 왜 그때 그 일에 도전하지 않았을까 후회하지 말고 당장 내가 무엇을 해야 할지 진지한 시간을 들여 곰곰이 생각해 보는 노력이 필요하다.

삶에 있어 도전은 나이와 무관하다. 중요한 것은 지금 현재 도전할 마음이 생기고, 도전할 대상을 찾았다면 망설이지 말고 실행에 옮기는 것이다. 실패에 두려움을 가진 사람은 한발도 앞으로 나갈 수 없다. 혹 실패하더라도 그 도전의 여정에서 많은 것을 느끼게 될 것이고 그런 모든 것들이 앞으로 인생에 있어서 성공의 밑거름이 될 것이다.

제 1 절
경영이란?

1. 조직의 기본원리

경영이란 말을 자주 말하기도 듣기도 한다. 그런데 정작 경영이 무엇이냐고 물으면 제대로 답을 하지 못한다. 경영은 조직과 밀접한 관계를 가지고 있다. 따라서 경영이란 사회적 존재로서 생존하고 발전하기 위한 최적의 의사결정 과정이라고 할 수 있다. 즉, 모든 각 경영주체가 사회적 존재로서 생존하고 발전하기 위해서 인적자원, 물적자원, 자본 등을 계획 → 조직화 → 지휘 → 통제하는 연속적인 과정을 의미한다.

이러한 경영의 개념은 협의의 의미로 보면 영리조직인 기업의 경영만을 의미하지만, 광의의 의미로는 기업을 포함하여 가계, 국가, 학교, 병원, 종교단체 등 비영리조직의 경영까지도 포함한다.

현대적 의미의 경영은 영리조직뿐만 아니라 비영리조직을 포함한 모든 조직을 운영하는 기본원리라 할 수 있다.

2. 경영을 보는 관점

경영의 개념은 실제 경영활동이 이루어지는 과정적 측면과 각 부문별 업무 측면, 그리고 의사결정이 이루어지는 과정에서 보는 관점으로 나누어진다.[1)]

1) 지호준, 21세기 경영학, 법문사, 2000, pp. 7~9.

(1) 과정적 측면

이는 기업의 목표를 효율적으로 달성하기 위해 요구되는 기본적인 프로세스별로 경영활동을 나누는 것이다. 이러한 관점은 기업의 규모가 확대되고 업무가 복잡해질수록 더욱더 강조된다.

경영활동을 프로세스별로 보면 우선 계획을 세우고(planning), 그 계획을 달성할 조직을 구성(organizing)하며, 목표에 따라 계획이 잘 실행되도록 종업원들을 지휘(leading)하고, 그 계획에 따라 실행이 이루어졌는지를 평가하는 통제활동(controlling)으로 나누어진다.

- 계획 활동(planning)

기업의 경영목표를 세우고 이를 달성하기 위한 가장 좋은 방안을 찾는 활동이다.

- 조직화 활동(organizing)

수립된 계획을 성공적으로 달성하기 위하여 어떠한 형태로 조직을 구성할 것인가를 결정하고 인적 및 물적자원, 자본, 정보, 지식 등을 배분하고 조정하는 활동이다.

- 지휘 활동(leading)

기업의 목표를 달성하기 위하여 요구되는 업무를 잘 수행하도록 종업원들의 동기를 유발하고 이끄는 활동이다.

- 통제 활동(controlling)

종업원이 수행하는 업무가 제대로 추진되고 있는가를 확인하고 문제가 있을 때 수정하는 활동이다.

(2) 업무 측면

경영활동을 업무 성격으로 구분하면 인적자원관리, 마케팅, 생산관리, 재무관리 등으로 구분된다. 일반적으로 기업에서 부서를 만드는 경우에도 이러한 업무적 측면으로 구분하는 경우가 많다.

• 인적자원관리

기업에서 사람과 관련된 모든 활동으로 종업원들을 채용하여 교육·훈련시켜 적재적소에 배치하는 인적자원관리활동과 원만한 노사관계를 유지하도록 하는 노사관계관리활동을 포함한다.

• 마케팅

고객의 욕구와 기업의 목표를 모두 만족시키기 위해 제품과 서비스를 교환하는 활동으로 제품, 가격, 유통, 촉진 활동을 말한다.

• 생산관리

필요한 모든 자원을 활용하여 고객이 원하는 제품이나 서비스를 창출하는 활동을 말한다.

• 재무관리

기업의 목표를 달성하기 위해 필요한 자본을 합리적으로 조달하고 효과적으로 운용하는 활동을 말한다.

(3) 의사결정 측면

앞서 언급한 다양한 경영활동을 의사결정이 이루어지는 측면에서도 볼 수 있다. 의사결정이 이루어지는 수준에 따라 전략적 의사결정, 관리적 의사결정, 기능적 의사결정으로 구분할 수 있다.

• 전략적 의사결정

기업의 장기목표 및 자원배분과 관련되어 기업 전체에 영향을 미치는 활동으로 주로 최고경영층에서 이루어지는 활동이다.

• 관리적 의사결정

기업의 목표를 달성하기 위한 자원의 획득 및 효율적인 사용과 관련 활동으로 주로 중간경영층에서 이루어지는 활동이다.

• 기능적 의사결정

특정업무의 효율적이고 효과적인 수행과 관련된 활동이다. 주로 일선 관리층에서 이루어지는 활동이다.

그림 1-1 경영을 보는 관점

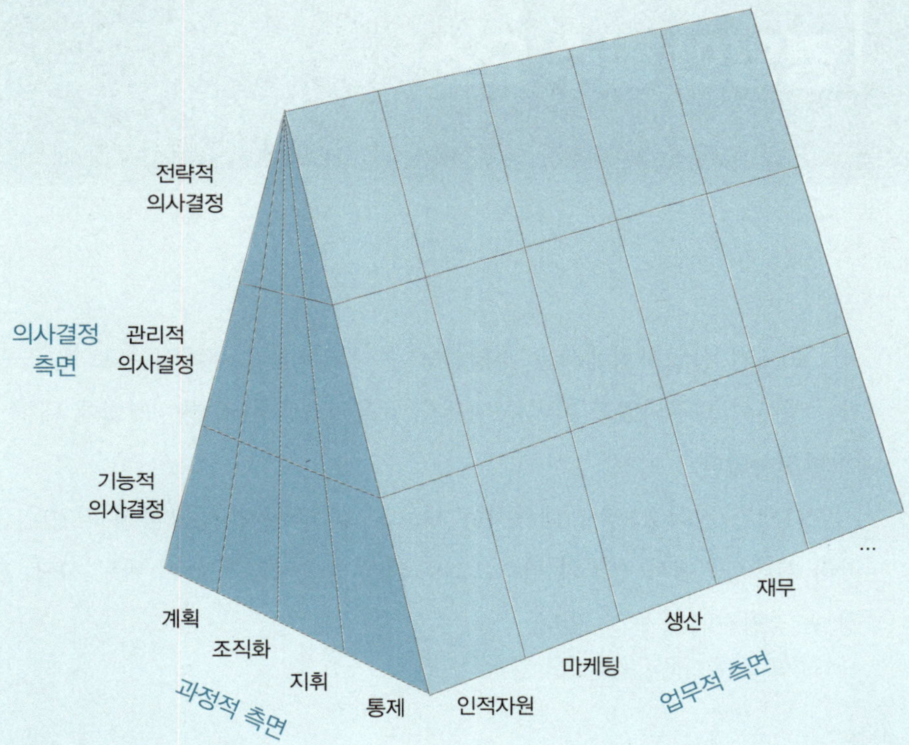

제 2 절
경영의 필수 요소

20세기 산업사회에서는 경영활동이 이루어지기 위해서는 토지, 노동(사람), 자본이 요구되었고 이러한 자원을 효율적으로 관리하는 방법에 대한 이론이 발전하였다.

21세기 지식정보화시대에서는 새로운 경영자원이 필요하게 되었다. 이에 따라 현대사회에서 경영의 필수요소로 가장 중요시되는 것이 바로 사람, 자본, 정보, 경영전략을 들 수 있다.

1. 사람(인적자원)

오늘날 첨단기술 발달로 업무의 효율성은 높아지고 있는데 이 모든 일은 바로 사람(인적자원)에 의해서 이루어지게 된다. 사람을 어떻게 다루느냐에 따라서 기업의 성패가 좌우된다. 따라서 기업경영을 사람(인재)경영이라고도 한다.

적합한 인적자원을 채용하여 이를 적재적소에 배치하고, 그들이 지닌 잠재력(능력)을 활용하여 경영목표를 달성하고 하는 것이다.

2. 자본

경영활동에 있어서 자본(capital)이란 돈을 의미하는 것이다. 자본은 기업을 창업하고 운영하는 데 필요한 것으로 자본을 자체적으로 마련할 수도 있고, 주식, 채권을 발행하여 투자자로부터 제공받을 수도 있다. 이렇게 마련된 자본은 생산설비를 갖추거나 공장을 마련하거나 종업원을 채용하는 데 사용된다.

경영자는 이들 자본을 기초로 경영활동을 전개하여 이윤이 창출되어야 계속기업(going concern)으로 존재할 수 있다. 따라서 기업이 경영활동에 있어서 자본은 생존을 결정하는 중요한 자원이라 할 수 있다.

3. 경영정보

오늘날 지식정보화사회에서 기업의 경쟁력은 정보력에 의해서 좌우된다고 할 만큼 정보의 중요성이 강조되고 있다. 특히 경영자가 적절한 정보를 적시에 갖고 있지 못한다면 적합한 의사결정을 기대할 수 없다.

따라서 기업의 경영활동에서 합리적 의사결정을 내리기 위해서는 정보기술과 정보자원은 매우 중요하다. 이처럼 정보자원과 정보기술을 활용하여 기업의 경쟁력을 강화하는 것이 바로 경영정보의 핵심이다.

4. 경영전략

경영전략(business strategy)이란 조직목표를 달성하기 위하여 미래에 수행하여야 할 방향을 정하는 것이다. 즉 기업이 어떤 방향으로 나아가야 할지 또는 그것을 실현시키기 위한 방법이 무엇인지 결정하는 것을 전략이라고 한다.

따라서 경영전략이 없는 기업은 마치 나침반도 없이 먼 바다를 항해하는 배와 같다고 할 수 있다.

경영전략은 최고경영자의 의지가 담긴 포괄적인 계획이다. 거창하게 수립한 경영전략도 필요하지만 기업 실정에 적합한 경영전략을 수립해야 한다. 특히 환경의 변화에 적응할 수 있는 경영전략을 제대로 수립하지 못하는 기업은 결코 성공할 수 없다.

그리고 우수한 인적자원 및 자본뿐만 아니라 급변하는 경영환경에 대한 정

그림 1-2 경영의 구성요소

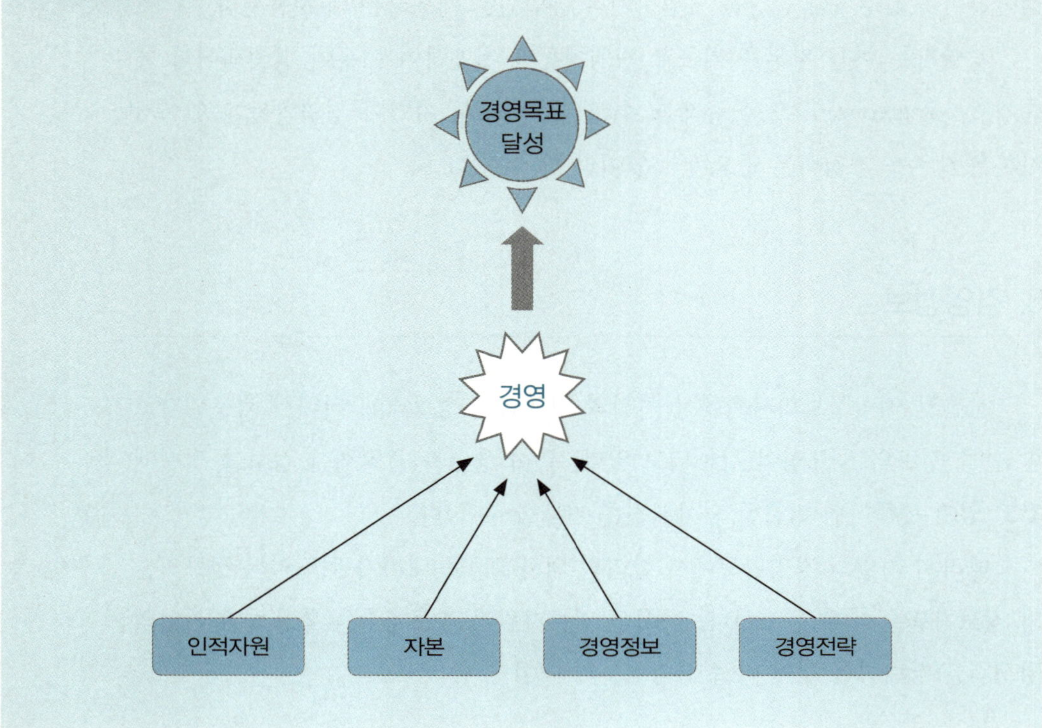

보를 가지고 있어도 이를 효과적으로 운용할 수 있는 경영전략이 없다면 경영목표를 달성할 수 없다.

그리고 경영활동은 경영목표를 달성하기 위하여 기업에서 이용가능한 모든 자원을 어떻게 활용할 것인가에 대한 전략을 세워 이를 실행에 옮길 때 경영목표를 달성할 수 있다.

제 3 절
경영자는 무엇을 하는가?

경영자(manager)는 조직을 이끌어 가기 위해 직무수행을 위한 권한을 행사하고 그 결과에 책임을 지는 사람이다. 따라서 경영자라면 대기업의 회장, 사장, 관리부장, 영업부장, 공장장도 경영자이다. 또한 병원의 원장, 슈퍼마켓의 주인, 가정의 주부도 경영자라고 할 수 있다. 그러나 일반적으로 경영자라고 하면 기업의 목표를 달성하기 위해 생산, 마케팅, 인사, 재무 등과 관련된 활동을 계획하고 조직화하여 지휘하며 통제하는 활동 등의 기업을 경영하는 경영 주체를 의미한다.

1. 경영자의 유형

(1) 기업의 발전 과정에 따른 분류

오늘날 기업의 경영자를 흔히 전문 경영자라고 한다. 기업이 대규모화되고 복잡해짐에 따라 특히 주식제도가 발전하여 많은 출자자가 출현함으로써 주식의 분산에 따른 소유와 경영의 분리가 촉진되게 이르렀다.

경영자는 기업을 지배하고 이끌어 가는 사람으로 기업의 발전과 더불어 수행하는 관리기능과 경영과정에 따라 다음과 같이 분류한다.

- 소유경영자(owner manager)
- 고용경영자(employed manager)
- 전문경영자(professional manager)

1) 소유경영자

창업 초기에는 기업의 규모가 작고 전문적인 경영능력도 크게 요구되지 않기 때문에 출자자인 소유주가 직접 경영권을 갖고 경영기능을 수행할 수가 있다. 이 시기에는 생산이 대체로 단순하고 복잡한 기술이 필요하지 않고, 소비자의 욕구에 대한 이해가 없어도 판매활동을 수행하는 데 큰 어려움이 없다. 대규모의 자본조달이나 운용이 요구되지 않아 소규모조직으로 조직을 이끌어갈 수 있기 때문에 소유주 또는 기업가(entrepreneur) 자신이 직접 경영을 담당하는 것이 가능하다.

이 경우 소유주 또는 기업가 자신이 경영자를 겸하는 것이 가능하므로 출자자와 경영자가 분리될 필요가 없다. 이러한 경영자를 소유경영자(owner manager)라고 한다.

이들 소유경영자는 자본의 조달과 운용 및 위험부담, 의사결정, 지휘, 통제 등의 기능을 모두 담당하기 때문에 기업가 기능과 경영자로서의 전문기능이 분화되지 않고 있다.

오늘날 소유경영자는 중소기업과 같은 비교적 소규모기업에서 찾아볼 수 있다. 조직이 대규모이지만 자본의 대부분을 출자하고 동시에 경영자로서 기업경영에 직접 참여하고 있다면 그러한 경영자도 소유경영자라고 할 수 있다.

2) 고용경영자

기업규모가 점차 확대되고 경영활동이 복잡성을 띠게 되면 당초의 출자자인 기업가 스스로 모든 경영기능을 감당할 수 없기 때문에 따로 경영자를 고용하여 경영활동의 일부를 위임하게 되는데, 이때의 경영자를 고용경영자(employed manager)라고 부른다.

그러나 고용경영자는 전문적 지식과 기술이 있다고 하더라도 주로 자본가나 기업가의 이익을 대변할 뿐 경영 전반에 대한 책임은 아직도 소유주인 출자자에게 있어 단순한 유급 경영자에 불과하다.

그림 1-3 소유와 경영의 분리와 경영자

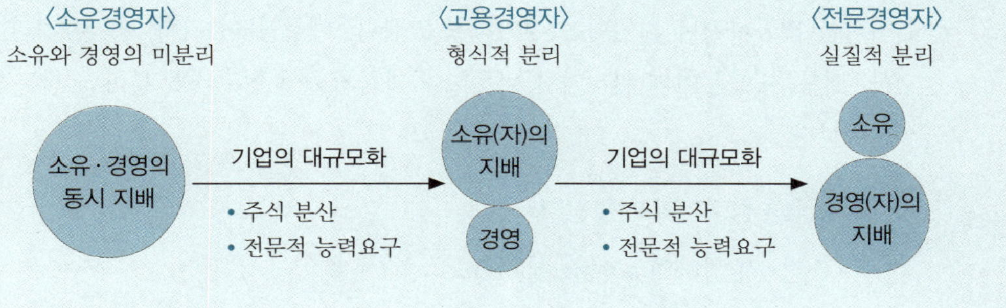

3) 전문경영자

전문경영자의 출현은 경영규모의 대규모화와 함께 복잡화된 생산수단의 관리, 다양화된 생산요소의 효율적인 결합, 격변하는 환경에의 창조적 적응 그리고 장기적인 전망의 필요 등 경영내용의 복잡화로 인하여 여러 가지 다양한 경영 직능을 합리적으로 수행하기 위해서는 단지 출자자란 자격만으로는 이를 감당하기 어렵게 되었다. 그러므로 경영관리에 대한 창의적 지식, 풍부한 경험을 갖춘 전문경영자(professional manager)가 필요하게 되었다.

전문경영자는 소유와 경영이 분리된 대규모의 주식회사에서 쉽게 찾아볼 수 있다. 전문경영자의 권한은 출자기능만을 제외하고 혁신과 위험부담을 포함하여 경영활동 전반에 걸쳐 포괄적으로 미치게 된다.

(2) 직무의 범위에 다른 분류

1) 라인경영자와 스태프경영자

① 라인경영자(line manager)

경영활동의 목표를 효과적으로 달성하기 위해 집행기능을 수행하는 경영자로서 이사회의 임원, 사장, 생산부장, 마케팅부장, 그리고 이들에게 보고하는 모든 관리자들이 포함된다.

② 스태프경영자(staff manager)

라인경영자들이 경영활동을 효율적으로 수행할 수 있도록 전문적 기술과 지식을 제공하거나 지원하는 경영자를 말한다. 예를 들어 기획, 총무, 경리, 인사, 재무, 법률분야의 관리자를 비롯하여 과학기술의 연구개발 분야의 전문직을 포함한다.

2) 직능경영자와 총괄경영자

① 직능경영자(functional manager)

생산, 마케팅, 인사, 회계 등과 같은 어느 한 부문활동에 책임을 지는 중간 및 하위관리자를 말하며 부문관리자라고도 한다.

② 총괄경영자(general manager)

회사 전체의 조직 활동이나 직능부문의 활동을 총괄하는 전반경영자를 말한다. 회장, 사장, 이사회, 임원 등의 최고경영자들로서 최고 의사결정권과 경영전략이나 경영정책수립 등을 담당한다.

2. 경영자의 역할과 경영기술

(1) 경영자의 역할

모든 계층의 경영자는 경영목표의 달성을 위해 계획을 수립하고, 계획을 수행하기 위한 조직을 형성하며, 부하를 지휘하고 그 성과를 통제하는 등의 여러 경영활동을 수행하게 된다.

그러나 이러한 일련의 과정적 경영활동은 경영목표 달성을 위해 필요한 경영자의 순환적 직능을 의미할 뿐 그 과정에서 경영자가 실제로 어떻게 행동하고 있느냐를 설명해 주지는 못한다.

민츠버그(H. Mintzberg)는 경영자들의 역할에 대해 실증적 관찰 자료에 근거하여 설명하고 있다.[2] 그는 어떤 계층의 경영자를 막론하고 공식적 권한과 지위로

2) H. Mintzberg, *The Manager's Job : Folklore and fact, Harvard Business Review*, July-August, 1975.

부터 비롯되는 대인적·정보적·의사결정적 역할을 수행하고 있다고 주장하였다.

1) 대인적 역할

대인적 역할(interpersonal role)은 기업 내 공식적인 직위 때문에 수행하여야 하는 대인관계활동으로서 대표자 역할과 리더의 역할, 연락자 역할을 말한다.

① 대표자 역할

조직의 대표로서 대내외적인 각종 행사에 참석하거나 방문자의 접견 등 공식적 역할 외에도 고객 접대나 부하 결혼식의 참석 등의 의식적인 일을 수행함으로써 외형적 대표자로서의 역할을 하게 된다.

② 리더의 역할

종업원을 채용·훈련·동기유발시키는 등의 리더로서의 일을 말한다.

③ 연락자 역할

조직 외부와 내부를 연결해 주는 일, 즉 기업 내의 부하나 동료, 기업 밖의 공급자나 고객 들과 같은 이해자집단과 접촉하는 역할을 의미한다.

2) 정보적 역할

경영자의 직무에서 가장 중요한 측면이 바로 정보를 수집·전달하는 것이다. 어떤 경영자이든 올바른 의사결정을 하기 위해서는 수많은 정보를 필요로 하기 때문에 정보적 역할(informational role)은 매우 중요한 역할이다.

① 모니터 역할

경영활동 수행과정에서 기업경영에 유용한 정보를 꾸준히 탐색하는 것을 말한다.

② 정보전파자 역할

부하직원들에게 필요한 중요 정보를 전달해 주는 역할을 지칭한다.

③ 대변인 역할

자신이 수집한 정보를 조직 내 혹은 조직 외부의 사람들에게 전달하는 역할을 말한다.

3) 의사결정적 역할

의사결정적 역할(decisional role)은 수집된 정보를 바탕으로 제반 경영 문제를 해결하는 것을 의미한다.

① 기업가 역할

경영자가 조직의 발전과 성장을 위해 솔선수범하여 창의적인 일을 하는 것이다.

② 분쟁해결자 역할

파업, 고객파산, 계약위반 등 각종 애로사항이 발생하였을 때 이에 대한 해결방안을 모색하고 바람직한 방향으로 해결하는 역할이다.

③ 자원배분자 역할

기업의 자원을 어떻게 그리고 누구에게 배분할 것인가를 결정하는 역할이다.

④ 협상자 역할

중요한 계약이나 협상 시 조직을 대표하여 중재와 협상을 하는 일을 말한다.

(2) 경영기술

일반적으로 전문가라면 특정분야의 일에 정통하여 다른 사람보다 훨씬 그 일을 잘할 수 있는 능력의 소유자를 말한다.

오늘날 기업에서는 이러한 전문경영자를 요구하고 있다. 그러므로 경영자가 계획·조직·지휘·통제 등의 경영순환활동과 경영자의 역할(대인적·정보적·의사결정적 역할)을 성공적으로 수행하기 위해서는 이에 필요한 전문적 능력을 갖추어야 한다.

경영기술(managerial skill)이란 바로 경영자가 자신의 직무와 역할을 훌륭하게 수행하는 데 요청되는 구체적인 능력을 의미한다.

이러한 경영기술은 경험과 실무, 교육훈련을 통해 학습되고 향상될 수 있다. 이에 많은 학자들이 성공적인 경영자를 대상으로 그들이 지닌 경영기술은 어떤 것인지를 밝히려고 노력하여 왔다.

표 1-1 앤더슨의 경영기술

의사결정	대인관계	목표설정
• 문제 파악 • 대체안 선택 • 의사결정 위임 • 불확실성하의 의사결정 • 창의적 의사결정	• 의사소통 • 개인과 집단에 대한 이해 • 리더십 • 정치와 권한 • 경영관 • 경영윤리	• 개인과 조직목표의 설정 • 동기유발 • 보상체계 • 갈등과 변화의 관리 • 스트레스의 관리

표 1-2 카츠와 민츠버그의 경영기술 비교

카츠(katz)	민츠버그(Mintzberg)
전문적 기술	• 하위경영층에 필요한 전문기술
인간적 기술	• 동조기술 • 리더십기술 • 갈등해결기술
개념적 기술	• 분쟁처리기술 • 불확실성하에서의 의사결정기술 • 자원배분기술 • 회고기술

카츠(Robert L. Katz)는 어떤 경영자든 그가 성공하기 위해서는 전문적 기술, 인간적 기술, 개념적 기술 등 3 분야에 관한 기술을 가지고 있어야 한다는 견해를 주장했는데, 이를 경영자의 기술배합(skill mix)이라고 한다.[3)]

경영기술에 대해 민츠버그(H. Mintzberg), 앤더슨(C. R. Anderson) 등에 의해 더욱 구체적으로 연구되었다. 이를 요약하면 〈표 1-1〉과 〈표 1-2〉와 같다.

1) 전문적 기술

전문적 기술(technical skill)이란 전문화된 분야에서 전문적 지식과 특수한 방법, 절차 및 기술을 활용하는 능력을 의미한다.

따라서 일선 경영자는 전문적 지식과 경험을 토대로 해당분야의 기술적 이

3) Robert L. Katz, *Skill of an Effective Administrators, Harvard Business Review*, vol, 52, no. 5, Sep-Oct, 1974, pp. 90~102.

해도와 숙련도 그리고 처리능력을 갖추고 있어야 한다.

2) 인간적 기술

인간적 기술(human skill)은 개인으로서든 또는 집단으로서든 다른 사람들과 같이 일하고 그들을 이해하고 동기부여할 수 있는 능력을 말한다. 이 기술은 인간관계를 원만히 유지하여 조직의 모든 구성원으로 하여금 조직의 공동목표를 달성하는 데 협동하도록 지휘하고 동기를 부여하며, 갈등을 관리하는 기술로써 특히 경영자에게 빼놓을 수 없는 기술이다.

3) 개념적 기술

개념적 기술(conceptual skill)은 기업의 모든 이해관계와 활동을 조정·통합을 할 수 있는 정신적 능력이다. 즉, 기업을 전체로 보고 각 부문이 어떻게 상호의존관계를 유지하고 있는가를 통찰할 수 있는 능력으로서 기업의 목적이나 전략을 설정하는 일체의 관리적 재능을 총괄하여 말하기도 한다.

카츠가 지적한 경영기술은 모두 효과적인 경영에 필수적이지만 〈그림 1-4〉와 같이 상대적 중요성은 개별 경영자가 속한 경영자 계층에 따라 다르다.

전문적 기술은 기업의 하위수준에서 특히 중요시되며 상위로 올라갈수록 그 중요성은 낮아진다. 그 반면에 개념적 기술은 상위수준일수록 중요시된다.

그림 1-4 경영자 계층에 따른 경영기술의 비교

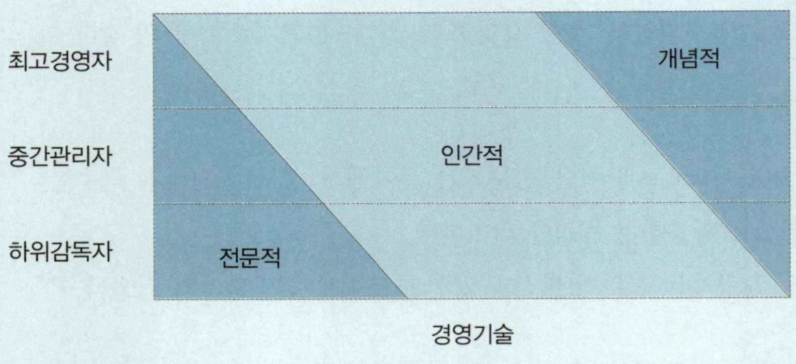

그 이유는 최고경영자일수록 기업 전체에 영향을 미치게 되는 포괄적이고, 장기적인 의사결정에 임할 가능성이 높기 때문이다.

인간적 기술은 어느 계층에서나 거의 비슷한 비중으로 중요시되지만 그중에서도 중간관리자에게 가장 필요한 기술이다. 그 이유는 경영이란 본래 다른 사람을 통해 목표를 달성시키는 과정으로 아무리 전문적인 기술과 개념적 기술을 지니고 있다 해도 다른 사람들을 필요 이상으로 자극시킨다든지 이들에게 나쁜 영향을 주어 작업을 방해한다면 그것은 결코 바람직스럽지 않기 때문이다.

제 4 절 경영학의 개요

1. 경영학의 의의

경영학은 20세기 산업의 발전과 더불어 자본주의를 배경으로 생성·발전되었으며, 기업을 연구대상으로 하는 사회과학분야의 학문 중의 하나이다. 특히, 제2차 세계대전 이후 수많은 국가들을 산업사회로 발전시키는 데 크나큰 기여를 하면서 하나의 전문적·실용적 학문으로서 비약적인 발전을 거듭하였다.

경영학(business administration)이란 경영체의 경영활동을 합리적으로 수행하기 위한 제 법칙을 연구하는 학문이다. 경영체란 기업뿐만 아니라 정부, 학교, 정당, 군대, 병원, 노동조합 등도 포함하는 광의로도 해석할 수 있으나 여기서는 주로 기업이라는 경영체가 연구대상이 되고 있다.

경영활동은 기업운영에 관한 여러 활동을 의미하며, 이러한 경영활동을 보다 효과적으로 수행하기 위해서는 모든 자원을 사용하여 기업의 여러 가지 활동(구매, 제조, 판매, 인사, 재무, 마케팅 등)에 대하여 구성원들의 노력을 계획·조직·지휘·조정·통제하는 과정을 통해 전개해 나가는 것이 필요하다.

경영학은 경영활동의 법칙성을 파악하는 것으로 구체적으로 이론적인 면과 실천적 면의 모두 구명되어야 하며, 그중에서도 이론을 실제로 적용하기 위한 실천성이 특히 강조되고 있다. 이러한 경영학은 기업의 경영활동에 합리적인 경영원리를 제공하고 올바른 경영지식과 기술을 제공함으로써 기업경영에 있어 시행착오나 과오를 사전에 예방하고 최소화시켜 주게 될 것이다.

21세기 급변하는 환경하에서 기업의 의사결정능력은 매우 중요하다. 경영학은 기업의 구성원들에게 합리적인 의사결정을 수행하도록 해주며 기업의 능률을 향상시키고 자원의 낭비를 줄일 수 있을 뿐만 아니라 기업을 성장·발전시키는 데 기여하게 된다.

2. 경영학의 학문적 성격

경영학의 학문적 성격에 대해 오래 기간 동안 논쟁이 있어 왔다. 주로 경영학이 일반적인 과학(science)인가, 특수한 기술(art)인가에 대한 논쟁이다.

이런 논쟁에도 불구하고 명확한 것은 경영학은 다른 학문에 비해 이론을 현실에 적용을 대전제로 하고 있다는 것이 특징이다. 이러한 경영학의 학문적 성격은 2가지 측면에서 살펴볼 수 있다.

(1) 과학성과 기술성

경영학이 일반적인 과학이라고 주장하는 사람들은 정치학, 사회학, 경제학과 같은 인접학문이 국가, 사회, 경제현상이라는 고유 연구영역을 가지고 있는 것과 마찬가지로 경영학도 기업이라는 고유의 연구영역을 가지고 있기 때문에 이에 필요한 규범과 가치를 창출하는 하나의 사회과학(science)이라고 규정하고 있다.

이에 대해 경영학이 특수한 기술(art)이라고 주장하는 사람들은 다른 학문이 개념적인 이론의 개발에 중점을 두고 있는 데 비해 경영학은 개발된 이론을 어떻게 현실에 적용할 것인가를 다루기 때문에 특수한 방법론을 추구하는 기술이라고 규정하고 있다. 이들 양 측의 주장은 서로 상반된 견해라기보다는 경영학의 특성을 한쪽 측면에서만 보는 관점상의 차이점으로 볼 수 있다.

즉, 경영학은 다른 사회과학과 마찬가지로 그 나름대로의 고유한 연구 영역과 가치를 가지고 있는 일반적인 과학이지만, 그와 동시에 이러한 과학에서 개발되는 이론을 현실에 적용하는 기술적인 측면도 동시에 포함하는 이론과 현실의 양면성을 함께 가진 과학인 동시에 기술인 것이다.

(2) 이론성과 실천성

모든 과학으로서의 학문은 이론과학(theoretical science)과 실천과학(practical science)으로 구분된다. 그런데 경영학은 이론과학과 실천과학의 성격을 지니고 있다.

이론과학이란 개개의 특수한 관찰, 실험, 사실 내지 경험을 하나의 규칙성 또는 원리로서 통일적으로 설명할 수 있는 보편성을 지닌 체계적인 지식을 전개함을 목적으로 한다.

또한 경영학은 실천과학성을 띠고 있다. 이는 조직의 목적달성을 위해 개발된 새로운 이론들이 실제적으로 경영관리에 적용하기 위해 이론을 현실에 적용 가능한 관리기술에 구체화시키거나 그러한 관리기술의 적용상에 야기되는 모든 문제를 구명해 나가는 일이 필요하다는 점에서 실천과학적 성격을 가지고 있다.

즉, 경영활동은 경영주체인 경영자에 의해 직접적으로 계획·조직·통제되며 그 결과는 즉시 경영성과로 나타나 기업의 성장을 돕게 되므로 경영자는 스스로의 판단하에 경영의 원리·원칙이나 기법을 의사결정의 상황에 적용할 수 있다.

(3) 이중성과 양면적 성격

이상에서 경영학이 「과학과 기술」의 이중적 성격과 「이론성과 실천성」으로서의 양면적 성격을 동시에 갖고 있다는 것을 살펴보았다.

그림 1-5 현대경영학의 양면적·이중적 성격

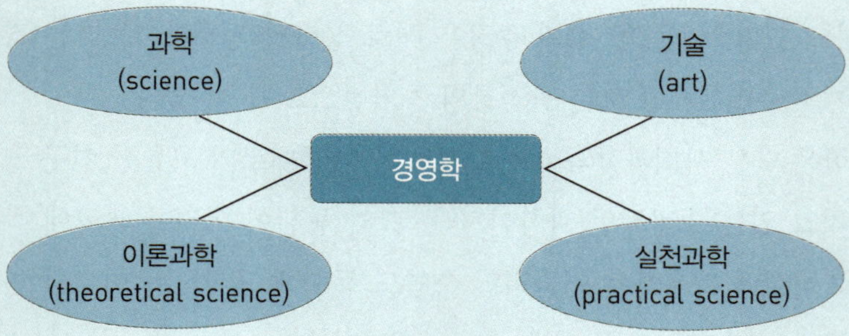

따라서 현실적으로 경영은 과학과 기술의 이중적 성격을 지니고 있어 과학적 원리의 습득만으로 완벽한 기업경영을 할 수 없다. 또한 직관과 경험에만 의존하는 기업경영은 오류나 실패의 원인이 될 수 있다.

따라서 경영학이 하나의 학문적 체계를 이루어 이론적 틀과 경영관리의 방향을 제시할 수 있도록 과학성과 기술성을 갖춘 실천적 학문으로서 발전되어야 한다.

제 5 절
경영학의 연구대상

1. 경영학의 연구대상

어떤 학문이든지 그 학문만이 갖는 고유의 연구영역과 독자적인 연구대상이 있어야 한다. 현대 경영학의 2대 조류를 이루고 있는 독일식 경영학과 미국식 경영학이 있다. 전자는 경영학의 연구대상을 경험대상의 관점에서 '경영'에 두고 있는 반면 후자는 인식대상의 관점에 '기업'이라는 개념을 연구대상으로 하고 있다.

즉, 한 나라의 국민경제는 가계, 기업, 정부 등의 개별경제를 주축으로 형성되는데, 미국경영학은 3가지 유형의 개별경제 중 생산경제주체인 기업이 현대 자본주의 경제체제하에서 중심적인 역할을 담당하고 있다는 점을 중시하여 '기업'을 연구대상으로 삼고 있다. 반면 독일경영학은 정부를 제외한 모든 개별경제를 '경영'이라는 넓은 개념 속에 포함시켜 경영학의 연구대상을 삼고 있다.

하지만 '기업'과 '경영'의 두 연구대상을 서로 명확하게 구분하기란 쉽지 않다. 왜냐하면 경영은 기업제도의 성립에 따라 비로소 구체적으로 인식되었기 때문이다.

(1) 기업

자본주의 경제에 있어서 기업은 개별자본, 즉 영리경제단위이다. 기업의 본질적 개념은 다음 3가지 속성을 함축하고 있다.

첫째, 기업은 하나의 협동시스템(cooperative system)이다. 기업은 각 개인이 가진 한계를 극복하여 만족과 이익을 얻기 위해 여러 사람들 또는 조직의 협동적 행위가 나타나는 곳이다. 협동관계는 기업과 외부 환경집단 사이에서 이루어지는 사회적 분업인 대외적 협동과 기업 내 직능에 따른 대내적 분업의 형태로 나타난다.

둘째, 기업은 본질적으로 생산기능을 수행한다. 생산이란 자원을 결합하고 변환시켜서 사회가 요구하는 재화와 서비스를 만들어 내는 과정을 말한다. 즉, 효용가치를 창출·부가시켜 주는 모든 활동을 뜻한다.

셋째, 기업은 실체로서의 독립적 존재이다. 기업을 하나의 실체로 봄으로써 기업이 그 소유주의 사적 소유물이 아니라 기업 자체를 독자적인 생명을 가진 존재로 인식하는 것이다. 즉, 기업은 스스로 독자적, 영속적 존재로서 기능해 나가는 사회적 기관인 것이다.

(2) 경영

경영의 개념을 규정하는 데는 경영의 행위적 측면과 조직적 측면의 2가지 입장이 있다. 첫째, 경영의 행위적 측면(동태적·행동적 의미)에서의 개념을 규정하려는 것으로 이는 어떤 사업에 대해 계획을 세워 체계적으로 관리·운영한다는 행위와 행동을 말하는 것이다. 이러한 경영행위는 일관된 단계로서 계획·실행·통제(plan-do-see)의 순환과정을 의미하기도 한다.

둘째, 경영을 조직적 측면(정태적·형태적 의미)으로부터 개념을 파악하려는 것이다. 즉, 경영을 조직의 결합체로서 어떠한 목적을 달성하기 위해 경제성의 원칙에 따라 활동하는 생산 조직체로 보는 입장이다.

(3) 기업과 경영의 관계

기업개념과 경영개념 사이에 그 본질에 관한 견해 차이에 따라 경영학의 연구대상 자체가 여러 관점에서 다르게 이해되었다. 기업은 영리를 목적으로 경영활동을 수행하는 개별경제의 단위이며, 경영은 그 목적 수행을 위해 갖추어야 되는 기술상의 조직 또는 수단이다.

따라서 기업은 경영이라는 조직 또는 수단을 통하여 그 목적을 달성하게 되므로 경영은 기업의 모든 경제적 활동을 의미한다. 기업과 경영에 대한 본질적인 관계와 의미 차이를 명확히 하기는 어렵지만 일반적인 제 학설과 견해를 요약하면 다음 〈표 1-3〉과 같다.

표 1-3 기업과 경영의 개념 비교

속성	기업	경영
의미	• 경영의 소유단위(소유주체)	• 기업의 생산단위(활동주체)
관심영역	• 수익성(영리성)	• 경제성(생산성)
범위	• 협의적	• 광의적
경제 단위	• 개별	• 전체
대상	• 기업조직	• 모든 조직
이해측면	• 법률적·금융적 측면	• 물적·기술적 측면

2. 경영의 원리

경영학은 경영 제 현상을 고찰하여 거기에 존재하는 보편타당성이 있는 법칙을 해명하고, 이를 실천적 목적에 적용하는 것이다. 즉, 경영자가 경영활동을 수행하는 데 있어서 경영관리의 원리에 입각하여 준수해야 할 기본적 행동원리 내지 선택의 원리를 선정하게 된다.

- 기업의 지도원리 : 수익성(영리성)
- 경영의 지도원리 : 경제성, 생산성, 유효성

(1) 수익성

경영학의 연구대상을 기업이라 할 때, 그 지도 원리는 수익성(profit principle) 또는 영리성이 될 것이다. 이 원리는 투하자본에 대한 이익의 비율로 나타나는데 투하자본에 비해 이익이 많을수록 좋다는 원칙이다.

결국 기업은 어떻게 하면 수익률이 커질 수 있느냐에 기업경영의 행동원리를 맞추거나, 학문에서도 이러한 관점에서 연구의 초점이 집중되게 된다. 수익성의 원칙은 기업 활동의 대가로서 '이윤극대화의 원칙'과 직결된다.

수익성은 자본이익률 또는 투자수익률(Return on Investment : ROI)로서 다음과 같이 표시된다.

$$수익성 = \frac{이익}{투자자본}$$

(2) 경제성

경제성의 원칙(economic principle)은 수익성과 같이 화폐적 가치에 의해 판단하지 않고 모든 투입에 대한 성과의 비율로서 판단하는 넓은 범위의 개념이다. 투입가치는 수단의 소모와 관련된 비용이며, 산출 가치는 목적이나 성과와 관련되는 수익이다.

경제성 원칙은 기업경영의 행동원리로서뿐만 아니라 모든 형태의 개별경제에 공통적으로 적용되는 선택원리이기도 하다. 따라서 가정, 학교, 병원, 군대 등 어느 조직에서도 이 원칙을 적용할 수 있다.

$$경제성 = \frac{목표}{수단} = \frac{산출}{투입} = \frac{수익}{비용}$$

(3) 생산성

생산성(productivity)이란 공장, 기업, 산업, 국가의 총생산물과 각 개체의 노력으로서의 노동, 투하자본, 원재료, 에너지 혹은 경영관리 등의 투입요소의 하나 또는 복합된 요소와의 관계비율을 말한다. 따라서 수익성과 경제성보다는 훨씬 포괄적이다.

$$생산성 = \frac{생산량(output)}{투입량(input)}$$

생산성의 종류에는 투입과 산출요소가 어떤 것인가에 따라 구분되는데 다음과 같다.

- 노동생산성＝생산량/노동투입량
- 자본생산성＝생산량/자본
- 토지생산성＝생산량/토지가격
- 부가가치생산성＝매출액－외부구입비(원재료, 설비비)
- 총요소생산성＝(총산출－재료비와 용역비)/(노동투입＋자본투입)

(4) 유효성

유효성(effectiveness)은 효과성이라고 표현하는데 이는 미리 설정된 목표의 달성 정도를 의미한다. 즉, 조직이 올바른 방향으로 나아가고 있는지를 설명해 주는 것이 유효성 개념이다. 그러므로 유효성은 효율성을 포함하는 상위의 개념으로서 각 개체가 시스템의 목적을 달성하는 정보를 의미한다. 유효성은 조직시스템의 전체적·종합적 성과이며, 특히 환경과의 적합성을 강조한다.

$$\text{유효성} = \frac{\text{달성 정도}}{\text{목표}}$$

제 6 절
경영학의 연구방법

1. 과학적 연구방법

구텐베르그(E. Gutenberg)가 "어떤 학문이라도 방법 없는 연구란 있을 수 없으며, 방법을 통해 과학적 사고가 비로소 그 학문의 정밀성·합리성·견고성·검증성과 직결되기에 이른다"고 지적했듯이 경영학의 연구는 무엇보다도 먼저 그 방법론에서 시작되어야 한다고 할 수 있다.

어떤 학문분야가 독립된 과학으로서 성립하려면, 최소한 2가지 필수조건을 충족시킬 수 있어야 한다.

첫째, 고유 연구대상이 있어야 한다.

둘째, 연구대상을 기술·설명·예측할 수 있는 과학적 방법론이 있어야 한다. 그 결과 연구대상에 대한 체계화된 이론을 정립할 수 있고 비로소 하나의 독립된 과학으로 성립될 수 있다.

과학은 객관적인 지식, 즉 적절한 실험이나 관찰에 의해서 얻을 수 있는 자료(data)를 기초로 하여 주관적 판단이 아닌 객관적으로 증명이 가능하고 개인의 의견이나 직관, 경험, 선호도로부터 독립된 지식의 획득을 목적으로 하고 있다.

따라서 학문으로서의 경영학 연구를 위해서는 당연히 과학적 연구방법이 적용되어야 한다. 과학적 연구방법의 구성요소를 보면 다음과 같다.

- 명확한 개념(concepts)
- 현실세계의 사실(facts) 관찰

- 가설(hypothesis)에 대하여 연역적 과정을 통해 현상예측
- 변수(variable)에 의해 귀납적 과정에 의해 의식적, 체계적으로 현상설명
- 편견, 주관, 직관, 감정이 배제된 객관적, 중립화 자료

이처럼 과학적 연구방법은 특수한 것으로부터 일반화되고, 단어나 용어는 정확해야 되며 분석대상과 연관되어야 하고, 모든 사람들이 동등하게 정보를 공유할 수 있어야 한다.

듀이(J. Dewey)의 과학적 방법으로는 다음과 같다.

- 문제 제기
- 문제 규정 및 정의
- 가설 설정
- 가설 고찰
- 가설에 대한 실증적 검증

이상에서 보듯이 과학적 방법이란 주어진 현상을 기술·설명하는 과정에서 그것을 체계적이고 객관적으로 연구하는 방법이다. 사회과학의 연구에서 많이 사용되고 있는 연구방법들은 크게 다음의 3종류로 나눌 수 있다.

(1) 문헌적 연구방법

주로 문헌 등에 기록되어 있는 1차·2차적 자료의 조사를 통해 과거, 현재의 현상을 기술하고 설명하는 방법이다. 이 문헌적 연구방법은 도서관의 자료조사, 역사적 연구방법, 비판적·분석적 연구방법으로 분류할 수 있다.

(2) 객관적 연구방법

문헌적 연구에 비해 좀 더 객관적이고 실증적 연구방법으로서 기술적 연구방법과 실험적 연구방법으로 나눌 수 있다. 기술적 연구방법은 조사연구(survey), 사후적 연구 등이 포함되며, 실험적 연구방법은 실내실험과 현장실험으로 나눌 수 있다. 이들 연구 방법들이 객관적 연구라고 해서 문헌연구가 반드시 주

관적이고 비과학적 연구방법이라는 것은 아니다.

객관적 연구는 관련 자료 수집 과정에서 문헌적 연구에 비해 보다 객관적인 기구와 수단을 사용하거나 또는 통제된 상황 속에서 실증적인 관찰을 통하여 주어진 현상을 연구한다는 점에서 문헌적 연구와 구별된다.

(3) 사례 연구방법

사례연구(case study)는 실천적인 경향을 보이는 미국경영학에서 비교적 많이 이루어지고 있는 연구방법이다. 이 방법은 개개의 경영사례를 선험적으로 인식하여 성공 및 실패의 원인을 분석하는 것을 바탕으로 효율적인 경영의 지도원리를 제시하는 데 목적을 둔다.

따라서 이 방법은 하나의 인물, 사상, 사건, 기관 등의 하나의 사례를 이용한다는 점이 다른 연구방법들과 구별된다. 사례 연구방법이 핵심적인 연구방법이라기보다는 탐사적 또는 보조적 연구방법이다.

쿤쯔(H. Koontz)는 이 방법의 학습효과는 매우 우수하지만 과거와 똑같은 상황이 미래에 반드시 일어난다는 것은 매우 드물기 때문에 과거의 사례를 너무 과신한다는 것은 위험하다고 지적하였다.

2. 과학적 연구의 요건

어떤 연구가 과학적 연구가 되기 위해서는 2가지 요건이 구비되어야 한다.

첫째, 실증연구(empirical study)에 바탕을 두어야 한다. 어떤 이론이나 결론, 판단 등은 한 연구자 개인의 신념이나 희망이 아니라 경험적 관찰에 근거를 두어야 한다.

둘째, 과학적 연구가 되기 위해서는 과학적 방법(scientific method)을 따라야 한다. 과학적 연구방법은 〈그림 1-6〉과 같이 4 단계로 구성된다.

1 단계 : 현실세계에서 현상 관찰

가끔 현상은 사실(facts)의 형태를 취한다. 예컨대, 어떤 신체적인 결함을

그림 1-6 과학적 연구방법의 모형

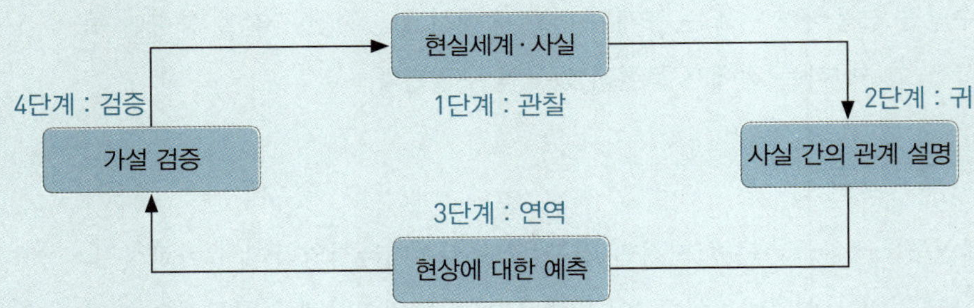

가진 사람이 정상적인 사람들보다 일을 더 잘한다는 것을 관찰할 수 있다.

2 단계 : 귀납(induction) 과정을 통해 그런 현상에 대한 설명

감독자가 신체장애를 가진 사람에게 특별히 더 잘해 주었기 때문이라는 설명을 할 수 있다.

3 단계 : 연역(deduction) 과정을 통해 현상에 대한 예측이나 가설 설정

즉 조직의 분위기는 종업원들의 직무성과를 촉진한다는 가설을 만들 수 있다.

4 단계 : 체계적 관찰을 통해 예측이나 가설 검증(verification)

이를 요약 정리해 보면 과학적 연구는 먼저 연구자 연구의 초점을 확실히 하기 위해 문제점을 인식하여야 하고, 일련의 질문을 공식화(formulation)하여야 한다. 다음으로 경험적 검증을 위해 가설을 설정하고 그리고 가설의 타당성이나 정당성을 평가하기 위해 특정한 전략이나 연구 설계를 개발하고, 이를 통해 개발된 전략을 실행에 옮기고 관련된 제 변인을 관찰한다. 그리고 그 결과로써 얻어진 자료를 통계적으로 분석하여 제 변인 간의 가설적 관계가 성립되고 있는지의 여부를 확인한다. 마지막으로 연구결과를 검토하고 그것으로부터 연구의 대상인 경영현상의 문제에 대한 결론을 도출해 낸다.

제 7 절
경영학의 체계와 인접과학

1. 경영학의 일반적 체계

기업경영을 연구대상으로 하는 경영학은 학문으로서의 역사가 비교적 짧다. 또한 학문적 체계화를 하는 데 있어 이를 연구하는 학자나 연구방법 및 국가에 따라 다양하게 나타나고 있다.

경영학은 기업이란 특수 조직을 연구하는 학문으로서 경영현상의 법칙을 규명하는 것을 목적으로 하는 이론과학이다. 다양한 이론의 토대 위에 경영현상의 원리·규칙·방법 등을 규정하는 실천과학을 수립해야 한다는 목표가 있다.

이와 같이 경영학을 사회과학의 한 분야로 인식하여 구분하면 다음과 같다.

- 경영사
- 경영이론
- 경영정책론

또한 인식대상의 상이에 따라 구분하면 다음과 같다.

- 일반경영학
- 특수경영학

이외에도 경영의 특수성을 갖는 특수경영학이 성립될 수 있다. 즉, 공업경영, 관광경영, 농업경영, 부동산경영 등이 그것이며, 이는 주된 경영활동의 성격이 달라짐에 따라 구별되는 것이다. 경영학의 체계를 도시하면 〈그림 1-7〉과 같다.

그림 1-7 경영학의 체계

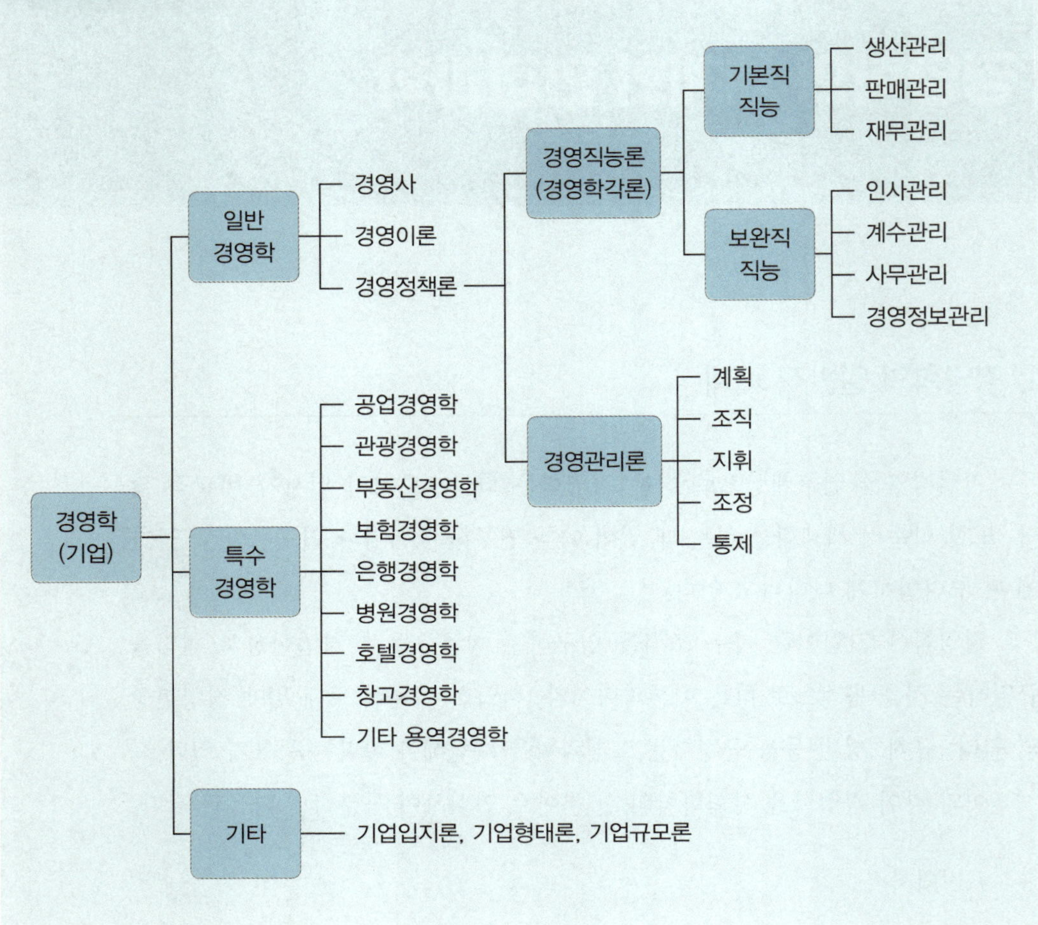

2. 경영학의 인접 · 관련과학

사회과학의 하나인 경영학은 관리를 위한 과학이지만 다른 사회과학이나 인문 · 자연과학과 여러 가지 상호영향관계를 맺으면서 발전하고 있다. 이와 같이 경영학과 밀접한 관계를 갖는 분야를 인접과학과 관련과학을 나누어 보면 다음과 같다.

(1) 인접과학

인접과학이란 넓은 의미에서는 경영학의 연구범위에도 속하고, 경영학과 밀접한 상호관계를 갖고 있는 학문으로서 학자에 따라 여러 가지 견해가 있지만 대체로 다음과 같은 분야를 들 수 있다.

1) 경제학

경제학(economics)은 인간생활에 중요한 재화의 생산과 교환을 지배하는 제 법칙을 연구하는 학문이다. 따라서 경제학은 경제현상을 연구대상으로 하며, 제 경제현상 간에 존재하는 법칙의 규명을 통하여 이것을 어떠한 실천적인 목적에 적응하려는 과학이다.

경제학이 경제사회에 있어 기업이 담당하는 역할과 그 행동원리를 거시적으로 파악하는 학문이라고 한다면, 경영학은 생산경제단위인 기업의 경영활동 지침과 원칙을 미시적으로 추구하는 학문이라고 할 수 있다.

경영학은 처음에 경제학을 모체로 하여 생성·발전하여 초창기에는 하나의 독립된 학문으로서 인정되지 못하고 경제학의 한 분야로서 경제학에 종속(독일에서는 경영경제학 또는 사경제학으로 지칭)되어 있었다. 그러나 오늘날 경영학이 학문적 관련성에 보면 경제학과 가장 밀접한 관련이 있다.

2) 회계학

회계학(accounting)은 기업에 있어서 이루어지는 가치의 흐름을 계량적·계산적으로 파악하기 위한 방법과 기술에 관한 지식체계이다. 따라서 기업의 경영활동에 발생하는 경제가치의 변화를 일정한 회계조직에 의해서 기록·계산·정리하고 그 결과를 정확·명료하게 표시함은 물론 일정기간의 경영실태(재정 상태와 경영성과)를 파악하고 이를 회계정보 수요자에게 제공하는 실천과학이다.

3) 경영통계학

경영통계학(business statistics)은 기업경영상 이용되는 모든 수학적 방법을 포괄하는 경영수학 및 기업 활동을 통계학적 기법을 적용하여 분석·검토하는 데 응용되고 있다. 특히 오늘날 경영환경이 불확실한 상황하에서 확률이론과 통계적 기법을 이용하여 경영문제에 관한 합리적 의사결정을 내리기 위한 학문이다. 이는 기업에 적용되는 통계학으로서 그 기업은 통계학의 각종 기법 중 가설검정, 회귀분석, 시계열 분석, 비모수 통계 등의 통계 및 확률적 기법이 경영학에 도입됨으로써 수요예측, 시장조사, 소비자행동론 및 조직행동론의 발전에 밑거름이 되었다.

4) 산업심리학

산업심리학(industrial psychology)은 작업방법이나 작업조건이 근로자의 심리적·생리적 측면에서 어떻게 작용하며, 나아가서는 심신의 피로나 작업능률과는 어떠한 관계가 있는지를 고찰하게 된다. 즉, 기업 내부적인 여러 환경조건과 종업원 개개인의 심리적 반응에 어떠한 원인 관계가 작용하는지를 고찰하려는 학문이다.

따라서 산업심리학은 종업원의 적성검사, 적정배치, 교육훈련 등 인적자원관리 면에서 널리 응용되고 있다.

5) 산업공학

산업공학(industrial engineering)은 생산 면에서 인간-기계시스템(man-machine system)의 효율을 높이고자 인간이 가장 능률적으로 작업을 하거나 활동할 수 있도록 인간적 요소를 고려하여 기계설비나 작업조건을 설계·조정하고 있다. 이러한 인간공학(human engineering) 또는 사람과 자재 및 설비로 구성되는 종합시스템을 설계하고, 개선하며 이에 따라 생기게 되는 성과를 측정하고 예측하고 평가하는 데 산업공학 등이 응용되고 있다.

6) 경영과학

경영과학(management science)은 관리과학으로 지칭되기도 하는데, 특히 OR(Operation Research)이 기업경영에 응용됨으로써 하나의 독특한 학문체계를 이루게 된 과학이다. 경영과학에서는 의사결정 문제를 합리적으로 다루기 위해서 과학적이고 수학적이며 논리적인 수단을 사용하게 된다.

7) 행동과학

행동과학(behavioral science)은 인간의 행동원리, 즉 인간은 왜 그렇게 행동하는가를 설명하고자 하는 과학이다. 즉, 기업에 있어서 인간행동을 보다 체계적이고 과학적으로 다룸으로써 기업의 성과실현 및 목적달성에 기여할 수 있도록 하는 데 연구의 목적이 있다.

행동과학론은 다수의 인접과학을 동원하는 학제적 연구방법을 택하게 되는데 주로 경영학, 경영과학, 경영심리학, 문화인류학 등의 여러 학문을 인간행동의 원리해명이라는 공동과제를 위해 응용하게 된다.

(2) 관련과학

관련과학이란 경영학의 인접과학보다는 밀접한 관계를 가지고 있지는 않지만, 관련이 있는 학문분야로서 행정학(public administration), 사회학(sociology), 심리학(psychology), 문화인류학(cultural anthropology), 수학(mathematics), 통계학(statistic), 공학(engineering), 법학(law), 의학(medicine) 등을 들 수 있다.

경영학은 이와 같은 사회과학 자연과학의 여러 관련분야와 서로 영향을 주고받으며 발전하고 있다.

Chapter

02

경영이론의 발전

소중한 것을 먼저 하라!

사람들은 매일 매일 할 일이 많다. 하루에 할 일이 한두 가지가 아니다. 오늘날 대다수의 사람들은 하루하루를 정신없이 살아가고 있다. 이렇게 매일 반복된 삶을 살다 보니 자신이 하루에 하는 일이 그냥 기계처럼 일을 하게 된다. 거의 닥치는 대로 하고 있는 것이다. 그러다 보니 자신이 무엇 때문에 바쁘게 살아가고 있는지도 모르고 있다. 왜 그렇게 바쁘게 사느냐고 물으면 돌아오는 대답은 먹고 살기 위해 어쩔 수 없이 그렇게 하고 있다고 대답한다. 이럴 때 일수록 자신만의 시간을 갖고 삶에서 무엇이 중요한지를 깨달을 수 있는 시간을 가질 필요가 있다. 자신과 대화를 통해 자신이 어떤 존재이고 인생의 목표가 무엇인지 진지하게 고민해 볼 필요가 있다. 그리고 자신에게 삶에서 중요한 것이 무엇인지 질문을 해 보고 그 해답을 구할 필요가 있다.

지금까지 살아온 길을 멈추고 서서 뒤돌아보면 그 시간이 엊그제 일만 같다. 마치 하룻밤의 꿈과 같은 느낌이 들 정도로 빠르게 지나갔다. 그런데 모두 잠깐 서서 지난날들을 돌아볼 여유를 가져야 한다. 주변을 돌아보지 않고 앞만 보고 달려가기만 하면 자신이 가는 길이 제대로 가고 있는지를 잘 모른다. 결국은 종착지에 도달해 보니 달려온 인생길이 자신이 생각하고 꿈꾸었던 길이 아니라는 것을 느낀다면 얼마나 후회스러운 삶인가? 후회가 막 밀려오지만 그때는 늦다.

스티븐 코비 박사는『성공하는 사람들의 7가지 습관』이라는 책에서 개인적 삶을 성공으로 이끌어가 위한 습관으로 '소중한 것부터 먼저 하라'고 했다. 소중한 일이란 우리가 가장 가치 있는 일이라고 생각하는 것들이다. 우리는 달성하고자 하는 목표와 관련이 되고 자기 자신을 관리하는 데 필요한 시간과 일들을 적절히 통제할 수 있어야 한다. 이를 위해 우선순위가 가장 높은 일에 집중해야 한다. 그런데 보통의 일반인들은 중요하지 않은 일을 처리하느라 정작 중요한 일을 놓치고 있다. 그 결과 자신이 빨리 처리해야 할 중요한 일을 소홀히 한 결과 막심한 손실을 입게 되는 것이다.

들어가며

모든 활동은 중요성과 긴급성을 기준으로 2가지 차원에 의해 분류할 수 있다. 중요성과 긴급성에 따라 구분하면 4가지 상한으로 나눌 수 있다. 이 4가지 상한을 '시간관리 매트릭스'라고 한다.

시간관리 매트릭스

	긴급함	긴급하지 않음
중요함	Ⅰ • 위기 • 급박한 문제들 • 마감시한이 임박한 프로젝트, 회의, 보고서	Ⅱ • 준비 • 예방 • 계획 수립 • 대인관계 구축 • 진정한 휴식 • 가치관 확립
중요하지 않음	Ⅲ • 끼어드는 일 • 불필요한 보고서 • 중요하지 않은 회의, 전화, 우편, 이메일 • 다른 사람들의 사소한 문제들	Ⅳ • 잡다하고 하찮은 일 • 쓸데없는 전화, 메일, 우편 • 시간낭비거리 • '현실 도피성' 소일거리 • 지나친 TV 시청, 인터넷, 휴식

주) **중요함:** 당신의 가치, 사명, 우선순위가 높은 목표들로부터 비롯된 활동
긴급함: 즉각적인 관심을 요구하는 활동

성공적인 삶을 살아가기 위해서는 인생에서 중요한 일에 시간을 집중해야 한다. 매 순간이 결정의 연속이다. 결정의 기준을 '소중한 것을 먼저 하자'로 둔다면 인생을 살아가면서 후회 없는 삶이 될 것이고 성장할 수 있는 기회를 더 많이 얻게 될 것이다.

– 변상우, 〈리더십〉, 도서출판 청람, 2016

제 1 절 경영이론의 발전사

경영관리에 대한 관심은 수천 년을 거슬러 올라간다. BC 3000년경 고대 시리아에 상거래와 이를 규제하는 상업법이 있었다는 기록이 있는데 이는 당시에 이미 경영의 개념이 실행되고 있었다는 증거가 된다. 또한 원시적인 도구만으로 건립된 인류의 기념비적 업적인 이집트의 피라미드 축조, 유럽에서 인도에 이르는 알렉산더 대왕의 대규모의 장거리 군사행동 등에서 경영관리의 개념이 적용되었음을 알 수 있다.

고대 이집트에서는 피라미드를 축조하기 위해 계획, 조직, 통제의 경영 관리기능을 적용했고, 알렉산더 대왕은 복잡한 군사적 행동을 조정하기 위해 스태프조직을 활용했다. 그런데 이러한 조직과 경영에 대한 연구는 과거 수세기 동안 연구의 대상이 되지 못했다. 로마제국은 제국을 조정하고 통제하는 데만 관심을 가졌고 '생산의 극대화'와 '비용의 극소화' 등 효율성에 대해서는 근본적으로 고려하지 않았다. 그리고 상업 활동에 대한 여러 원리들은 경제학에 의해 개발되었고 경제학자들은 그들의 관심을 경제정책이나 기업의 비경영적 측면에 초점을 두어야 한다고 가정했다. 무엇보다도 1800년대에 대규모의 기업조직이 없었다는 사실이 기업경영에 대한 관심을 가질 수가 없었다.

경영학의 발전은 경제학과는 달리 각국의 사정에 따라 상당한 차이가 있다. 18~19세기에 들어 몇몇 사람들이 기업경영에 관심을 갖기 시작했다. 대표적인 인물이 오웬(R. Owen)과 바베지(C. Babbage)이다.

영국의 기업가인 오웬은 조직에서 인적자원의 중요성을 인식한 최초의 기업가 중 한 사람이다. 그전까지는 공장노동자들은 기계나 설비와 같은 범주에서 논의되었다. 그러나 오웬은 인간은 인격적인 가치가 있음을 인식하고 보다 나은 작업환경, 최소작업연령, 종업원을 위한 복리후생 등에 관심을 가지고 작업시간도 단축했다. 종업원에 대한 보다 많은 관심이 결국 생산성 증대로 이어진다고 믿었고 이를 실천한 기업가였다. 그러나 그 당시에는 어느 누구도 그의 사상에 대해 인정해 주지 않았지만 그의 사상은 훗날 행동과학이론의 발전에 기초가 되었다.

오웬이 종업원의 복지에 관심을 가졌다면, 수학자인 바베지는 생산의 효율성에 관심의 초점을 두었다. 바베지의 주요한 업적은 1832년에 출판한 「*On the Economy of Machinery and Manufactures*」에 집약되어 있다. 바베지는 노동의 분업과 설비와 재료의 효율적 이용에 있어 수학의 적용을 주장했다. 이러한 의미에 그는 고전적 경영이론과 계량경영이론의 선구자였다.

본 장에서 경영이론의 발전을 3가지 분류기준에 의해 살펴보고자 한다.

첫째, 테일러(F. Taylor)와 포드(H. Ford)의 과학적 관리학파를 중심으로 하는 과업중심의 경영이론이다. 둘째, 인간관계론 학파와 행동과학 학파를 중심으로 하는 인간중심의 경영이론이다. 셋째, 페이욜(H. Fayol)의 관리과정 학파와 바나드(C. I. Barnard)와 사이먼(H. A. Simon)의 조직론 학파를 중심으로 하는 구조중심의 경영이론이다.

그림 2-1 경영이론의 분류기준

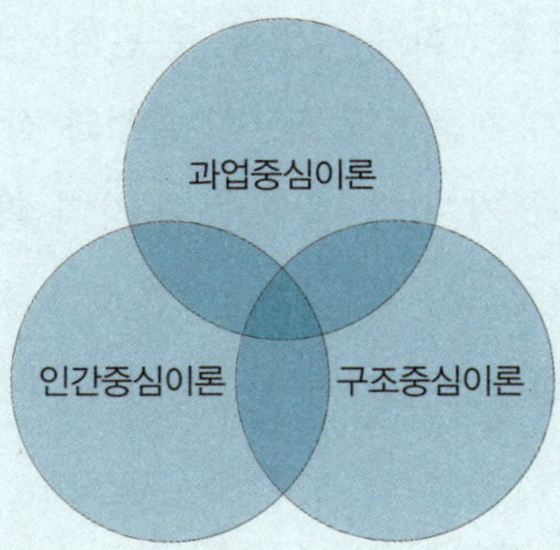

제 2 절
과업중심의 경영이론

고전적 경영이론(classical management theory)은 20세기 초의 수년간에 결쳐 나타난 경영사상에 대해 붙여진 용어로서 인간의 행동이 합리적이며 경제적 동기에 의해 이루어진다는 가정 위에서 성립되게 된다. 이는 경영에 있어서 최초로 개발된 사고의 틀로서 실제로 경영에 2가지 상이한 접근, 즉 과학적 관리법(scientific management)과 관리과정론의 2가지 흐름으로 구분될 수 있다.

1. 과학적 관리론

(1) 발생 배경

미국은 19세기 전반에 면방직공업과 철강업을 중심으로 산업혁명을 경험하였고, 특히 남북전쟁을 계기로 미국 경제가 급속한 공업화 과정을 밟게 되어 각지에 대규모 공장이 출연하게 되었다. 한편 이 당시의 노동자들은 대부분이 미숙련 노동자들이었기 때문에 일찍부터 분업과 작업의 단순화·기계화가 도입되었다. 이러한 분업과 기계화, 미숙련노동자의 과잉 등으로 인한 실업·장시간 노동·임금인하 등은 노동문제를 야기시켰고, 노사대립과 노동자의 태업을 가져오게 되었다. 또한 공장관리는 여전히 경험과 직관에 의존하는 구태의연한 방법으로 이루어졌다.

오늘날 이러한 경영관리를 '될 대로 되라는 식의 관리'라 해서 표류관리(drifting management)라고 한다. 이러한 상황하에서는 어떻게 하면 노동자들의 조직적 태업을 방지하고, 공장생산의 능률을 향상시킬 수 있을 것인지가 경영자들의 중대한 관심사였다. 이를 위해 테일러가 고안한 것이 바로 과학적 관리(scientific management)이다.

테일러의 과학적 관리는 그 후 간트(H. L. Gantt), 길브레드(L. M. Gilbreth)와 같은 학자들에 의해 계승되었고 경영현장에서는 포드자동차회사의 헨리 포드(H. Ford)가 이를 계승·발전시켰다.

(2) 테일러 시스템의 확립

테일러 시스템(Taylor system)이란 테일러를 창시자로 하여 길브레드 부부(F. B. & L. M. Gilbreth), 에머슨(H. Emerson), 간트(H. L. Gantt) 등의 협력에 의해 체계화된 과학적 관리법을 지칭하는 것이다.

테일러의 과학적 관리법은 미국 경영학의 출발이라고 간주되고 있다. 처음에는 공장 내부의 노무관리 문제에서 출발하였지만 나중에는 기업경영의 전 부분에 대한 관리의 과학으로 발전하여 오늘날 미국경영학의 기초가 되었고 산업공학의 발전의 기반이 되었다.[1)]

테일러는 「성과급제도(*A Piece Rate System*, 1895)」, 「공장관리(*Shop Management*, 1903)」, 「과학적 관리의 원리(*Principles of Scientific Management*, 1911)」의 3가지 책을 출간하여 그의 관리체계를 제시하였다.

과학적 관리법의 기본이념(Taylorism)은 '고임금과 저노무비'(high wages and low labor cost)를 실현하는 데 있다. 이를 위해 우선 노동자의 하루의 적당한 작업량, 즉 표준과업을 과학적으로 결정하기 위하여 시간연구(time study)와 동작연구(motion study)를 하였다.

하루의 표준 작업량인 과업은 다음과 같이 설정하였다.

첫째, 일류노동자를 선택한다.

둘째, 작업을 요소적 부분 동작으로 분해하여 각 동작에 필요한 필요시간을 측정한다.

---

1) H. D. Koontz, C. O'Donnell, and H. Weihrich, *Management*, 7th ed., McGraw-Hill, 1980, pp. 38~43.

셋째, 필요 소모시간에 여유시간을 합하여 표준 작업시간 내 제 과업을 결정한다.

넷째, 임금률을 2개로 나누어 과업을 달성한 사람에게는 높은 임금률을 적용시키고, 그렇지 못한 자에게는 낮은 임금률을 적용시킴으로써 능률의 증진을 꾀하였다.

테일러는 ① 최고의 과업설정, ② 표준적 제 조건, ③ 성공한 사람에 대한 우대, ④ 실패한 노동자에게는 손실이라는 4대 원칙을 강조하였다. 그리고 이러한 과업에 적합한 노동자의 선택방법, 교육 훈련방법 등을 고안하였다. 공장조직을 라인 조직(line organization)에서 철저한 직능식 조직(functional organization)으로 전환하고, 직장제도(functional foremanship)를 채택해서 노동자와 경영자가 직분에 따라서 일하면서 협동하게 했다. 이러한 모든 관리를 테일러 자신은 과업관리라고 호칭하였으나 후에 과학적 관리라고 하였다.[2)]

테일러의 과학적 관리법의 체계를 정리해 보면 우선 조직적 태업의 해소와 작업능률의 증진을 위해서 시간연구와 동작연구가 시작되었고, 그 결과를 토대로 과업을 설정하였다. 과업관리는 후에 정신적으로 테일러리즘으로, 기술적으로는 테일러 시스템으로 발전하였다. 과업관리를 합리적으로 운영하기 위한 구체적인 제도로는 차별적 성과급제도, 기능식 직장제도, 계획부 제도, 지시표 제도가 도입된다.

계획부 제도는 작업과 관리를 분리하여 계획부에서 모든 계획 및 관리업무를 전담하게 한다. 계획부와 작업현장을 연결하는 것이 지시표(instruction card)이다.

(3) 테일러 시스템의 문제점 및 기여도

테일러 시스템이 기존의 표류관리보다 과학적 관리로서 획기적인 방안임에도 불구하고 다음과 같은 문제점을 갖고 있다.

첫째, 대상영역이 전반적인 경영관리가 아니라 공장관리나 생산관리 또는 노무관리에 지나지 않는다는 것이다.

---

2) 김영규, 경영학원론, 박영사, 2001, pp. 83~88.

둘째, 테일러는 그의 관리법을 과학적이라고 하지만, 과업설정의 과정이 객관적·과학적으로 되지 못하고, 주로 시간연구자의 주관에 의한 비과학적으로 설정되었다는 것이다.

셋째, 하루의 표준작업량이 일류 노동자에게 가능한 최대량과 일방적인 설정으로 노동자와 사용자 간의 원만한 교섭을 저해하는 요인이 된다는 것이다.

그러나 이러한 문제점에도 불구하고 테일러 시스템은 종래의 경험이나 직관에만 의존하던 표류관리에서 벗어나 체계적이며 합리적인 과학적 관리법을 제창한 업적은 높이 평가되어야 한다.

테일러 시스템은 후계자들에 의해 계승되어 더욱 발전하였다. 간트는 공장생산의 생산계획·일정계획·진도관리 등에 사용된 간트 차트(Gant's chart)를 고안하였고, 간트식 과업상여제(Gant's task and bonus system)를 제창하였다.

또한 에머슨은 실제비용과 표준비용의 비율을 능률로 하는 새로운 견해를 제시하였으며, 조직에서 라인(line)과 스태프(staff)의 구분을 명확히 하였다. 길브레드 부부가 확립한 동작연구, 필름분석, 공정 분석도(process chart) 등은 그 후 모겐선(A. H. Morgensen)에 의해 산업공학의 기초가 되었다. 특히 테일러 시스템은 포드에 의해 포드 시스템으로 발전되어 대량생산을 통한 능률향상으로 이어지게 되었다.

2. 포드 시스템(Ford System)

테일러의 과학적 관리법은 헨리 포드(H. Ford)에 의해 계승되어 더욱 발전하게 되었다. 포드는 1914년 그가 소유하고 있는 자동차 생산 공장에 컨베이어 시스템을 도입함으로써 대량생산과 원가절감을 달성할 수 있었다. 포드는 각 작업을 단순 작업으로 분해하고, 각 작업의 소요시간을 평균화하여 일정한 속도로 이동하는 컨베이어 시스템에 따라 전 공정을 연결하여 동시에 진행시켰다.

이러한 이동조립방법에 의해 작업능률을 향상시키고, 원가절감과 대량생산을 실현하였다. 이와 같은 컨베이어 시스템에 의한 유동 작업(flow production)을 기반으로 한 새로운 생산관리방식을 포드 시스템 또는 동시 관리라고 한다.

포드 시스템은 기술적인 방법 면에서 테일러의 것보다 훨씬 발전된 형태지만 모두 시간연구나 동작연구에 의한 과학적 관리방법에 입각한 것이다. 포드 시스템의 기본 출발점은 기업경영을 통해서 일반대중에 대한 봉사활동으로 간주하였다. 여기서 봉사란 대중의 생활수준의 향상과 구매력의 증대를 의미하는 것이다. 포드는 포드 시스템을 통해 대량생산을 가능하게 한 결과 자동차의 가격을 인하하고, 판매 확대로 인한 수익개선은 근로자들의 임금을 인상가능하게 할 수 있다고 생각했다. 그러므로 포드의 경영이념인 포디즘(Fordism)은 봉사주의 내지 저가격과 고임금(low prices and high wages)의 원리를 주축으로 하고 있다.

포드는 그의 경영이념을 달성하기 위해서는 경영합리화에 의한 원가 절감만이 그의 경영이념을 실현시킬 수 있다고 여기고 이에 대한 구체적인 방법으로 생산의 표준화와 이동조립법을 채택하였다. 결국 생산의 표준화는 이동조립법의 실현을 가능하게 하였다.

(1) 생산 표준화의 조건

컨베이어벨트(conveyer belt)에 의한 이동조립 생산방식은 생산방식의 표준화가 전제되어야 하며, 포드가 생산이 표준화를 위해 구상한 내용은 다음과 같다.

① 제품의 표준화
② 부분품의 규격화
③ 공정의 전문화
④ 기계 및 공구의 전문화
⑤ 작업의 표준화

이러한 표준화에 의하여 부품의 호환성이 가능하게 되었고, 호환성 부품은 연속 대량생산을 가능하게 하였으며 소비자에게도 부품의 신속한 교환과 수리를 가능하게 해주었다.

(2) 이동조립법의 실시

종래의 작업은 작업 대상이 정지되어 있고 작업자가 작업 장소에 가서 일을 하는 「정지조립작업」이었다. 이 경우 부품 및 재료의 운반, 공구의 준비와 처리 등에 불필요한 동작이 많이 발생하고 과도한 노동량이 소모되는 등의 문제점이 있었다. 포드는 이점에 착안하여 불필요한 노동량을 최소한도로 줄이고, 노동량을 가장 유효적절하게 활용하기 위하여 컨베이어 시스템에 의한 이동조립법을 연구·도출하였다. 이동조립법의 특색은 다음과 같다.[3)]

첫째, 각 작업 간의 작업 대상물의 이동을 기계화하였다. 작업자 상호 간 부분품의 운반을 철저히 기계화하여 컨베이어 시스템에 따라 작업 대상물이 작업자에서 작업자에게로 이동하게 하였다.

둘째, 컨베이어 시스템에 의하여 작업자의 활동이 자동적·기계적으로 통제하였다. 즉 작업속도는 컨베이어의 속도 조절에 의해 통제되게 하였다.

셋째, 연속되는 작업공정 상호간의 합리적 결합으로 각 개별 작업의 총괄적 조직화가 실현하였다. 즉 모든 작업은 무수한 컨베이어의 계열에 매개되어 하나의 움직임으로 동시화·종합화하게 하였다.

이런 포드 시스템은 생산과정이 고도로 기계화되어 노동자에 대한 숙련의 필요성이 적어진다. 이것을 사회적으로 보면 고도로 발달한 기계화는 노동을 평준화 내지 수평화시켜 노동자의 자율성을 점점 약화시키고, 노동자를 단순한 기계의 일부분으로 전락시키게 되었다.

그 결과 노동자들은 그들의 권익을 보호하기 위하여 노동조합의 결성하기에 이르렀고, 한편에서는 국가가 각종의 법률을 제정하여 노동자를 보호하게 되는 결과를 초래했다.

---

3) 김영규, 상게서, pp. 90~91.

제 3 절
구조중심의 경영이론

테일러와 비슷한 시기에 프랑스의 페이욜(H. Fayol)이 광업회사 사장으로서 경험을 바탕으로 관리활동의 보편성과 관리교육의 필요성을 인지하고 스스로 관리연구를 수행하여 「산업 및 일반관리(1916)」라는 저서를 출판하였다.

페이욜은 연구에서 기업은 규모와 종류에 관계없이 기술·영업·재무·안전·관리의 6가지 기능을 가지고 있다고 하였다. 그는 최고경영자의 관점에서 최초로 경영관리의 일반이론을 전개하였다.

페이욜의 이론에 영향을 받은 바나드(C. I. Barnard)와 사이먼(H. A. Simon)이 중심이 되어 조직이론을 전개하였다.

1. 페이욜의 관리론

페이욜은 기업경영의 경험을 통하여 관리활동의 중요성과 관리교육의 필요성을 인식하여 「산업 및 일반관리(1916)」라는 책에서 "관리란 조직의 규모와 상관없이 산업·상업·정치·종교 등 모든 사업의 경영에 있어 중요한 역할을 수행하는 것"이라고 하면서 그는 최고경영자의 관점에서 경영관리의 일반이론을 전개하였다.

페이욜은 기업에는 그 규모나 산업의 종류에 관계없이 6가지의 본질적인 기능, 즉 기업 활동이 있다고 하였는데 다음과 같다.

- 기술적 기능 : 생산, 제조, 가공
- 영업적 기능 : 구매, 판매, 교환
- 재무적 기능 : 자금의 조달과 운용
- 안전적 기능 : 재산 및 종업원의 보호
- 회계적 기능 : 재산목록, 대차대조표, 원가계산 및 통계
- 관리적 기능 : 계획, 조직, 지휘, 조정, 통제

이 중 관리적 기능을 제외한 5가지 기능은 전문적 기능이라 하여 관리기능과 명확히 구분하였다. 그는 관리기능을 다른 5가지 기능을 대상으로 수행되는 전반적 운영활동이라고 하여 이의 중요성을 특히 강조하였다. 페이욜은 관리기능의 5가지 요소를 다음과 같이 설명하였다.

- 계획 : 미래에 대한 탐색과 활동계획의 수립
- 조직 : 기업의 물질적 및 사회적 조직의 구성
- 지휘 : 종업원에 대한 지휘가능
- 조정 : 모든 활동과 노력을 결합·통일·조화시킴
- 통제 : 이미 확정된 규정이나 기준·명령에 따르도록 감시

그런데 이러한 관리기능이 합리적으로 수행되려면 일정한 원칙에 따라 수행되어야 한다고 보고 다음과 같이 14가지 관리의 일반원칙을 제시하였다. 그러나 이러한 원칙도 항상 고정된 것이 아니라 기업의 형태와 특성에 따라 탄력적으로 적용되어야 한다고 주장했다.

① 분업의 원칙

페이욜이 첫째로 내세우는 관리의 원칙으로 가장 핵심이 되는 관리 원칙이다. 오늘날 대규모화된 환경하에서 효율적인 생산을 위해서는 필수적인 것이다.

② 책임·권한 명확화의 원칙

분업의 원칙은 그 결과로서 반드시 권한의 분화가 이루어지게 되고 그 결과 권한과 책임은 상관관계를 이루게 된다.

③ 규율(규칙)의 원칙

규율이란 복종, 근면, 열성, 존경 등의 외적인 표현으로서 어떤 계층에서나 훌륭한 상사가 있어야 이러한 규율이 확립될 수 있다.

④ 명령일원화의 원칙

상사의 지시와 명령은 일원화되어야 한다는 것이다. 한 사람의 상사에게서만 명령이 내려지도록 관리체계를 확립해야 한다는 원칙이다.

⑤ 지휘일원화의 원칙

명령의 통일은 결국 지휘의 일원화를 가져오게 된다. 동일한 목표를 가지고 활동하는 각 조직집단은 한 사람의 상사와 동일한 계획을 갖지 않으면 안 된다.

⑥ 공동목표우선의 원칙

분화된 경영활동이 통일적으로 운영되어 나가기 위해서는 무엇보다도 먼저 경영활동의 공동목표로서의 전체적 이익이 확인됨과 동시에 이러한 전체적 이익이 개인적 이익에 대한 우월성이 강조되어야 한다.

⑦ 공정한 보수의 원칙

보수의 액수와 지급방법은 공정해야 한다는 원칙이다. 조직의 각 구성원에게 최대한의 만족을 주는 정도의 것이어야 한다.

⑧ 집중화의 원칙

분화된 경영활동의 전체적 결합을 가능하게 하기 위해서는 여러 원칙들이 집중화되어야 한다.

⑨ 계층화의 원칙

모든 계층이 명확하게 구분되어 있어야 하고 계층적 명령계통이 확립되어 있어야 한다.

⑩ 질서유지의 원칙

적재적소의 원칙으로서 조직은 질서가 정연할 때 비로소 효과적인 관리가 이루어질 수 있다.

⑪ 공정의 원칙

매사에 있어 종업원에게는 공정한 대우를 해 주어야 한다는 것이다.

⑫ 고용안정의 원칙

고용자에 대한 안정된 근로조건을 제시해야 하며, 바로 공정한 원칙에서 뜻하는 여러 가지 면에서의 호의적인 취급이 구체적인 내용이 된다.

⑬ 창의력 발휘의 원칙

부하들의 창의성과 독창력을 존중해 주도록 해야 한다는 것이다. 관리자의 독단이 아니라 부하들의 창의성을 얻어 냄으로써 경영의 합리화를 이룰 수가 있다.

⑭ 협동·단결의 원칙

합리적인 경영관리를 통해 구성원들이 협동·단결할 수 있도록 노력해야 한다. 구성원들의 협동·단결은 보다 큰 힘으로 나타나게 된다.

2. 조직이론

테일러의 과학적 관리론과 페이욜의 관리방식이 모두 공식조직을 토대로 하였는데 반해 인간관계론에서는 공식적 조직에 대한 비판적인 관점과 비공식조직의 역할의 중요성이 부각되었다.

따라서 이러한 양자의 이론을 통합한 것이 바나드(C. I. Barnard)에 의해 창시되고 마치(J. G. March)와 사이먼(H. A. Simon)에 의해 계승·발전된 것이 근대적 조직이론이다.[4)]

(1) 바나드의 조직이론

바나드는 1938년 「경영자의 역할」이란 책을 출판하였다. 이것은 근대 조직론의 기초가 되었고, 경제학에서 케인즈의 혁명처럼 경영학에서의 바나드 혁명이라고 불릴 만큼 널리 각광을 받았다.

4) 김영규, 전게서, pp. 98~101.

전통적 경영관리론이 인간성을 무시한 조직 우선의 이론인 데 반해, 인간관계론은 공식조직의 문제를 간과한 사람 우선의 이론이라면, 바나드 이론은 양자를 종합하였다는 점이 큰 의의를 가지고 있다.

바나드의 이론체계는 협동체계의 성립, 공식조직의 성립 조건, 공식조직의 균형, 의사결정 등의 문제를 포함하고 있다. 인간은 자유의사에 의한 선택권, 의사결정능력을 갖고는 있지만 이것에는 일정한 한계가 있다. 그러므로 개인이 자기의 능력 이상으로 목적을 달성하려 할 때에는 협동체계가 형성되어야 한다.

협동체계란 공통의 목적을 위해서 의식적으로 조성된 물적·생물적·사회적 제반 힘의 체계, 즉 기업과 같은 것이다. 또한 물적·생물적 제 요인을 결합하여 공통목적을 위해 조정된 복수의 사람들의 행동체계를 조직이라 정의한다. 따라서 협동체계란 구체적인 실체인 데 비해 조직이란 추상적 개념이며 협동체계가 하나의 전체적인 존재가 되게끔 하는 통합요인이다.

바나드는 조직이 성립되기 위해서는 활동 주체인 인간의 공헌의욕에 따라 각자의 활동을 총괄하는 공통목적(common purpose)이 필요하고, 더 나아가서 각자의 활동이 제 각각이 되지 않도록 하기 위한 의사소통이 필요하다고 하였다. 이와 같은 공통목적·공헌의욕·의사소통을 공식조직의 3요소라고 했으며, 적어도 조직이 존재하기 위해서는 이러한 3요소는 필수 불가결하다고 말했다.

(2) 사이먼의 조직이론

사이먼의 그의 저서 「경영행동론(1945년)」[5)]은 조직에 있어서의 의사결정과정에 관한 체계적 연구이며, 결정의 전체적 요소를 분석하면서 관리과정은 결국 의사결정의 과정에 지나지 않는다는 인식하에서 조직을 설명하려고 하였다.

사이먼의 조직적 의사결정이론은 주로 의사결정에 관한 이론, 조직에서의 영향력 이론, 조직적 균형이론이라는 3대 관점으로 요약할 수 있다.

사이먼은 의사결정과정을 다양한 전제 조건하에서 결론을 유도하는 과정이라 보았다. 따라서 각 전제 조건을 크게 가치 전제(경험적으로 검정이 불가능한 것)와 사실 전제(경험적으로 검정이 가능한 것)의 2가지로 구분하였다.

---

5) H. A. Simon, *Administrative Behavior*(New York : Macmillan Co., 1945)

예를 들면 기업의 사회적 책임은 경영자의 의사결정과정에서 중요한 가치 전제가 된다. 따라서 가치 전제는 행동의 목적이 되고, 사실 전제는 행동의 수단이 된다.

사이먼은 의사결정의 주체인 인간을 일정한 합리성을 갖는 의사결정자로 보고, 조직은 인간이 행하는 의사결정이 집약된 시스템이라고 보았다. 그는 의사결정을 위한 정보에는 여러 제약이 있어 인간이 이러한 제한적 정보를 분석하고 이해하는 데는 한계가 있다고 보았다. 이를 근거로 합리적 경제인 가설 대신에 관리인(administrative man)가설을 현실적 인간모델로 하여 인간행동을 분석하였다.

그 결과 의사결정기능의 논리적·합리적인 분포와 배분에 관한 조직의 해부학(anatomy of organization)과 개인의 의사결정을 의식적인 자극-반응 패턴에 따르도록 조직이 자극을 통제하거나 자극에 대한 반응을 결정하는 개인에게 심리적 영향을 미치는 과정을 분석하는 조직의 생리학(physiology of organization)으로 이루어지는 조직영향론, 조직을 유인-공헌의 균형시스템이라고 하는 조직균형론을 전개하였다.

(3) 마치와 사이먼의 조직이론

사이먼은 조직을 의사결정시스템으로 보고 여기에서 직접 관리기능을 유도해 내려했다. 그러나 이는 관리나 조직의 실태를 분석·기술하기 위한 기초 개념과 그 틀을 밝힌 것에 지나지 않았다. 사이먼은 바나드의 이론을 발전시켜 조직분석을 하기 위한 기본적인 틀 내지 테두리를 마련하는 데 그쳤다. 실질적인 조직의 실태 그 자체에 대한 내용은 밝히지 못했다. 이러한 단점은 마치와 사이먼의 공저인「조직론」에서 시정되었다.[6)]

마치와 사이먼(J. G. March & H. A. Simon)의 조직이론의 중심적 과제는 역시 공식조직에서의 인간행동의 본질의 해명에 두고 있었다. 조직을 하나의 사회적 제도로서 파악하고, 조직에 있어서의 영향과정의 특징(동기부여의 측면), 정

6) J. G. March and H. A. Simon, *Organization*, N.Y. : John Wiley and Sons, 1958.

보전달의 양태를 분석하였다.

마치와 사이먼은 사회적 제도로서 조직은 상호작용하고 있는 인간의 집합체라고 정의하고 있다. 이런 조직에서 인간은 어떻게 행동할 것인가? 마치와 사이먼은 조직에 있어서의 인간행동을 다음과 같은 3가지 유형으로 분류하고 있다.[7)]

① 조직의 구성원은 수동적인 도구이다. 즉 스스로 일을 하거나 유효한 영향력을 행사하거나 하는 존재가 아니라는 것을 가정하는 인간모델이다. 이것을 인간행동의 기계모델이라고 하며 테일러의 과학적 관리운동에 관한 이론에 있어서 도구로서 종업원 모델이다.

② 조직의 구성원은 조직에 대한 태도, 가치, 목표를 가지고 있다는 것을 가정하고, 또한 조직구성원을 조직행동의 시스템에 참가시키기 위해서는 그들에게 동기부여와 유인할 필요가 있다는 것을 가정한다. 이것을 인간행동의 동기모델이라 하여 인간의 태도나 동기부여를 강조하는 모델로서 인간관계론의 연구에서 나타난다.

③ 조직의 구성원은 의사결정자이며 문제해결자라고 가정한다. 즉, 조직에 있어서의 인간행동의 중심이 되는 것은 인지(cognition) 및 사고의 과정이라고 가정하였다. 이것을 인간행동의 의사결정모델이라고 하며 거시경제학자나 심리학자의 연구에서 나타나고 있는 인간의 의사결정모델이다.

따라서 마치와 사이먼은 이 3가지 명제를 모두 포함하여 조직행동을 고찰해야 한다고 주장하였다.

---

7) 정수영, 신경영학원론, 박영사, 2000, p.51.

제 4 절
인간중심의 경영이론

테일러의 과학적 관리법이나 포드 시스템이 미국경영학의 초창기에 중요한 이론으로 간주되고 있는데 이들 이론은 생산과정에서의 능률 향상을 위한 연구, 즉 공장관리나 작업관리의 과학화에 관한 실천적 이론에 한정되어 있기 때문에 경영 전반과 관련된 이론은 아니다. 또한 이들 이론은 일선 근로자들의 생산 능률을 향상시키는 데 초점을 두고 있어서 인간을 기계시하여 인간성 소외 현상이 야기하는 결과를 초래했다.

이러한 인간의 심리적·사회적 측면을 경시한 과학적 관리법에 반발하여 나타난 것이 바로 메이요(E. Mayo)를 중심으로 한 인간관계론 학파이다. 이들 이론을 보다 계승·발전시켜 나간 것이 행동과학 학파이다.

1. 인간관계론

(1) 발생배경

1920년대를 전·후해서 테일러의 과학적 관리법에서는 인간을 기계시하여 오직 생산 능률향상을 위한 관리로 인한 그에 따른 부정적 요소에 대한 반성이 일어나기 시작했다. 테일러의 과학적 관리론의 계승자인 포드도 근로자의 인간성을 중시해서 기업의 목적이 이윤추구만을 위한 것이 아니라 근로자의 복지를 포함한 사회봉사에 두고 이를 실현하기 위해 노력했다. 셀던(O. Sheldon)은 대량생산체제하에서 근로자의 인간성을 중시하는 바탕 위에서 경영의 합리화를

주장했다.[8)]

이와 같은 사회적 분위기 속에서 기업에서의 새로운 인간관계에 초점을 둔 과학적 실험이 바로 호손실험(Hawthorne experiments)이다. 호손실험을 기초로 인간관계론(human relations)이 등장하게 되었다.

(2) 인간관계론의 확립

호손실험은 하버드대학의 메이요(E. Mayo) 교수가 중심이 되어 뢰스리스버그(F. J. Roethlisberger) 등이 시카고 교외의 웨스턴 전기회사의 호손공장에서 1924년부터 1932년까지 실시된 일련의 실험이다.

호손실험을 하게 된 계기는 종업원들을 위한 작업환경에 대한 개선이 생산성에 어떤 영향을 미치고 있는지를 조사하고자 하는 과학적 관리의 전통적 분위기에서 출발하였다. 이 실험의 주요 내용을 살펴보면 다음과 같다.

① 조명실험(1924. 11~1927. 4)

이 실험은 조명의 질과 양이 노동자의 생산 능률에 미치는 관계를 알아보려고 하였다. 연구 결과는 예상과 달리 조명의 밝기와 작업능률과의 관계는 아무런 영향이 없는 것으로 나타났다.

② 계전기 조립실험(1927. 4~1929. 6)

계전기를 조립하는 6명의 여공을 대상으로 기존의 작업능률향상에 도움이 된다고 생각되는 조건들(예를 들면 작업시간의 단축, 휴식시간의 합리적 배정, 간식의 제공, 임금 제도 및 작업환경의 개선 등)에 대하여 실험해 보았지만 결과는 조명실험과 마찬가지로 이들 조건과 생산성 향상과는 관계가 없었다. 오히려 종업원의 사기나 부하에 대한 감독 방법, 인간관계 등의 심리적 조건이 생산성 향상에 영향을 미치고 있다는 결론을 얻었다.

③ 면접실험(1928. 9~1930. 5)

종업원들의 불만에 대한 면접조사를 실시한 결과 물리적 조건이 근로자의

8) 김영규, 경영학원론, 박영사, pp. 92~93.

생산성에 영향을 미친다는 종래의 학설과는 다르게 작업장의 사회적 조건과 근로자의 심리적 조건이 근로자의 태도와 생산성에 영향을 미치고 있다는 결론을 얻었다.

④ 배전기권선실험(1931. 11~1932. 5)

14명의 남자종업원을 대상으로 한 배전기권선실험은 비공식적인 집단행동에 관한 연구였다. 이 실험결과에서는 회사가 정한 공식조직과는 별도로 자연발생적으로 형성된 비공식 내지 자생적 그룹(informal group)이 존재한다는 것을 인식하게 되었다.

(3) 인간관계론의 연구 결과와 영향

과학적 관리법의 대한 반동으로 인해 생겨난 인간관계론은 인간의 정서적·심리적 측면에 대한 주의를 기울인 결과 인간은 물질적인 요인에 의해서만 움직이는 것이 아니라 정신적 요인에 의해서도 많은 영향을 받고 있다는 사실을 발견했다.

호손의 연구결과를 요약하면 다음과 같다.

첫째, 경제적 요인뿐만 아니라 작업자 간의 인간관계, 지휘방식, 사기, 감정과 같은 심리적·사회적 요인도 생산성에 직접적인 영향요인이 된다는 것을 알게 되었다.

둘째, 비공식집단(informal group)의 역할은 조직에 있어서 상당한 영향력을 가지고 있다는 사실을 알게 되었다. 특히 비공식집단 내에서도 별도의 독특한 규범(norm)이 존재하게 되는데, 이것이 집단 구성원들의 실제 행동에 영향을 미치고 있음을 알게 되었다.

셋째, 개인이 비공식적 집단에 소속하게 됨으로써 공식적 조직구조로부터 받는 소외감을 극복하게 된다는 것이다. 비공식적 조직에서 친밀한 행동기준을 발견하게 되었는데, 이러한 행위들이 공식조직에서 받지 못하는 심리적·사회적 욕구를 충족시키고 있다는 사실을 알게 되었다.

이러한 호손실험의 결과는 당시 상황하에서는 큰 발견이었기 때문에 인간관계운동을 불러일으켰으며 그 결과 전산업계에 파급되게 되는 기폭제가 되었다. 이 연구로 인하여 조직은 사회적 시스템이며, 인간이 조직의 가장 중요한 요소 중의 하나라는 점을 널리 인식하게 되었다. 즉 경제적·기술적 요소 이외에도 개인과 집단의 심리적·사회적 요소가 조직성과에 미치는 영향력을 크게 인식하게 되었다. 또한 우리 인간은 경제적 동기뿐만 아니라 비경제적 동기도 존재함을 인정하게 되었다. 또한 비공식집단의 존재에 따른 집단규범과 집단행동의 실제가 이해되기 시작하였고, 민주적 리더십의 중요성과 참여의 가치를 인식하게 되었다.

2. 행동과학

행동과학은 조직에 있어 인간행동에 영향을 미치거나, 이를 결정하는 요인에 관한 지식을 체계화하려는 학문이다. 21세기 정보화 사회의 빠른 변화는 기업을 둘러싸고 있는 외부환경을 매우 복잡하게 만들고 있다. 이에 따라 조직의 구성요소인 인간은 많은 변화와 문제에 직면하게 되었다.

이러한 인간을 보다 종합적이고 과학적이며 실증적인 방법으로 연구하려는 필요성을 인식하게 되었다. 1950년대부터 심리학, 사회학, 인류학 등 인간행동을 연구하는 사회과학분야가 서로의 전문영역을 초월하여 종합적 관점에서 공동연구의 인식을 바탕으로 행동과학론이 등장하게 되었다.

행동과학은 고전학파들이 경시한 인간성에 초점을 맞춤으로써 경영학을 한 걸음 진보시켰다. 그 당시 경영자들이 갖고 있던 경영철학, 즉 근로자는 기계이며 경영자는 기술자라는 관념을 변하게 하였다. 그 결과, 조직구성원들 간의 인간관계의 개인적 동기 및 경영자의 인간관계의 개인적 동기 및 경영자의 인간관계, 기술의 중요성이 부각되었다.[9]

행동과학이론은 리더십이론과 동기이론을 중심으로 전개되었다.

9) 윤훈현·김재명, 최신경영학원론, 석정, 1991, p. 41.

(1) 매슬로우의 욕구 5단계설

매슬로우(A. H, Maslow)는 「동기부여와 개인(*Motivation and Personality*, 1964)」에서 인간의 욕구란 여러 계층으로 형성되어 있으며 낮은 단계의 욕구계층이 충족된 후 상위 단계의 욕구가 인간행동을 결정한다고 가정한 '인간욕구 5단계설'을 주장했다. 이러한 매슬로우의 욕구 5단계설은 정상적인 개인들의 행동을 결정짓는 다양한 동기요인으로 욕구체계를 제시함으로써 조직행동의 동기를 이해하는 데 중요한 기여를 했다.

■ 인간욕구의 5단계

① 1단계 : 생리적 욕구(physiological needs)

인간의 기본적 욕구로 생존을 위한 기초적 욕구(음식, 주거, 수면, 성 등)

② 2단계 : 안전의 욕구(safety needs)

신체적 위험으로부터 안전해지고 싶은 욕구(신체적 보호, 안정된 직업 등)

③ 3단계 : 사회적 욕구(social or love needs)

집단의 일원으로 귀속되고 싶은 욕구(교제, 친분, 소속감 등)

④ 4단계 : 존경의 욕구(esteem needs)

자존심과 타인의 존경을 받고 싶은 욕구(존경, 승인, 지위 등)

⑤ 5단계 : 자아실현의 욕구(self actualization needs)

최상위의 욕구이다. 자기능력을 개발하고 최대로 발휘하고자 하는 욕구(자율성, 보람 있는 직무, 능력개발, 책임감, 성취적 행동 등)

이러한 5가지 욕구 중에서 일반적으로 생리적 욕구·안전의 욕구·사회적 욕구는 하위욕구로 분류되며 존경의 욕구·자아실현의 욕구는 상위욕구로 분류된다. 이상의 매슬로우의 욕구 5단계모형은 〈그림 2-2〉와 같이 나타낼 수 있다.

그림 2-2 매슬로우의 욕구의 계층구조

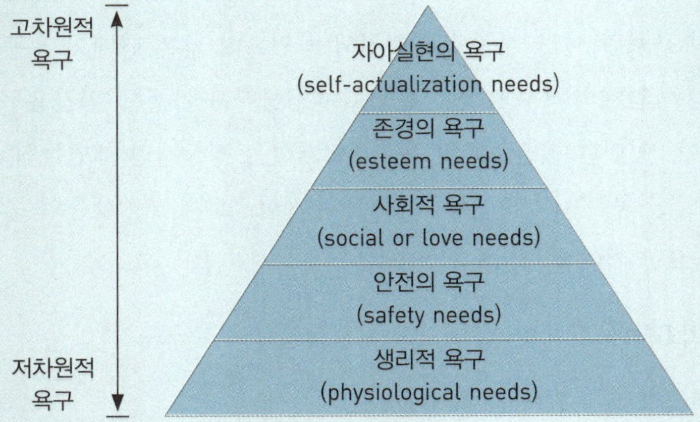

(2) 맥그리거의 X · Y이론

맥그리거(D. McGregor)는 「기업의 인간적 측면(*The Human Side of Enterprise*, 1960)」이라는 저서에서 전통적 인간관(X이론)과 새로운 개념의 인간관(Y이론)을 동기부여란 관점에서 비교하고 경영관리에서는 인간본성에 관한 'X · Y 이론'을 주창하였다.

표 2-1 인간성에 대한 가설

X 이론	Y 이론
① 일이란 원래 대부분의 사람들에게 있어서 하기 싫은 것이다.	① 일이란 작업조건만 잘 정비되면 놀이하는 것과 같이 극히 자연스러운 것이다.
② 대부분의 사람들은 야망이 없고 책임지기를 싫어하며 지시 받기를 좋아한다.	② 조직목표를 달성하는 데는 자기 통제가 불가결하다.
③ 대다수 사람들이 조직의 문제를 해결하는 데 창의력을 발휘하지 못한다.	③ 노직의 문제를 해결하기 위한 창의력은 누구나 가지고 있다.
④ 동기부여는 욕구나 안전의 욕구단계에서만 가능하다.	④ 동기부여는 생리, 안전의 욕구뿐만 아니라 사회적 존경, 자기실현의 욕구단계에서도 가능하다.
⑤ 대다수 사람들은 엄격히 통제되어야 하고 조직목표달성을 위해서는 강제되어야 한다.	⑤ 사람들은 적절히 동기가 부여되면 일에 자율적이고 창의적이다.

맥그리거는 인간은 욕구를 갖게 되며 이를 만족시키기 위해 노력하고 행동한다는 것이다. 그러나 인간이 가진 욕구에는 저차원적인 욕구와 고차원적인 욕구가 있는데 X이론은 바로 저차원적인 욕구를 가진 인간관에 근거하고 있다. 반면 Y이론은 고차원적인 욕구를 가진 인간관에 근거하고 있다고 주장하고 있다.

이처럼 인간에 대한 상반되는 가정을 동양적인 윤리관에 비춰 보면 순자의 성악설과 맹자의 성선설과 비교된다. 맥그리거는 전통적 인간관인 X이론의 관점은 옳지 않다고 주장하면서 새로운 인간관, 즉 Y이론의 관점에 의해 모든 관리방식이 바뀌어야 한다고 주장하고 있다.

또한 맥그리거는 부하가 X이론적 인간인지, Y이론적 인간인지에 따라 리더십 방법도 크게 달라져야 한다고 생각하여 리더십의 유형을 전개하기도 했다. X이론적 인간관을 가진 종업원을 관리하기 위해서는 처벌에 의한 강제나 통제, 지시, 위협 등을 사용할 수밖에 없다고 하였다. 반면 Y이론적 인간관을 가진 종업원을 관리할 때에는 독려와 인정, 그리고 칭찬이 효과적이라고 주장했다.

(3) 아지리스의 미성숙-성숙이론

예일대학의 아지리스(C. Argyris) 교수는 「퍼스낼리티와 조직(*Personality and Organization*, 1957)」이라는 저서에서 개인과 조직 사이에 존재하는 대립에 주목하면서 동기부여를 중심으로 종업원의 행동과 개인적 성장에 어떤 영향을 미치고 있는지를 발견하기 위해 기업조직을 검토한 후 개인이 성숙하는 과정에

표 2-2 아지리스의 미성숙-성숙의 연속체

미성숙(immaturity)	성숙(maturity)
• 수동적	• 능동적
• 의존성	• 독립성
• 한정된 행동양식	• 다양한 행동양식
• 변덕스럽고 얕은 관심	• 깊고 강한 관심
• 단기적 안목	• 장기적 안목
• 종속적 지위	• 동등 내지 상위의 지위
• 자아의식의 결여	• 자의의식과 자기통제

서 7가지 변수가 있다는 것을 발견했으며, 이것은 하나의 연속선상에서 미성숙 상태에서 성숙상태로 발전한다고 주장하였다.

행동주의 경영이론을 체계적으로 정리해 보면 〈그림 2-3〉과 같이 요약할 수 있다.

그림 2-3 행동주의 경영이론의 체계

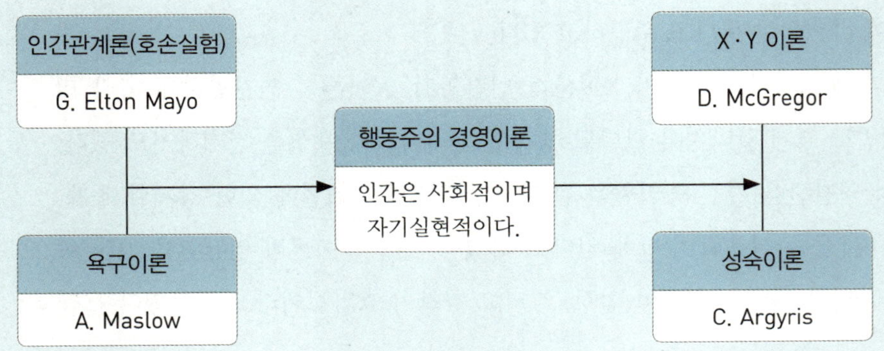

자료 : John R. Schermerhorn, *Management for Productivity*, John Wiley & Sons. Inc., 1989, p. 48.

Part 02

기업환경과 사회적 책임

02

Chapter

03

기업환경

비전으로 삶을 품자!

누구나 태어나면 사회에 나가서 성공을 하고 싶어 한다. 그런데 그렇다고 모두 다 성공하는 것은 아니다. 성공하는 사람들은 어릴 적부터 보통 사람과 뭔가 다른 점을 볼 수 있다. 특히 자질, 행동 등이 남다른 점을 볼 수 있다. 그런데 그중에서도 성공에 있어 중요한 것이 바로 인생에 있어 자신의 비전을 갖는 것이다. 그것도 빠르면 더 좋다. 흔히들 그 분야에서 어릴 적부터 두각을 나타내 보이는 사람을 천재라고 한다. 과연 천재들은 머리만 좋을까? 당연히 두뇌도 명석하지만 어릴 적부터 자신이 무엇을 잘하고 어떤 일을 할 것인지를 정해서 누구보다 더 많이 노력을 한다.

우리 인간은 비전과 꿈이 있어야 삶의 의욕도 생기고 몸과 마음이 건강해진다. 우리가 미래에 대한 희망을 갖고 미래로 나아가는 데 있어 비전은 이정표 역할을 한다. 비전은 도전과 위험을 감수할 수 있는 용기를 갖게 해준다.

그럼 왜 비전으로 삶을 품어야 할까? 그 해답은 바로 비전의 기능에서 알 수 있다. 비전으로 기능을 살펴보면 다음과 같다.

첫째, 비전은 현재와 미래를 연결하는 기능을 한다.

비전은 현재 상태에서 시작해 미래 자신이 도달하고자 하는 목표를 실현하기 위해 올바른 방향으로 나아갈 수 있도록 연결해 준다. 만약 조직의 리더라면 조직원들이 현재 상태에서 미래의 꿈을 향해 나아갈 수 있는 비전을 제시할 능력이 필요하다.

둘째, 비전은 자신이 하는 일에 열정과 헌신을 고무시켜 준다.

비전은 자신의 하고 있는 일에 열정을 불러일으킨다. 따라서 비전은 최선을 다해 도전할 만한 가치가 있는 것에 몰입하게 만든다. 그러므로 비전은 의지, 갈망, 헌신, 인생을 보람있게 만들고 사회를 개선하는 일에 헌신하도록 고무시킴으로써 기대 이상의 결과를 가져오게 만들어 준다.

셋째, 비전은 자신의 하는 일에 의미를 고취시켜 최선을 다하게 만든다.

지금하고 있는 일이 어떤 일이고 그 일이 의미가 있다고 생각하는가? 그런데 보통 사람들은 주어진 일이니까 하고 현재 하는 일에 의미를 느끼지 못하는 경우가 많다. 우리가 매일 같이 하는 일은 삶에 있어 매우 중요하다. 대부분의 사람들은 자신이 하는 일에 대해 깊이 있게 생각하지 않는다. 그런데 실상은 그렇지 않다. 자신이 하는 일이 얼마나 중요한지를 안다는 것은 그렇지 않은 경우와 비교해 볼 때 매우 큰 차이를 보이게 된다. 일의 의미에 대해서 외적 요인(돈, 명예 등)보다 내적 요인(성취감, 인정 등)이 더 많은 영향을 미치게 된다.

넷째, 비전은 수월성의 기준을 제시한다.

비전은 자신이 하는 일에 기여 정도를 평가할 수 있는 수월성(excellence) 기준을 제공한다. 그러므로 비전을 가진 사람은 자신이 하는 일에 모든 면에서 최상의 표준에 도달하기 위해 노력함으로써 노력에 대한 효과를 극대화시켜 준다.

아무리 좋은 비전도 단지 구호에 그쳐서는 안 된다. 비전이 만들어지면 구체적으로 비전을 추진하기 위한 기한까지 포함한 완전한 계획을 수립하고 명확한 과제를 선정해야 한다. 따라서 비전을 추진하기 위해서는 비전 실행을 단계적으로 접근하는 것이 중요하다.

높은 수준의 비전을 가졌지만 행동으로 이어지지 않는다면 몽상가에 불가하다. 비전이 없이 하루하루 열심히 살아가는 행동가도 많다. 그러나 이제는 자신의 목표를 명확히 설정함으로써 최고의 비전을 갖고 그 비전을 달성하기 위한 행동으로 이어진다면 가장 효과적인 자신의 미래를 살아갈 수 있을 것이다.

– 변상우, 〈행복하면 성공하게 되고 리더가 된다〉, 도서출판 청람, 2014

제 1 절
기업환경의 중요성과 특성

1. 기업환경의 중요성

기업환경(business environment)이란 기업 활동에 직·간접적으로 관련을 맺고 있는 내·외부의 상황을 의미하며, 그중에서도 기업 활동에 영향을 미칠 수 있는 힘(force)을 지닌 상황요인을 말한다.

기업은 언제나 다양한 환경 속에서 생존하고 상호작용하면서 성장·발전하기 때문에 현대 기업은 언제나 환경적응 문제에 직면하게 되고, 환경에 적응하지 못하면 개인, 기업, 국가도 생존의 위험에 직면하게 된다.

이러한 환경문제는 앞으로 더욱 심각해질 것이고 더욱더 빠른 속도로 기업에 다가올 것이기 때문에 환경문제의 중요성이 더욱더 강조되고 있다.

고전적 경영학에서는 기업의 경영문제를 다루는 데 있어서 단순히 기업 내부문제에만 관심을 기울였다. 즉, 환경은 불변이고 주어진 것이므로 기업은 경영합리화에만 전력하면 되는 것으로 인식하였다. 그 결과 정치, 경제, 사회문화 등과 같은 외부환경의 변화가 조직에 미치는 영향에 대해서는 등한시하였다.

그러나 대규모 기업이 등장하고 이들 기업활동이 사회전반에 미치는 영향력이 증대됨에 따라 기업의 사회적 책임이 강조되고, 치열한 경쟁과 환경여건의 급변에 따라 환경변화에 대한 예측과 대책수립이 어렵게 되었으며, 변화하는 환경에 적응해 나가기 위해서 환경에 대한 이해와 예측이 중요한 의의를 갖게 되었다.

따라서 기업은 환경문제에 대해 보다 많은 관심을 가져야 하는데 그 이유를 살펴보면 다음과 같다.

첫째, 자본주의 경제의 발달로 기업전반의 구조적 변화는 세계경제의 구조에도 질적 변화를 가져왔다. 특히 기업을 둘러싼 경제적 환경에서 큰 변화가 일어났다.

둘째, 경제적 환경뿐만 아니라 정치적·사회적·심리적 환경 등 소위경제외적 환경도 크게 변화함으로써 기업활동에 중요한 영향을 미쳤다.

셋째, 민주주의발달로 기업과 지역사회와의 관계에도 큰 변화가 일어남으로써 지역사회가 기업경영에 주요한 영향을 미치게 되었다.

넷째, 기업에 대한 기존의 연구가 정태적 분석에서 동태적 연구로 바뀜에 따라 기업을 개방시스템으로 보아 기업활동을 시스템적으로 파악하게 되었다.

다섯째, 기업에 미치는 여론의 영향이 커짐으로써 소비자보호운동, 반핵·반전운동, 여성해방운동 등과 더불어 환경보호 캠페인도 매스컴을 통해 자연히 여론을 촉진시키게 되었다.

여섯째, 공해문제가 심각할 정도로 악화됨으로써 자연생태계를 둘러싸고 지역사회나 일반대중들의 관심이 그 어느 때보다도 고조되었다.

일곱째, 현대자본주의 경제의 핵을 이루는 기업에 대해 정부가 한편으로는 공적 규제를 가하고, 다른 한편으로는 각종 지원과 유인을 주는 등 정부가 기업경영에 중요한 영향을 미쳤기 때문이다.

2. 기업환경의 특성

오늘날 기업을 둘러싼 환경의 특성에 대해 살펴보면 환경요인들 간의 상호관련성, 환경의 복잡성, 환경의 불안정성, 환경의 불확실성을 들 수 있다.

(1) 상호관련성

상호관련성이란 한 요인의 변화가 다른 요인들에게 영향을 미치는 정도를 의미한다. 즉, 환경 변수 중 하나의 변화가 다른 요인들에게 영향을 미치게 되고 하나의 외적인 요인이 다른 요인에 변화를 야기시킬 수도 있다.

다양한 환경적 요인들의 상호 관련성에 의한 효과는 기업에 영향을 미치는 환경 요인들은 독립적이기보다는 요인들 상호간에 상호밀접한 관련성이 있다는 것을 인식하여야 한다.

(2) 복잡성

복잡성은 2가지 의미를 지닌다.

① 조직이 대응해야 하는 외적 요인의 수

② 각각의 요인 안에 존재하는 다양성의 정도

외적 요인의 수는 다양한 정부규제, 잦은 노사협상, 다양한 이해관계자 집단 수많은 경쟁자, 급속한 기술개발 등 기업의 경영활동에 영향을 미치는 요인들이다.

다양성이란 제품생산을 위해 다양한 원재료를 사용하고, 국내기업 및 해외기업들과 거래하고, 다양한 분야의 전문가들은 고용하고 있는 기업이 직면하는 문제들이다.

또한 급속하게 기술개발이 이루어지고, 서로 다른 다양한 기술을 사용하는 기업은 그렇지 않은 기업보다는 다양성 면에서 복잡한 환경을 지니게 된다.

(3) 불안정성

환경의 불안정성은 기업환경의 변화율을 의미한다. 많은 학자들은 현대 기업환경의 가장 큰 특징이 기업을 둘러싼 다양한 변화가 증가하고 있다고 한다.

그러나 전반적인 변화가 증가일로에 있다 해도 기업 간에는 차이가 있는데, 의약품산업, 화학산업, 전자산업이 기계부품산업, 자동차 부품산업보다 기술과 경쟁 면에서 변화율이 더 크다. 최근 가장 급속한 변화율을 보이는 업종은 항공우주산업, 컴퓨터산업, 통신산업과 생명공학 분야이다.

또한 여러 나라에 생산설비들은 보유한 기업이나 해외 여러 나라에서 원재료를 획득하는 기업들은 생산과정상 불안정성이 높다. 환경의 복잡성과 관련하여 볼 때 고도로 불안정한 환경에 처해 있는 기업이 효과적인 의사결정을 위해서는 다양한 정보를 획득해야 한다.

(4) 불확실성

환경의 불확실성은 주어진 요인에 대한 정보의 양과 그 정보에 대한 신뢰성을 의미한다. 유용한 정보가 거의 없다면 그리고 그 정보의 정확성에 대한 신뢰성을 가질 수 없다면 이 때의 환경은 불확실한 것이다.

기업이 세계화될수록 정보의 정확성에 대한 신뢰성은 감소된다. 외국의 전문가에 대한 의존도가 높은 경우 외국어로 쓰여진 분석들은 불확실성을 증가시킨다.

환경의 불확실성이 높을수록 효과적인 의사결정은 더욱 어려워진다.

제 2 절

기업환경의 유형

조직은 개방시스템(open system)으로써 생물체처럼 환경으로부터 영향을 받고 끊임없이 상호작용을 한다.

또한 환경에 민감하게 반응하며 적응을 잘하는 조직과 그렇지 못한 조직 간의 성과의 차이는 불을 보듯 명확할 것이다. 그러므로 기업이 처한 환경은 기회(opportunity)가 되기도 하고 위협(threat)이 되기도 한다.

그림 3-1 기업환경의 분류

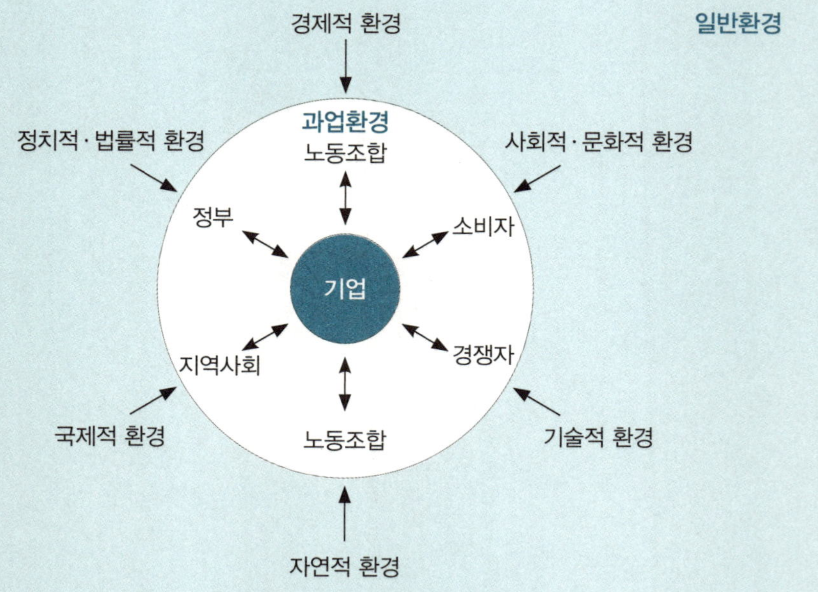

기업이 처하게 되는 환경은 크게 일반환경과 과업환경으로 나눌 수 있다.

일반환경(general environment)은 사회 전체적으로 모든 기업에 공통적으로 영향을 주는 환경으로 기업입장에서는 관리가 힘들기 때문에 이에 잘 적응하는 것에 초점을 맞추게 될 것이다.

과업환경(task environment)은 기업과 매우 밀접한 관련은 맺고 있으며 직접적으로 기업에 영향을 미치는 환경으로 그 대상이 명확하여 기업이 이에 영향력을 행사하며 관리할 수 있다.

1. 일반환경

(1) 경제적 환경

경제적 환경(economic environment)이란 기업활동에 직접적인 영향을 미치는 경제시스템 전반을 말한다. 시장의 이자율과 물가, 환율의 변동은 기업에 중대한 영향을 준다. 즉, 이자율의 상승은 부채비율이 높은 기업의 부실화를 초래할 수 있다.

또한, 환율의 상승은 수출기업의 가격경쟁력을 높이지만, 수입을 주로 하는 기업에게는 불리하게 작용한다.

그리고 사회전반에 걸쳐 경기가 침체되거나 또는 호황일 때 기업에 미치는 영향은 다르다.

(2) 정치적·법률적 환경

정치적·법률적 환경(political·legal environment)이란 사회에서 발생하는 사회적 지배의 구조와 과정을 포함한 것으로서 주로 법률과 공공정책이 포함되며 법률과 공공정책이 사회 이해관계자 집단에 의해 영향을 받아 형성되어지는 과정을 말한다.

정치적 환경은 한 나라의 권력구조, 법률체제, 각 정치집단이 기업활동에 대해 갖고 있는 태도 등을 포함한다. 일반적으로 선진국일수록 정치가 안정되어 있고 또한 각 정치집단들의 태도나 가치관에 대한 예측이 가능하다.

그러나 독재자가 정권을 잡고 있거나 권력투쟁이 빈번히 일어나는 나라일수록 정치적 환경은 예측하기가 힘들며 그만큼 경영자들에게는 불리한 환경이 된다.

또한 정치는 다양한 법률을 통하여 그 영향을 미친다. 즉, 독과점규제법, 공정거래법, 소비자보호법, 방송광고법, 공해방지법, 부동산 소유와 관련된 법률 등 경영자가 잘 알고 있어야 할 법률이나 행정규칙은 무수히 많다.

법률적 환경이란 기업이 경영활동을 수행할 때 이에 관련되는 규칙이나 질서와 같은 요인이다.

어떤 법률이 제정되느냐에 따라 사회변화가 일어나며 기업은 직·간접적으로 규제나 혹은 지원을 받게 된다. 기업활동에 관련된 중요한 법률을 보면 다음과 같다.

① 상법

상법은 기업활동의 전반에 관해 규율하는 법으로써 기본목적은 기업의 유지발전과 거래의 원활한 안전을 도모하고 기업주체 간의 이익조정을 위한 것이다. 이러한 목적을 위해 기업조직과 활동에 대한 많은 규정을 두고 있다.

② 노동관련법

노동관련법은 근로자들의 생존권의 확보와 생활이익의 보당이라는 사회정책적인 입장이 고려되기 때문에 근무시간과 적업조건, 직업안정, 임금, 보건위생, 근무계약, 복리후생, 재해보상 등 기업내부에 있어서 고용관계의 측면을 전반적으로 규제하는 것이다.

③ 공정거래법

공정거래법은 기업의 활동에 중요한 영향을 미치는 법으로 각 경제주체가 공정거래의 준수사항을 지키도록 함으로써 기업활동의 공정성과 합리적인 생산·소비관행이 정착되도록 규제한다.

④ 세법

세법은 기업의 정책 수립 방향, 자금조달의 유형, 수익 배분, 기업이 조직되고 통제되는 방식 등 산업 전체의 효율성에 전반적으로 영향을 미친다.

(3) 사회·문화적 환경

사회·문화적 환경(social·cultural environment)이란 사회를 구성하고 있는 개인의 행동에 형향을 미치는 집단이나 문화, 가치관, 전통 내지 관습 등과 같은 사회적 제도나 태도 등을 말한다. 이러한 사회·문화적 환경은 기업의 활동과 가치관 등에 영향을 주게 된다.

즉, 교육을 중시하고, 노동을 기피하는 가치관, 여성의 권익을 보호하려는 사회분위기, 인맥과 지연을 중시하고, 명분을 강조하는 전통, 과정보다는 결과만을 중시하는 사회풍조 등은 기업의 대외적 활동이나 종업원 관리방식에 영향을 준다.

(4) 기술적 환경

기술적 환경(technological environment)이란 기업에 영향을 미치는 한 국가나 산업의 기술수준을 말한다.

기술이란 일정한 목적을 달성하기 위한 수단으로 실제 문제의 해결에 과학적 지식을 응용한 것인데, 어떤 일을 어떻게 하는가 하는 방법에 관한 모든 응용지식, 즉 노하우(know-how)를 말한다.

최근 기업이 직면하는 기술적 변화는 점점 가속화되고 있다. 특히 정보 통신, 컴퓨터 기술, 유전공학, 생명공학 등의 분야에서 두드러지게 나타나고 있는데, 기업이 이에 적절히 대응하지 못하면 기업의 미래가 보장되지 않는다.

(5) 자연적 환경

자연적 환경(natural environment)이란 기업을 둘러싸고 있는 자연자원, 대기, 일기, 기후 등과 같은 자연조건을 말한다.

사실상 자연에 보존되어 있는 토지나 자연자원이 어떠냐 하는 것은 한 나라의 경제나 기업의 발전과 성장에 상당한 영향을 미친다.

자연적 환경을 구성하고 있는 토지나 자연자원 등은 경제발전에 필요한 생산요소의 하나가 되는 것이다.

자연적 환경이 기업활동에 있어서 중요하게 부각된 것은 환경오염과 파괴로 인한 폐해가 사회문제로 대두되면서부터이다.

즉, 공해문제, 자원고갈문제, 새로운 에너지의 개발문제, 그리고 식량문제 등이 광범위한 영역에 걸쳐서 제기되고 있다.

따라서 공해나 환경오염과 같은 문제에 기업이 보다 많은 관심을 기울이게 되었고, 기업은 스스로 자연환경보호를 위한 정책을 채택하게 되었다.

(6) 국제적 환경

국제적 환경(international environment)이란 한 기업이 국경을 넘어 다른 나라의 기업, 국가와의 경영활동을 수행할 때 발생하는 영향요인을 의미한다.

국제기업의 경영활동은 국내기업의 경영활동과는 달리 경영활동 대상국의 정치적·사회적·문화적·법률적 환경의 영향에 따라 그 기업의 성장성과 수익성에 큰 차이가 난다.

그리고 새로운 국제교육질서로써 GATT, UR, WTO, 환경문제와 무역을 연계시킨 GR(green round), 부당한 근로조건으로 생산된 상품교역을 규제하는 BR(blue round), 기술보호문제를 다루는 TR(technology round), 공정경쟁 구축을 위한 CR(competition round) 등과 같은 국제적 규제를 따르지 않으면 기업이 세계화시대에 생존할 수 없다.

2. 과업환경

일반적 환경은 모든 조직에 광범위하게 영향을 미치는 반면 과업 환경(task environment)은 특정 조직이 활동과정에서 직접적으로 상호작용하는 이해자집단과의 관계라고 할 수 있다.

기업의 과업환경으로는 주주, 소비자, 정부, 노동조합, 지역사회, 경쟁자, 공급자, 금융기관 등이 포함된다.

(1) 주주

주주(stockholders)는 기업의 출자자로서 기업의 소유자가 되는 것이다. 현대기업 특히 대기업은 주식이 고도로 분산되어 있어 대부분의 주주들은 소유권 행사를 하지 않고, 다만 매매에 의한 시세차익이나 배당금을 주요 목적으로 하는 경우가 많다.

따라서 경영자는 회사의 이윤이 주주들에게 공정하게 배분이 되도록 해야 한다. 그 결과 주주는 회사의 좋은 지지자가 되고 또한 선전자도 되는 것이다.

회사가 주주들과 좋은 관계가 유지된다면 주주는 회사를 신뢰하고 기업 이미지도 개선된다.

그러나 경영자나 이사가 주주의 이익에 반하는 행위를 하여 주주들에게 손해를 가져다주면 주주들은 적극적으로 주주소송을 통하여 권리를 행사하게 된다.

(2) 소비자

수요보다 공급이 많아진 최근의 경우, 공급자들의 경쟁이 심해지고 소비자의 위상이 상대적으로 높아지게 되었다.

드러커(P. F. Drucker) 교수는 현대기업의 경영목표는 고객창조(create to customer)라고 했다. 이는 소비자 지향적인 경영을 의미하는 것으로 기업이 공급자 위주가 아니라 수요자중심의 경영을 강조한 것이다.

따라서 현대경영은 '고객만족경영', 즉 'CS(customer satisfaction) 경영'의 방향으로 흘러가고 있다.

특히 최근에는 고객을 만족시키지 않고서는 지속적으로 수익을 창출하기 어렵기 때문에 소비자의 태도나 욕구는 경영활동에 중요한 관심사항이 되었다.

한편 소비자들이 자신들의 권리를 향상시키기 위해 조직적으로 벌이는 활동이나 소비자보호관련법률 등도 지속적으로 고려해야 한다.

(3) 정부

기업은 정부로부터의 각종 경제정책이나 법률·규정 등을 철저하게 준수하고 각종 세금제도나 환경보존에 대한 규제를 준수할 때 기업활동이 유지된다.

따라서 정부는 기업활동에 간접적으로 영향을 주기도 하지만 지원정책 또는 규제정책을 통해 직접적으로 개입하기도 한다.

이러한 정부의 역할을 보면 국민경제의 전체적인 관점에서 물가안정을 도모하기 위하여 가격결정에 직접 개입, 덤핑과 과당경쟁에 대한 규제, 경제력 집중의 방지, 불공정 거래행위의 제한, 임금인상률에 대한 규제, 특별소비세 신설 등은 기업활동에 직·간접적으로 영향을 미치고 있다.

(4) 노동조합

현대의 노사관계는 과거의 종속관계 또는 대립관계를 지양하고, 대등관계 또는 협력관계를 유지해야 한다.

즉, 노사관계를 이해대립으로 볼 것이 아니라 자본과 노동의 결합이라는 파트너십(partnership)의 관계, 동업자 관계로 승화시켜야 한다.

따라서 기업은 노조나 종업원에 대하여 임금문제나 복지 후생, 더 나아가서는 승진이나 직무안정과 같은 비경제적 보상에도 신경을 써야 하며, 근로 생활의 질(quality of working life : QWL)의 향상을 위해서 노력해야 한다.

(5) 지역사회

기업은 지역사회에 존재함으로써 지역사회에 대한 협력관계를 유지해야한다. 따라서 기업은 지역사회의 안녕과 발전을 위하여 공헌할 때 존속·발전할 수 있다.

특히 최근 지역사회의 환경문제에 대한 관심고조와 지방자치제 실시 등으로 지역주민들의 자치의식 및 권리의식이 함양됨에 따라 지역사회문제는 기업의 사회적 책임과 관련하여 기업의 중요한 이해자 집단으로 등장하게 되었다.

(6) 경쟁자

동일한 고객을 확보하기 위하여 경쟁하는 조직을 경쟁자(competitor)라 한다. 코카콜라와 펩시콜라는 청량음료시장의 경쟁자이고, 다시마와 맛나는 조미료시장의 경쟁자이다.

가격결정, 신제품개발, 마케팅전략 등과 같은 경쟁업체의 움직임은 기업의 생존에 큰 영향을 끼치는 환경요소로써 지속적 관찰과 정보수집이 필요하다.

경쟁자들이 불필요한 광고나 비방 등으로 사회적 물의를 일으키기도 하지만, 기술 축적·신제품개발·품질향상·가격인하 등을 통하여 소비자에게 혜택을 제공한다.

(7) 공급자

공급자는 기업 외부에서 중요한 영향력을 행사하는 집단이다. 오늘날 기업들은 원자재, 설비, 노동, 자본 등을 제공해 주는 공급업자 또는 하도급업자와 제품의 유통이나 판매를 담당하는 수많은 거래처들이 있다.

또한 대기업과 중소기업 간에는 경영·자본·기술의 협력관계가 있어야 한다.

이와 같이 각종 거래관계에 있는 거래처들에 대해 상호 이익증진을 위해 노력해야 하는 것이 현대기업이라 할 수 있다.

기업은 필요한 투입물을 가능하면 저렴한 가격으로 적시에 공급받기를 원한다. 필요한 인력·자금·원자재·부품을 제때에 공급받지 못하거나 높은 가격에 구입해야 한다면 최종 생산물의 품질과 가격경쟁력은 떨어질 수밖에 없고 결과적으로 기업의 생존이 어렵게 된다.

(8) 금융기관

기업환경으로써 금융기관은 기업조직의 참가자이면서 경영전략을 위한 의사결정에 큰 영향을 미치고 있다.

즉, 기업의 대형화 및 국제화전략은 뒷받침하는 자본조달의 문제는 주주에 의존하는 것보다 금융기관의 지원이 큰 역할을 하게 된다.

더욱이 자본주의체제하에서의 기업활동은 자금조달이 필수적이며, 동시에 기업의 전략결정에 항상 재무적인 고려가 큰 비중을 차지하고 있기 때문에 기업이 이해관계자집단 중에서 금융기관의 영향력을 소홀히 할 수 없는 것이다.

제 3 절 기업환경 관련 이론

환경과 기업과의 관계에 있어서 환경주체의 문제를 명확하게 해 두지 않으면 안된다.

환경을 환경주체의 적응행동의 제약조건으로써 본다면 상황인식과 의사결정에 의해서만 적응이 가능해지는 것이다. 적응이라는 행동은 균형과 조정을 포함한 행위로 그 기본적 패턴은 다음의 2가지로 생각할 수 있다.

즉, 하나는 환경주체에 내재적 요인을 변화시켜 적응행동을 하는 것이다. 예컨대 경기가 침체기에 접어들면 이에 적응하기 위해 조업단축을 하는 것 등이 포함된다.

또 하나의 패턴은 환경주체에 외재적 요인을 변화시킴으로써 행하는 것이다. 예를 들면, 자사의 시장에 광고·선전 등을 강화하는 형태로 시장침투를 행함으로써 시장점유율을 높이는 것 등이 포함된다.

전자에서는 외재적 환경요인이 적응을 위한 의사결정에 대해 제약조건이 되지만, 후자에서는 내재적 환경요인이 적응을 위한 의사결정의 제약조건이 된다.

또한, 전자의 조업단축의 경우 불황의 심각도가 제약조건이 되고 후자의 광고·선전 등으로 인한 시장점유율 증대를 달성하고자 하는 경우에는 기업의 생산능력이 제약조건이 된다.

1. 조직균형이론

환경에 대한 기업의 적응이론으로써는 우선 조직균형이론을 들 수 있다. 이것은 기업이 사회환경으로써의 이해관계자집단과의 관계가 유인과 공헌 간의 균형으로써 파악되는 이론이다.

기업이 제공하는 유인이 개개의 이해관계자집단이 제공하는 공헌과 같거나 그보다 클 때 기업과 환경은 장기적·지속적으로 안정이 된다는 이론이다.

이 이론은 거래관계가 성립하는 이해관계자집단(종업원, 주주, 고객, 금융기관, 거래업자 등) 사이에서만 타당한 것이 아니고 정부, 지역주민, 자연 등의 시장원리가 적용되지 않는 분야에도 적용될 수 있다.

지역주민을 예로 들어보면, 공장 가까이에 사는 지역주민의 경우 보통 기업과는 별다른 관계가 없기 때문에 대립도 없고 유인과 공헌도 없다. 그러나 기업 측의 실수로 대기오염이라는 공해가 주민에게 피해를 입히게 되면 지역주민은 이해관계자 집단이 된다.

따라서 조직균형이론은 유인과 공헌의 균형이론으로써 기업과 환경, 특히 사회시스템 간의 관계를 분석하고 설명하기 위해서는 매우 유용한 이론적 수단이다.

2. 상황이론

조직적합이론은 상황이론(contingency theory)이라고 한다. 즉 환경의 상황이 바뀌면 기업의 경영기법도 바뀌게 된다는 것을 주장하는 이론이다.

예컨대 외부환경인 기술시스템의 상황과 기업 간에는 대응관계가 있다.

영국의 우드워드(J. Woodward)는 기업이 채용하는 생산기술이 특정한 경영조직과 대응관계를 가지고 있음을 발견했다. 그는 특정 환경에 적합한 기업의 최적의 경영관리상황이 있고, 환경이 변화하면 그것에 대응하여 기업의 경영상황도 바뀌게 된다는 것이다.

특정한 개별기업을 예로 들면, 기업의 환경이 비교적 안정되어 있는 경우와 불안정한 경우가 있다. 환경변수에 따라서 어떤 경영방법을 취할 것인가가 결정된다. 만일, 기업이 환경에 적합하지 않는 경영조직이나 경영방법을 채택하면 실적이 악화되지만 환경의 변화에 적응하고 최선의 전략을 수립하여 실행에 옮기면 오히려 실적이 향상된다.

예컨대 골프장에서 잡초제거를 위한 농약사용을 자제하는 골프장 경영자의 행동이 자연이나 지역주민의 상황에는 적합하지만, 골프장 경영측면에서는 오히려 코스 유지비가 상승하고 그로 인한 경기료 인상이라는 결과를 초래하게 되어 경제적 관점에서는 내방고객이 줄어들 수도 있고 수익성이 악회될 수 있다. 따라서 환경변화에의 적응행동은 간단하지가 않으며, 그것으로 인해 기업생존의 기로에 설 수도 있기 때문에 매우 신중하게 대처해야 한다.

제 4 절
환경경영전략

1. 환경경영의 의의

오늘날 환경을 고려하지 않는 기업활동을 생각할 수도 없지만 극단적인 환경지상주의도 문제가 된다.

즉, 지금까지 우리나라의 기업들은 경영활동을 수행하면서 환경규제를 회피하려는 데 관심을 집중하였다. 그러나 국내·외적으로 환경오염의 심각성이 상조되면서, 환경 중시 사고가 기업이 생산하는 제품과 기업의 주요한 경쟁력의 원천이 되고 있다.

따라서 기업경영 역시 적극적으로 환경경영을 실천해야 한다. 환경경영이란 기업활동이 환경보존에 도움이 되도록 전략을 수립하고 집행해 나가는 경영활동을 의미한다.

즉, 제품개발에서 생산, 유통, 소비, 및 폐기에 이르는 전 과정에서 환경오염 물질의 배출을 최소화하려는 기업의 노력을 환경경영이라 할 수 있다.

따라서 환경경영은 기존의 경영활동과는 질적으로 성격이 다르다. 기존의 경영은 품질경영, 성장경영, 수익위주경영 등 기업의 존재 이유인 이윤극대화를 추구하는 것이었다.

그러나 환경경영은 경제적 수익성과 환경보존을 양립시키는 방향으로 기업활동을 전개하는 것을 말한다.

오늘날 선진국들은 환경과 무역을 연계해 기업활동을 규제하고 있다. 특히 EU는 섬유 등에 대해 환경마크 부착 제품만을 수입하고, 각종 환경관련 인증 획득을 요구하고 있다. 또한 국내 소비자들도 제품 선택 시 환경요인을 고려하기 시작했다.

(1) 주주의 압력

주주들이 환경친화적 경영이 기업 이미지 제고에 상당히 중요하다는 것을 인식하고 기업에 요구하고 있다는 점이다.

예를 들어, 국제석유자본 쉘 그룹의 경영진들은 주주로부터 색다른 압력을 받고 있다. 1997년 주주총회에서 환경 등 기업의 사회적 책임에 관한 책임경영체제를 강화하자는 안건이 제출되었다.

수익, 주가관리 등 경영성과에 관한 질책은 많이 있었지만 주주로부터 환경을 보호하라는 압력을 받을 것이라고는 상상도 못했다.

이러한 예는 선진국의 경우이기는 하지만 주주들이 환경경영활동을 강화할 것을 요구하기 시작했음을 의미한다. 기업경영에서 품질과 가격이 기본이라면 환경은 기업경영의 필수조건이 되고 있는 것이다.

(2) 환경보호단체의 영향력 증가

환경보호단체나 소비자가 기업 경영에 큰 영향을 미치는 사례가 늘고 있다. 예를 들어, 버거킹은 중남미의 열대 우림을 파괴하고 개발한 목장의 쇠고기를 수입하다가 불매운동을 당했다.

버거킹은 매출감소로 고전을 겪다가 결국 남미산 쇠고기 수입을 금지했다. 한편 외국의 모피점과 국내 대형 모피업체들도 동물보호단체 등의 불매운동으로 경영난을 겪기도 했다.

또한 1991년 페놀사건으로 두산그룹 제품에 대한 불매운동이 일어나기도 했다. 환경보호단체나 소비자의 이러한 요구는 기업 활동에 가장 직접적이고 강력한 영향을 미친다.

(3) 대내외적으로 강화되는 규제

오존층 파괴, 지구 온난화, 산성비 등 지구의 환경오염이 심각한 수준에 도달함에 따라 환경보존을 위한 국제적인 차원이 규제가 강화되고 있다.

즉, 환경파괴에 효율적으로 대처하기 위해 선진국을 중심으로 몬트리올의 정서, 바젤협약 등 180여 건의 각종 환경협약이 체결되었거나 추진 중에 있다.

많은 국가들이 환경기준에 미달하는 제품에 대해서는 수입을 규제하거나 수출국에게 폐기물 회수를 의무화하는 국가도 증가하고 있다.

최근 기후변화에 대한 관심이 고조되고 유해물질의 안정성에 대해 논란이 일면서 주요 국가의 환경규제가 강화되고 있다. 2010년 이후 예상되는 미국·EU·일본·중국·캐나다 등 주요국의 환경규제 항목을 보면 총 25개로 전기전자·자동차·화학 등 분야도 다양하다.

환경정책을 명분으로 내세워 자국 산업을 보호하려는 녹색보호주의 논란도 거세질 전망이다. 이는 환경규제에 대한 공감이 빠르게 확산되고 있다는 방증이다. 문제는 이러한 환경규제가 국가 간 무역장벽으로도 작용한다는 것이다. EU를 중심으로 한 신화학물질관리제도(REACH)나 유해물질제한지침(RoHS) 등이 대표적이다.

최근 세계 각국의 환경규제를 보면 온실가스와 에너지 효율, 유해물질규제가 핵심이다. 특히 최근의 친환경 바람을 타고 세계 각국의 환경규제가 더욱 강화될 조짐을 보이고 있어 국내 기업들의 주의가 요구된다.

최근 환경규제의 특징을 살펴보면 다음과 같다.

① 환경규제 품목 확대

KOTRA에 따르면 환경규제가 적용되고 있는 품목군은 전지전자·기계·자동차·화학제품 등 사실상 거의 전 품목을 포괄하고 있다 해도 과언이 아니다. 특히 화석연료의 고갈 가능성과 화석연료 사용에 따른 기후변화에 대응하기 위해 에너지 사용기기에 대한 규제가 전 세계적으로 확대되고 있다.

문제는 이러한 환경규제가 기업 활동 전반에 영향을 미친다는 점이다. 제품과 서비스의 환경성에 중점을 두는 방향으로 환경규제가 추진됨에 따라 제품의 설계 단계에서부터 제조·유통·사용·폐기 등 전 과정이 규제대상이다. 온실가스 및 에너지 사용규제 강화에 따라 환경규제가 기업 활동에 미치는 영향이 더욱 확대될 것은 불 보듯 뻔하다. 실제로 EU의 에코 디자인 지침 적용대상 품목에 우리 주력 수출품목인 냉장고·TV 등 가전제품이 지난해 추가된 바 있다.

또한 '오염자 책임 원칙'을 기초로 유해 화학물질 및 폐기물 관리에서 제조업체 생산부터 재활용까지 환경 책임에 대한 의무를 갖도록 하는 추세이다. 미국의 경우 독성물질규제법(TSCA) 개정 시 기업의 화학물질에 대한 안전성을 입증토록 하고 있으며 주별로 전자제품 제조업체의 폐기물 회수 의무를 강화하고 있다. EU는 폐가전지침(WEEE)을 개정할 때 폐기물 관리에 있어 제조자와 수입자·유통자의 책임을 강화하는 방안을 추진 중이다.

이처럼 주요국은 환경규제 강화로 자국의 산업이익을 보호하는 성향을 나타낸다. 전략적 신성장 동력인 환경산업 관련 자국 기업에 대한 지원을 확대하는 한편 각종 환경규제를 강화해 자국 녹색시장 진입장벽을 강화하는 형태다. 각종 환경규제 조치는 환경산업 발전의 촉매제 역할을 하는 동시에 환경 보호를 빌미로 개도국의 선진국 진출에 보이지 않는 무역 장벽으로 작용하기도 한다.

② 규제 강화

주요국들의 환경규제 동향을 살펴보면 온실가스 배출규제가 우선이다. EU는 올 상반기 중 2013년부터 적용될 온실가스 배출량 허용치를 EU 차원에서 발표할 예정이다. 미국은 배출권 거래제를 통해 온실가스 배출을 제한하는 청정에너지안보법을 추진하고 있다. 현재 2020년까지 2005년 대비 17%, 2050년까지 83%의 온실가스 감축을 규정하는 법안이 하원을 통과했다. 일본은 2010년에 '지구온난화대책기본법'을 제정해 온실가스 감축목표 달성을 추진한다는 구상이다. 온실가스 거래제 도입, 지구온난화 대책세 도입, 고정매수가격제도 등을 통해 2020년까지 1990년 대비 25%, 2050년까지 80% 줄인다는 게 목표이다.

중국의 경우 코펜하겐 합의문에 따라 2020년까지 GDP당 탄소배출량을 2005년 대비 40~45% 감축한다는 계획안을 제시한 바 있다. 탄소배출 목표가 법적 구속력을 가질 수 있도록 한다는 방침이다. 자동차 배기가스 규제 강화도 주목해야 한다. EU는 2009년 자동차에 대한 탄소 배출규제에 이어 2010년 중 2016년까지 신규 등록 밴 차종의 배기가스 배출허용 한도를 평균 175g/km로 제한하는 내용의 규제를 채택할 것으로 전망된다.

프랑스의 경우 올 하반기부터 탄소세를 시행한다고 밝힌 바 있다. 에너지 효율 규제도 본격화된다. EU가 주도하고 있다. EU는 에너지 효율을 20% 끌어올리기 위해 에코디자인 지침, 에너지 라벨링 제도를 적용한 품목을 확대하는 등 에너지 효율 기준을 높여가고 있다.

건물 에너지의 효율도 높여야 한다. 2009년 말 EU 의회와 이사회가 건물에너지 효율 지침 강화안에 합의함에 따라 2010년 내로 법규가 확정될 전망이다.

이미 REACH를 통해 유해물질을 가장 강력하게 규제하고 있는 EU뿐만 아니라 미국·중국에서도 유해물질로부터 안전성 확보를 위한 움직임이 가시화되고 있다.

특히 EU에서는 별개로 있을 때는 아무런 문제가 없다가 다른 화학물질과 함께 인체에 흡수될 경우 유해한 부작용을 일으키는 혼합 화합물(케미컬 칵테일)에까지 규제 범위를 확대하자는 논의가 진행되고 있다.

③ 녹색보호주의 논란 심화

홍콩상하이은행(HSBC)에 따르면 신재생에너지·에너지 효율·수자원관리 및 폐기물 처리·환경금융으로 구성된 세계 기후변화 비즈니스시장이 2008년 5,300억 달러에서 2020년 2조 달러 규모로 성정할 것으로 전망된다. 이처럼 신성장 동력으로 부상하는 녹색산업에서 주도권을 잡으려는 각국의 움직임이 발빠르게 진행되고 코펜하겐 회담에서 국제적 합의 도출에 실패하면서 녹색보호주의 논란도 확대될 것으로 예상된다. 특히 수입품에 대한 탄소관세 부과 문제가 EU에서 적극 거론될 것으로 보인다.

이는 사르코지 프랑스 대통령을 필두로 코펜하겐 회의가 구속력 있는 합의 도출에 실패하자 엄격한 기후변화 조치를 취하지 않는 중국 등 국가에서의 수입제품에 탄소관세를 부과해야 한다는 주장을 제기하는 것이다. 이에 코펜하겐 기후회담 이후 탄소누출 위험으로부터 EU 산업의 경쟁력을 유지하기 위한 방안을 협의해 온 EU 회원국도 입장을 바꾸기 시작했으며 EU 이사회도 탄소관세를 재검토한다는 입장이다.

또한 EU는 현재 검토 중인 신폐가전지침 적용 품목에 태양광 패널을 포함시키는 것을 검토 중이다. 태양광 패널에 포함된 카드뮴·납 등 위험물질로 인한 오염을 줄이고 재생률을 높이기 위한다는 명목이다. 하지만 우리나라의 신규 유망 수출품묵으로 부상 중인 태양광 패널 산업에 영향을 미칠 수도 있다는 평가다.

환경규제는 세계적 트렌드이다. 우리나라 정부도 녹색성장을 미래 비전으로 제시하고 관련 정책을 추진하고 있지만 녹색관련 기업들의 정보는 취약한 상황에 있다. 우리 기업들이 환경규제에 대해 크게 신경을 쓰고 있지만 다른 선진국에 비하면 부족한 점이 많다. 기후변화 대응 기술 개발이 1~2년 안에 되는 것도 아니고 기술 개발이 되더라도 상용화되기까지는 오랜 시간이 걸리기 때문에 녹색 관련 정보와 환경규제 동향을 보고 기업들이 트렌드에 맞춰야 한다. 이는 녹색기술과 제품을 미리 준비해야 한다는 것과 일맥상통한다.

최근엔 예전처럼 무역규제 장벽인 상계관세나 반덤핑을 쓰기도 힘든 상황이다. 환경규제가 새로운 무역장벽이 될 수도 있다. 하지만 이러한 현상은 우리 기업에게는 위기인 동시에 기회가 될 수도 있다. 세계적인 환경규제 트렌드에 발맞추기 위해서는 KOTRA의 관련 정보가 필수다. 해외에서도 KOTRA의 현지화된 정보는 해외 진출 기업이라면 반드시 확보해야 한다.

〈표 3-1〉은 선진국에서 시행되고 있는 주요 환경규제 내용이다.

시장 자체가 친환경적인 기술과 상품 쪽으로 흘러가고 있다. 물론 규제가

표 3-1 선진국의 주요 환경규제

규제법	시행국가	주요내용	관련산업
자동차 배기가스수준	미국, EU	자동차 배기가스의 배출기준을 강화하여 대기오염 방지	자동차
포장쓰레기 규제법	독일	생산자의 폐제품 직접회수 및 재생포장사용쿼터 설정을 통해 발생량 억제	반도체, 가전, 기계, 화학
에너지세, 탄소세	유럽 각국	이산화탄소 배출량 및 석탄, 석유 등의 에너지 사용량에 세금을 부과하여 사용 억제	철강, 제지, 자동차, 섬유
환경마크제도	선진 각국	환경친화적인 상품에 제3자 인증을 수여함으로써 무공해 제품 개발촉진	전 업종

많아지면 성장이 저하되는 건 어쩔 수 없지만 우리나라의 경우 산업기술경쟁력에 비해 높은 수준의 녹색정책을 추구하고 있기 때문에 빨리 녹색산업이 육성되어 녹색관련 세계적 기업이 탄생하도록 정부는 물론 기업에서도 적극 노력해야 한다.

2. 우리나라 기업의 환경경영

환경규제에 따른 기업의 환경친화적 경영은 단기적으로는 추가 비용을 유발하지만 장기적으로 기업 이윤과 환경보존 활동의 양립이 가능하다는 것을 선진 기업들은 보여주고 있다.

경우에 따라서는 환경경영이 기업 경쟁력의 원동력이자 수익의 원천이 되기도 한다. 환경친화적 신제품 개발이나 이미지 구축전략을 통해 시장점유율을 높이기도 한다.

최근 환경보호와 기업 경쟁력 강화를 동시에 수행하는 선진 기업들이 점차 늘어나고 있다. 그러나 국내기업들은 1991년 페놀 사태 이후 관심이 고조되기도 했지만, 그 이후 환경에 대한 국내·외의 규제가 강화되고 기업들도 환경경영에 대한 필요성을 인식하고 있지만 아직은 제대로 환경경영을 실천하지 못하고 있다.

환경경영이 부진한 이유는 여러 가지로 생각할 수 있으나 다음과 같이 요약할 수 있다.

첫째, 경영진의 환경에 대한 인식부족이다. 환경경영은 최고경영층의 의지에 의존하는 경향이 상하다. 그러나 국내 기업의 경우 많은 최고경영층이 '환경경영은 비용유발'이라는 인식에서 아직 벗어나지 못하고 있는 실정이다.

둘째, 기업을 둘러싼 환경 위험에 대한 인식이 결여된 경우가 많다. 기업에 대한 잠재적 환경은 시장 위험·법적 위험·경영 위험·무역 위험 등으로 구분할 수 있다.

시장위험이란 불매운동, 경쟁력 상실, 매출감소, 시장개척 기회상실 등을 의미한다.

그리고 법적 위험에는 기업활동 규제, 가동중지, 인·허가 취소, 소송, 부담금 및 벌금 등이 있다.

경영위험은 오염복구 및 처리비용 증가와 가동률 하락 등이 있다.

무역위험에는 수주기회 상실, 반품, 클레임, 현지공장 폐쇄압력 등을 들 수 있는데 갈수록 위험의 강도는 높아지고 있다.

셋째, 종합적이고 체계적인 환경관리 시스템을 갖추고 있지 못한 경우가 많다. 환경경영은 기업 내의 일부 부서 혹은 전문가에 의한 기술적 관리방식에서 벗어나 전 직원의 참여를 바탕으로 전사적 차원에서 실시되어야 한다.

그러나 국내의 대부분 기업들은 아예 환경전담 부서조차 없는 경우가 많고 있더라도 형식적인 체제만 갖춰 놓은 경우가 많다.

3. 환경경영전략

기업의 환경경영전략은 크게 3가지 분야로 구분할 수 있다.

첫째, 환경에 대한 법률적 규제에 대한 대응전략이다. 여기에는 오염물질을 줄일 수 있는 생산프로그램의 개발, 자원을 절약할 수 있는 기술의 개발, 제조공정의 개선 및 기술혁신 등이 포함된다.

둘째, 환경규제로 발생하는 새로운 시장에 적응할 수 있는 전략이 필요하다. 즉, 환경친화적이고 소비자들의 새로운 생활양식에 부응할 수 있는 제품 및 서비스의 개발이 필요하다.

셋째, 환경보호를 통한 기업의 이미지 개선 전략의 수립이 필요하다. 기업활동 홍보, 환경관련 이벤트, 녹화사업 실시, 환경보호 기부금 제공 등을 수행하여 기업의 이미지를 높일 수 있도록 노력해야 한다.

우리나라의 기업이 추진할 수 있는 구체적인 환경경영전략은 다음과 같이 요약할 수 있다.

(1) 자원절약형 환경정책 추진

최근의 상황을 고려할 때 자원절약형 환경정책이 요구된다. 환율급등, 원자재 가격상승은 기업에 고통을 주고 있다. 따라서 에너지를 비롯한 자원절약을 기본으로 하는 자원절약형 정책이 가장 효과적이다.

정부도 자원절약형 환경정책을 추진하고 있는데, 재활용과 폐기물 관리정책이 강조되고 에너지 절감에 대한 정책도 비중있게 추진되고 있다.

더욱이 대기업에서 사업장 폐기물을 위탁처리하던 것을 자체 처리하도록 요구하고 있어 대기업의 입장에서는 최대한으로 폐기물을 줄이고 효과적인 처리를 강구해야 하는 상황에 놓여 있다.

(2) 재활용 비율의 증가

폐기물을 줄이는 데에는 생산공정의 효율을 높여 투입 원자재의 자원생산성을 증가시키는 것과 폐기물의 재활용 비율을 높이는 방법이 있다. 특히 재활용 노력은 이미 많은 선진기업들이 시도해 왔다.

유리병, 포장재료, 용기 등 많은 제품들을 다시 수집하여 이를 재생 처리하고 있다. 결국 원자재 가격이 점점 높아지고 있는 상황에서 오염예방과 재활용을 이용한 생산성 향상은 기업이 살아남기 위한 체질개선의 과정 중 가장 기본적으로 수행되어야 하는 과제이다.

(3) 환경오염의 관리강화

환경오염의 관리를 위한 정부의 규제는 지속적으로 강화될 예정이다. 특히, 대기환경법, 수질개선을 위한 정책 등은 더욱더 강화될 것이다. 이렇게 환경관리가 지속적으로 강화되는 이유는 소득수준의 향상으로 국민들의 쾌적한 환경에 대한 요구가 늘어나기 때문이다.

그러나 정부의 적절한 규제는 오히려 기업에게 기회를 가져다 줄 수 있는 동기가 될 수 있다. 일본과 독일의 자동차 회사들은 보다 가볍고 보다 효율적인 자동차를 개발함으로써 새로운 연료소비 기준에 적응하고 대기오염 규제도 만족시키는 성과를 거둔 반면, 경쟁력이 뒤떨어진 미국의 자동차 업계는 그러한 기준에 저항하며 기준이 폐지되도록 애쓰다가 경쟁력을 잃어버린 일이 있었다.

장기적으로 반드시 지켜야 될 규제라면 회피보다는 적극적으로 근원적인 대응방안을 찾는 일이 바람직하다.

(4) 무역규제에 대한 대비

국제 환경협약 및 선진국의 무역규제에 대비한 정책이 반드시 준비되어야 한다. 내수시장보다 수출을 통한 해외시장 개척에 사활을 걸고 있는 기업의 입장에서는 국제적 환경 동향에 기민하게 대응해야 한다.

온실가스 감축, 포장재 규제 강화, CE(안전인증마크)제도 강화, 유해화학물질의 국가 간 이동시 당사국의 승인을 받아야 하는 PIC(Prior Informed Consent : 사전통보승인제)협약 체결 등 규제에 대응할 수 있는 전략을 수립해 나가야 할 것이다.

제 5 절
환경분석과 예측

1. 환경분석의 의의

기업은 전략경영에 의하여 전략적 의사결정을 해야 하는 경우가 많다. 전략적 의사결정을 하기 위해서는 기업환경의 요인들과 그 주체들이 어떻게 변화되고 또한 어떠한 영향을 줄 것인지에 대하여 정확하게 예측하는 것이 중요하다.

이와 같이 환경예측을 하기 위해서는 먼저 환경분석이 필요하다.

환경분석이란 기업경영에 영향을 주는 기업환경들로부터 나타나는 그 어떤 징후나 신호 같은 것들을 가능한 한 포착하여 이들 자료나 정보를 이용하여 장래 기업경영에 영향을 미칠 수 있는 요인들을 분석하는 것을 말한다.

이러한 환경분석의 목적을 기업경영에 있어서 장차 다가올 환경변화가 기회로 작용할 것인지 아니면 위협적인 요소로 작용할 것인지를 파악하는 데 있다. 만약 기회로 작용한다면 그 효과를 극대화하는 전략을 수립하여야 하며 위협적인 요소로 작용한다면 그 영향을 최소화하는 전략을 세워야 할 것이다. 이러한 결과를 기대하기 위해서 환경분석은 시간적 여유를 얻기 위하여 하나의 조기경보화할 수 있는 시스템을 갖추어야 한다.

환경을 분석하고 예측한다는 것은 쉬운 것이 아니다. 갈브레이스(J. K. Galbraith)는 「불확실성의 시대」라는 저서에서 현대 사회는 수많은 정보와 이데올로기에 의하여 미래를 예측한다는 것이 불가능한 불확실성의 시대라고 하였다.

2. 환경예측의 기법

아무리 환경변화의 예측이 어렵다고 하더라도 환경적응을 위해서는 각종 최신 기법들을 이용하여 분석하고 예측하지 않으면 안 된다. 환경변화를 분석하고 예측하려면 우선 이에 필요한 자료나 정보를 수집하는 것이 중요하다.

기업이 환경변화를 예측하는 데는 컴퓨터를 이용한 시뮬레이션기법과 같은 방법에서부터 경영자의 경험이나 판단에 의한 전통적인 방법에 이르기까지 수많은 방법들이 있다.

(1) 단순예측기법

과거와 현재의 환경추세를 그대로 연장시켜 미래의 환경을 예측하는 단순추세분석기법으로 이는 변수들이 비교적 일정하고 변화패턴이 분명한 경우에 유용성이 있다.

그리고 특정환경부문을 분석·예측하는 데 있어서 그 환경부문을 여러 부문으로 분해하여 부문별 예측을 종합하여 미래환경을 예측하는 분석기법이 있다.

(2) 시나리오기법

시나리오기법(scenario technique)은 전체적인 환경변화를 예측하는 기법으로써 이는 기업의 전략수립과정에 많이 사용되고 있다.

시나리오기법은 미래환경에 대한 2~4개의 예측을 간단히 서술하고 이를 중심으로 관리자 및 전문가들의 토의와 분석을 거쳐서 미래환경에 대한 낙관적·비관적·현실적 관점에서 예측대안을 작성하게 된다.

(3) 델파이기법

델파이기법(Delphi method)은 미래환경에 대한 예측 또는 시나리오를 관련 전문가들에게 제공하고 이에 대한 의견을 중심으로 최종적인 예측을 결정하는 기법이다. 이 방법은 앞으로 기대되는 경제성장과 정부의 역할 그리고 가치관의 변화와 과학기술의 발전 속도 등 여러 가지 기업환경에 대하여 전문가들의 의견을 종합하고 또한 설문지를 이용할 수 있다는 강점을 가지고 있다.

(4) 영향분석기법

영향분석기법에는 상호영향분석과 영향행렬분석의 2가지 기법이 있다.

첫째, 상호영향분석(cross-impact analysis)기법은 기술, 경제, 정치, 법률, 사회, 문화 등 환경부문을 상호 연관시켜 기업환경을 예측하는 기법이다.

둘째, 영향행렬분석(impact matrix analysis)기법은 미래환경을 분석·예측하는 데는 정보자료가 부족하기도 하지만 한편으로는 정보자료의 과중한 현상이 일어나서 환경분석·예측에 방향감을 잃을 때도 있다.

이러한 문제를 방지하고 분석자로 하여금 중요한 환경측면에 관한 필요한 정보자료의 수집과 분석에 주력하게 하여 환경측면에서의 우선 개념을 갖도록 하여 환경 분석·예측과정을 체계화하려는 것이다.

제 6 절
국제환경보호

1. 그린라운드

그린라운드(Green Round : GR)란 환경문제를 무역에 연계시키는 GATT(관세와 무역에 관한 협정) 협상을 말하며, 국가 간의 상이한 환경기준의 차이에서 오는 경쟁력을 상쇄하기 위해서 일부 선진국에서 제기하고 있는 새로운 형태의 다자간 무역협상 움직임의 포괄적 개념이다.

GR은 1991년 미 상원 무역소위원회 맥스 보거스 위원장이 처음 사용하였으며, 그가 제시한 GR의 개념은 GATT의 다자간협상을 통해 환경보호를 무역에 연계시키되 미국의 경제력을 동원해서 주도적으로 협상을 이끌어 나가야 한다는 것이다. 그리고 새로운 무역질서를 모색하고자 하는 움직임이 곧 UR협상의 태동 배경이라 할 수 있다. UR의 구체적 협상결과로 탄생된 새로운 무역체제가 세계무역기구(World Trade Organization : WTO)이다.

2. 국제환경협약의 내용

현재 150여 개 국제협약 중 강제성 무역규제조항을 포함하고 있는 협약은 몬트리올의정서, 바젤협상, 기후변화협약, 생물다양화보전협약 등 17개에 불과하지만 크게 늘어날 것이 확실하다.

우리나라는 이 같은 협약에 가입함으로써 비가입으로 인한 규제는 일단 피할 수 있지만 의무이행으로 인해 국내 산업에 미치는 영향은 클 것으로 본다.

표 3-2 환경관련 국제협약 현황

명칭	제정목적	규제대상	관련산업	발효
몬트리올 의정서	오존층 파괴 물질의 생산 및 사용규제 (빈협약의 이행을 위한 후속조약)	CFC(프레온), 할론, 4염화탄소, 메틸클로로포름	에어컨(자동차, 가전), 전기, 전자, 플라스틱, 발포제 산업 등	1989. 1. 발효 (1992. 5. 가입)
바젤협약	유해폐기물의 국제 이동통제 또는 제한	중금속폐기물, 유해화학물질 등	금속 스크랩, 폐배터리 등 폐기물재활용	1992. 5. 발효 (1994. 3. 가입)
기후변화 협약	이산화탄소 등 온실가스의 방출을 제한하여 지구온난화 방지	탄산, 메탄가스, 프레온가스 등	에너지를 이용하는 모든 산업 및 생산 활동	(1993. 12. 가입) 1997. 12. 협약 체결
생물다양성 보전협약	생물종을 보호하여 희귀유전자의 보전, 생태계의 다양성 및 균형유지	각종 생물종의 남획, 서식처 파괴	자원개발업, 목재산업, 생명공학, 이용산업 등	1992. 6. 협약 채택

Chapter

04

사회적 책임

시간관리를 잘하자!

시간은 누구나 공평하게 가진다. 누구에게나 주어진 하루는 24시간이다. 어떤 방식으로 시간을 관리하느냐에 의해 하루에 느끼는 시간을 다를 수 있다. 시간관리를 어떻게 하느냐에 따라서 인생의 성공과 실패가 판가름 날 수 있다.

성공한 사람들은 누구보다도 시간관리를 철저히 한다. 벤처 1세대 김병기 엔터테인먼트쇼핑 대표는 그의 저서『리더의 하루』에서 리더에게 중요한 요소 중에 하나가 바로 '철저한 시간관리'라고 말했다.

시간관리 방법은 2가지 구분할 수 있다. 시간 절약과 시간 투자이다. 먼저 시간 절약에 대해 살펴보면 과거의 시간관리는 시간 절약에 초점을 맞추었다. 즉, 효율성을 추구한 것이다. 시간 절약의 시간관리는 허점이 많다. 여러 가지 효율적인 기법을 적용하여 시간을 만들었더라도 정작 그 시간을 어느 곳에 써야 할지 모른다면 애써 만든 시간은 무용지물이 되고 만다. 그래서 대부분의 사람들은 그 시간을 그냥 흘려보내거나 가치가 적은 일에 소모하게 된다. 그래서 우선 시간을 낭비하지 말고 시간을 절약해야 한다.

시간관리에 있어 시간투자를 하여야 한다. 이제 시간절약을 통해 시간이 확보되었다면 자신이 하고자 하는 일에 시간을 투자해야 한다. 일단 시간이 생기면 어디에 투자할지 전략을 가지고 있어야 한다. 가장 우선적으로 투자해야 하는 것이 바로 인생의 목표인 비전을 갖는 것이다. 목표를 달성하게 되면 일에 대한 성취감을 얻고 삶의 만족감을 느끼게 될 것이다.

시간투자를 할 때에는 가치를 창출하거나 높이는 데 투자해야 한다. 가치는 금전적 가치, 지식 가치, 인간관계 가치, 미적 가치, 능력 가치를 모두 포함하는 개념으로 우선순위에 따라 가치를 개발하는 데 최선을 다해야 한다.

시간을 효율적인 방법으로 잘 관리할 수 있는 방법 중에 파킨슨의 법칙(Parkinson's

law)이다. 이 법칙은 업무의 마감 시간을 정해서 일을 처리하는 것이다. 무작정 일을 처리해 나가는 것이 아니라 업무의 마감 시간을 정해서 일을 하게 되면 업무의 효율성이 극대화될 수 있다는 것이다. 예를 어떤 프로젝트 마감 기한을 3개월로 정해서 하는 경우와 2개월로 정해서 하는 경우를 보면 결국 업무는 2개월에 마감되고, 3개월 후에 마감이 된다는 것이다. 이처럼 우리 인간은 대부분 스케줄대로 일을 처리하려는 경향이 강하다. 따라서 가급적 일에 대한 마감 기한을 가급적 짧게 설정하는 것이다. 그 결과는 큰 차이를 보인다. 조금만 노력을 기울인다면 많은 성과를 얻게 된다. 물론 여기에는 약간의 스트레스를 감안해야 한다.

벤자민 프랭클린은 "그대는 인생을 사랑하는가? 그렇다면 시간을 낭비하지 마라. 왜냐하면 시간은 인생을 구성한 재료이다. 똑같이 출발하였는데 세월이 지난 후 어떤 사람은 훌륭한 사람이 되어 있고, 어떤 사람은 낙오자가 되어 있다. 이 두 사람의 거리는 좀처럼 좁혀지지 않는다. 이것은 하루하루 주어진 시간을 어떻게 잘 이용했느냐 아니면 잘 이용하지 못하고 허송세월을 보냈느냐에 달려 있다"라고 했다.

시간에 대한 인식은 사람마다 다르다. 성공한 사람들은 시간 약속을 지키지 않는 것을 매우 싫어한다. 단 1분을 쓰더라도 생산성과 효율성을 따진다. 반면 실패한 사람들은 시간관념이 부족하고 기간을 물 쓰듯 한다. 하루 24시간, 그 시간을 어떻게 쓰느냐에 따라서 자신의 가치와 삶의 결과는 확연히 달라질 수 있다. 이제 주어진 시간을 주도적으로 사용하여 자신의 삶을 컨트롤해 나가야 한다.

시간관리를 효율적으로 하기 위해서는 먼저 우선순위에 따른 일의 처리 습관을 들이고, 시간 가계부를 작성하는 것이 낭비 시간을 줄이게 된다. 마지막으로 오늘 할 수 있는 일을 내일로 미루지 말아야 한다.

– 변상우, 〈행복하면 성공하게 되고 리더가 된다〉, 도서출판 청람, 2014

제 1 절
기업의 사회적 책임

1. 사회적 책임의 등장배경

오늘날 기업은 우리 사회에서 생산과 판매를 담당하는 경제주체로서 중요한 역할을 할 뿐만 아니라 국가사회를 유지하는 데 있어 매우 중요한 요소이다. 기업이 만드는 제품, 기술, 광고 등이 국민의 생활양식을 변화시키며 기업 구성원의 가치관과 행동이 사회 전반의 건전성을 유지하는 데 중요한 역할을 하고 있다.

기업이 사회가 기대하는 바람직한 역할과 기능을 다해야 한다는 것이 바로 기업의 사회적 책임이다. 기업이 사회적 책임을 다해야 된다는 개념은 발생 초기부터 많은 논란을 불러일으켜 왔다. 기업의 사회적 책임에 대한 관심은 특히 미국을 중심으로 대두되었고 현재 우리나라에서도 많은 대기업이 앞장서서 사회적 기업의 역할을 다하고 있다. 그중에서 SK그룹은 사회적 기업으로서의 역할을 선도하고 있는 기업 중에서 대표적 기업이다.

미국에서 사회적 책임이라는 개념은 20세기 초반에 형성되기 시작하였다. 당시 미국 기업은 규모가 크고 강력했으며 트러스트나 카르텔을 통하여 자유로운 경쟁을 부당하게 제한하여 사회적으로 비난의 대상이 되었다.

기업의 사회적 책임이 크게 부각되기 시작한 것은 사회 환경 및 사회 가치의 현저한 변화가 일어나기 시작한 세계 2차 대전 이후라고 할 수 있다. 세계 2차 대전 이전에는 기업행동이 사회에 미치는 결과를 무시하고도 자유롭게 기업을 경영하는 것이 가능했다. 그러나 1950년대 이후 기업의 사회적 책임 및 경영윤리에 대한 인식이 기업경영에 반영되기 시작하면서 사회적 책임에 대해 관심을 갖기 시작했다. 학문적으로도 기업의 사회적 책임은 1953년 보웬이 『기업의 사회적 책임』을 출간한 후 본격적인 논의가 이루어졌다.

최근에는 전통적인 사회적 책임의 개념을 넘어선 사회적 반응이라는 새로운 개념으로 변화, 발전하고 있다. 우리나라의 경우에도 1980년대 중반 이후 학문적으로나 사회적으로 사회적 책임론에 대한 관심이 높아지기 시작하였다.

주로 재벌들의 부정적인 사회적 영향력에 대해 학계, 언론계, 관련이해관계자들의 관심이 높아지면서 재벌들이 더욱 책임 있고 성숙한 기업행동을 보여주어야 한다는 사회적 기대가 확산되면서 개인이나 국가, 기업 등에서 사회적 책임에 대한 관심이 매우 높게 형성되고 있다.

2. 사회적 책임의 의의

기업의 사회적 책임은 기업환경의 급속한 변화와 시대의 요구에 따라 그 내용이나 성격이 변화되어 왔다. 기업이 사회적 책임을 다해야 하는 근거는 기업이 사회적 실체로서 이윤을 추구하고 사회적 역할을 다하는 제도적 실체이기 때문이다.

기업의 사회적 책임(corporate social responsibility : CSR)은 경영활동이 단순한 이윤 추구를 초월해서 기업의 이해관계집단을 포함한 사회복지에 공헌하도록 경영관리를 수행해야 하는 책임을 말한다.

즉, 기업의 많은 이해관계에 있는 집단 간에 상호이익이 되는 방향으로 경영정책과 활동을 환경에 연관시켜 행동하도록 하는 일종의 사명감이라 말할 수 있다.

즉, 기업은 주주, 종업원, 공급자, 고객, 정부, 노동조합, 경쟁자, 금융기관 등의 공동이익을 도모할 수 있는 경영을 지속할 수 있어야 사회적 책임을 다하는 것이다.

그러기 위해서는 무엇보다도 기업은 소비자들이 필요로 하는 제품 서비스를 제공함으로써 소비자들의 물질적 생활수준을 향상시키는 경제적 책임을 수행해야 한다.

이러한 경제적 책임을 수행하는 과정에서 모든 이해자 집단에게 미치게 될 영향을 고려하여 그들에게 최선의 결과를 가져올 수 있는 의사결정을 하여야 한다.

3. 사회적 책임의 정의

사회적 책임에 관한 다양한 정의들이 있지만 이들을 종합해 보면 다음과 같다.

첫째, 사회적 책임은 사회의 목표나 가치적 관점에서 바람직한 정책을 추구하고, 의사결정을 하거나 행동들을 추구하는 기업인의 의무이다.

둘째, 기업의 사회적 책임은 기업 활동으로 인해 발생하는 문제의 관점 및 기업과 사회의 관계를 지배하게 되는 윤리적 원칙의 관점에서 생각할 수 있는데 이러한 문제의 해결과 윤리의 준수가 곧 기업의 사회적 책임이다.

셋째, 사회적 책임은 기업의 사회에 대한 경제적·법적 의무뿐만 아니라 전체 사회에 대한 책임까지를 의미한다.

넷째, 사회적 책임은 개인, 조직, 사회제도 간의 상호의존성의 인식과 이러한 인식을 도덕적, 윤리적, 경제적 가치의 틀 안에서 행동으로 옮기는 것이다. 이것은 시스템적 관점에서 본 사회적 책임의 정의라고 할 수 있다.

이러한 사회적 책임에 대한 정의들은 모두가 이윤추구를 넘어서 보다 넓은 활동영역을 사회에 대한 기업의 책임영역으로 간주하고 있다. 따라서 기업은 주주만이 아니라 더 많은 이해관계자에게 기여하여야 하며 기본적인 목적에 내포되어 있는 전통적인 경제적 가치를 넘어서 더 크고 넓은 보편적인 인간적 가치의 실현에 공헌하는 것이 기업의 사회적 책임의 본질적인 개념이다.

4. 사회적 책임의 내용

기업의 사회적 책임의 구체적인 내용을 살펴보면 다음과 같은 것을 들 수 있다.

(1) 주주에 대한 책임

- 안정적인 배당
- 도산 회피
- 주주 의결권
- 영업 보고서의 상세·구체화

(2) 종업원에 대한 책임

- 안정적 임금의 보장
- 부가급여의 충실한 지급
- 종업원 고용의 안정화
- 생산성 향상에 따른 노동시간의 단축
- 노동재해 예방
- 종업원의 능력개발
- 종업원의 복리후생시설의 충실화 등

(3) 소비자에 대한 책임

- 경영합리화에 의한 제품이나 서비스의 저가격 및 안정적 공급
- 품질표시·사용법 등 상품정보의 제공
- 제품의 수리·교환 등의 애프터서비스(A/S) 제공
- 선전광고의 적정화
- 과잉포장·불량포장 금지 등

(4) 지역사회에 대한 책임

- 자사제품의 사용에 따른 고정폐기물의 회수처리
- 공해 · 사고의 방지
- 환경훼손의 신속한 복원
- 지역주민의 고용증대
- 기업의 복리후생시설의 지역사회에 개방
- 지역사회의 문화 · 예술 · 교육활동의 지원
- 지역사회 주민과의 대화 등

(5) 관련기업에 대한 책임

- 하청업자나 중소거래업자에 대한 경영상의 불이익 금지
- 하청업자에 대한 기술적 · 자금적 지원 등

(6) 일반사회에 대한 책임

- 신기술 개발
- 자원에너지 절약
- 과밀지에서 과소지로의 공장이전 등 과밀 · 과소의 해소 노력
- 물가억제정책 협조

제 2 절
경영자의 사회적 책임

경영자의 사회적 책임이란 내적으로는 기업의 유지나 성장을 위해 관리기능을 발휘하며, 외적으로는 이해자 집단(interest groups)과의 이해 조정에 노력하여야 한다.

따라서 경영자의 사회적 책임은 크게 대내적 책임과 대외적 책임으로 나눌 수 있다. 전자를 1차적 책임(본원적 책임), 후자를 2차적 책임(파생적 책임)이라 부른다. 협의의 의미에서 사회적 책임이라면 대외적 책임을 의미하지만 광의의 의미에서 보면 대내적, 대외적 책임을 모두 포함하고 있다.

표 4-1 경영자의 사회적 책임

구분	내용
대내적 책임 (본원적 책임)	• 기업의 유지·발전에 대한 책임 • 종업원에 대한 책임 • 후계자 양성에 대한 책임
대외적 책임 (파생적 책임)	• 이해자 집단의 이해조정에 대한 책임 • 공해방지에 대한 책임 • 지역사회발전의 책임

(1) 기업의 유지·발전에 대한 책임

기업은 많은 이해관계자와 관련을 맺고 있는 사회적 기관이다. 따라서 공공성을 갖는 기관으로서 기업의 역할을 제대로 수행하기 위해서는 우선 계속 기업으로서 건전하게 유지·존속이 선행되어야 한다.

따라서 경영자는 기업을 유지·발전시켜 국가 경제성장의 핵으로서의 역할을 수행하는 것이 무엇보다도 중요하다. 그러기 위해서는 기업존속에 필요한 적정이윤의 확보에 노력하여야 한다. 그리고 확보된 이윤을 적정하게 재분배하는 것이 기업존립의 필수요건이다.

(2) 종업원에 대한 책임

기업이 보유하고 있는 최대 자원은 바로 인적자원이다. 우선 기업에 필요한 인적자원을 확보했다면 그들에게 리더십을 통해서 동기부여를 지속적으로 한다면 기업에 대한 협동적 노력은 커지게 될 것이다.

종업원들에게 '경영참가제도', '복지증진프로그램'을 도입하여 활용함으로써 회사와의 일체감을 형성하고 이를 통해서 그들의 인간적 만족을 실현시켜 줄 때 생산성은 자동적으로 높아지게 될 것이다.

기업이 종업원들에게 사회적·심리적·경제적 만족감을 형성시켜 준다는 것은 사회의 안정을 위해서도 필요하다.

(3) 후계자 양성에 대한 책임

장기적 관점에서 경영자는 기업의 지속적 성장을 이루기 위해서는 후계자 양성에 대한 노력을 기울어야 한다. 미래 지향적으로 계속 기업을 유지·발전시키기 위해서는 과거보다는 현재, 현재보다는 미래의 유능한 경영인을 육성하는 것이 기업의 중요한 과제이자 바로 경영자의 중요한 책임이다.

따라서 기업의 성장과 더불어 후계자의 양성문제는 경영자의 책임일 뿐만 아니라 국가적인 차원에서 대단히 중요한 문제이다. 이제 우리나라의 대기업들도 1세대 경영에서 2세대, 3세대 경영으로 넘어가는 과도기에서 경영자의 후계자 양성에 대한 관심은 더욱더 중요하게 되었다.

피터 드러커(P. Drucker)는 유능한 경영자라면 최소한 3년 이내에 자신보다 더 유능한 후계자를 3명 이상 양성해야 한다고 주장하기도 했다. 이는 계속기업으로의 성장을 전제로 한다면 경영자의 후계자 양성에 대한 대내적, 사회적 책임이 중요하다는 사실을 강조한 것이라고 할 수 있다.

(4) 이해자 집단의 이해조정에 대한 책임

기업체에는 기업의 의사결정에 의해 직·간접으로 영향을 받는 수많은 이해관계자들이 있다. 이들 이해관계자들은 제각기 다양한 욕구들을 갖고 있다. 즉, 주주들은 주가를 보전해 주길 기대하고 일정한 배당을 해주며 적절한 유·무상증자를 해주기를 바란다. 종업원은 좋은 작업조건하에서 고임금과 복지를 원한다. 소비자들은 양질의 제품을 값싸고 즉시에 공급받기를 기대한다. 이외에도 정부, 공급업자, 금융기관, 지역사회 등도 각자 다양한 기대와 요구로써 기업의 의사결정에 영향을 받거나 미치고 있다.

경영자는 이들 모든 이해집단의 이해관계에 대해 모두 만족스럽게 공평하게 조정한다는 것은 대단히 어려운 일이다. 왜냐하면 모든 이해집단은 각기 집단구성원의 자체 이익만을 보호, 증진하기 위해 행동하기 때문에 때로는 집단간의 이익충돌이 불가피하게 일어나기도 한다. 예컨대, 주주에게 더 많은 이익배당을 해주려고 하면 종업원이 요구하는 대로 임금인상을 해줄 수 없고, 종업원에게 높은 수준의 임금을 인상을 해 주거나 주주에 대한 이익배당도 늘리려면 제품가격을 인상하게 되어 결국 소비자들의 복지향상과 상충하게 되는 결과가 된다.

이와 같이 이해집단 간의 이해 충돌로 인하여 복잡 미묘한 문제가 발생할 수 있기 때문에 경영자는 이해자 집단의 이해를 조정해야 하는 사회적 책임을 지는 것이다.

이런 다양한 이해자 집단 간의 이해를 조정하는 데 있어 경영자는 자신의 개인적 판단에만 의존하는 것이 아니라 회사법, 정관, 증권거래법, 노동관계 제법규, 공정거래법, 소비자보호법, 환경보호법 등 각종 법규에 따라야 한다. 그리고 시장경제와 자유기업제도의 원리, 원칙, 기업윤리, 여론, 정부정책 등도 고려해야 한다.

(5) 공해방지에 대한 책임

지역사회에 대한 기업의 사회적 책임은 지역의 자연환경 내지 생활환경의 오염과 파괴를 방지하고 또한 공해가 발생된 경우에는 손실을 보상하고 원상 복원함과 아울러 환경보전관계의 법률, 조례 등의 규제를 준수할 것을 의미하는 것이다.

따라서 기업의 지역사회에 대한 사회적 책임을 비용측면에서 파악하는 경우 공해방지비용에 대한 기업의 부담비용은 공해방지비용+공해손실비용+환경복원비용의 합산 금액이 된다.

(6) 지역사회발전의 책임

기업이익의 사회 환원이라는 차원에서 지역사회의 발전을 도모하고 사회구성원의 복리 증진, 교육지원 및 문화 활동 지원 등은 바람직한 활동이라고 할 수 있다.

기업이 병원이나 복지시설에 투자하여 지역사회의 건강과 복리증진을 지원하고, 교육기관을 설립·운영하여 지역주민의 교육이나 기능교육을 실시함으로써 기업에 대한 만족도를 높이고 유능한 노동력을 확보하는 효과도 가져올 수 있다. 또한 지역사회의 각종 문화행사를 지원하고 참여함으로써 사회구성원의 삶의 질을 높이는 데 기여할 수 있다.

궁극적으로 이러한 활동은 기업과 지역사회 간에 긴밀한 유대와 협력관계를 유지할 뿐만 아니라 제품에 대한 이미지를 제고시키고 기업에 대한 신뢰감을 구축함으로써 장기적으로는 시장에서 높은 이익을 가져오게 될 것이다.

제 3 절 사회적 책임에 대한 논쟁

경영자의 사회적 책임에 대해 2가지의 상반된 견해가 있다. 경영자의 사회적 책임에 대한 긍정과 부정적인 견해이다.

경영자의 사회적 책임에 대한 논의 가운데 데이비스와 프리드릭(K. Davis & W. C. Frederick : 1984)의 내용을 살펴보고자 한다.

1. 사회적 책임에 대한 긍정론

이런 견해를 주장하는 사람들은 기업은 당연히 사회적 책임을 져야 한다는 책임수행에 대한 적극론을 펴고 있는데 구체적으로 살펴보면 다음과 같다.

- 기업의 권력은 방대하며 그 권력은 사회공익을 위해 활용해야 한다.
- 기업의 권력은 거대하기 때문에 권력에 상응하는 책임도 함께 져야 한다는 책임원칙의 원리에 따라야 한다.
- 기업은 충분한 능력을 가지고 있기 때문에 적극적으로 사회적 책임을 수행해야 한다.
- 기업이 보유하고 있는 권력을 사회공익에 맞게 행사하지 않으면 장기적으로 권력을 상실하게 된다. 또한 권력을 남용하게 되면 정부가 개입하여 자율성이 제한 받게 된다.

즉, 사회적 책임에 대한 긍정론을 주장하는 학자들은 사기업의 자율성을 보장하는 자본주의의 제도하에서 사회적 책임을 자발적으로 수행하는 것이 당연하다고 보는 것이다.

2. 사회적 책임에 대한 부정론

이런 견해를 주장하는 사람들은 기업은 사회적 책임을 질 필요가 없다는 책임수행에 대한 소극론을 펴고 있는데 구체적으로 살펴보면 다음과 같다.

- 사회적 책임을 경영자가 부담하면 여러 가지 폐해를 입게 된다는 것이다. 그 이유는 사회적 책임을 지게 되면 사회적 비용으로 인하여 비용이 증가하고 이로 인하여 이윤 감소, 나아가서는 기업의 존속이 위태롭게 된다.
- 경영자가 사회적 책임을 지면 주주에 대한 봉사자라는 경영자 고유의 책임을 벗어난 행위로 인해 불법이다.
- 사회적 책임을 수행하면 그에 상응한 기업 권력이 보다 강력하게 되고, 강력한 권력은 법률적 규제와 행정적 억압을 취할 수 있는 정부가 궁극적으로 그 권력에 관여하게 되어 기업의 활동에 개입할 위험이 있다. 따라서 국가 또는 정부가 개입하게 되면 자본주의 기업체제가 붕괴될 수 있다.
- 기업은 이윤극대화에 전념해야 한다. 왜냐하면 이윤극대화를 추구하게 되면 결국 국민의 경제적 복지를 최고도로 실현할 수 있는 원동력이기 때문이다.

이와 같이 사회적 책임에 대한 양측의 논쟁 내지 주장의 차이에도 불구하고 기업을 경영하는 경영자는 사회적 책임을 져야 한다는 것이 최근에는 대세가 되고 있다.

제 4 절 기업윤리

1. 기업윤리의 의의

기업윤리(business ethics)는 기업경영 활동에서 나타나는 정책이나 행동 등에 도덕적 개념을 적용한 것을 의미한다. 즉, 기업윤리는 이해관계자 집단과 밀접하게 관련된 기업의 의사결정 과정과 그 결과에 관련된 것이라고 할 수 있다.

따라서 기업이 부담해야 하는 도덕적 책임, 기업의 도덕적 행위에 대한 최소한의 기준 또는 도덕적 역할에 대한 책임의 체계라고 할 수 있다.

따라서 기업윤리는 "사회 속에서 하나의 조직체로 활동하고 있는 기업이 정당하고 공정하며 정의롭게 경영활동을 수행하도록 하는 지침 또는 준칙이며 기업이 계속하여 존속·발전하기 위해서 당연히 행하거나 준수해야 할 규범"이라고 할 수 있다.

따라서 기업의 경영자는 혁신활동을 통하여 소비자의 생활수준 향상, 생산효율화를 위해 노력하고, 공정한 거래질서 확립과 유지를 위한 책임을 효율적으로 추진하기 위해 윤리기준을 확립할 필요가 있다.

2. 기업윤리의 중요성

경영자가 기업윤리를 지켜야 하는가 하는 문제는 기업 또는 기업경영의 본질 내지는 기업의 목적과 관련하여 제기되는 가장 근본적인 문제 중에 하나이다.

기업의 본질적 기능 면에서 재화의 공급과 이윤추구라는 경제적 기능만을 인정할 경우 기업윤리의 개입 여지는 크게 줄어든다.

그러나 산업화 초기와는 달리 21세기 기업의 사회적 영향력이 현저히 증가한 산업사회에서 단지 기업의 경제적 측면만을 인정할 수는 없다. 따라서 이제는 새로운 측면에서 기업의 본질, 즉 사회 속에서의 기업이 맡아야 할 본질적 기능이나 역할의 문제와 더불어 기업의 목적을 재조명해 볼 필요가 있다.

초기 자본주의 시대에서는 경제적 목적만을 기업의 유일한 목적으로 보려는 전통적 이윤추구개념이 기업목적의 본질을 형성하였다. 그러나 21세기 들어오면서 사회 속에서 기업을 둘러싼 여러 환경의 변화, 기업 자체의 구조적, 기능적 변화 그리고 사회를 구성하고 기업을 운영하는 구성원들의 의식 변화로 인해 경제적 기능에만 지나치게 한정되는 기업의 역할에 대해 의문을 제기하게 되었다.

즉, 상품과 서비스의 생산 및 제공이라는 기업의 경제적 활동이 경제적 결과만을 가져오지 않고 부(富)의 편재 문제, 공해 문제 등의 부정적인 사회적 결과를 가져온다고 인식됨에 따라 경제적 기능으로 한정되는 기업의 역할에 대한 반성이 대두되었다.

이러한 반성으로 나타난 것이 기업의 사회적 책임과 기업윤리의 문제이다. 오늘날의 기업은 경제적 역할은 물론 기업의 사회적 책임과 기업윤리의 실천을 동시에 조화롭게 추구하도록 요청 받게 된 것이다.

사회적 역할로서의 기업윤리의 중요성을 살펴보면 다음과 같다.[1)]

① 사회적 정당성 획득의 기반

기업은 다른 모든 사회기관과 마찬가지로 그 역할이나 활동이 사회로부터 우선 수용될 때 비로소 생존·성장할 수가 있다. 이러한 측면에서 기업의 기업윤리의 준수는 기업의 역할이나 활동이 사회적 생성을 획득할 수 있는 기반이 된다. 만약, 기업이 사회가 요구하는 이러한 기초적인 기업윤리조차도 준수하지 못한다면 사회로부터의 정당성을 획득할 수가 없다.

---

1) 이원우 외 2인, 경영학원론, 박영사, 2001, pp. 363~365.

② 장기적 측면에서 조직유효성 증대

흔히 경영자들은 기업윤리문제와 관련하여 "다른 기업에서도 이렇게 하는데 우리 기업만 이러한 관행을 따르지 않는다면 경쟁에서 뒤진다"는 말을 한다. 그러나 진정한 경쟁력의 원천은 자본, 기술, 인적자원 등에서 자사의 독특한 능력을 찾을 때 국제경쟁에서 살아남을 수 있다.

③ 조직구성원의 행동규범 제시

기업윤리는 단순히 기업의 행동을 규제하는 것만은 아니다. 기업은 기업이라는 조직이 사회 속에서 해야 할 일과 하지 말아야 할 일을 구분시켜 줌으로써 전체 사회의 이득이 되는 행위의 기준을 제시할 뿐만 아니라, 조직 속에서 개인이 자신이 맡은 바의 직무 속에서 윤리적 결정을 하고 스스로 행동함에 따라 단순한 기업의 성원으로서만이 아니라 전체 사회 속의 구성원으로서의 자아상을 갖고 윤리적인 면에서의 성취감을 맛보게 해준다.

3. 기업윤리에 영향을 미치는 요인

기업과 경영자의 윤리수준에 영향을 미치는 요인들은 크게 나누어 3가지 차원으로 구분할 수 있다.

(1) 개인적 차원

가족, 종교, 개인적인 욕구수준이나 가치관 등의 요인

(2) 조직적 차원

회사의 정책, 감독자의 행동 그리고 직장 동료의 행동 등의 요인

(3) 외부환경

정부의 규제활동, 사회의 규범 그리고 경쟁업체들의 윤리수준 등의 요인

이러한 요인들을 〈그림 4-1〉과 같이 정리할 수 있다.

그림 4-1 경영자의 윤리에 영향을 미치는 요인

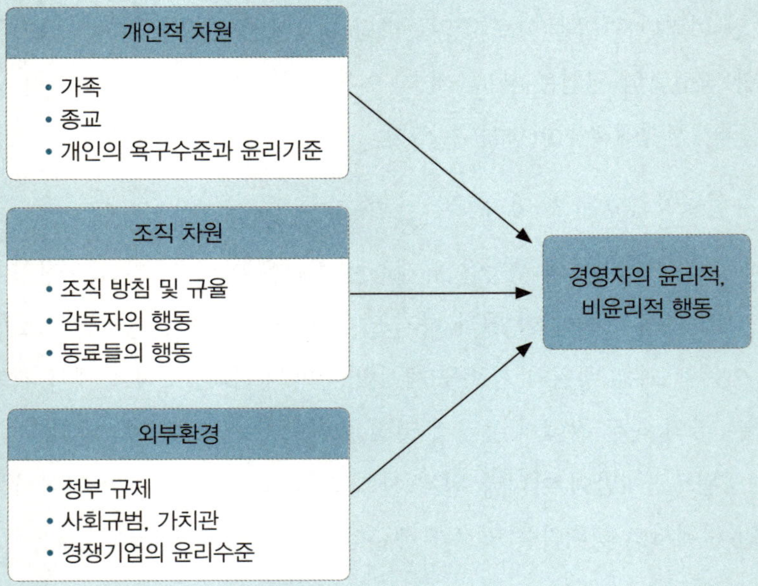

4. 기업윤리 수준의 제고방안

최근 관심이 증대되고 있는 기업의 기업윤리 수준을 제고시키기 위해서는 최고경영자가 기업윤리에 대한 관심, 기업윤리의 제도화, 교육훈련을 통한 윤리의식 고취가 매우 중요하다.

(1) 최고경영자의 관심

최고경영자가 기업윤리에 관심을 가지고 공식적으로 기업윤리 규정을 제정하여 윤리적 의사결정을 진작시키는 조직 환경을 조성할 책임을 가지고 있다. '윗물이 맑아야 아랫물이 맑다'라는 속담처럼 최고경영자가 먼저 윤리적 행동을 실천할 때 부하들도 자연스럽게 윤리적 행동을 본받게 될 것이다.

최고경영자가 부하가 저지른 비리를 눈감아 준다든지 혹은 본인 스스로 회사의 자금을 개인적 용도로 유용한다면 부하들도 자연스럽게 그런 비윤리적 행동을 본받게 되게 기업윤리 실천은 무너지게 되는 것이다.

KB금융그룹은 '윤리경영' 강화에 적극 나서고 있다. KB금융은 윤리경영의 중요성을 '법규 준수 및 사회책임 관점'에서뿐만 아니라 기업의 지속 가능한 생존에 큰 영향을 미칠 수 있는 '재무적 관점' 또는 '리스크 관점'에서 인식해야 한다고 설명하고 있다. 이에 따라 윤리경영 및 부패가 기업에 미칠 수 있는 영향을 객관화해 기업 내 중요성을 부각시키고 있으며, 특히 계열사별로 발생 가능한 금융사고를 그룹 차원에서 사전에 방지하기 위해 지주사의 계열사 내부통제 총괄기능을 강화했다. 또한 전사적 전략체계와 통제시스템, 임직원 개개인의 실천력 제고를 통해 부패사건 발생을 사전에 예방하고 투명한 정도경영을 실천하기 위해 노력하고 있다.

(2) 기업윤리의 제도화

우리 사회의 엘리트 계층이라고 하는 의사, 약사, 변호사 등 전문 직종에 종사하는 사람들에게는 자신들이 지켜야 하는 윤리규정이 있다. 기업도 이러한 규정을 공식적으로 제정하여 종업원들에게 알릴 필요가 있다.

기업윤리의 제도화란 일상적 행동에서 윤리적 개념을 적용하고 통합함을 의미하는 것이다. 대표적인 방법으로서 회사의 방침 혹은 윤리지침을 통하거나, 공식적으로 임명된 윤리위원회에 의하거나, 관리개발프로그램에서 윤리교육을 통해서도 가능하다. 기업윤리를 제도화하는 가장 보편적인 방법은 윤리지침을 제정하는 것이다.

특히 신세계는 1999년 CI(기업 이미지 통합) 작업을 통해 새 심벌과 '윤리경영'을 새경영이념을 채택했다. 즉 투명하고 윤리적 방법으로 기업 활동을 하겠다는 강한 의지를 표명하고 있다. 이를 실천하기 위해 대표이사 직속기구로 '기업윤리 실천 사무국'을 신설하고 10개 항목의 윤리규범도 마련하였다.

(3) 교육훈련

미국에서는 대학과 기업, 각급 사회단체에서 경영자의 기업윤리에 관한 교육훈련프로그램으로서 윤리학과 가치관을 가르치고 있다.

경영자의 기업윤리 기준을 제고시킬 수 있는 방안은 교육훈련을 통해 기업윤리 실천 사례를 이용하여 문제점을 명확하게 설명하고 그 문제를 해결하는 대책으로서 어떠한 것들이 있는지를 밝히게 한다.

그리고 각각의 대책이 합법적이고 옳은 일인지 그리고 유익한 일인지를 판단하게 한 후 최종적인 결정을 내리게 한다.

Part 03

경영관리 프로세스

03

Chapter

05

의사결정

제 1 절 의사결정의 개념

제 2 절 의사결정의 유형

제 3 절 의사결정과정

제 4 절 의사결정기법

시너지를 활용하라!

시너지는 원래 전체적 효과에 기여하는 각 기능의 공동작용·협동을 뜻하는 말로 상승효과라고 한다. 기업에서는 특정 생산자원을 다면적으로 활용하여 시너지효과를 추구한다.

시너지란 기업이 새로운 제품, 시장 분야에 진출할 경우 '기업과 제품시장 간에 적합성을 가져오는 바람직한 특징과 조건에 관계되는 것'으로 조직의 각 부문들을 개별적으로 활용하여 생산한 산출물의 합보다 조직의 각 부분이 상호작용해서 생산한 결과가 더 큰 효과를 얻게 된다는 것을 의미한다. 즉, '1+1'이 2 이상의 효과를 낼 경우를 가리키는 말이다. 예를 들어 경영다각화전략을 추진할 경우, 이때 추가되는 새로운 제품이 단지 그 제품값만큼의 가치만이 아닌 그보다 더 큰 이익을 가져올 때를 말한다. 신제품을 추가할 때 기존의 유휴설비·동일 기술·동일 유통경로(구조) 등을 활용함으로써 시너지효과는 발생한다.

팀을 구성해 일을 하는 경우 각 구성원들은 각자 자신의 강점을 최대한 살리고 자신의 약점은 다른 사람들의 강점을 이용하여 보완할 수 있도록 업무를 맡고, 조직 시스템을 체계화하면 시너지 효과를 기대할 수 있다.

전략 분야의 대가인 앤소프(H. I. Ansoff)는 1965년에 시너지에 대한 기본개념을 완성하였다. 그는 시너지를 시장-제품 전략의 중요한 요소로 정의하고, '기존의 사업영역을 넘어 새로운 사업을 고민하는 기업의 첫 번째 의사결정 이슈'로 설명하고 있다. 특히 기업 경영활동에서 시너지를 활용하는 것은 매우 바람직한 것이다.

시너지 전략의 대표적인 형태로는 기업 간 인수·합병(M&A)전략이다. 온라인-오프라인 간 고유의 지지 기반을 교류하기 위한 합종연횡과 자고 나면 새롭게 창업하는 벤처기업들 간의 이합집산은 활발한 M&A의 중요한 동기가 되고 있다. 최근 인터넷을 매체로 하는 새로운 형태의 기업을 파트너로 하는 시너지 작업에서 한 걸음 더 나아가 규모의 확대와 동시에 신속한 대응력을 담보하는 유연성 제고의 측면에서 산업의 전반으로 시너지 노력이 확산되고 있는 추세이다.

시너지 효과를 기대하는 이유는 규모와 유연성의 통찰력에 의해서 이루어진다. 시너지의 1차적 동기는 규모에 대한 시대적 요구이다. 시장이 전 세계를 무대로 단일화되고 제반 산업의 영역에서 상위 기업들의 지배력이 더욱더 확대되고 있다. 글로벌화로 변화되어 가는 시대적 요구에 따라서 기업들의 시너지 효과를 추구하는 노력이 활발해지는 것은 당연하다. 기업들의 시너지 경영의 현상은 세 가지로 구분해 볼 수 있다.

첫째, 규모의 경제이다. 이는 시너지 추구의 전통적인 동기요인이다. 규모의 경제는 자원의 단위당 부가가치 기여도를 높이는 것으로서 다양한 이점을 기대할 수 있다. 이를 통해 기업은 소비자에게 저렴한 제품을 공급할 수 있고, 공급자 관계의 우위나 시장 지배자로서 제반 시장 환경을 자사에 유리하도록 이끌어 갈 수 있다.

둘째, 사업영역의 강점을 기반으로 새로운 사업영역을 개척하는 것이다. 최근 많은 기업에서는 자체 내부 사업 자원의 강점을 활용하여 새로운 사업 기회를 찾고 있다. 새로운 사업확장을 통해 전략적 시너지 효과를 극대화하려고 한다.

셋째, 통합과 조정을 통해 체계적인 경영관리가 가능하다. 조직에서 시너지 효과를 창출해 내기 위해서는 조직의 수준이 높아야 한다. 일반적으로 조직이 생성된 초기에는 그저 각각의 개인들이 모인 단순한 집단이다. 개개인이 조직 속에서 자신의 확립해 나가기 위한 단계이기 때문에 자기중심적인 성향이 강해서 시너지 효과를 기대하기 어렵다. 이런 초기 단계를 넘어서 성장기에 들어서면 구성원들이 자신의 역할을 명확히 하는 단계가 된다. 이 단계에서는 방향을 설정하고, 업무를 배분하고, 상황을 관리하는 리더의 역할이 매우 중요하다. 성장기 단계를 넘어서게 되면 모든 구성원들이 스스로 조직의 에너지를 집약하고, 변화에 신속하게 대응하며, 책임과 성과를 모두 공유하는 능력을 갖추게 된다. 그러므로 '시너지 조직'은 서로 도와가며 공동 업무를 추진하는 팀이 아니라 능력이 있는 사람들의 집합이며 서로가 효율적으로 도움을 주고받을 수 있는 능력을 갖춘 팀을 말한다. 시너지를 창출하는 조직은 리더의 역할이나 능력보다 구성원들의 역량이 결정적인 요소가 된다. 그러나 구성원들의 역량만 뛰어나다고 시너지를 창출할 수 있는 것은 아니다. 뛰어난 역량을 소유한 구성원들이 서로 간의 협력 의지가 강해야 한다. 아무리 뛰어난 구성원들의 집단이라도 하나로 묶어서 통합하고 조정할 수 있어야 한다.

– 변상우, 〈행복하면 성공하게 되고 리더가 된다〉, 도서출판 청람, 2014

제 1 절
의사결정의 개념

1. 의사결정의 의의

조직 구성원들은 조직의 목적을 달성하기 위하여 자신의 역학을 수행하는 과정에서 여러 가지 문제에 직면하게 된다.

즉, 조직의 과업목표 설정, 구성원들이 준수해야 되는 규범, 업무분담, 구성원 상호간의 갈등, 작업 조건 등 각종 문제가 발생하게 된다.

이러한 문제들을 어떻게 결정하고 해결하느냐에 따라서 조직의 효율성과 성과가 결정된다. 이와 같이 의사결정(decision making)은 집단의 성과와 효율성을 결정하는 가장 근본적인 요소이다.[1)]

의사결정이란 무엇인가? 의사결정은 일정한 목적을 효과적으로 달성하기 위한 몇 가지 대체안 중에서 가장 유리하고 실행가능한 최적의 대안을 선택하는 인간행동이다.

따라서 의사결정은 인간의 개인적 행동과 조직행동의 양 측면과 관련되며, 관리기능 역시 의사결정에 의해서 수행되고 의사결정에 영향을 미친다.

그러므로 경영관리의 중심을 의사결정으로 보고 이의 과학화, 체계화를 연구하는 의사결정론이 바나드를 선구자로 하여 사이먼, 마치 등과 같은 조직론을 다루는 학자들에 의하여 연구되어 왔다.

그 이후 의사결정수단으로서 OR(Operations Research), 계량적 분석모델, 선

1) Andrew D. Szilagyi, Jr and Mare J. Wallace, Jr., *Organizational Behavior and Performance*, 4th ed.(Glenview, Illinois : Scott, Foresman and company, 1987), p. 361.

형계획법(LP) 등 경영공학적 기법이 이용되고 오늘날은 컴퓨터의 활용에 따라 더욱 발전하고 있다.

2. 의사결정의 중요성

경영자가 기업의 성과 향상을 위해 계획·조직·지휘·통제의 경영관리를 전개할 때 각각의 경영관리는 의사결정의 과정을 수반하게 된다.

그러므로 우선 의사결정이 올바르게 이루어지지 않으면 경영활동은 성공적으로 수행될 수 없고 높은 경영성과를 기대할 수 없다.

이처럼 경영관리에 있어 경영자의 의사결정은 아주 중요한데 그 이유를 요약하면 다음과 같다.

- 의사결정은 계획화에 앞서 핵심적으로 이루어지며, 계획과정뿐만 아니라 조직·지휘·통제 등 어떤 경영기능도 의사결정에 의해 수행되고 이들에 영향을 미친다.

  따라서 올바른 의사결정이 뒷받침되지 않은 경영활동은 높은 경영성과를 달성할 수 없다.
- 이와 관련하여 의사결정의 질(quality)은 경영자의 업적과 효과를 측정하는 척도가 되며, 나아가 기업의 성패를 좌우하는 가장 큰 요인이 된다.
- 의사결정은 최고경영자나 중간관리자에 한정된 활동이 아니라 조직 내 모든 구성원에 의해 수행되는 활동이다.

  따라서 경영자는 정기적, 예외적으로 의사결정을 하는 상황에 직면하게 된다. 즉, 모든 경영자는 정기적, 예외적으로 의사결정을 하는 상황에 직면하게 된다. 즉, 모든 경영자는 의사결정의 행위 없이 경영활동을 전개할 수는 없다.
- 경영자의 의사결정은 개인의 사적 의사결정과는 달리 의사결정의 효과가 기업은 물론이고 기업 내외의 다른 구성원에게도 영향을 미친다.

  예를 들어 개인적으로 의사결정이 잘못되면 그 자신에게만 영향을 미치지만, 경양자의 의사결정이 잘못되면 기업과 기업내·외의 수많은 이해자관계집단에 피해를 주게 된다.

이러한 이유로 하여 의사결정은 경영자에게 가장 본질적이며 중요한 개념으로 간주되고 있다.

따라서 경영자는 현명한 의사결정을 하여 효과적으로 문제를 해결할 수 있는 능력을 갖추지 않으면 성공적인 경영자가 될 수 없다.

3. 의사결정의 특성

경영자가 직면하게 되는 의사결정의 문제는 경영체의 사활이 걸려 있는 중요한 문제로서 다음과 같은 특성을 갖고 있다.[2)]

(1) 집단성

보다 합리적인 의사결정을 위해서는 다양한 분야의 전문지식을 가진 전문가로 구성된 위원회나 이사회에서 결정해야 하는 집단적 의사결정(group dicisions)이라는 특성을 가지고 있다.

(2) 환경 적응성

의사결정시 경영자는 기업을 둘러싸고 있는 환경 요인들을 고려하여 결정해야 되는데 이를 환경 적응성이라고 한다.

(3) 미래 지향성

의사결정은 불확실성하에서 조직의 목적을 달성하기 위한 수단의 선택과 결정 행위로서 그 효과의 측정도 미래에 발생하기 때문에 의사결정은 미래 지향적이다.

---

2) 백방선, 경영학원론, 무역경영사, 1998, pp. 346~347.

(4) 선택의 제한성

의사결정은 불확실성하에서 조직의 목적을 달성하기 위한 수단의 선택과 결정 행위로서 그 효과의 측정도 미래에 발생하기 때문에 의사결정은 미래 지향적이다.

(5) 합리성

경영의 목적은 생산성 향상과 합리성 추구이다. 따라서 경영자의 의사결정은 합리적인 근거 위에서 이루어져야 한다. 그러나 여러 가지의 제약으로 제한된 합리성에 머무는 경우가 많다.

제 2 절
의사결정의 유형

의사결정의 유형에는 관점에 따라 다양하게 구분할 수 있는데 의사결정의 주체, 프로그램화(정형화) 정도, 조직계층별 의사결정, 의사결정 상황 4가지로 요약할 수 있다.

1. 의사결정의 주체에 의한 분류

의사결정의 주체가 누구인지에 따라서 개인적인 의사결정과 집단적 의사결정으로 구분할 수 있다.

(1) 개인적 의사결정

오직 자신의 이해관계만을 중심으로, 즉 개인적인 판단에 근거한 의사결정을 말하며 이는 집단적 의사결정보다 덜 질서정연하고 덜 시스템적인 과정을 거친다. 따라서 대체로 합리적이지도 못하고 풍부한 정보에 기반한 의사결정을 할 수도 없다.

이와 같은 의사결정을 할 수밖에 없는 이유는 개인적인 가치관, 퍼스낼리티, 위험에 대한 성향, 불일치의 잠재성 같은 심리적·행동적인 요인에 영향을 받기 때문이다.

(2) 집단적 의사결정

기업규모의 확대와 업무의 전문화로 종업원 개인적 지식만으로는 기업이 요구하는 의사결정을 효율적으로 내릴 수가 없다.

따라서 집단적 의사결정(group decision making)이 개인적 의사결정보다 우월하다는 기본 가정하에 그 중요성은 커지고 있다. 조직체의 보다 중요한 의사결정은 경영자 개인에 의해서 이루어지기보다는 각종 위원회, 연구팀, 태스크포스(task force) 및 심사회 등의 집단에 의해 이루어지고 있다.

오늘날 대부분의 경영자는 업무시간 중 80%를 회의하는 데 보낸다는 주장이 이를 대변해 주고 있다.

집단적 의사결정의 특징을 살펴보면 다음과 같다.

- 정확성과 신속성에 있어 집단적 의사결정이 개인적 의사결정보다 시간은 더 소비되지만 의사결정의 오류를 범할 가능성이 적다. 일반적으로 집단은 개인보다 정확하지만 집단 속의 가장 우수한 개인보다는 덜 정확할 수도 있다는 점도 간과해서는 안된다.
- 판단력과 문제해결에 있어 집단은 개인보다 많은 정보와 경험, 아이디어, 비판적인 평가 능력을 갖고 있으므로 판단력이나 문제해결에 있어서도 개인보다 앞선다고 볼 수 있다. 이 점에 대해서는 타당성이 인정되고 있으나 의사결정문제와 업무의 성격에 따라서는 집단의 우월성이 달라질 수도 있다.
- 창의성에 있어 집단은 개인보다 많은 아이디어와 상상력을 창출할 수 있다. 오늘날 많은 조직에서 창의력 개발을 위한 모임이나 분임토의 방법이 널리 이용되고 있다.
- 위험부담에 있어 전통적인 견해는 집단은 개인에 비해 위험을 피하려는 성향이 강한 것으로 알려져 있다. 최근 일부 연구결과에 의하면 집단이 개인보다 위험부담이 더 큰 방향으로 의사결정을 하는 것으로 나타났다.

집단적 의사결정의 장·단점은 〈표 5-1〉과 같다.

표 5-1 집단적 의사결정의 장·단점

장 점	단 점
다양한 개인들의 좋은 아이디어들을 모을 수 있음	집단은 개인보다 더 많은 시간과 자원 낭비함
집단은 상호작용을 통하여 서로 협력하고 자극함으로써 시너지효과(synergy effect)가 나타남	특정 구성원이나 집단이 전체를 지배하여 구성원들의 자유로운 의사표현을 방해할 수도 있음
의사결정과정에서 전문 분야별로 집중연구·검토가 가능함	최적안을 제시하지 못하고 타협안을 내놓을 가능성
집단적 의사결정에 참여한 사람들은 결정사항에 대해 적극 지지함	의사결정 과정에서 일어나는 의견의 불일치가 구성원들 간에 갈등 유발 가능
집단적 의사결정은 커뮤니케이션 기능도 수행함	집단적 의사결정에 지나치게 의존하다 보면 신속하고 결단력 있는 행동이 방해를 받을 수 있음

이와 같이 집단적 의사결정은 일반적으로 좋다든지 나쁘다든지 하기가 어렵다. 그러므로 집단적 의사결정의 유효성은 과업의 성격에 따라 다르다고 할 수 있다.

그 예로 구조화가 잘 된 과업의 경우에는 즉 정형적인 결정의 경우에는 개인적 의사결정보다는 집단적 의사결정이 효과적이다. 그리고 연구결과에 의하면 집단은 개인보다 훨씬 위험이 큰 의사결정을 내리는 것으로 나타났다.

예를 들면 투자결정을 내리는 데 있어 개인보다 집단으로 모여 있을 때 더 위험스러운 의사결정을 하는 것으로 나타났다.

2. 프로그램화의 정도에 의한 분류

의사결정시 얼마만큼 프로그램화(정형화)되어 있는지 여부를 중심으로 한 구분으로서 프로그램화된 정형적 의사결정과 프로그램화되어 있지 않은 비정형적 의사결정으로 구분할 수 있다.

이는 의사결정의 구조화 정도에 의하여 구분하는 것으로 구조화 정도란 의사결정 문제가 얼마나 일상적이고 반복적으로 발생하느냐의 정도를 말한다.

사이먼(H. A. Simon)은 구조화 정도에 따라서 정형적 의사결정과 비정형적 의사결정으로 구분하였다.

(1) 정형적 의사결정

정형적 의사결정(programmed decisions)은 사전에 결정되어 있는 일정한 기준에 따라 일상적으로 반복해서 이루어지는 의사결정을 말한다.

예를 들어 외상매출 담당직원은 사전에 정해진 신용매출의 여부를 결정한다든가, 구매담당직원이 기존 재고가 일정한 수준 이하로 내려가면 자동적으로 주문을 결정하는 경우가 이에 해당한다.

(2) 비정형적 의사결정

비정형적 의사결정(nonprogrammed decisions)은 사전에 결정된 기준이 없는 비구조적인 의사결정을 말한다. 예를 들어 최고경영자가 새로운 사업분야로의 진출 여부를 결정하는 경우를 말한다.

정형적 의사결정과 비정형적 의사결정을 비교해 보면 〈표 5-2〉와 같다.

표 5-2 정형적 의사결정과 비정형적 의사결정 비교

변수 \ 구분	의사결정의 유형	
	정형적 의사결정	비정형적 의사결정
과업의 유형	단순·일상적	복잡·창조적
조직방침에의 의존도	과거의 결정으로부터 상당한 지침을 얻음	과거의 결정으로부터 지침을 얻지 못함
전형적인 의사결정자	하위층의 종업원	상위층의 경영관리자

(3) 정형적·비정형적 의사결정의 해결 방안

이들 의사결정의 해결방안으로 정형적 의사결정의 경우는 이미 조직 내부의 정책 및 규칙, 절차가 이미 구체화되어 있으므로 해당 담당자는 이를 참조하여 행동을 취하기만 하면 된다.

이에 비해 비정형적 의사결정은 매번 의사결정에 있어 주어진 상황이 독특하므로 사전에 정해진 절차가 없다. 따라서 외부 전문가나 자신의 창의성에 의존해야 한다.

그림 5-1 계층별 정형적·비정형적 의사결정

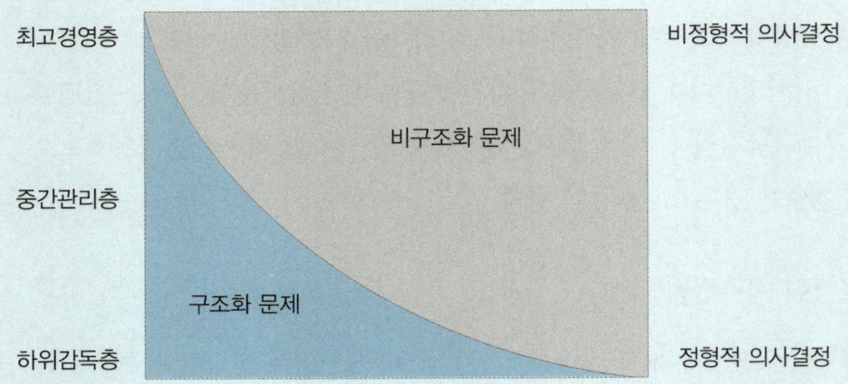

이들 의사결정 유형을 조직계층과 관련하여 보면 〈그림 5-1〉과 같이 조직의 상위계층으로 갈수록 비구조화된 문제에 많이 직면하게 되므로 그들의 의사결정은 비정형적 의사결정이 많고 이에 비해 하위계층일수록 일상적으로 반복되는 업무가 많으므로 정형적 의사결정이 많은 비중을 차지한다.

3. 조직계층별 분류

앤소프(H. I. Ansoff)는 의사결정 유형을 전략적 의사결정(strategic decisions), 관리적 의사결정(administrative decisions), 업무적 의사결정(operation decisions)의 3가지로 분류하였다.[3)]

(1) 전략적 의사결정

전략적 의사결정은 주로 기업의 외부문제, 즉 외부환경과의 관계에 관한 비정형적 문제를 다루는 의사결정이다.

3) H. I. Ansoff, *Corporate Strategy : An Analytic Approach to Business Policy for Growth and Expansion*, McGraw-Hill, 1965, p. 165.

즉, 기업이 생산하려는 제품과 판매하려는 시장의 선택 등 기업의 구조와 관련된 의사결정으로서 기업의 운명을 좌우할 수 있는 중요한 의사결정이다.

전략적 의사결정은 주로 최고경영자에 의해서 이루어지는데 임무로서, 예를 들면 기업목표의 설정과 변경, 기업의 성장방식에 관한 결정, 다각화에 관한 결정, 신제품개발과 관련된 결정 등이 여기에 속한다.

(2) 관리적 의사결정

관리적 의사결정은 전략적 의사결정을 구체화하고 기업의 여러 자원을 활용하여 성과를 극대화할 수 있는 방향으로 조직화하는 전술적 의사결정이다.

이는 중간관리층의 임무로서 조직편성 및 변경, 권한 및 책임한계의 정립, 작업 및 정보의 흐름, 유통경로 선정, 입지선정, 자재 및 설비의 조달, 종업원의 훈련과 개발, 자금조달 등에 관한 의사결정등이 여기에 속한다.

(3) 업무적 의사결정

업무적 의사결정은 전략적·관리적 의사결정을 구체화하고 동시에 일상적으로 수행되는 정형적인 업무에 관한 의사결정형태로서 주로 일선감독층이나 실무계층에 의해 이루어진다. 이는 인적·물적자원을 조달하고 이를 결합하거나 또는 기존의 결합방식을 변경하여 효율성과 수익성을 최대화하는 것과 관련된 의사결정이다.

주로 생산, 판매, 인사, 재무 등과 관련된 하위부분에서 이루어지는 각종 의사결정이 여기에 해당된다.

예를 들면, 자원배분(예산화), 업무일정계획, 업무의 감독 및 통제활동, 가격결정, 재고수준, 연구개발, 비용지출 수준결정 등이 이에 속한다.

4. 의사결정 상황에 따른 분류

의사결정을 하고자 하는 시점의 상황에 따른 분류로서 확실성하의 의사결정, 위험하의 의사결정, 불확실성하의 의사결정으로 구분할 수 있다.

(1) 확실성하의 의사결정

확실성(certainty)하의 의사결정이란 의사결정에 따른 각 대체안별로 발생 결과를 확실하게 예측할 수 있는 의사결정이다.

이러한 의사결정은 하나의 결과가 발생하기 때문에 확률은 100%로서 불확실성이 없다.

(2) 위험성하의 의사결정

위험성(risk)하에서의 의사결정이란 의사결정의 결과에 대해 확실하게 예측할 수는 없지만, 단지 일정한 확률을 가지고 예측할 수 있는 상황하에서의 의사결정으로서 확실성하의 의사결정과 불확실성하의 의사결정의 중간에 해당한다.

그러나 실제 의사결정은 완벽하게 확실하거나 불확실한 경우는 적으므로 대부분의 의사결정은 위험하에서의 의사결정에 해당한다.

위험하에서 의사결정의 중요한 개념은 확률(probability)이다. 의사결정자는 대체안 중 어느 안을 선택하기 위해서는 상황의 발생 확률을 고려하여 평가하여야 한다.

(3) 불확실성하의 의사결정

불확실성(uncertainty)하의 의사결정은 의사결정 결과에 대하여 높은 불확실성이 존재하기 때문에 발생 확률조차 예측할 수 없는 상황하에서의 의사결정이다.

이와 같이 어려운 조건하에서의 의사결정을 보다 바람직한 것으로 하기 위해서는 자신의 경험, 직관, 타인의 경험을 참고하거나, 관련되는 정보를 더 수집하여 문제를 보다 심층적으로 분석하여 의사결정이 이루어져야 한다.

오늘날 현대기업의 의사결정은 불확실성하에서의 의사결정이 대부분이지만, 이에 비하여 그 해결방법에 있어 큰 발전을 이루지 못하고 있으나 확실성하에서의 의사결정은 컴퓨터의 발달에 따라서 의사결정기법의 전성기를 맞이하고 있다.

제 3 절

의사결정과정

경영자와 집단에 따라서는 정보를 수집하고 분석하여 이를 토대로 의사결정을 하는데 상당한 시간과 노력 및 자원을 사용하는가 하면, 어떤 경영자와 집단은 정보를 수집·분석하여 의사결정을 하는데 인적·물적자원을 거의 사용하지 않는다.

그러나 경영자가 실제로 행하게 되는 의사결정과정을 보면 ① 문제의 정의, ② 대안의 설정, ③ 대안의 선택, ④ 선택된 대안의 실행, ⑤ 실행 결과의 평가의 과정을 거치게 된다.

의사결정과정에 대해 구체적으로 살펴보면 다음과 같다.

1. 문제의 정의

의사결정과정에서 가장 중요한 일은 문제를 규명하는 것이다. 문제는 바람직한 수준과 실제 상태와의 차이가 된다. 문제를 규명하기 위해서는 문제를 야기시킨 원인을 분석하고 해결 수준을 정하는 것이다.

따라서 문제의 성격을 알기 위해서는 문제와 관련된 상황에 대한 정보를 수집·분석하여 문제를 발견하고 처리함으로써 해결해야 될 수준을 결정하는 것이다.

2. 대안의 설정

대안의 설정은 문제해결을 위한 여러 가지 대안을 계획하는 단계로써 의사결정 대안을 개발하는 단계이다. 이 단계에서는 창의력이 필요하다.

즉, 정보를 수집하고 자료를 분석한 다음 문제해결이 가능한 대안을 발견·검토하고 작성하는 활동이 중심이 되는 단계이다.

이 단계에서 문제해결의 대안을 명확하게 규정하고 평가하는 작업은 매우 중요하며 목적을 달성하기 위해 여러 대안을 고려할수록 올바른 의사결정이 된다.

대안의 설정에 있어서 특히 고려해야 할 점은 의사결정 상황이 정형적인가 비정형적인가 또는 구조적인가 비구조적인가를 파악하는 것이다.

대부분의 기업에서 직면하는 재주문시점 및 주문량 결정 등과 같은 재고 관련 의사결정은 계량화 및 자동화되어 있어서 정형적이라고 볼 수 있다.

그러나 새로운 생산라인의 설치, 종업원의 조직에 대한 공헌 정도, 신규사업 투자분석 등과 같은 것은 비구조적 의사결정도 많이 있다.

이러한 비구조적 문제에 대하여는 최근 의사결정지원시스템(DSS)과 전문가시스템을 활용하여 의사결정을 지원하고 있다.

3. 대안의 선택

경영자는 대안을 설정한 후 각 대안 중에서 최적대안을 선택하여야 한다.

즉, 각 대안들이 규명된 문제를 어느 정도 해결해 줄 수 있는지 대안들이 장차 해결 가능한 결과를 가져올 수 있느냐에 따라 가장 적절한 대안을 선택해야 된다. 그리고 각 대안은 조직 목표와 자원의 관점에서 평가되어야 한다.

조직활동의 목표와 부합되어야 하고, 조직의 가용한 자원의 범위 내에서 실행 가능한 대안이어야 한다. 아무리 좋은 대안이라도 위의 2가지 조건에 부합되지 못할 때는 아무 쓸모가 없다.

대안을 평가하기 위해서는 우선 선택하는 기준이 마련되어야 한다. 대안의 평가는 곧 기준에 따라서 평가하여 가장 적절한 대안을 선택하는 것이다.

이러한 선택이 곧 의사결정이며 의사결정 단계의 핵심이다.

4. 선택된 대안의 실행

문제해결을 위한 대안이 최종적으로 결정되면 이의 실행을 위한 구체적인 행동계획이 수립되어야 한다. 그리고 이러한 실행단계는 경영능력, 행정능력 등의 지휘가 포함되어야 한다.

선택된 대안의 궁극적인 성공 여부는 실제로 실현할 수 있는지에 달려 있다. 따라서 경영자는 최적의 대안의 실행을 담당하는 사람들을 지원하며, 그리고 선택된 대안을 적극적으로 실행하여야 한다.

5. 실행 결과의 평가

의사결정의 마지막 단계는 실행된 대안의 결과를 평가하는 것이다. 결과의 평가는 경영의사결정과정에서 매우 중요하다.

그러나 때로는 이를 무시하는 경우가 있다. 실행결과의 평가는 실행방법 및 목표달성에 있어 선택된 대안과 그 수행이 효율적이었는가에 대한 관련 정보를 수집하여 검토함으로써 이루어진다.

그리고 이러한 평가는 의사결정이 연속적으로 반복되는 과정이기 때문에 중요하다.

또한 실행결과의 평가에서는 대안의 긍정적인 측면과 부정적인 측면이 모두 고려되어야 한다.

그 결과 최종대안의 실행결과가 완전하지 않다고 평가되면 의사결정과정은 피드백되어야 한다.

그림 5-2 의사결정 단계

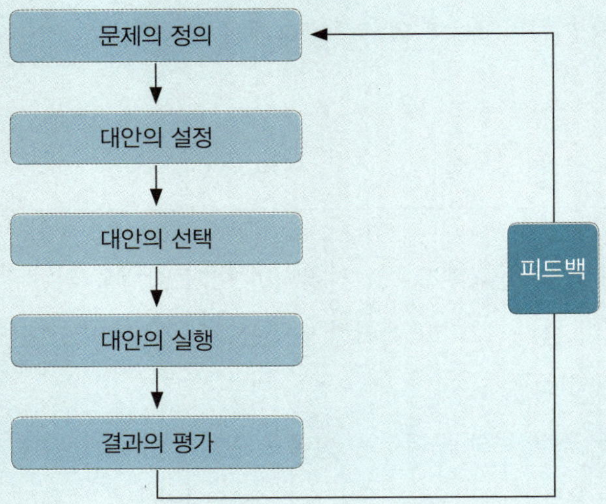

제 4 절 의사결정기법

1. 정형적 의사결정기법

정형적 의사결정은 검증된 프로그램이나 의사결정의 규칙·절차가 이용된다.

가장 많이 사용되는 기법에는 자본투자안 평가법, 손익분기점분석, 경영과학기법 등이 있다.[4)]

(1) 자본투자안 평가법

자본투자안 평가법은 자본투자에 대한 각 대안을 분석하는 데 이용된다. 자본지출에 대한 의사결정은 경영자의 중요한 업무활동이다.

건물·설비·신제품·토지·유통체계의 투자를 위한 경영자의 의사결정은 자본지출결정이다. 자본투자대안들을 평가하기 위한 가장 일반적인 자본예산기법에는 회수기간법과 평균수익률법이 있다.

1) 회수기간법

투자의 회수기간은 초기의 현금투자를 회수하는 데 요구되는 기간이다. 이것은 자본투자대안을 평가하는 데 가장 널리 이용되는 기법이다.

회수기간법(Payback Period Method : PPM)은 초기비용을 회수하는 데 기간이 얼마나 걸리는지를 평가하여 비용의 회수기간이 가장 빠른 대안을 선택한다.

예를 들어 〈표 5-3〉과 같이 제품을 제조하기 위해 구입할 수 있는 3가지

4) 최승욱·김세중·이동엽·정범석, 경영학 이해, 무역경영사, 2000, pp. 244~250

표 5-3 회수기간 계산법

구분		A기계	B기계	C기계
초기비용		10,000,000	15,000,000	20,000,000
수입	1년	2,000,000	4,000,000	5,000,000
	2년	2,000,000	4,000,000	5,000,000
	3년	2,000,000	4,000,000	5,000,000
	4년	2,000,000	4,000,000	5,000,000
회수기간		5년	3.75년	4년

기계가 있다. 각 기계의 초기비용과 수입이 각각 다르다. 이 때 A와 C는 B보다 투자회수기간이 더 오래 걸리기 때문에 B기계가 최적의 대안이 될 수 있다.

회수기간법을 사용하는 이유는 투자된 자본이 빨리 회수될수록 이를 새로운 수익창출에 재투자함으로써 자금의 회전이 빨라진다는 데 있다.

또한 이용하기가 간단하며 가능한 빨리 투자를 회수하는 프로젝트를 선택한다는 점에서 의미가 있으나 투자액이 회수된 이후에 나타나는 수입을 간과한다는 점이 한계점이다.

2) 평균수익률법

평균수익률법(average rate of return)은 프로젝트의 초기비용에 의해서 나눠진(프로젝트 기간동안) 평균수익의 비율이다. 〈표 5-4〉의 예에서 보면 평균수익률은 20%이다.

표 5-4 평균수익률 계산법

구 분	1년	2년	3년	4년	5년	평균
연간이익	3,000,000	3,100,000	2,800,000	2,900,000	3,200,000	3,000,000
초기비용	15,000,000					
연간수익률	20%(평균연간수익/초기비용)					

즉, 5년 기간 동안의 프로젝트의 연평균수익(3,000,000)을 프로젝트의 초기 비용으로 나누면 평균수익률(20%)을 구할 수 있다. 이 기법은 사용하기 편리할 뿐만 아니라, 평균수익률과 기대수익률의 비교를 용이하게 함으로써 프로젝트의 채택 및 거부결정을 확실히 내릴 수 있다.

이러한 방법은 '다다익선의 원칙'에 따른다. 왜냐하면 가장 많은 이익을 창출하는 프로젝트가 가장 좋은 것이 때문이다. 이 방법의 가장 큰 단점은 '현실이익의 중시원칙'을 무시하고 있다는 것이다.

이것은 첫 해의 이익이 5년째의 이익과 동일한 가치를 가지고 있다고 가정하고 있기 때문이다.

(2) 손익분기점 분석

경영학 이론 중 실무적 관점에서 가장 유용한 것 중에 하나가 손익분기점 분석이다. 특히 초창기 벤처기업들에 있어서 언제, 얼마만큼의 제품을 팔았을 때 비로소 이익이 발생하는가 하는 것은 대단히 중요하다.

경영에 있어서 자체적으로 이익을 내는 시점을 기준으로 이전과 이후는 경영의 핵심포인트가 달라질 수밖에 없다. 사업에 있어서의 우선순위, 경영자의 관심과 활동방향, 초기 사업자금을 자체적으로 조달 가능 여부, 그리고 회사가 도약할 수 있는 갈림길이 된다는 점에서 손익분기점이 주는 의의는 대단히 크다.

오늘은 초창기 사업을 수행중인 업체나 사업주에게 절대적으로 필요한 개념인 손익분기점분석(BEP)에 대해 살펴보기로 한다.

1) 손익분기점이란?

손익분기점(Break Even Point : BEP)이란 총수익과 총비용이 동일할 때 조업도 수준으로 이익이 '0'이 되는 판매량 또는 매출액을 말한다.

2) 손익분기점 분석 방법

가. 기초개념

손익분기점 분석에 대한 이해를 돕기 위해 고정비, 변동비, 그리고 공헌이익과 공헌이익률 등에 관한 개념을 설명하면 다음과 같다.

① 고정비 : 생산량(조업도)에 따라 변동하지 않는 원가

예 : 감가상각비, 임차료, 관리비 및 고정인건비, 이자비용 등

② 변동원가 : 생산량(조업도)에 비례적으로 변동하는 원가

예 : 재료원가, 직접노무원가, 생산용 동력비 등

③ 공헌이익 : 판매수량의 변화에 따라 변동되는 총수익과 총변동비의 차이(매출액－변동비)로 고정비를 회수하고 이익을 획득하는 데 공헌하는 이익

④ 단위당 공헌이익 : 단위당 판매가격－단위당 변동원가

⑤ 공헌이익률 : 매출액에 대한 공헌이익의 비율로 매출액 중에서 고정비를 회수하고 영업이익의 획득에 공헌하는 비율(%)

나. 손익분기점 분석을 위한 공식 도출

손익분기점 판매량은 말 그대로 손실에서 이익으로 전환되는 판매량을 말한다. 이는 총고정원가를 단위당 공헌이익(단위당 판매가격－단위당 변동원가)으로 나눈 값이 된다(손익분기점 매출액은 총고정원가를 공헌이익률로 나눈 값).

한편 다품종 생산기업의 손익분기점은 총고정원가를 제품별 가중평균 공헌이익으로 나눔으로써 산출된다.

다. 손익분기 계산 실례

A사는 3월 중에 65대의 컴퓨터를 구입하여 1대당 2,000원에 모두 판매하였다. 1대당 변동원가는 1,200원이고, 3월 중 발생 고정원가는 37,600원이다.

이를 토대로 공헌이익, 공헌이익률, 손익분기점 판매량 등을 구하면 다음과 같다.

㉠ 단위당 공헌이익 : 2,000－1,200＝800원

㉡ 총 공헌이익 : 800(단위당 공헌이익)×65대＝52,000원

㉢ 공헌이익률 : 800 ÷ 2,000＝40%

㉣ 손익분기점 판매량 : 37,600(고정비) ÷ 800(단위당 공헌이익)＝47대

㉤ 손익분기점 매출액 : 37,600÷0.4＝94,000

㉥ 목표이익 20,000원 달성 판매량 : (37,600＋20,000) ÷ 800＝72대

3) 손익분석 기법의 유용성

손익분기점 분석은 여러 가지 유용성을 가지고 있다. 무엇보다도 시장에 최초로 출시된 신제품이 얼마가 팔려야 이익이 나기 시작하는지 확인하기 위해 최소한의 판매량을 예측한다든지, 혹은 사업초기 회사차원에서 얼마만큼의 이익을 내기 위해서는 어느 정도 시간이 걸릴 것인지 등을 예측하는 데 유용하게 활용할 수 있다. 특히 고정비나 변동비, 그리고 제품의 판매가격 등에 따라 손익분기점이 어떻게 달라지는가를 알아보는 민감도분석을 활용하면 여러 가지 경영상의 시사점을 얻을 수 있다.

4) BEP 분석기법의 한계

BEP 분석은 고정원가와 변동비라는 두 개의 원가개념을 가지고 실시하는 단순한 분석기법이다. 이렇게 단순하게 분석을 하다보니, 실제 현장에서 발생하는 많은 경우의 수를 다 고려하지 못하는 한계를 갖게 된다. BEP 분석에서 가정하고 있는 대표적인 것을 살펴보면 다음과 같다.

- 모든 원가는 고정원가와 변동원가로 구분가능하다는 가정이다. 그러나 실제로 모든 원가들이 '칼로 무 베듯이' 고정원가와 변동원가로 구분되지 않는다.
- 고정원가는 관련 범위 내에서 일정하다는 가정이다. 그러나 고정원가적 성격을 갖는 원가들도 일정한 조업도 내에서 증가함으로써 준고정적 성격을 갖는 경우가 실제로 많이 발생한다.
- 변동원가는 조업도 증가에 따라 비례적으로 증가한다는 가정이다. 정의에 의하면 변동원가는 조업도 증가에 따라, 즉 한 단위 생산할 때마다 동일한 비율로 증가하는 원가를 말한다. 그러나 실제에서는 학습과 경험 곡선, 그리고 누적 생산량 및 구매량의 증가에 따라 가격할인 등의 영향이 겹치면서 변동원가가 비례적으로 증가하기보다는 생산량의 증가에 따라 단위당 변동원가가 감소하는 경향을 띠게 된다.
- 제품의 단위당 판매가격이 일정하다는 가정이다. 단위당 판매가격의 경

우도 마찬가지로 일정한 경우는 현실적으로 찾아보기 어렵다. 제품의 수량 및 가격 할인 등의 이유로 인해 제품 가격은 상당한 차이를 보이게 되는 것이 오히려 일반적이다.

- 기업이 단일품목만 생산 판매한다는 가정이다. 그러나 현실적으로는 단일품목을 생산하는 기업보다는 다수의 품목을 생산하는 기업이 일반적이다. 이 경우 제품별 손익분기점을 계산하기가 힘들다는 단점이 있다.

위에서 살펴본 것처럼 손익분기점 분석은 많은 한계를 가지고 있다. 그러나 이렇게 많은 한계점에도 불구하고 아주 간단하게 경영의 핵심사항을 파악할 수 있다는 점에서 대단히 유용한 도구임에 틀림이 없다. 따라서 이런 한계점을 충분히 인식한 상태에서 BEP 분석틀을 활용하는 것이 바람직하다.

(3) 경영과학기법

1) 선형계획법

선형계획법(linear programming : LP)은 최적의 제품배합, 광고매체의 선택, 작업자와 기계의 할당, 투자대상의 선택과 같이 제한된 자원을 가장 합리적으로 경영관리활동에 배분하는 것과 관련된 의사결정이다.

여기서 선형(linear)이란 문제에 내포된 변수간의 관계가 일차함수로 나타낼 수 있음을 의미하고, 계획법(programming)이란 문제해결을 위해 일련의 반복되는 수학적 규칙을 사용함을 의미한다.

표 5-5 제품단위당 표준작업시간 및 월중 조업가능시간

공정명	제품		월중조업가능시간
	일반형	고급형	
재단	1시간	1/2시간	400시간
재봉	1시간	1시간	500시간
특수가공	1시간	2시간	800시간

예를 들어 기업은 일반형 가방과 고급형 가방의 2가지 종류의 골프가방을 제조하는데 이들 제품의 이익은 일반형이 개당 3만원이고 고급형이 개당 4만원이라고 한다.

이들 가방은 재단공정과 재봉공정 그리고 특수가공공정의 3개 공정을 거치는데 이들 공정의 각각의 월중 조업가능한 작업시간과 제품단위당 표준 작업 시간은 〈표 5-5〉와 같다.

회사의 당면문제는 이와 같은 생산조건의 제약 아래에서의 이익을 최대로 하기 위하여 일반형과 고급형 제품을 몇 개 생산해야 하는가를 결정해야 한다.[5)]

이를 선형계획법에 의해 의사결정하기 위하여 모델을 선정하면 수리적으로 다음과 같다.

최대화 $Z=3X_1+4X_2$

제약조건 $1X_1+\frac{1}{2}X_2\leq 400$ (재단공정)

$1X_1+1X_2\leq 500$ (재봉공정)

$1X_1+2X_2\leq 800$ (특수가공공정)

$X_1\geq 0,\ X_2\geq 0$

(Z는 총이익, X_1은 일반형 가방수, X_2는 고급형 가방수)

즉, 위의 제약조건식을 만족시키면서 총이익을 최대로 하는 X_1과 X_2의 값을 찾아내는 것이며 위의 식에서처럼 변수 간의 관계가 선형의 1차식이 되며 이들 일반형과 고급형의 값 X_1과 X_2를 찾아내기 위해 일련의 반복되는 수학적 규칙을 사용하게 되는데 이를 계획법이라 한다. 이처럼 선형계획법은 경영관리와 관련된 의사결정에서 계량적인 문제해결 방법 중 하나이다. 자세한 것은 OR시간에 상세히 학습하게 된다.

2) 대기행렬기법

대기행렬(queueing)모형은 서비스를 받기 위해 도착시간과 서비스에 필요

5) 조희영, 경영학원론, 민영사, 2001, pp. 216~217.

한 시간을 경제적으로 관리하기 위한 기법이다. 서비스 시설이나 서비스 창구의 수를 정하거나 고객의 도착시간과 서비스에 필요한 시간을 확률적으로 처리하여 경제적 규모를 정한다.

대기행렬이론이 목표는 대기비용과 서비스비용의 합계를 최소화시키는 최적서비스시설을 결정하는 데 있다. 이와 같은 문제의 적용사례를 보면 다음과 같다.

- 은행에서 고객서비스에 관련된 문제
- 병원에서 환자의 대기 시간에 따른 진찰하는 의사의 수
- 비행장의 이착륙을 고려한 시설의 규모
- 항구의 독 및 크레인의 수 등에 관련된 문제

2. 비정형적 의사결정기법

(1) 탐색적 기법

탐색적 기법 혹은 발견적 기법이라고 하는 휴리스틱기법(heuristic approach)은 인간의 일반적인 문제해결과정을 명확히 하여 그것을 프로그램에 기술하고자 하는 시도이다.

이 기법은 시행착오(trial and error)의 정교한 기법인데 최근 의사결정에 광범위하게 사용하고 있는데 그 주요 이유는 이 기법이 컴퓨터 프로그래밍에 적용된다는 점이다.

탐색적 기법에서 인간의 문제해결과정은 다음과 같다.[6)]

① 목표설정

② 현재의 상태와 목표와의 차이 검사

③ 차이를 제거시키기 위한 수단을 기억하여 탐색에 의해 차이 발견

6) 조희영, 경영학원론, 민영사, 2001, pp. 214～215.

④ 발견된 수단 또는 과정 적용

이와 같은 해결과정에서 전체적인 관점에서 문제의 해결수단을 찾지 못하면 각 문제를 해결가능한 하위문제로 세분하게 되며 하위문제를 하나씩 해결함으로써 전반적인 목표를 달성할 수 있다.

이때 의사결정자는 진실에 접근될 때에는 그 단서에 집착하지만 그렇지 못하다는 것을 발견하게 되면 다른 방법을 탐색하게 되는 것이다.

따라서 탐색적 방법은 일직선적인 알고리즘에 의한 해결방법이 아니고 피드백 과정을 내포하고 있어 어느 시점에서 해결의 실마리를 찾지 못하면 한 걸음 후퇴하여 다른 방법을 탐색하기도 한다.

이와 같은 관점에서 탐색적 의사결정방법은 문제해결을 하는 데 다음과 같은 절차를 적용한다.

① 문제의 뜻을 이해한다.
② 문제의 유형을 확정한다.
③ 문제의 유형에 따라 해결방법을 적용한다. 그 결과 해결이 가능하면 문제는 없어진다.
④ 만일 해결이 안되면 문제는 소문제로 분할하고 각각 어느 유형에 속하는지를 정한다. 그리고 소문제의 각 유형에 타당한 해결방법을 적용한다. 소문제가 모두 해결되면 문제 전체도 해결된다.
⑤ 해결되지 않은 소문제는 다시 소문제로 분할하고 ④의 절차를 반복한다. 그렇게 해도 소문제 중에서 해결되지 못한 것이 있으면 문제 전체의 해결은 불가능한 것이 된다.

(2) 델파이기법

델파이기법(Delphi method)은 인간의 직관력을 이용하여 전문가들의 의견을 모으고 조직화하여 하나의 결정안을 만드는 시스템적 접근방법으로서 미국의 랜드사(Rand corporation)에서 개발한 의사결정기법이다.

델파이기법의 과정을 요약하면 다음과 같다.

그림 5-3 델파이기법

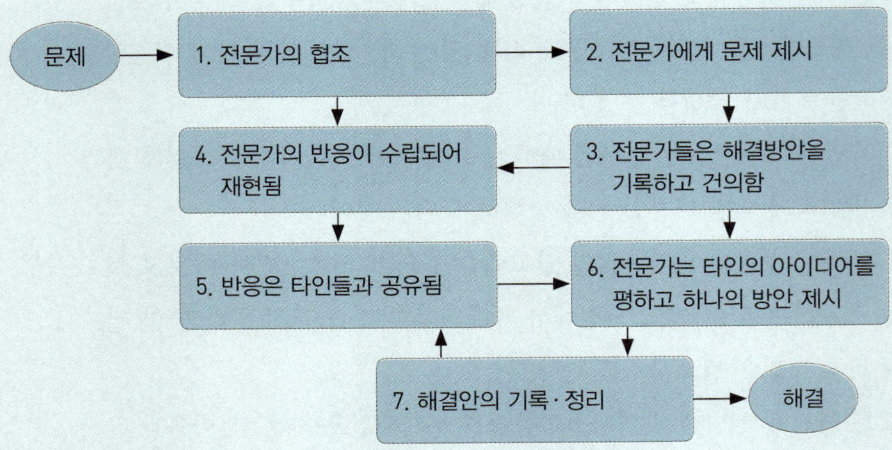

① 특정문제에 관한 의견을 전문가들로부터 수집

② 수집된 의견을 전문가에게 문제 제시

③ 전문가들은 해결방안을 기록하고 건의

④ 전문가들의 의견이 합의에 이를 때까지 ②방법을 이용

이 기법은 전문가들을 한 장소에 대면시키지 않기 때문에 타인의 영향력을 배제할 수 있는 장점이 있다.

그러나 많은 시간을 소비하는 방법이기 때문에 신속한 의사결정을 기대할 수 없으며, 전문가들이 한자리에 모일 경우 유발되는 창의성을 자극시킬 수 없는 단점이 있다.

(3) 브레인 스토밍법

브레인 스토밍(brain storming)이란 참여한 사람에게(개인이라도 가능) 하나의 구체적인 과제를 부여하여 일정한 규칙하에 좋은 아이디어를 창출하고자 하는 훈련방법이다.

이 방법은 오스본(A. F Osborn) 광고회사에서 창조적인 사고를 촉진하기 위하여 개발된 의사결정기법이다.

브레인 스토밍은 문제해결을 위해 자주적인 아이디어 제안을 장려하기 위해 소수(6~12명)가 참석한 회의에서 대면(face to face) 접촉을 통한 집단토의 방식이다. 브레인 스토밍의 목적은 보다 자유로운 분위기 속에서 창의적 아이디어를 이끌어냄으로써 구성원들로 하여금 창조성을 촉진시키는 데 있다.

이러한 브레인 스토밍은 대개 12명이 하나의 그룹이 되지만 주로 6~12명으로 한정하고 그중에서 리더와 서기를 선발한다.

리더는 약 20분에서 1시간 정도 문제에 관한 설명을 한 후 참가자로부터 가능한 많은 아이디어(대체안)을 비판없이 받아 기록하고 토의와 분석을 한다.

그런데 이 방법은 다음의 규칙을 엄격히 준수해야 한다.

① 제시된 아이디어에 대하여 절대로 비판해서는 안된다.
② 자유로이 나온 아이디어를 환영한다.
③ 다량의 아이디어를 희망한다.
④ 타인의 아이디어에 자기 의견을 결합하든지 아니면 개선해 가는 것을 환영한다.

Chapter

06

경영계획

긍정의 마인드로 삶을 살아가자!

긴 인생의 여정에서 우리는 수많은 난관을 겪게 되고 결국에는 이를 이겨나간다. 행복한 인생을 살아가기 위해서는 올바른 생각을 하고 사는 것이다. 즉, 긍정의 마인드를 가지는 것이다. 삶을 살아가다 보면 여러 다양한 일을 경험하게 된다. 좋은 일도 있고, 안 좋은 일도 있고, 자신의 뜻대로 되지 않을 때도 많이 생기게 된다. 이때 부정적인 생각이 마음속에 자리 잡으면 의욕이 상실되고, 매사를 부정적으로 보고 판단하게 되어 원만한 대인관계를 유지할 수 없고, 그 결과 기대하는 성과를 이룰 수 없다.

만약 위기 상황에 부딪히게 되었을 경우 그 상황의 위기를 반대로 기회로 생각할 수 있는 긍정적인 마인드로 전환하게 되면 오히려 마음이 한결 가볍고 사물을 올바르게 바라 볼 수 있다. 긍정의 마인드는 주변 사람들에게 긍정적인 파급효과로 이어져 조직 전체의 분위기를 좋게 만들어 나간다. 매사에 긍정적인 태도를 가진 사람은 자신에게 주어진 일을 즐기게 된다.

우리 인간의 뇌는 이중적 구조로 되어 있다. 이는 생각의 차이로 인해 결과가 달라질 수 있다는 것을 보여주는데 '플레시보 효과'와 '노시보 효과'로 설명할 수 있다.

플레시보 효과는 소화가 안 되거나 체한 사람에게 친한 사람이 토끼 똥을 주면서 유명한 한의사가 조제한 환약이라고 이야기하고 먹게 하면 그 약을 먹은 환자의 상태가 호전되는 현상을 말한다. 반면 노시보 효과는 정말 특효가 있는 환약을 주고 염소 똥이라고 하면 그 약을 먹은 환자는 상태가 오히려 악화되거나 구토 증세를 일으키는 현상을 말한다.

제2차 세계대전 때 연합군은 부상당한 군인에게 처방할 약이 없어서 밀가루로 약을 만들어 가짜 약을 투약했는데 그 약을 먹은 군인들이 빠르게 회복되어 전투에 임할 수 있었다고 한다. 이렇듯 주어진 상황을 어떻게 생각하느냐에 따라 뇌에서는 희망의 생각을 이끄는 '도파민'을 분비하기도 하고, 부정적인 생각을 이끄는 '아드레날린'을 분비하기도 한다. 이 두 가지는 자신의 머릿속에서 만들어지는 것으로 결국 자신의 생각과 긍정의 힘이 어떻게 작용하느냐에 따라 결과가 다르게 나타난다는 것이다.

우리가 사회생활을 하면서 여러 가지 상황에 직면하는데 주어진 상황에 대해 플레시보 효과처럼 긍정의 힘으로 생각하는 습관을 가진다면 항상 좋은 결과가 얻게 될 것이다. 우리 모두 자신에게 주문을 걸어보자. "난 할 수 있다! 할 수 있다!" 긍정의 힘을 자신에 불어넣어 자신감을 갖고 살아가는 사람은 행복한 사람이다.

행복은 삶에서 오는 평온감과 안락감을 뜻한다. 경제적 풍요, 지식, 권위가 행복을 보장해 주지 않으며 오히려 행복은 사랑하는 사람과의 결혼, 가족 유대, 우정, 정신적 활동, 자존감, 희망 등과 관련이 있다. 긍정심리학자들은 행복을 느끼는 정도는 유전적으로 결정되기도 하지만 한두 가지 유전자가 좌우하는 것이 아니라 후천적으로 계발시켜 자신을 행복한 사람으로 만들어 가야 한다고 한다. 대표적인 방법으로 명상과 이완요법 등의 방법으로 심신을 만족스러운 상태로 바꾸려는 노력을 해야 한다.

긍정적인 마음을 가진 사람은 삶의 행복을 느끼게 되고 그 행복감은 보다 삶에 집중하고 더욱더 열심히 살아갈 수 있는 에너지를 얻게 된다. 따라서 행복한 사람은 매사가 긍정적이다 보니 더욱더 행복해지게 된다.

– 변상우, 〈행복하면 성공하게 되고 리더가 된다〉, 도서출판 청람, 2014

제 1 절
경영전략

1. 경영전략의 의의

경영전략(business strategy)은 기업에게 경쟁우위를 유지시켜 줄 수 있는 중요한 의사결정으로 조직의 목적을 달성하기 위한 수단으로서 조직체 내부의 모든 기능과 활동을 통합한 종합적인 경영계획을 의미한다.

그러므로 기업의 경영전략은 변화하는 환경 속에서 지속적인 성과를 달성하기 위해서는 환경변화에 적합한 목적을 설정하여 이를 달성하기 위한 인력, 자금, 기술, 시설 등 모든 자원을 효율적으로 동원하는 통합적이고 종합적인 계획이다.

따라서 경영전략은 기업의 장기적인 성과와 목적 달성에 영향을 주는 매우 중요하다. 오늘날 기업경영에서 경영전략이 중요시되는 것은 정치, 경제, 사회 등의 여러 환경 속에서 기업의 안정적인 성장을 확보하고 변화하는 환경에 능동적으로 대처하기 위한 청사진과 같다. 기업의 안정적 성장의 확보는 기업 외부 환경에 대한 것과 이에 대처하는 기업 내부의 체질을 개선하는 2가지 의미가 내포되어 있다.

첫째, 시장경쟁에서 기업이 유리한 지위를 차지하기 위한 경영전략 개념과 관련된 것으로서 신제품 개발에 의한 시장개척이나 제품다각화에 의한 경영전략 등이 해당된다.

둘째, 기업 체질개선에 의한 내부적 경영전략 개념과 관련된 것으로서 조직 유효성과 경영자의 관리능력 강화 등에 의한 수익성 확대 개념이 포함된다.

그런데 이러한 외부적 경영전략과 내부적 경영전략이 명확하게 구별되는 것은 아니며 서로 밀접한 상호 관련성을 맺으며 작용을 하게 된다.

2. 경영전략의 특성

기업의 장기적인 성과와 목적달성에 중요한 경영전략은 다음과 같은 특성을 가지고 있다.

첫째, 경영전략은 기업과 관련된 가장 본질적인 문제를 다루게 된다. 즉 기업이 속한 사업 분야는 무엇이고 어떤 사업 분야로 진출을 의도하고 있는지, 주 고객은 누구이며 그리고 주요 판매시장은 어디인지 등이 그것이다. 즉, 기업이 생산하는 제품의 성격이나 종류, 주 고객, 시장, 그리고 사업의 다각화 여부 등이 경영전략과 밀접한 관련을 맺고 있는 개념들이다.

둘째, 경영전략은 일상적인 의사결정과 관련된 세부 계획의 기본 골격이 된다. 경영전략은 기업이 갖고 있는 제 자원의 배분과정에서부터 일상적 경영활동에 이르기까지 경영활동의 다양한 부분을 포괄하고 있다. 경영전략은 법체계와 비교해보면 각종 법의 모법이 되는 헌법과 유사한 성격을 갖는다고 볼 수 있다. 그러므로 하부계층의 각종 전술 계획이나 작업계획들은 실천에 있어서 모계획인 경영전략에 일치시켜 추진되어야 한다.

셋째, 경영전략의 수립은 다른 계획들과 비교하여 시간이 많이 소요된다. 일반적으로 경영전략은 몇 개월이나 1년과 같은 단시간에 추진되고 성사될 수 있는 성질의 것이 아니다. 장기간에 걸쳐 지속적으로 추진되어야 하며 추진 결과도 함께 평가되어야 한다.

넷째, 경영전략은 기업의 모든 에너지와 자원이 소요되는 최우선적 과제이다. 경영전략은 기업이 장래에 있어 보다 높은 성장과 유리한 입지를 확보하기 위하여 추진하는 주요 계획이기 때문에 기업이 보유한 인적·물적 자원과 자본을 경영전략의 성공적 추진을 위해 최우선적으로 조달하고 합리적으로 배분하여야 한다.

다섯째, 경영전략은 최고경영자의 적극적 관심과 참여가 필요하다. 왜냐하면 최고경영자는 전사적 관점에서 기업의 모든 측면을 관찰할 수 있는 안목이 있기 때문이다. 그리고 하위감독자가 경영전략을 효율적으로 실천하기 위해서는 최고경영층의 참여와 꾸준한 지원이 있어야 한다.

3. 경영전략의 구성요소

경영전략의 개념을 보다 명확히 이해하기 위해서는 먼저 경영전략의 구성요소를 이해할 필요가 있다. 앤소프(H. I. Ansoff)는 제품·시장분야, 성장벡터(growth vector : 제품·시장분야에 있어서 어떤 방향으로 나가려고 하는가의 변화 축), 경쟁우위, 시너지 효과 등 4가지를 설명하고 있다. 쉔델(D. E. Schendel)과 호퍼(C. W. Hopper)의 전략적 구성요소에 대해 살펴보면 다음과 같다.

① 영역

조직과 환경과의 상호작용의 정도, 즉 전략의 활동 범위를 말한다.

② 자원전개

조직목표의 달성을 도와주는 과거와 현재의 자원과 기능·기술의 전개의 수준과 패턴, 즉 독자능력을 의미한다.

③ 경쟁우위

조직이 자원전개의 패턴과 영역결정을 통하여 경쟁자에 대하여 전개되는 독자적인 지위를 말한다.

④ 시너지 효과

자원의 활용이나 영역결정에서 나타나는 상승효과를 말한다.

이러한 경영전략의 구성요소들은 전략적 경영의 관점에서 기업과 환경과의 적합방식을 다루는 데 중요한 요소들이다. 경영전략은 기업이 변화하는 경영환경에 대응 또는 적응하면서 기업의 미래지향적 기대상태를 실현하기 위하여 기업이 갖고 있는 모든 경영 잠재력을 효과적으로 응집시킬 수 있다.

제 2 절
경영전략의 수행절차

1. 경영전략의 수립단위

경영전략은 기업의 규모와 업종 그리고 전체적인 조직구조 형태에 따라 기업전략, 사업전략, 기능전략으로 구분된다.

따라서 경영전략이 수립되는 단위는 기업단위, 사업단위, 기능단위의 3가지 단위가 있다.[1] 이들 단위별 경영전략은 〈그림 6-1〉에서 보듯이 상호 밀접한 관계하에서 조직구조와 기능분야에 따라서 경영방향을 설정해 준다.

그림 6-1 경영전략 구성도

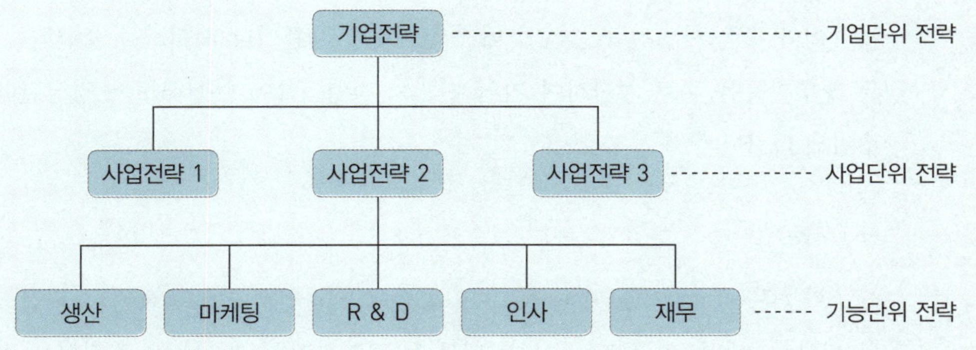

1) 김영규, 경영학원론, 박영사, 2001, pp. 204~207.

(1) 기업전략

기업전략(corporate strategy)은 한 개 이상의 사업부문을 포함하는 최상위의 경영전략이다. 이와 같은 기업단위의 경영전략은 기업 내부의 자원배분을 통하여 기업 전체의 방향을 설정하게 되고 자원배분에 따라 기업조직에 많은 영향을 받게 된다.

이러한 문제를 해결하기 위하여 최고경영자들은 다음과 같은 일련의 문제를 해결하기 위하여 문제에 관한 해답을 순차적으로 결정하여야 한다.

예를 들면 어떤 사업에 참여할 것인지? 어떤 사업을 철수할 것인지? 어떤 고객을 목표로 할 것인지? 어떤 새로운 기술을 사용할 것인지? 경영활동의 범위를 어떻게 규제하며, 경영의 목표 달성을 위해 소요되는 인적·물적·재무적 자원을 여하히 조달하고 배분할 것인지? 등의 세부적 의문사항에 관한 해결책을 찾는 것이 기업단위의 경영전략이다.

(2) 사업전략

사업전략(business strategy)은 기업전략에 종속된 하위전략으로서 기업 내의 특정분야 사업에 대한 경영전략이다.

기업이 다양한 제품을 생산할 경우 각각의 제품은 자율적인 사업조직으로서 기업전략과 밀접한 관계하에 각각의 사업전략을 전개해 나간다.

이와 같은 사업전략은 기업 내에서 비슷한 제품이나 서비스를 생산하는 모든 경영활동을 서로 결합하여 기업 전체의 경영목표에 부합하도록 경영전략을 수립해 나간다.

(3) 기능전략

기능전략(functional strategy)은 기업전략과 사업전략에 종속된 하위전략으로 생산, 마케팅, 연구개발, 인사, 재무 등 경영관리의 제 기능을 결정하는 전략이다. 따라서 기능전략은 기업전략과 사업전략을 전개하는 과정에서 자금과 인력 등 내부자원의 배분과 기능분야의 활동을 조정함으로써 기업의 전략적 목표 달성에 중요한 역할을 한다.

예를 들면 특정 사업부서의 경영전략이 신제품을 개발하는 것이라면 연구개발부서의 주요 전략은 신제품을 개발하기 위해 구체적인 계획을 작성하는 것이다.

기능적 단위에서의 경영전략은 전략계획이라는 개념보다 전술계획의 성격을 갖는다고 볼 수 있다. 따라서 경영전략의 작성수준이 기업에서 사업부로, 다시 기능부서로 하향함에 따라 계획의 내용은 보다 구체적이고 특수한 양상을 띠게 된다.

2. 경영전략의 수립절차

경영전략 사업단위에 따라 경영전략의 공식적 수립절차가 어떻게 이루어지는지를 고찰하고자 한다.

경영전략은 〈그림 6-2〉와 같이 대개 9단계의 절차로 구성되고 있다.[2)]

그림 6-2 경영전략의 수립절차

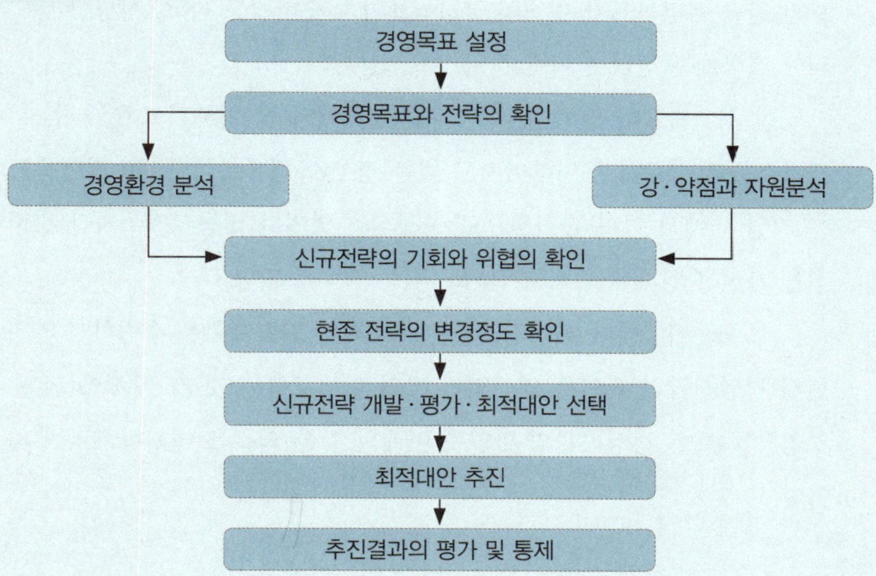

2) 김영규, 상게서, pp. 207~212.

(1) 1단계 : 경영목표 설정

경영목표를 설정하는 것은 기업전략이나 사업전략의 수립에 있어서 가장 중요하다. 왜냐하면 새롭게 설정된 경영목표는 기업의 모든 자원을 필요로 하고 각종 경영활동을 규제하며 최고경영층의 주된 의무이기 때문이다.

경영목표의 설정은 기업의 존립이유와 사명을 검토하고 이해하며 그것을 실행하기 위한 구체적인 경영목표를 수립해야 한다.

기업의 사명을 재확인하는 이유는 어떤 사업을 피해야 하며 또한 어떤 사업은 추진해야 하는지를 이해하는 데 도움이 된다.

(2) 2단계 : 현 경영목표와 전략의 확인

신규 경영목표가 설정되면 경영자는 다음 단계로 이행해야 하는데, 2단계에서 6단계까지는 경영목표를 달성하기 위하여 무엇이 행하여져야 하는지를 결정하는 근거가 된다.

그 첫 번째 작업이 바로 현 경영목표와 전략을 확인하는 것이다. 확인을 해보면 신규 경영목표가 현재의 경영목표와 비슷하기도 하고, 상당한 변화가 요구되어 결국에는 전혀 상이한 것일 수도 있다.

현 경영목표와 전략은 이미 기업 전체에서 잘 이해되고 있으며, 부서 간에 의사소통이 명료하게 이루어지고 있는 경우가 대부분이다. 현 경영목표나 전략은 기업 내에서 이미 공식적으로 확정되어 있거나 비공식적이지만 강력한 리더십을 가진 경영자에 의해 추진되고 있는 경우가 많다.

소규모 기업이나 비영리조직은 공식적인 전략계획을 수립하지 않기 때문에 현재 경영전략의 확인은 일상적인 작업을 검토하는 것 그 자체가 되는 것이다. 경영자들은 현 경영목표의 확인을 아래와 같은 의문을 제기함으로써 시작할 수 있다.

- 우리의 현재 사업은 무엇이며 무엇이라야 하는가?
- 우리의 고객은 누구이며 누구라야 하는가?
- 우리는 무엇을 지향하고 있는가?

- 우리는 어떠한 비교우위를 지니고 있는가?
- 우리는 어떤 분야에서 우수한가?

등에 대해 의문을 제기해야 한다.

(3) 3단계 : 경영환경분석

전략계획과정에서 기회와 위협요인을 발견하기 위해 외부환경에 관한 정보를 체계적으로 수집하여 평가해야 한다. 경영환경 분석의 목적은 기업의 직접환경요소와 간접환경이 기업에 미치는 변화의 내용을 확인하기 위한 것이다.

경영환경의 분석에는 예측기법을 비롯하여 경영과학기법이 사용되기도 하는데, 중요한 것은 환경변화를 미리 감지하는 것이다. 경영 환경변화에 대해 뒤늦게 알게 되면 경쟁자들이 해당 기업을 공략하기가 쉬워진다. 물론 경영환경 예측은 완벽할 수 없지만 기업으로 하여금 간접 경영환경의 변화에 적응할 수 있게 하며, 직접 경영환경의 활동을 조정하고 예측하게 하는 효과가 있다.

(4) 4단계 : 기업의 강·약점과 자원분석

조직분석은 기업 내 경영과 자원분석을 중심으로 기업의 강점과 약점을 진단하고 기업체의 경쟁적 위치를 평가하는 것이다. 그리하여 외부로부터의 기회와 위협을 내부의 강점과 약점을 종합하여 새로운 기회를 포착하고 예측되는 위협에 대응하는 경영전략을 수립하게 된다. 여기서 문제가 되는 것은 잘하고 못하는 것이 아니라 다른 업체와 비교하여 상대적으로 잘하고 있거나 못하고 있는 것이 무엇인지를 발견하는 것이다.

그리고 기업 내 보유하고 있는 자원에 대한 분석은 다음과 같은 절차에 따라 이루어진다.

① 1단계 : 재무적, 조직적, 기술적 차원에서의 기업의 주요 자원과 기술의 명세서 작성
② 2단계 : 당사의 제품이 직면하고 있는 경쟁시장에서의 주요 성공요인 결정
③ 3단계 : 당사의 자원과 기술이 경쟁시장에서의 주요 성공요인을 비교하

여 유효한 전략추진을 위한 강·약점 확인

④ 4단계 : 당사의 강·약점을 경쟁업체와 비교하여 비교우위확보를 위한 주요 자원과 기술 확인

(5) 5단계 : 신규전략의 기회와 위협확인

신규전략의 기회와 위협은 많은 요인들에서 발생한다. 예컨대 대규모 상업성 농작물을 경작하기 위하여 확보한 땅의 지가가 급등하여 그곳에다 주택이나 아파트를 건설하기 위해 사업부를 설치를 고려하고 있는 경우는 시장상황의 변화가 유리하게 작용하고 있는 경우이다.

그러나 재래식 현금 출납기를 생산하고 있는 회사가 전자기술의 발전에 의해 전자감응식 현금출납기가 출현함으로써 그들 고유의 기술이나 설비가 진부화되는 경우 이 경우는 기술변화가 오히려 위협이 되는 경우이다.

따라서 환경의 변화가 어떤 기업에게는 위협이 되기도 하지만 다른 기업에게는 기회가 되기도 한다.

(6) 6단계 : 기존 전략의 변경 정도 확인

자원과 환경에 대한 분석이 끝나면 기존 전략의 결과가 예측될 수 있다. 전략을 추진한 지가 오래되고 경영환경이 안정적일수록 현존 전략의 추진결과에 대한 예측이 쉽다. 현존 전략의 예측결과에 따라서 경영자는 전략을 수정할 것인지 추진방법을 변경할 것인지 결정해야 한다.

기존 전략의 변경정도는 목표설정과정에서 의도된 목표와 예상된 결과를 비교함으로써 가능하다. 기존 목표와 예상된 결과의 차이가 발생하면 전략을 변경하게 된다.

(7) 7단계 : 신규전략의 개발, 평가, 최적대안의 선택

현존전략의 변경이 필요하다고 확인되면 다음으로 해야 할 작업은 신규전략대안의 개발, 평가 및 최적대안의 선택이다. 이러한 절차를 전략적 의사결정이라 한다.

전략적 대안의 개발이란 주어진 상황에서 경영목표와 예상되는 결과 사이, 즉 업적이 차이를 메울 수 있는 다양한 대안들을 확인하는 작업이다. 새로운 시장에 진출한다거나 제품의 질을 높이고 원가를 절감하기 위하여 제품디자인을 변경한다거나, 신규투자를 행하는 것 등이 이에 해당된다. 전략적 대안의 평가는 다음과 같은 요건에 의해 행하여져야 한다.

- 전략설정과정에서 확인된 중요 안건에 기업의 자원과 노력이 집중되어야 한다.
- 기업의 자원과 기술한도 내에서 해결될 수 있는 지엽적 문제를 다루어야 한다.
- 전략적 대안은 의도된 결과를 창출할 수 있어야 한다.
- 전략대안의 평가는 관심대상인 특수제품이나 주요 경쟁상대에 초점을 맞추어서 행하여져야 한다.

최적 대안의 선택은 다양한 여러 대안들 중에서 기업의 역량에 최적으로 부합되는 한 가지 대안을 선정하는 것이다.

기업의 역량을 선정시킬 수 있는 몇 가지의 대안들 중에서도 경영자의 가치관과 부합되며 기업의 사회적 책임을 수행할 수 있는 최적대안이 선정되어야 한다.

(8) 8단계 : 최적대안의 추진

최적대안이 결정되면 그 대안은 기업의 일상적 경영활동을 위하여 실제로 채택되어야 한다. 아무리 정교하며 독창적인 전략이라도 실제로 추진되지 못하면 기업에게 이익을 주지 못한다.

만약 새로운 전략대안이 향후 5년 이내에 신제품을 출시하는 것이라고 할 경우 이 때 인사부는 단기충원계획을 마련해아 하며, 마케팅부서는 신제품 개념을 검증하기 위한 예비시장조사를 시행하기 위한 최초연도의 예산을 확보해야 한다.

또한 연구개발부는 전 계획기간중의 제품개발에 관한 예비개획을 세워야 하며 생산부서는 전략의 초기단계에서 기초적인 원가계산을 할 필요가 있다.

(9) 9단계 : 추진결과의 평가 및 통제

경영자는 전략이 추진되면 기업이 전략목표를 향하여 제대로 움직이고 있는지 수시로 또는 중요한 단계마다 대안의 진척상황을 전략계획과 비교, 평가하여야 한다.

전략적 통제에 있어서 2가지 주요 내용은 전략이 예정된 바와 같이 추진되고 있는지의 여부와 전략추진이 예상된 결과를 달성할 수 있는지 여부이다.

제 3 절
경영전략의 유형

1. 기업단위의 경영전략

기업단위의 경영전략은 성장과 안정 및 축소를 지향하는 기본전략을 추진하는데, 성장을 지향하는 공격형 전략과 현상유지와 축소를 지향하는 방어형 전략으로 구분할 수 있다.

(1) 공격형 전략

1) 집중화전략

특정제품의 라인이나 서비스라인에 집중하는 것으로 시장침투(market penetration), 시장개발(market development), 제품개발(product development), 수평통합(horizontal integration) 등이 있다.

시장침투는 마케팅 강화전략으로서 현재의 시장에 기존의 제품으로 시장점유율을 확대하는 전략이며, 시장개발은 새로운 수요를 탐색하거나 새로운 시장을 개척하는 전략을 말한다.

제품개발은 연구개발과 기술혁신을 통해 기존제품의 품질을 개선하거나 신제품을 개발하여 판매를 증대하고자 하는 전략이다.

수평통합은 자사의 생산, 판매체인과 같은 단계에 있는 하나 또는 둘 이상의 사업을 확보함으로써 성장을 도모하고자 하는 전략이다.

2) 수직적 통합전략

기업의 유통경로나 기업의 생산과정에 투입되는 투입물의 공급원에 대한 소유나 통제를 도모하는 경영전략으로서 유통경로를 지향하는 것이 전방수직통합이고, 투입물의 공급원을 지향하는 것이 후방수직통합이다.

전방수직통합은 안정적인 생산의 이점이 클 경우에 바람직한 전략이다. 즉 전방통합을 통하여 생산판매체인에서 다음 단계의 과정을 소유함으로써 기업산출물에 대한 수요의 예측력을 높일 수 있게 된다. 후방수직통합은 생산투입물에 대한 공급의 안정성을 높이거나 원재료에 대한 질적 수준을 높이고자 할 때, 특히 공급자의 수가 적고 경쟁자의 수가 많을 때 채택하게 된다.

3) 다각화전략

기업의 다각화란 새로운 업종에 진출하여 기존 업종과 병행하여 경영활동 범위를 확대하는 것을 말한다. 이런 경우 새로운 사업이 기존사업과 관련이 있다면 각 사업의 강점과 약점을 서로 보완함으로써 시너지효과를 얻을 수 있다. 이와 같은 다각화전략을 관련 다각화전략이라고 하며 기존사업과 관련이 없는 경우에는 비관련 다각화전략이라고 한다.

(2) 방어형 전략

1) 긴축전략

어떤 사업이든 경제 불황, 비능률적인 생산, 경쟁자의 도전 등 경영여건의 불리함으로 인해 기업의 이익이 줄어들게 된다.

이런 경우 경영자는 단기간 내에 긴축 또는 감량경영을 실시하게 되는데 이러한 긴축전략은 보통 비용절감이나 자산축소 등에 이루어진다.

2) 영업양도전략

하나의 사업 또는 주요 부분을 매각하는 전략을 말한다. 자사에 불리한 환경변화가 계속될 것으로 예측이 되면 사업의 매각을 신중히 결정하여야 한다. 영업양도전략은 자회사 매각(self-off), 분리설립(spin-off), 그리고 사업분할(split-off) 등 3가지 형태로 이루어진다.

3) 청산전략

사업의 일부 또는 전체를 처분하는 전략을 말한다. 청산전략은 기업이 경쟁기업의 위협을 극복하지 못하고 실패하였을 경우에 선택할 수 있다. 청산전략은 모든 이해관계자들의 손해를 최소화하기 위하여 장기적인 관점에서 고려하여야 한다.

4) 수확전략

단기현금흐름(short term cash flow)이나 단기이익을 높이기 위하여 시장 점유율을 의도적으로 낮추는 전략을 말한다. 즉 성장전략이 여의치 않을 경우 제품이나 전략적 사업단위(strategic business unit)에 대한 현금화를 유도하는 전략이다.

5) 현상유지전략

제품수명주기에 의존하면서 현재의 제품시장을 잠정적이건 영속적이건 지속하는 것을 말한다. 이 전략은 무엇보다도 안정성이 강조되는 경우에 사용되는 전략이다.

2. 사업단위의 경영전략

사업단위의 경영전략은 전략적 계획(strategic planning)을 필요로 하며, 경쟁우위를 획득하기 위해 전략적 우위요소와 경제적 목표를 어떻게 결합시키느냐에 따라 비용우위전략, 차별화 전략, 집중화 전략 등 3가지 본원적 경쟁전략이 있다.

(1) 비용우위전략

비용우위전략(cost leadership strategy)의 목적은 경쟁기업에 비해 비용상의 우위를 갖는 기업이 경쟁기업에 비하여 낮은 비용구조를 유지하는 것이다. 이때, 비용상의 우위를 확보하기 위한 구체적인 방법으로는 규모의 경제(economy of scale)를 실현할 수 있는 생산설비, 경험에 의한 비용절감, R&D, 서비스 판매, 광고 등에 의해 비용의 최소화가 실현가능하다.

그러나 비용우위가 품질이나 서비스의 저하를 감수하면서 비용만을 절감하는 것을 의미하지는 않는다. 비용우위를 확보하면 산업 내의 경쟁이 심한 경우에도 산업 전체의 평균보다 높은 수익을 기대할 수 있고, 구매자나 공급자에 대한 교섭력도 유지할 수 있다.

(2) 차별화 전략

차별화 전략(differentiation strategy)은 기업이 판매하는 제품이나 서비스와 관련하여 해당 산업분야에서 독특한 것을 시장에서 도입하는 전략이다. 차별화 전략형태에는 여러 가지가 있다. 즉, 디자인과 상표의 이미지를 이용하는 방법, 기술을 이용하는 방법, 독특한 특성을 이용하는 방법, 대 고객서비스를 이용하는 방법, 전국적인 판매망을 이용하는 방법 등이 있다.

(3) 집중화 전략

집중화 전략(focused strategy)은 특정의 고객층, 제품, 시장, 기술 등 비교우위가 있는 부문에 회사의 노력을 집중시키는 전략이다. 즉, 자사의 상품이나 서비스를 전체적 산업에 맞추기보다는 경쟁적 우위부문을 강조하는 것이다.

이 전략은 보다 광범위한 영역에서 경쟁을 벌이는 다른 기업들과는 달리 한정된 전략목표를 보다 효과적이고 능률적으로 달성할 수 있다는 전제에 바탕을 두고 있다.

이상에서 살펴본 3가지 본원적 전략의 차이점은 〈그림 6-3〉에 제시되어 있다.

그림 6-3 본원적 경쟁전략

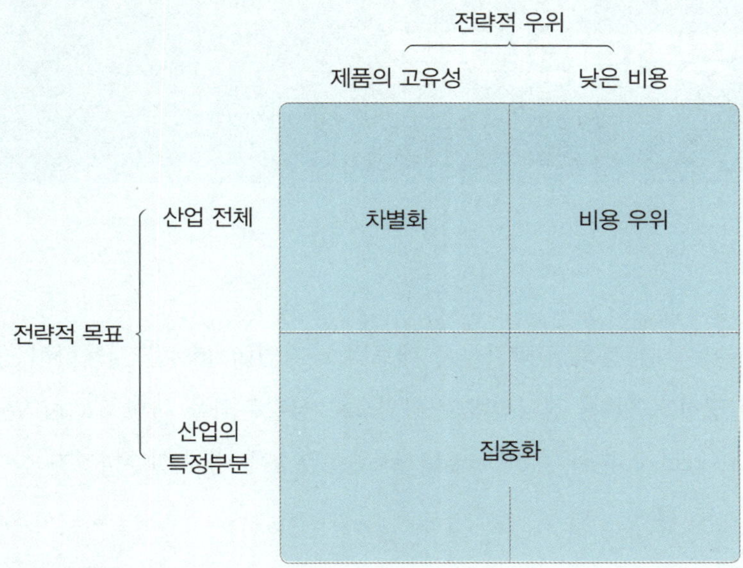

제 4 절 경영전략의 기법

오늘날 대부분의 전략가들은 매트릭스 기법(matrix)을 사용하여 중요 변수 간을 설명하고 있다. 경영전략의 기법으로 상황분석을 위한 SWOT 분석, 포트폴리오(Portfolio) 분석, GE(General Electric) 분석에 대해 설명하고자 한다.

1. SWOT 분석

SWOT 분석은 기업의 내·외적 요인을 고려한 경영전략기법으로서 이 모델은 외부적 환경의 위협(threat)과 기회(opportunity)를 조직 내부의 강점(strength)

표 6-1 전략형성을 위한 SWOT 매트릭스

외부요인 \ 내부요인		내 부 강 점 (S) 관리·운영·재정·마케팅·R&D·엔지니어링 등 분야의 강점	내 부 약 점 (W) 관리·운영·재정·마케팅·R&D·엔지니어링 등 분야의 약점
외부 기회 (O)	현재 및 미래의 경제적 여건, 정치 및 사회적 변화, 신제품 및 서비스 기술에 대한 기회	SO전략 (Max-Max) 조직 내의 강점과 외부의 기회를 이용함으로써 성공할 수 있는 전략, 확대전략	WO전략 (Min-Max) 외부기회의 강점을 살리고 내부의 약점을 극복하기 위한 전략, 우회전략
외부 위협 (T)	현재 및 미래의 경제적 여건 정치 및 사회적 변화, 신제품 및 서비스 기술에 대한 위협	ST전략 (Max-Min) 위협을 회피하고 내부적인 강점을 이용하는 전략, 안정적 성장전략	WT전략 (Min-Min) 삭감전략·청산·합작 투자전략

과 약점(weakness)에 조화시켜 기업의 장기발전을 모색하는 분석 방법이다.

따라서 SWOT 분석에서는 강점을 S, 기업 내의 약점을 W, 기회를 O로, 그리고 위협의 요소를 T로 표시하고 있다. 이 모델은 위협으로부터 시작한다. 왜냐하면 많은 조직은 대개의 경우 위협을 의식하는 데서 전략적 계획을 세우기 때문이다.

〈표 6-1〉에서 보듯이 외부환경(위협과 기회)과 내부환경(강점과 약점)에 대한 분석을 토대로 한 4개의 대안적 전략이 제시되 있다.

(1) SO전략(내부강점 · 외부기회)

외부의 기회를 이용하기 위해 내부강점을 사용할 수 있을 때 가장 바람직한 전략이다. 실제 매트릭스상의 모든 위치에서 이 위치로 옮기는 것이 모든 기업의 목표이다.

(2) ST전략(내부강점 · 외부위협)

조직 내부의 강점으로 외부환경의 위협에 대응하는 전략이다. 이 전략의 목적은 내부의 강점을 극대화하는 반면 외부의 위협을 최소화하는 전략이다.

(3) WO전략(내부약점 · 외부기회)

내부의 약점은 최소화하는 대신에 외부기회를 극대화하려는 전략이다. 그러므로 약점분야를 보완하여 강점으로 전환하기 위해서는 외부로부터 유리한 기술이나 인적자원을 도입하는 우회전략을 활용할 수도 있다.

(4) WT전략(내부약점 · 외부위협)

외부위협과 내부약점을 최소화하기 위한 전략이다. 예를 들면, 합작투자나 회사를 축소하거나 경우에 따라서는 청산까지 해야 한다.

이와 같은 SWOT 매트릭스를 이용하여 현재의 경영환경을 분석하고 미래의 환경변화 추세를 예측하여 사업의 성공 여부를 판단할 수 있고 자사가 보유하고 있는 조직상의 강·약점과 연계하여 분석함으로써 향후의 경영전략을 수립할 수 있다.

이러한 SWOT 분석의 분석과정을 도표화하여 나타내면 〈그림 6-4〉와 같다.

그림 6-4 SWOT 분석 흐름도

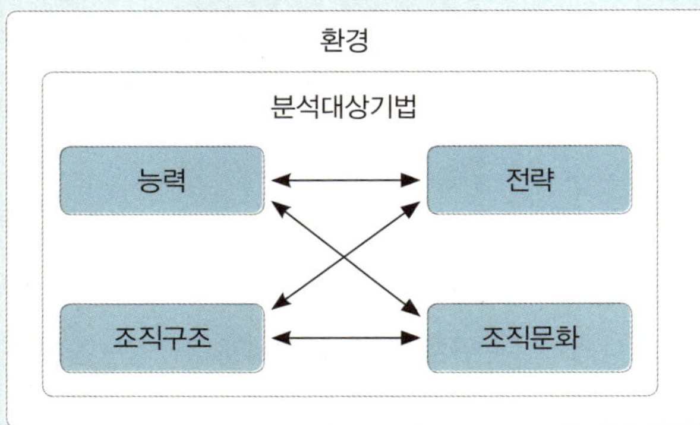

대응전략

환경분석	강점(S)	약점(W)
기회(O)	SO	WO
위협(T)	ST	WT

경영전략 방향 설정

2. 포트폴리오 분석기법

(1) BCG Matrix

기법이나 사업부 단위의 대표적인 경영전략기법이 BCG Matrix기법이다. BCG Matrix는 1970년대에 미국의 보스턴 컨설팅 그룹(Boston Consulting Group : BCG)이 개발한 전략평가방법이다.

이 기법은 특정 사업 분야의 매출액과 그 사업이 속한 시장의 성장률, 그리고 사업의 추진으로 인한 현금의 유입과 유출 여부의 3가지 요인에 의해 사업이나 제품다각화의 순서와 정도를 결정하는 기법이다.

또한 이 기법은 자금을 필요로 하거나 자금창출능력이 있는 상이한 사업 부서간의 균형을 유지할 목적으로 사용되기도 한다.

〈그림 6-5〉는 상대적 시장점유율과 시장의 성장률이라는 두 변수에 의해 4분면 중의 한 곳에 특정사업의 위치를 지정한 PPM 기업이다. 4분면은 각기 독자적인 중요성을 지니고 있다.

이 기법의 특징은 X축은 시장의 성장률, Y축은 상대적인 시장점유율로 정하고, 각 축의 중간을 보통 정도로 규정한 다음 두 변수의 고·저에 따라서 4분면으로 구분하여 각 분면에 물음표, 별, 젖소, 개라는 진행순서를 나타낸다.

그리고 +와 −는 각각 현금의 유입·유출 및 크기를 나타내고 화살표 ①→②→③은 경영다각화의 진행순서를 나타낸다.

그림 6-5 BCG Matrix

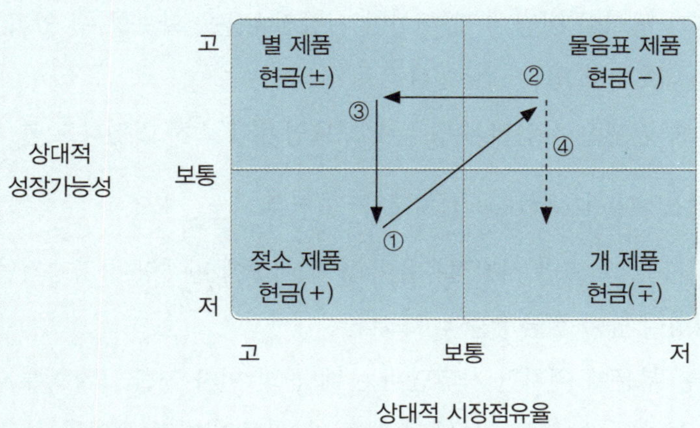

1) 사업(제품의) 구분과 전략운영

① 별 제품(stars) : 고성장 · 고점유

시장에서 지배적인 기반형성으로 고속성장을 하는 제품으로서 떠오르는 별처럼 희망을 주는 사업단위이다. 시장점유율이 높아 이윤과 현금흐름은 좋으나 더 이상 성장하기 어려운 현재의 주력제품(today's provider)이다.

현 시장점유율을 유지하기 위해서는 계속적으로 유동자금을 투입하여야 하며, 이것도 시간의 흐름이 흐르면 시장의 성장가능성이 점차 소진하여 젖소 분면으로 전환될 전초단계라 할 수 있다.

'별' 분면은 사업의 수명주기별로 볼 때, '성장기'에 속한다고 볼 수 있다.

② 물음표 제품(QuestionMarks) : 고성장 · 저점유

문제아 제품이라고도 부르며 이는 장래의 성장가능성이 높은 사업에 뒤늦게 참여하는 경우이다.

이것은 시장 자체의 규모가 계속 신장되고 있기 때문에 투자의 충분한 매력은 있으나 후발업체라는 취약성을 극복하고 시장선도자로 부상하기 위해서는 막대한 투자가 소요된다. 그런데 아무리 많은 투자를 계속하더라도 선발업체의 강한 경쟁과 방어를 이길 수 있어야만 시장점유율을 확보할 수 있기 때문에 많은 위험을 내포하고 있는 경우이다.

'물음표' 분면은 사업의 수명주기상 '도입기'에 속하고 있다고 볼 수 있다.

③ 젖소 제품(CashCows) : 저성장 · 고점유

성장률은 느리지만 시장점유율이 높기 때문에 판매량이 경쟁기업보다 많으므로 수익성이 높아 현금창출액이 크다.

이러한 부문에 위치한 사업단위는 배당 및 이자 지불, R&D 투자, 여타 사업단위에 투자할 수 있는 자금을 공급하기 위해 단기적 수익과 현금의 유입을 극대화하기 위한 수확전략을 선택하게 된다.

④ 개 제품(Dogs) : 저성장 · 저점유

제품의 수명이 다하여 더 이상 성장이 기대되지 않을 뿐만 아니라 시장점유

율이 낮아 장래성이 없고 유동자금을 기업에 공급해 주는 능력도 없는 불량제품이다. 이런 경우는 사업에서 철수하거나 매각을 고려하는 것이 바람직하다. '개' 분면은 사업수명주기상의 쇠퇴기에 해당된다.

2) BCG Matrix의 적용

BCG Matrix는 적용상의 단순성 때문에 1970년대와 1980년대 가장 광범위하게 사용된 기업단위의 경영전략기법이다. 이 기법은 기업수준에서의 다양한 사업 중 어느 사업에 집중투자를 해야 하는지에 대한 투자우선순위 결정의 기초가 된다.

예를 들면, 삼우그룹의 주력산업은 건설업으로서 현금창출능력이 많은 '젖소'라고 본다면 시장의 성장가능성은 크지만 현재의 시장점유율이 낮은 '물음표' 사업인 전자산업에 대한 집중투자가 요구되는 것이다.

성우그룹의 주력산업은 전자산업으로서 현금창출능력이 많은 '젖소'에 해당되는데 그러나 시장의 성장가능성은 크지만 현재 시장점유율이 낮은 '물음표' 사업인 항공산업에 대한 집중투자가 요구된다.

이 기법은 단일회사의 제품군에 의해 조직화된 사업부제도에도 적용할 수 있다. 수출을 많이 하는 성원전자회사의 주력제품은 컬러TV로서 이것은 젖소에 해당되며 VTR 및 전자레인지는 시장의 상당한 성장가능성과 시장점유율이 확보되어 있어 별에 위치한다고 볼 수 있다.

그러나 21세기에 선풍적 인기를 얻고 있는 고감도TV(HDTV)의 개발에 있어서는 세계 전자업계에서 후발주자의 입장에 있으므로 이에 대한 집중적 투자가 필요한 이것은, 즉 '물음표' 분면의 제품인 것이다.

이 기법은 제품이나 사업의 수명주기(Product Life Cycle : PLC)와도 관련시켜 설명할 수 있다. 즉 성장의 가능성은 높으나 시장점유율이 낮은 '물음표'의 1/4 분면은 제품의 도입기에 해당된다. 그러나 제품이 소개되어 상당한 인지도를 얻고 있으며 지속적인 투자의 성과가 나타나서 점유율이 높아진 별의 2/4분면은 제품의 성장기에 해당된다.

그리고 지속적인 성장의 결과 높은 수준의 시장점유율을 확보하였으나 시

그림 6-6 BCG Matrix와 PLC의 관계

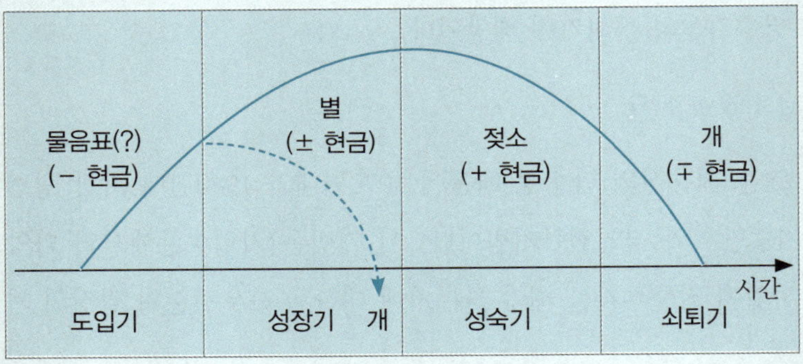

장의 성장가능성에 한계를 나타내는 '젖소'의 3/4분면은 제품의 성숙기에 해당된다.

시장점유율과 성장가능성이 모두 낮은 4/4/분면의 '개'는 도입기에서 성장기로 진행하지 못하고 갑자기 소멸되거나, 시장에서의 철수를 준비해야 하는 쇠퇴기에 해당된다. 이를 그림으로 나타내면 〈그림 6-6〉과 같다.

(2) GE Matrix

GE Matrix는 General Electric사가 BCG Matrix의 결함을 극복하기 위하여 McKinsey사와 공동으로 3×3 Matrix 9개 칸으로 된 전략적 사업계획 그리드(SBU planning grid)라는 GE Matrix를 개발하였다.

GE Matrix는 사업매력도와 사업 강도의 2차원으로 구성되지만 각각의 차원은 가중치를 달리하는 여러 개의 지표로 된 복합척도로 되어 있다는 것이 특징이다. GE Matrix는 BCG Matrix에 대해 다음과 같은 특색을 지닌다.

- BGC Matrix가 시장점유율(X축)과 사업성장률(Y축)이라는 용어로 대표되는데 반해, GE Matrix는 사업매력(industry attractiveness)과 사업 강점(business strength)이라는 두 개의 축을 사용하고 있다.
- BGC Matrix에서는 4개의 그리드로 설명하지만 GE Matrix는 2개의 축을 각

각 고·중·저의 세 단계로 구분함으로써 9개의 그리드를 이용하고 있다.

- BGC Matrix는 점유율과 성장률을 단일척도로 하는 데 반해 GE Matrix에서는 각각 여러 개의 요소를 사용하고 있다. 즉 사업매력은 시장규모, 시장성장률, 경쟁의 다양성, 경쟁구조, 수익성 등이고 사업 강점은 상대적인 시장점유율, 가격경쟁력, 기술수준, 시장에서의 기여도, 경영자의 능력 등 많은 요인에 의해 규정된다.

그림 6-7 GE Matrix에 의한 전략적 계획·평가의 격자

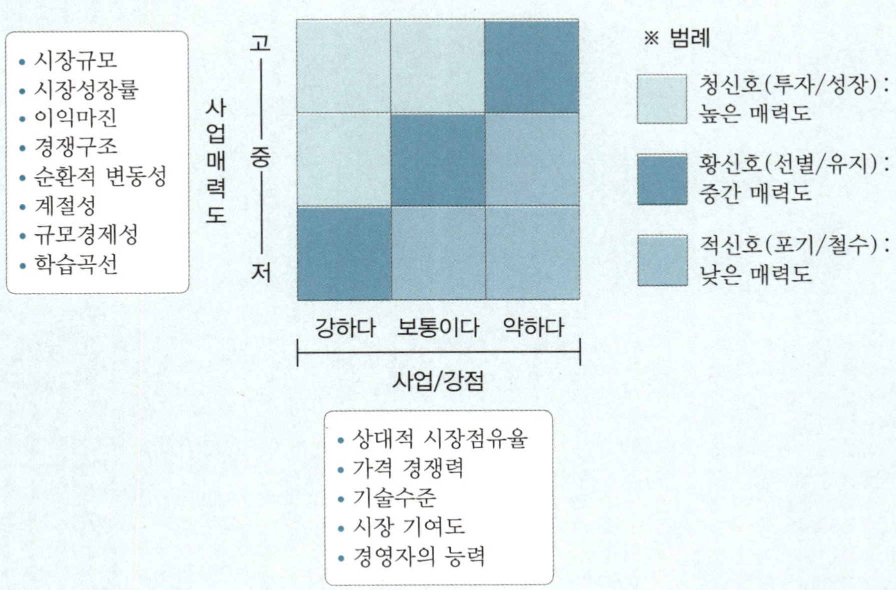

Chapter

07

경영조직

말하기보다 경청하는 자세로 임하자!

경청은 상대의 말을 듣기만 하는 것이 아니라, 상대방이 전달하고자 하는 말의 내용은 물론이며, 그 내면에 숨어 있는 동기나 정서에 귀를 기울여서 듣고 이해된 바를 상대방에게 피드백(feedback)하여 주는 것을 말한다.

우리는 상대방과의 대화에서 말을 적게 해서 후회하는 것보다 말을 많이 함으로써 실수하게 되어 후회하는 경우가 훨씬 더 많다. 상대방과의 거래 시에서는 자신이 상대방보다 말을 많이 하는 것보다는 고객에게 말을 많이 하게 하여 고객의 상황을 잘 파악하고 고객의 니즈에 맞는 제품이나 서비스를 제공해 줌으로써 보다 나은 거래를 성사시킬 수 있다.

데일 카네기는 그의 저서『카네기 인간관계론』에서 다음과 같은 이야기를 소개했다. 카네기는 뉴욕의 한 출판업자가 주최한 만찬 모임에서 저명한 식물학자를 만났다. 그는 식물학자를 인생에서 처음으로 만났는데 그의 이야기에 정신줄을 놓고 말았다. 식물학자는 그에게 식물, 품종 개발을 위한 각종 실험과 실내 정원에 대한 다양한 이야기를 전해 주었고 그는 관심있게 이야기를 집중해서 들었다. 만찬 모임이 끝난 후에 알고 보니 식물학자는 대화하면서 자신을 "가장 재미있게 이야기하는 사람"이라고 칭찬하였다. 그런데 정작 자신은 식물에 대해 거의 알지 못하며 단지 그의 이야기를 진지하게 듣기만 했을 뿐이다. 이렇게 진지하게 들어준 것이 식물학자를 기쁘게 한 것이다. 다른 사람이 나를 좋아하게 만들려면 먼저 경청의 자세를 가지는 것이 중요하다는 것을 보여주는 사례이다.

그럼 상대방과의 대화에서 바람직한 경청의 조건에 대해서 살펴보면 다음과 같다.

첫째, 관찰력이 있어야 한다. 대화 중에 상대방의 표정과 눈빛, 손동작, 자세 등의 표현도 말이 될 수 있다.

둘째, 대화의 내용을 이해하고 상황을 판단 할 수 있는 능력이 있어야 한다. 대화 중에 앞뒤 맥락을 연결하여 이해하고 전체를 파악할 줄 알아야 한다.

셋째, 직관력, 추리력, 상상력이 있어야 한다. 대화의 내용을 바로 이해할 수 있어야 하며, 대화 속에서 전개되고 있는 내용을 추리해 보고, 상상을 해 볼 수 있는 능력이 있어야 한다.

경청은 상대방의 말을 끝까지 들어준다고 해서, 고개를 끄덕이며 맞장구를 쳐 준다고 해서 그런 모든 것들이 경청이라고 볼 수 없다. 대화는 산책과 같은 것으로 같이 걸어가는 사람과 동행해 나가야 한다. 혼자서만 앞서가서도 안 되며, 그렇다고 너무 뒤처지지도 말아야 하며 상대방의 속도에 맞추어 함께 가야 한다.

경청의 종류로 4가지로 나누어 설명해 보면 다음과 같다.

첫째, 듣는 듯 마는 듯 듣는 것이다. 이것은 상대방의 말을 대충으로 듣는 태도이다. 상대방이 이야기하는데도 불구하고 다른 일을 하면서 듣고 있는 자세이다.

둘째, 소극적으로 듣는 것이다. 상대방의 이야기를 주의 깊게 끝까지 듣는 것이 아니라 상대방의 말을 중간에 끊거나 지레짐작하여 상대방의 의도를 섣부르게 판단하는 것이다.

셋째, 적극적으로 듣는 것이다. 상대방의 이야기를 잘 듣고 파악하여 의견을 수렴하거나 다른 의견을 적극적으로 제시한다. 이것은 상대방의 이야기를 집중해서 듣기 때문에 말하는 사람의 기분을 나쁘게 하지는 않는다.

넷째, 공감하면서 듣는다. 상대방이 이야기하는 동안 상대의 마음을 읽고 의견을 제시하는 것뿐만 아니라 그렇게 말하는 의도를 분석하여 공감하면서 듣는 태도이다.

가장 좋은 경청은 바로 공감하면서 듣는 것이다. 수많은 사람과의 만남에서 가장 중요한 것이 바로 서로 간의 소통이 이루어져야 하며 소통에 있어서 중요한 부문이 바로 경청을 하는 것이다.

– 변상우, 〈행복하면 성공하게 되고 리더가 된다〉, 도서출판 청람, 2014

제 1 절
경영조직의 본질

1. 경영조직의 의의

(1) 경영조직의 정의

경영계획이 수립되면 다음 단계는 이를 수행하기 위해 조직화가 필요하다. 경영조직을 형성하는 이유는 경영상 모든 일을 한 사람이 전부를 담당할 수 없고, 또한 경영규모가 확대되면 한 사람의 힘으로는 업무를 추진할 수 없기 때문에 필연적으로 여러 사람이 업무를 분담하지 않을 수 없게 된다.

따라서 기업을 합리적으로 운영해 나가기 위해서는 각 담당자 간에 긴밀한 협력이 필요하게 되는데 이런 결합의 형태를 경영조직이라 한다.

조직(organization)의 정의에 대해서는 학자들의 주장이 다양하다. 그중 대표적인 학자들의 주장을 살펴보기로 한다.

바나드(C. I. Barnard)는 조직이란 '어떤 목적을 달성하기 위하여 의식적으로 조정된 두 사람 혹은 그 이상의 인간 활동 및 체계'라고 정의함으로써 조직을 단순한 집단이 아닌 인간의 협동시스템으로 파악하였다.[1)]

샤인(E. H. Schein)은 조직이란 '공통적인 목적 달성을 위해 직능을 분화하고, 이에 권한과 책임을 부여하고, 조직계층을 통해서 여러 사람의 활동을 합리적으로 조정하는 것'이라고 정의했다.[2)]

---

1) C. I. Barnard, *The Function of Executive*, Harvard University Press, 1938, p. 73.

2) E. H. Schein, *Organization Psychology*, Prentice Hall, 1965, p. 8.

알렌(L. A. Allen)은 조직이란 '구성원이 조직의 목표를 달성하기 위하여 가장 효과적으로 협력할 수 있도록 직무의 내용을 명확하게 편성하고, 그 직무수행에 관한 권한과 책임을 명확하게 함과 동시에 이것을 위양하여 상호관계를 설정하는 과정'이라 정의하였다.

브라운(Alvin Brown)은 조직이란 '각 구성원이 협동적 활동을 하고 경영 목적을 효과적으로 달성하기 위하여 각 구성원이 수행하여야 할 역할과 관계를 규정'하는 것이다.

이상의 조직개념을 분석해 보면 조직이란 경영자에 의해 기업의 구성원이 담당하는 역할을 결정하고, 나아가 기업목표를 달성하는 데 필요한 모든 과업을 설정한 후, 과업의 성공을 위해 조직의 구성원에게 과업을 계획적으로 할당하는 관리기능이라고 할 수 있다.

(2) 경영조직의 목적

경영자는 기업의 목적을 달성하기 위하여 조직을 합리적으로 구성하고 운영하는 능력과 관리기술을 가져야 한다. 그리고 조직의 목적이 무엇인지를 숙지하여 경영자로서의 자질함양에 이바지하여야 한다. 일반적으로 강조되고 있는 경영조직의 목적에는 다음과 같은 것이 있다.

- 기업 또는 각 조직단위의 목적을 능률적으로 유효하게 달성할 수 있도록 조직의 각 구성원 간의 협력관계를 확립해 준다.
- 각 개인의 창의력을 충분히 발휘시켜 적극적으로 기업목적에 공헌할 수 있는 능동적인 조직을 구축할 수 있게 해 준다.
- 개인별 직무에 대한 지침과 책임체제의 확립해 준다.
- 계획의 수립과 통제에 도움을 준다.
- 직무의 중복을 예방하여 비용을 절약하게 한다.
- 기업의 성장과 발전을 촉진하고 미래의 불확실성에 대비할 수 있는 체제를 마련해 준다.

기업의 경영조직은 다수의 조직단위로써 이루어진다. 따라서 모든 경영자·관리자·감독자는 자신이 맡고 있는 부문조직을 합리적으로 마련하여 운영할 책임을 지니고 있다.

그러므로 경영자는 조직의 스태프 전문가의 전문지식을 적극적으로 활용하도록 해야 한다.

2. 경영조직의 요소

조직화의 기능은 계획된 목표를 달성하는 데 필요한 활동을 결정하고 이것을 분류하여 비슷한 활동끼리 묶어서 하나의 틀 또는 구조를 형성하고, 활동을 담당하고 있는 구성원에게 적절한 권한·직위 및 책임을 할당하고, 구성원들과 집단의 노력을 조정할 수단을 제공하는 것이다.

그러므로 조직화는 여러 가지 활동들을 관리할 수 있는 단위로 나누고 각 단위와 활동들이 다른 모든 활동들과 조화를 이룰 수 있도록 하는 것이다.

(1) 부문화

기업의 목표달성에 필요한 업무를 개개 직무로서 분류하고 이것을 각 부문에 할당하는 일을 부문화라고 한다.

즉, 부문화란 기업에서 수행될 여러 활동을 논리적으로 집단화하는 것을 말한다. 부(部)에 할당된 업무는 분류되어 과(課)에 배분되고 과의 업무는 다시 분류되어 계에 할당된다.

부문화는 일반적으로 업무분장 규정에 의해서 이루어진다. 이런 경우의 부문화에는 기능별 부문화, 제품별 부문화, 고객별 부문화, 지역별 부문화 등이 있는데 대표적인 것은 기능별 부문화이다.

기능별 분화를 직무의 분화(division)라고도 하며 직무의 수직적 분화와 수평적 분화로 구분할 수 있다. 이 같은 분화를 통해 조직의 기본구조인 조직도가 만들어진다.

(2) 직무의 할당

직무(job)는 조직의 구성원들에게 각각 분할된 업무의 기술적 단위로 조직의 목적달성에 필요한 구체적 인간 활동을 말하는 것으로 일반적으로 개인이 담당할 수 있는 일정 분량을 단위로 하여 계획하고 확정되는 것이다.

부문화에 의해 분류된 업무는 각 개인 또는 직위에 직무로서 할당되는데 이는 책임소재별 경영활동을 수행시키기 위한 것이다.

이 경우 적재적소의 배치를 위하여 직무분석과 적성검사가 동시에 이루어짐으로써 직무특성과 인격특성의 상호조정이 이루어져야 한다.

(3) 권한의 할당

권한(authority)은 할당된 직무를 스스로 수행하고 또 타인에게 수행시키기 위해서 주어진 공식적인 권리(power)이다. 만약 권한이 부여되지 못하면 직무담당자들은 자신에게 주어진 직무를 효과적으로 수행할 수 없다.

직무를 수행하는 데 필요한 권한에 대해 살펴보면 다음과 같다.

- 조직의 직위로부터 부여된다.
- 하위자에게 수용될 때 그 권한의 효력이 발생한다. 하위자는 직위에서 비롯되는 합법적인 권리에 따라야 한다.
- 권한은 수직적 계층구조를 따라 하향적 특성을 갖는다.

이러한 권한이 어떻게 발생되는지에 대한 권한의 원천은 업무수행과정에 있어서 중요한 의미를 갖는다.

권한의 원천에 대해서는 상위자로부터 하위자에게 위양된 것이라는 권한위양설, 하위자가 수용함으로써 비로소 성립될 수 있다고 보는 권한수용설, 그리고 권한은 직무에 의하여 규정되고 발생된다는 권한직능설 등이 있다.

(4) 책임의 확정

책임(responsibility)은 일정한 직무와 역할을 수행할 의무를 조직구성원에게 부여하는 것을 의미한다. 이와 같은 책임을 조직구성원 한 사람 한 사람이 명백히 질 때 조직의 책임체제는 확립된다.

따라서 직무수행을 위한 책임표준은 가능한 구체적으로 정하는 것이 좋다. 조직, 개인 모두를 위해서 책임은 성실히 이행되어야 하며, 이를 위해서 조직은 개인으로 하여금 책임을 성실히 이행할 수 있도록 충분한 여건을 조성해 주어야 하고 개인은 조직과 상사를 위해서 최선의 책임을 다하겠다는 책임의식을 가져야 한다.

(5) 직위

직위(position)는 직무 또는 직능이 권한의 계층적 관계와 결부되어 형성된 조직상의 지위이다. 예를 들면 사장의 직무와 경리담당자의 직무는 조직이 필요로 하는 과업단위라는 점에서는 차이가 없으나 권한의 계층 면에서 볼 때 사장 직위와 경리담당자의 직위에는 차이가 발생한다.

이와 같이 직위는 수행해야 할 일정한 직무가 할당되고, 그 직무를 수행하는 데 필요한 권한 및 책임이 구체적으로 규정되어 조직의 각 구성원인 개인에게 부여된 조직상의 지위이다.

경영조직의 요소 중 핵심은 직무이다. 직무는 일과 사람이 결합되어 조직을 형성한다. 직무는 권한의 출발점이 되며 책임은 의무를 수반하게 된다.

이러한 관점에서 〈그림 7-1〉은 직무에 대한 권한·책임·의무의 삼면등가의 관계가 있음을 알 수 있다.

그림 7-1 직무의 삼면등가의 원칙

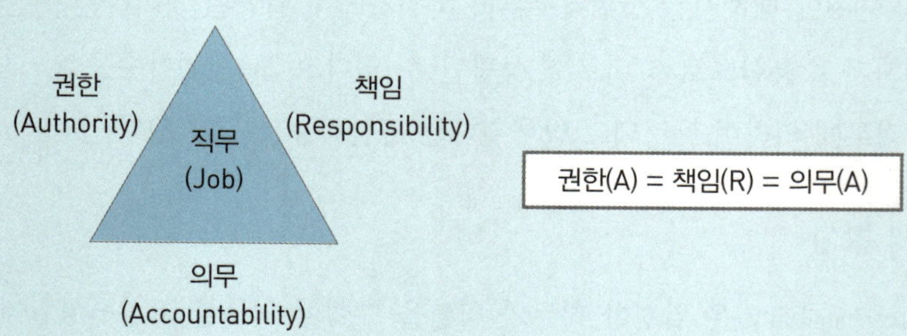

제 2 절
조직화의 과정

1. 조직화의 중요성과 단계

(1) 조직화의 중요성

경영자는 어떤 규모나 어떤 유형의 조직에서도 효과적인 조직화를 통하여 경영성과를 높여야 한다. 경영자는 조직화를 통해 다음과 같은 효과를 얻을 수 있다.

- 업무의 흐름을 명확히 한다.
- 개인별 직무에 대한 지침을 제공한다.
- 각 직무를 성공적으로 수행하기 위한 행동체계를 마련하여 계획수립과 통제에 도움이 된다.
- 의사소통과 의사결정을 위한 경로를 수립한다.
- 직무의 중복과 과업에 대한 갈등을 제거해 준다.
- 각 구성원의 활동을 조직목표에 연결시킴으로써 직무수행 성과를 증대시킨다.

(2) 조직화 단계

경영자가 조직화과정에서의 의사결정은 다음과 같이 5단계를 거쳐 이루어진다.

① 제1단계 : 전체 업무의 명확화

조직의 목표를 효과적으로 수행하기 위해서는 우선 전체 업무를 명확히 파악해야 한다.

② 제2단계 : 직무의 분할

조직 전체의 업무를 개인이나 집단에 의해 적절히 수행할 수 있도록 논리적으로 분할한다.

③ 제3단계 : 직무의 집단화-부문화

구성원들의 업무 성격에 따라 유사하거나 관계가 깊은 사람들을 집단화하여 관리해야 한다.

④ 제4단계 : 조정

구성원들의 일이 통일되고 조화롭게 되도록 조정메커니즘을 선정한다. 따라서 조직 전체의 목표를 효과적으로 달성하기 위해 조직 내의 개별 부문들에 대한 조정이 필요하다.

⑤ 제5단계 : 수정

조직의 효율을 유지·증진시키기 위해 피드백 과정인 수정단계가 있다.

2. 조직화의 기본원칙

경영조직이 목적을 효율적으로 달성하기 위해서는 일정한 원칙에 따라 조직이 설계·운영되어야 한다. 그러나 이러한 조직화의 원칙은 조직의 규모나 환경에 따라 변화될 수 있다.

전통적인 조직화의 원칙은 여러 학자에 따라 이견이 있으나 가장 널리 알려진 전문화의 원칙, 명령통일의 원칙, 감독한계의 원칙, 직능화의 원칙, 권한과 책임의 원칙, 권한위양의 원칙, 조정의 원칙에 대해 살펴보고자 한다.

(1) 전문화의 원칙

전문화의 원칙(principle of specialization)의 조직구성원이 가능하면 특정업무(단일 업무)만을 수행함으로써 자신의 전문적인 지식과 숙련기술을 통해 조직성과에 기여할 수 있게 하자는 원칙이다.

복잡한 경영활동을 효율적으로 실행하기 위해서는 부분화와 직무할당이 있어야 하며 직무할당 시는 전문화의 원칙에 따라야 한다.

전문화의 실현은 작업자의 숙련도를 높여 능률증진을 가져오고 단기간에 성과가 증대되는 등 기대이익을 낼 수 있다는 긍정적인 측면도 있다.

그러나 한 가지 일을 반복적으로 수행함으로써 창의력이나 자아실현 욕구가 저하되고, 개인이 가진 일부문의 능력만 요구함으로써 자신이 가지고 있는 잠재력을 개발할 기회를 상실하는 등 자기발전의 저해요인이 될 수 있다는 부정적인 측면도 있다.

(2) 명령통일의 원칙

명령통일의 원칙(principle of unity of command)은 명령일원화의 원칙이라고도 하는데 어떤 행위에 대해 한 사람의 하위자는 두 사람 이상의 상사로부터 명령을 받아서는 안 된다는 원칙이다.

만일 두 사람의 상사가 한 사람 또는 한 부문에 대한 명령권을 행사한다면 그 명령은 혼동을 가져오게 되고 규율은 위태롭게 되고 질서는 문란해져 조직의 안정을 잃게 된다.

(3) 감독한계의 원칙

조직이 효율적 관리를 수행하기 위해서는 1인의 장이 지휘·감독할 수 있는 부하의 수를 적정하게 제한해야 하는데 이를 감독한계의 원칙(principle of span of control)이라고 한다. 이는 관리자가 종업원을 지휘·통제하는 데에는 능력의 한계가 있기 때문이다.

감독의 범위(폭)가 넓어질 경우 의사소통, 조정, 통제가 곤란해져 능률이 저하된다.

또한 감독의 범위가 좁아지면 부하에게 부담감을 주어 창의성, 자주성이 저하될 수 있고 관리비용이 증대되거나 장(長)이 가지고 있는 능력을 충분히 발휘하지 못할 수도 있다.

(4) 직능화의 원칙

직능화의 원칙(principle of functionalization)이란 업무를 수행할 때 기능주의 관점에서 해야 할 일을 중심으로 조직이 확립되어야 한다는 원칙이다. 이는 인간본위의 조직형성에서 직무중심의 조직을 이룩하자는 취지라고 할 수 있다.

이를 위해서는 직무수행 시 정실(情實)에 의한 사람의 선임과 배치를 배제하고 수행되어질 일에 따라 충원해야 한다.

즉, 직무의 성격과 종업원의 능력이 일치될 수 있도록 직계제도가 정립되어야 한다.

(5) 권한과 책임의 원칙

조직에서 각 구성원의 직무분담에 관한 권한과 책임의 상호관계를 명확히 하여야 하는데 이를 권한과 책임의 원칙(principle of authority & responsibility)이라고 한다.

즉, 조직구성원에게 각자의 직위에 따른 직무가 할당되면 그 직무를 수행할 수 있는 권한이 주어져야 하고, 권한 행사의 결과에 대한 책임도 함께 수반되어야 한다는 것이다.

그러므로 이 원칙은 '권한과 책임의 대응원칙' 또는 '권한 · 책임 · 의무의 삼면등가의 원칙'이라고도 한다.

(6) 권한위양의 원칙

권한위양의 원칙(principle of delegation of authority)이란 권한을 가지고 있는 상위자가 하위자에게 직무수행에 관한 일정한 권한을 하위자에게 위임해야 한다는 원칙이다.

이는 상사들의 'one man show'에 의한 집권관리가 경영상 부하의 사기 저하와 창의력 발휘를 저지할 수 있기 때문이다.

나아가 상사 자신은 잡무에 시달리게 되어 고유 직능수행에 지장을 초래하게 되고 부하의 협조상실의 요인이 된다.

(7) 조정의 원칙

조정의 원칙(principle of coordinate)은 조직의 구성원이 원활하게 공동노력을 할 수 있도록 통합하고 균형화하는 것이다.

여기서 조정이란 공통목적을 위하여 수행되는 행동상의 통일을 확보하기 위한 집단의 노력을 질서 있게 정돈하는 활동을 말한다.

이외에도 사기앙양의 원칙, 예외의 원칙 등이 있다.

3. 경영조직의 분화과정

기업의 조직화 과정은 업무(직무)활동을 분화하고, 분화된 업무를 조직의 구성원들에게 분담시키는 과정이다. 업무활동의 분화과정은 수평적 분화와 수직적 분화로 나누어진다.

수평적 분화는 수행될 업무의 종류에 따른 분화이며, 수직적 분화는 업무의 계층에 의한 분화이다.

(1) 수평적 분화과정

1) 1차적 분화(직능적 분화)

기업의 목적을 달성하기 위해 수행해야 할 기본적인 활동이 1차적으로 분화되어 라인부문이 형성된다.

예를 들면 기업의 목표달성을 위한 절차로는 구매-제조-판매의 순환과정에 따라 구매, 제조, 판매의 직능별 분화가 있으며 이러한 직능적 분화에 의하여 구매부, 제조부, 판매부 등의 부분조직이 형성된다. 라인부문은 이러한 과정적 분화에 의하여 형성된다.

2) 2차적 분화(요소적 분화)

1차적으로 라인부문이 분화되면 2차적으로 전문 스태프가 형성된다. 기업의 경영활동은 사람·자금·물자 및 기술 등이 결합되는데 이것을 업무의 구성요소라고 한다.

이와 같은 업무의 구성요소를 기준으로 하여 분화하는 것을 2차적 분화 또는 요소적 분화라고 하고, 2차적 분화에 의하여 인사부·경리부·총무부·기술부 등이 형성된다.

이러한 부문을 전문 스태프(special or technical staff) 부문이라고 하며, 이들 부서들은 전문적 기술을 가지고 라인부문에 조언·조력해 주는 역할을 수행한다.

3) 3차적 분화(과정적 분화)

과정적 분화는 관리과정에 따른 조직의 업무분화로서 위의 직능적 분화나 요소적 분화에 의해서 형성되는 직무에 공통적으로 존재하는 측면으로서 계획, 조직, 지휘, 조정, 통제 등의 관리과정을 말한다.

따라서 이와 같은 관리과정에 따라 기획부, 조직부, 통제부 등이 형성되는데 이러한 부문을 관리 스태프(management staff) 부문이라고 한다.

이러한 관리 스태프 부문은 관리기능에 대하여 라인 부문에게 조언·협조·지원을 한다.

(2) 수직적 분화과정

경영조직의 수직적 분화는 조직의 계층에 따라서 분화되는 것으로서 크게는 관리업무를 담당하는 관리직능과 직업을 실시하는 작업직능으로 나누어진다.

관리직능은 다시 경영방침이나 경영계획을 설정하여 경영활동을 종합적으로 총괄하는 최고경영직능, 최고경영직능에서 설정한 경영방침이나 경영계획에 따라 구체적인 계획을 설정하고 이를 실행에 옮기는 중간경영직능, 중간격영직능에 의해 설정된 각 부문의 계획에 따라 현장의 작업을 직접 지휘하는 직능을 가진 현장관리직능이 있다.

1) 관리직능의 분화

① 최고관리직능의 분화

기업 전체의 관점에서 기업 활동의 전반적인 목표를 설정하고, 그에 따라 기본방침 및 계획을 수립하고, 종합적인 계획을 수행하기 위하여 조직을 편성하고 충원·지휘하며, 또한 실시결과를 통제하는 최고관리직능이 분화하는 형태이다.

이러한 최고관리직능의 분화에 따라 최고경영층이 형성된다. 이와 같은 최고관리직능의 분화는 다시 신탁직능의 분화와 전반관리직능의 분화로 나누어진다.

신탁직능의 분화에 따라 수탁경영층이 형성되는데 보통 이사회라고 부른다. 수탁경영층에서 기업 활동의 전반목표를 설정하고 그에 따라 기본방침을 수립하게 된다. 즉, 이사회는 주주의 이익을 대표하고 보호한다는 관점에서 신탁직능을 수행한다.

신탁직능에 의하여 결정된 기본방침 및 이로부터 위양된 권한의 범위 내에서 기업경영 전체에 관한 종합적인 계획을 수립하고, 그것을 전체적으로 조직·지휘·통제하는 전반 관리직능을 수행하는 계층이 전반경영층이다.

② 부문관리직능의 분화

최고관리직능에 의하여 결정된 기본방침 및 종합계획에 따라 각 부문에 대한 집행방침을 결정하고, 계획을 수립하고, 그것에 필요한 부문조직을 편성하고, 필요한 인원을 선정하고, 동시에 전반 관리층에 대하여 적절한 시기에 적절한 보고를 하며, 필요한 자료를 제공하는 부문관리직능이 분화하는 형태이다.

이러한 부문관리직능은 기업 전체에 대한 문제보다는 특정 부문에 대한 업무와 직접적인 관계를 갖는다는 점에서 전반 관리직능과는 성격이 다르다.

따라서 부문관리직능의 분화에 따라 중간 관리층이 형성된다.

③ 현장관리직능의 분화

각 부문의 방침 및 계획에 따라 현장에서의 계획수립·조직화·충원·지휘 및 통제를 하는 현장관리직능이 분화하는 형태이다. 이러한 현장관리직능의 분화에 따라 하위 감독층이 형성된다.

2) 작업직능의 분화

원재료를 구입하고(구매), 원재료에 가공을 하고(제조), 제품을 판매하는 업무(판매)와 같은 작업의 중심이 되는 작업직능이 분화하는 형태이다.

이와 같은 작업직능의 분화에 따라 작업조직이 형성된다. 작업조직은 실제로 작업을 하는 종업원의 조직을 말한다.

이상에서 기업의 업무활동의 분화하여 조직이 편성되는 과정을 살펴보았다. 이를 그림으로 나타내면 〈그림 7-2〉와 같다.

그림 7-2 조직화의 과정

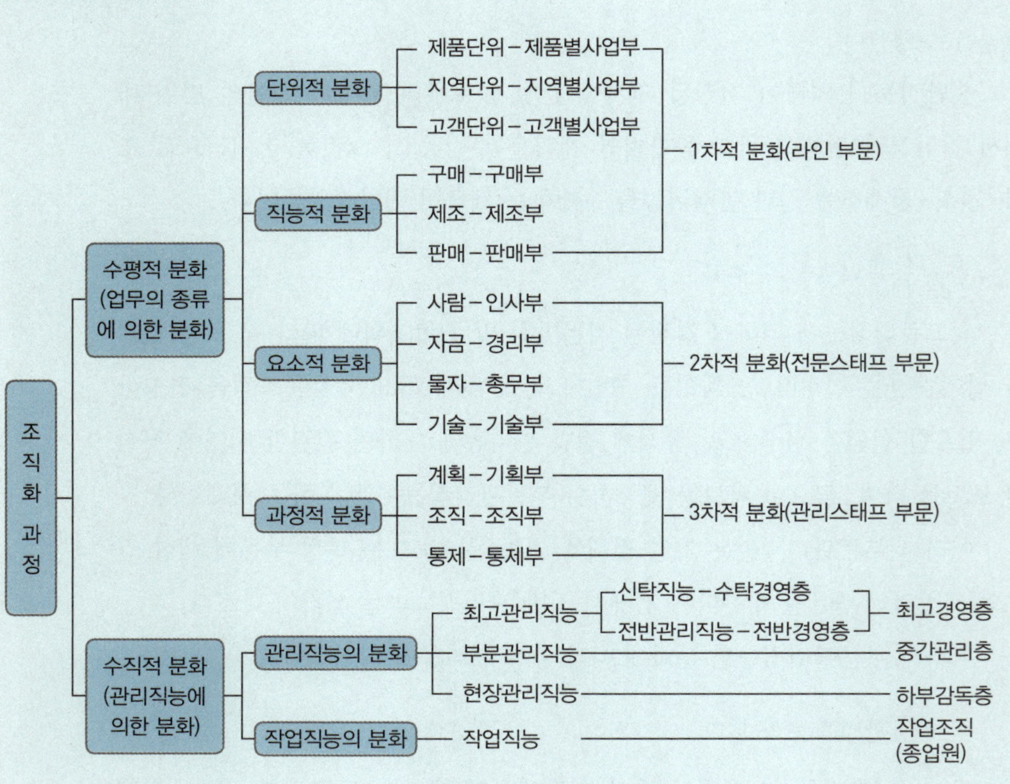

4. 라인과 스태프

(1) 라인과 스태프의 의의

라인과 스태프는 경영조직의 기본 개념으로서 기업 내부의 권한관계의 성격에 따라 분류된다.

라인 부문(line department)은 경영조직의 수평적 분화 과정에서 1차적 분화에 따라 형성되는 부문으로서 경영활동에서 지휘, 명령, 통제, 결정 등의 권한을 갖고 집행기능을 수행하는 계층이다. 기업체의 구매부, 생산부, 판매부가 이에 속한다.

한편, 스태프 부문(staff department)은 조직의 2, 3차적 분화에 해당되는 기능을 담당하는 부문으로서 라인에 대하여 조언과 조력을 함으로써 라인활동을 보다 더 효과적으로 촉진하는 역할을 담당한다. 기획, 총무, 경리, 인사, 기술부 등이 이에 속한다.

그러나 오늘날 대규모 조직에서 스태프 기능이 강화되고 있는데 스태프가 어느 조직의 특정부서에서 직무를 수행하든 간에 자기의 특수기능에 한하여 라인에 대해서 명령을 내릴 수 있는 권한을 행사하는데 이를 직능적 권한 내지 특화된 권한이라고 한다.

결국, 라인과 스태프는 상호보완적인 기능으로 조직의 목표달성을 위해 라인은 집행기능 스태프는 조언·서비스의 기능을 담당한다.

(2) 스태프의 종류

스태프가 수행하는 업무내용에 따라 개인 스태프, 전문 스태프, 관리 스태프로 분류할 수 있으며 일반적으로 전문 스태프는 중간관리경영층에서 그리고 관리 스태프는 최고경영층에서 주로 활용된다.

1) 개인 스태프

개인 스태프(personal staff)는 전문적인 지식과 기술을 갖고 특정한 관리자의 직무수행을 돕기 위해서 조언·서비스를 제공하는 보좌직위이다.

개인 스태프의 가장 큰 특징은 특정 관리자만을 보좌하는 데 있고, 전문적인 사항보다는 일반적이고 정합적인 사항에 대해서 조언하고 서비스를 제공한다.

이러한 개인 스태프에는 라인 보조자와 스태프 보조자가 있다.

라인 보조자란 부사장, 공장차장, 부차장, 과장대리 등과 같은 직위에 있는 스태프로서 상위자의 직무수행 전반에 대하여 보조하는 권한을 갖는다. 스태프 보조자는 사장보좌, 부장보좌 등의 명칭으로 불리우는 개인 스태프를 말한다. 이들은 상위자의 보좌기능만 수행하며 본 결정권이나 명령권을 갖지 못한다.

2) 전문 스태프

전문 스태프(specialized staff)는 전문적 직능에 속하는 사항에 대하여 조언과 서비스를 하는 스태프이다. 특히 최고경영층의 전반관리직능에 대해서 조언하는 관리 스태프를 일반 스태프 또는 전문 스태프라 한다.

이러한 관리 스태프는 기업이 대규모화되고 업무내용이 복잡화됨에 따라 기업 전체적인 관점에서 계획, 조직 및 통제와 같은 분야에서 관리적 조언과 자문을 필요로 하게 되면서 등장하게 되었다.

제 3 절
조직구조의 형태

조직구조는 부문화(혹은 부서화) 작업의 결과로 정형화된 조직의 틀을 일컫는다. 그리고 부문화란 특별한 경영활동의 수행과 결과에 관하여 경영자의 권위가 미치는 분명한 영역이나 단위 혹은 조직의 하부체계로 정의된다.

그리고 이러한 부문화는 곧 조직의 구조를 나타내게 되는데 거대한 조직은 복합적인 요인에 의해 부문화가 되어 있어 조직구조 역시 매우 복잡하다.

1. 조직구조의 결정요소와 조직도

관리자가 조직구조를 설계할 때 경영관리의 조직원칙에 충실히 따르는 것도 중요하지만 조직구조의 설계에 크게 영향을 미치는 요소인 조직 환경, 전력, 기술, 구성원, 규모 등을 고려하여야 한다.[3)]

(1) 조직구조의 결정요소

1) 환경

모든 조직은 개방시스템이므로 조직의 내·외부 환경으로부터 영향을 받는다. 조직과 환경과의 상호작용의 복잡성과 급속한 변화는 경영관리자로 하여금 미래의 예측을 곤란하게 하고 있다. 따라서 환경에 적응하기 위하여 조직의 내부구조가 신축성을 갖지 않으면 안 된다.

3) 이재규, 경영학원론, 박영사, 2000, p. 266~267.

2) 전략

조직의 임무와 전반적인 목표들이 조직구조를 설계하는 데 도움을 준다. 전략은 권한의 행사와 의사소통의 흐름이 상하계층 간에 어떻게 형성되어야 할 것인가를 결정하게 된다.

또한 전략은 계획과 의사결정 메커니즘뿐만 아니라 정보의 흐름에 영향을 미친다. 결론적으로 조직구조는 전략을 따르게 된다는 것이다.

3) 기술

기술은 업무를 수행하기 위하여 요구되는 모든 지식·기능·도구·기계·재료와 조건 등이며 기계적 능력뿐만 아니라 인간의 능력을 포함하는 것이라고 정의할 수 있다.

여기서는 전략을 실행하기 위해 사용하는 제반 지식으로 요약할 수 있다. 조직구조를 설계할 때 설비나 컴퓨터와 같은 기계적인 기술뿐만 아니라 조직관리기술도 고려해야 한다.

4) 구성원

조직은 결국 개인들로 구성되기 때문에 조직구조를 설계할 때 각각의 구성원을 고려하지 않을 수 없다.

조직의 구성원들은 각기 상이한 개성·가치관·교육수준과 업무경험들을 갖고 있을 뿐만 아니라, 일 자체에 의미를 부여하고 의사결정에 참여하려는 욕구가 증가하고 있기 때문에 직무의 설계과정에서 이를 고려하여야 한다.

그리고 조직 외부의 이해관계집단들도 조직구조에 영향을 미친다. 예를 들면 고객, 공급자 또는 채권자 등과의 규칙적인 상호작용은 조직구조에 영향을 미친다.

5) 규모

조직의 전체적인 규모와 하위단위의 규모가 조직구조에 영향을 미친다. 조직의 규모가 클수록 더욱더 많은 활동이 있게 되고 따라서 전문화와 공식화가 더욱 심화되고 분권화되어 그들의 활동을 조정할 더 많은 다양한 공식기구를 개발해야 한다.

(2) 조직도

조직도(organization chart)란 조직구성원들이 조직구조의 체계를 알 수 있도록 조직의 직위, 업무부서, 업무기능, 업무의 여러 관계를 표시한 도표이다.

이러한 조직도는 경영자나 종업원이 그들의 직무에 대하여 권한·책임·보고·의무를 명백히 규정하는 데 도움이 될 뿐만 아니라 기업조직에 있어서 기업구성원들의 위치, 정보의 흐름, 의사소통, 명령계통, 공식적인 역할, 업무의 전문화 정도 및 조정 등도 표시된다.

일반적으로 조직도는 단지 공식조직의 흐름만을 의미하기 때문에 비공식조직의 명령계통이나 의사소통패턴 등이 표시되지 않는다.

이상에서 살펴본 조직구조에 영향을 미치는 요소와 이에 따른 조직구조의 형태를 보면 〈그림 7-3〉과 같다.

그림 7-3 조직구조의 형태와 영향요소

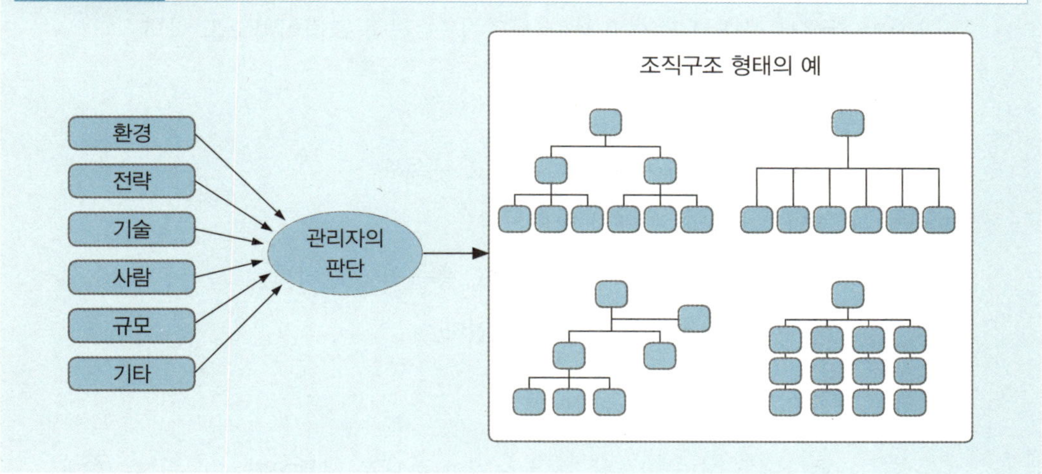

조직도의 내용은 다음과 같다.

- 조직도는 각 경영자, 종업원의 직무명이 표시된다.
- 보고·의무관계가 표시된다.

- 담당부서의 책임소재가 표시된다.
- 부서의 종류가 표시된다.
- 의사소통 채널이 표시된다.
- 관리계층이 표시된다.

2. 조직구조의 기본형태

(1) 라인 조직

1) 라인 조직의 의의

라인 조직(line organization)은 상위자의 권한과 명령이 직선적(line)으로 하위자에게 전달되는 조직형태이다. 이런 조직에서는 수직적으로 명령·복종관계가 형성되지만 수평적으로는 업무상 서로 관계가 없으므로 독립적이다.

라인 조직은 산업발전 초기의 조직구조형태로 지휘·명령의 관계가 군대 조직과 같아서 군대식 조직 또는 직선조직, 수직적 조직이라고도 한다.

2) 라인 조직의 장점

- 지휘-명령계통이 매우 단순하고 신속하다.
- 책임과 권한의 한계가 명확하다.
- 명령일원화의 원칙에 따라 지휘, 통솔력이 강하다.
- 신속한 의사결정을 기대할 수 있다.

3) 라인 조직의 단점

- 관리자는 여러 업무에 책임을 져야 하므로 전문화가 결여될 수 있다.
- 관리자는 만능이 되어야 하는데 이런 관리자의 양성이 어렵다.
- 각 부문 간의 독립성이 강해 유기적인 조정이 곤란하다.
- 하위관리자의 의욕상실과 창의력이 결여되는 폐단이 있다.

이러한 라인 조직의 형태는 〈그림 7-4〉와 같다.

그림 7-4 라인 조직의 구조

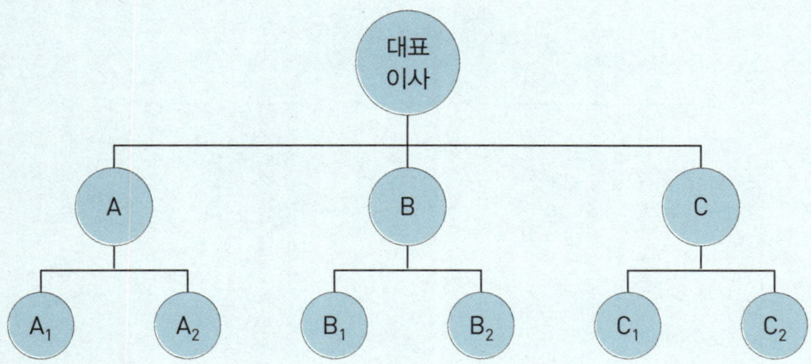

(2) 기능식 조직

1) 기능식 조직의 의의

기능식 조직(functional organization)은 라인조직의 단점을 보완하기 위해 과학적 관리법의 창안자인 테일러에 의해 마련된 조직형태이다.

따라서 기능식 조직은 각 기능(직능)별로 전문가를 두어 그들의 전문적인 재능, 지식, 경험이 하위층에 미치도록 한 조직이다.

이 조직은 비교적 규모가 작고 업무의 내용이 단순한 경우, 기업이 한정된 분야에서 사업하는 경우, 환경이 안정되고 업무상 고도의 전문화를 요하는 경우 등의 상황에서 바람직하다.

2) 기능식 조직의 장점

- 직장(foreman)의 직능범위가 좁으므로 단기간 내에 직장양성이 가능하다.
- 이 조직에서는 각 기능이 전문화되므로 작업(업무) 숙련도가 높아져서 감독을 효과적으로 할 수 있다.
- 작업자는 전문적 지식이나 기술을 가진 직장의 지도로 직무경험을 축적할 수 있다.

그림 7-5 기능식 조직

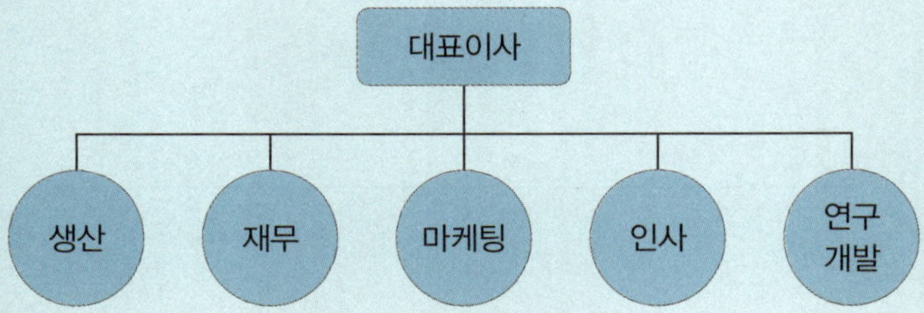

3) 기능식 조직의 단점

- 명령일원화의 원칙이 잘 지켜지지 않아 전체적인 질서가 문란해질 수 있다.
- 전문적 기능에 대한 합리적인 분할이 어렵고 책임전가의 위험이 있다.
- 각 기능이 지나치게 전문화되면 간접적인 관리비용을 증대시킨다.

(3) 직계참모 조직

1) 직계참모 조직의 의의

직계참모 조직은 라인 조직의 기본을 유지하면서 스태프의 조언기능이 부가되어 있는 참모 조직을 결합시킨 조직형태이다.

이 조직은 에머슨(H. Emerson)이 테일러의 기능식 조직의 형태를 변형·개발시킨 것이다. 이 조직은 조직의 명령일원화의 원칙과 기능화원칙을 조화시켜 스태프의 권한을 조언 내지 조력에 한정시킨 상태에서 제안된 조직형태라고 할 수 있다.

따라서 이 조직형태에서 스태프는 기획·조사·연구부문에서 라인활동의 전문적 사항에 대하여 조언하는 권한을 부여하며, 라인에게는 라인의 전형적인 명령과 집행을 할 수 있는 권한을 규정·부여함으로써 근본적인 기능식 조직의 단점을 보완하고 있다.

2) 직계참모 조직의 장점

- 전문적인 스태프들의 도움을 받음으로써 효과적인 경영활동이 가능하다.
- 라인 조직이 유지되고 있어 라인 조직의 장점을 지닌다.
- 스태프의 권한은 자기 부문 내에서 한정되어 라인의 활동에 안정감을 갖게 한다.

3) 직계참모 조직의 단점

- 라인의 지휘, 명령계통과 스태프의 조언 및 권고계통에 혼동이 야기될 수 있으며 상호 불화가 발생할 수 있다.
- 스태프 계통의 참여로 간접비가 증대된다.
- 스태프의 권한이 너무 커지면 라인활동에 지장을 주게 된다.

그림 7-6 직계참모 조직의 구조

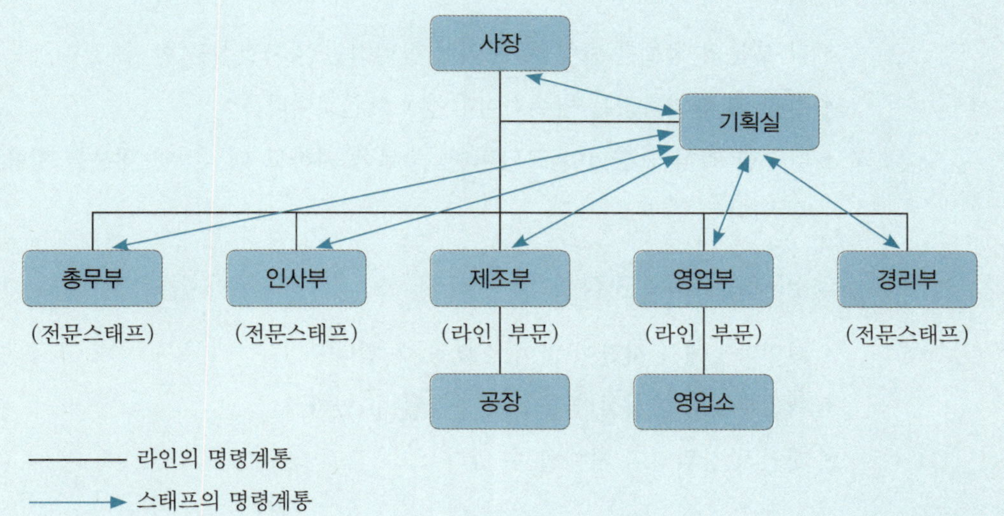

3. 조직의 특수형태

(1) 위원회 조직

1) 위원회 조직의 의의

위원회 조직(committee organization)은 전체 조직의 각 계층이나 부문에서 선정한 위원으로 구성되며 이는 기본조직 내에 조직의 전체적 관점에서 의견을 수렴하고 조정하기 위해 설치된다.

일반적으로 조직은 각 명령계통의 사이나 부문 상호간에 의견일치가 잘 되지 않아 불화와 마찰이 생기기 쉽다. 이러한 문제를 극복하기 위해 마련된 제도가 바로 위원회 제도이다.

위원회 조직의 예로는 정책위원회, 예산위원회, 징계위원회, 심의위원회, 인사위원회, 생산위원회, 자문위원회 등이 있다.

2) 위원회 조직의 장점

- 각 부문의 정보를 반영할 수 있어 합리적인 의사결정을 할 수 있다.
- 결정 및 협의과정은 민주적이며 상호보완적이다.
- 다양한 지식과 경험이 교환되며, 중복을 피하고 핵심적인 내용을 활용할 수 있다.

3) 위원회 조직의 단점

- 회의과정에서 시간이 많이 소요될 수 있다.
- 책임부재로 불성실한 결정이 조장될 수 있다.
- 개인적 창의성이 저해될 수 있다.

(2) 프로젝트 조직

1) 프로젝트 조직의 의의

프로젝트 조직(project organization)은 군대용어인 기동부대에서 유래되었으며, 1931년 Project & Gamble사가 신제품계열의 Brand Manager를 둔 것이 효시였다.

이 조직은 기술변화의 속도가 빠르고 급격히 변화하는 환경하에서 기업 활동을 효과적으로 수행하기 위한 이른바 동태적인 조직이다.

프로젝트 조직이란 어떤 특정한 과제 내지 목표를 달성하기 위해 만들어진 임시적인 조직을 말한다.

특정한 과업(과제)을 효과적으로 달성하기 위하여 일정기간 여러 분야의 전문지식을 가진 자들로 한시적으로 팀을 편성하여 운영하는 조직형태이다. 과제가 달성되면 즉시 해산되고 그 구성원은 다시 원래의 부문으로 복귀한다.

이와 같은 조직형태는 공장건설이나 신제품개발 그리고 신시장 개척 등에 널리 활용하고 있다.

2) 프로젝트 조직의 장점

- 프로젝트의 진행에 따라 필요한 인원을 편성하여 프로젝트를 수행하고 그 목적이 달성되면 원래의 부문으로 돌아가게 함으로써 인력을 필요에 따라 탄력적으로 운영할 수 있다.
- 특정한 과제를 해결하기 위해 각 부문으로부터 전문적 지식을 가진 자를 선발하여 이를 잘 활용할 수 있다.
- 환경의 변화에 신속히 대응할 수 있으므로 조직의 기동성을 살릴 수 있다.

그림 7-7 프로젝트 조직

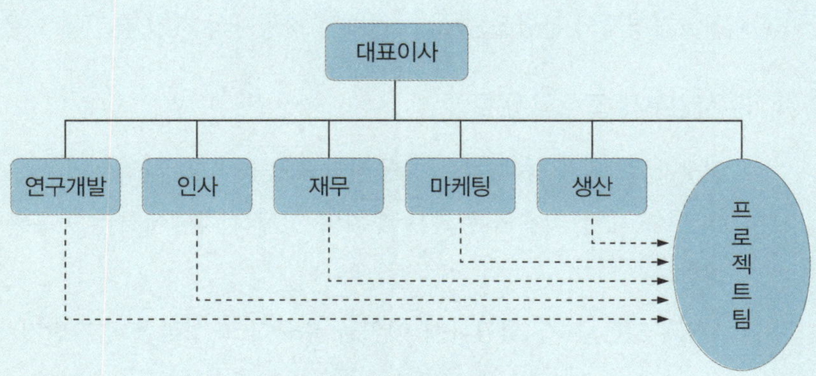

3) 프로젝트 조직의 단점

- 팀 리더의 지휘능력에 의존하는 경향이 강하다.
- 기존의 소수부문과 일시적으로 참여한 프로젝트 조직 간의 관계 조정이 어렵다.
- 프로젝터 조직에 참여한 사람은 우월감을 갖게 되어 조직의 화합을 저해하고 프로젝트에 참여하지 못한 사람들의 사기가 저하될 수 있다.

(3) 사업부제 조직

1) 사업부제 조직의 의의

사업부제 조직(divisional organization)은 권한위양의 원칙과 독립채산제를 기초로 한 분권적 조직이 연방적 분권제로 발전한 대표적인 조직구조이다.

이는 경영활동을 단위적 분화에 의해 제품별, 지역별(사업부) 단위로 조직을 분화해서 이를 하나의 독립적인 사업처럼 운영하도록 권한과 책임을 위양하여 자주적인 이익중심점으로 책임경영을 하는 조직이다.

2) 사업부제 조직의 장점

- 각 사업부는 소집단중심으로 운영되므로 관리자와 종업원 간의 상호작용 관계가 밀접하여 능률적인 생산성을 기대할 수 있다.
- 사업부의 독특한 환경에 알맞은 전략을 개발하고 수행할 수 있다.
- 각 사업부는 이익 및 책임중심점이 되므로 경영성과가 향상된다.
- 최고경영자의 부담을 줄이고 전략적 경영자의 자질 훈련에 도움을 준다.

3) 사업부제 조직의 단점

- 연구개발, 회계 등과 같은 공통적인 직능을 각기 사업부별로 수행하는 경우 이에 대한 비용의 중복으로 기업 전체적 차원에서는 공통관리비가 증대한다.
- 사업부제는 자기 책임하에 이익을 추구하고 성과를 평가받기 때문에 각 사업부의 이익을 우선하다보면 기업 전체의 이익이 희생될 수 있다.

그림 7-8 사업부제 조직의 구조

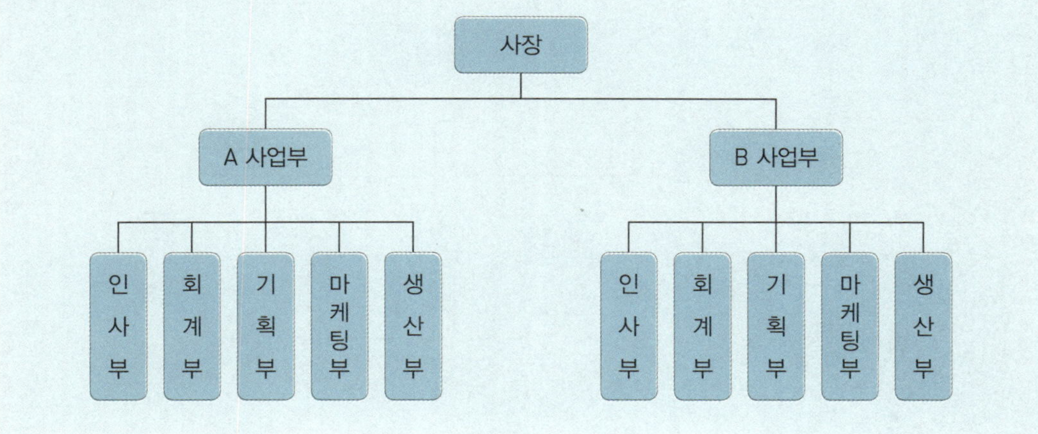

- 각 사업부가 동일한 고객을 대상으로 하는 경우 과다경쟁으로 각 사업부 간에 협조가 어렵고 결과적으로 효율이 떨어질 수 있다.
- 각 사업부의 활동에 대해 본사가 조정하기가 어렵다.

(4) 매트릭스 조직

1) 매트릭스 조직의 의의

기능식 조직구조와 프로젝트 조직구조의 단점을 보완하고 장점을 결합한 매트릭스 조직(matrix organization)은 구성원으로 하여금 종적으로는 기능조직의 일원이지만 횡적으로는 프로젝트 조직의 일원이 되어 두 조직에 동시에 소속된다.

그러므로 이러한 조직에서는 기능별·프로젝트별로 각각 책임자를 두고 관리하기 때문에 2인의 상사가 존재한다.

매트릭스 조직은 기능식 부문화에서의 장점(낮은 비용, 전문적 지식, 기술)과 사업부제와 같은 분권조직에서 나타나는 장점(제품, 시장에 대한 민감성)을 동시에 살리려는 것이다.

우주항공산업에 처음으로 도입되었던 매트릭스 조직은 이제 신제품이나 기술개발과 사업목적이 뚜렷하여 분권화가 요구되는 경우에 많이 채택된다.

그림 7-9 매트릭스 조직의 구조

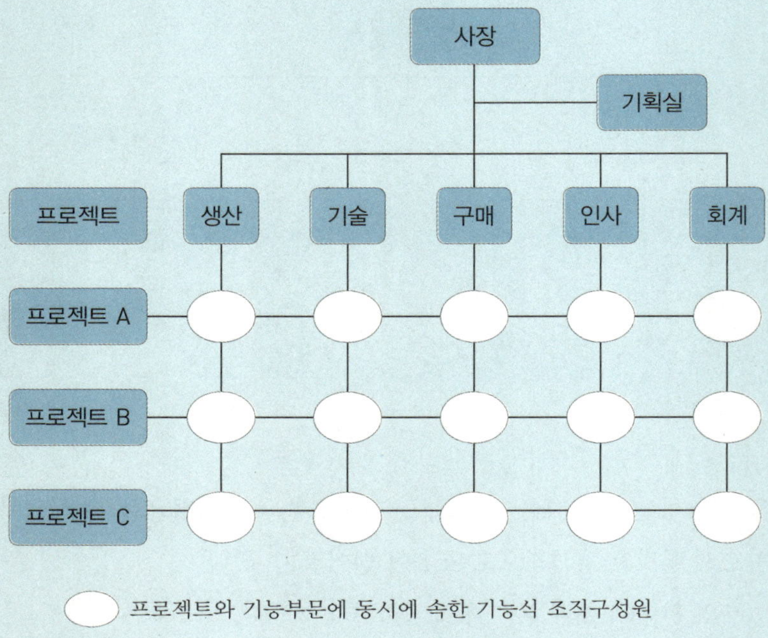

2) 매트릭스 조직의 장점

- 조직의 인력을 신축적으로 활용할 수 있다.
- 전문지식과 기술의 활용을 극대화할 수 있다.
- 최고경영자는 조직의 전략적 계획이나 중요한 업무에만 전념할 수 있다.
- 효율성과 시장적응성을 동시에 달성할 수 있다.

3) 매트릭스 조직의 단점

- 명령체계의 이원화로 업무상 혼란과 갈등이 생길 수 있다.
- 정책의 모순이 일어날 수 있다.
- 조직의 이중적 구조로 관리 인력이 늘어나 관리비가 증대된다.
- 프로젝트팀 간의 노력이 중복될 위험이 있다.

제 4 절 조직변화와 조직개발

1. 조직변화의 의의와 요인

(1) 조직변화의 의의

조직화에 대한 문제를 잘 해결하여 합리적인 조직구조로 편성하더라도 관리자는 조직구조의 변화를 예상하지 않을 수 없다.

왜냐하면 조직은 개방체계(open system)로서 조직 환경과 상호작용하면서 존속·성장하기 때문이다. 따라서 외부환경의 변화가 발생하면 이에 따라 조직도 적절히 변화하지 않으면 안 된다.

조직 환경의 변화에 대응하여 조직이 변화하지 않는다면 그 조직은 환경 적응력을 잃게 되어 환경변화가 가져다주는 성장기회를 이용할 수 없게 된다. 조직변화는 외부환경뿐만 아니라 조직내부의 조건 때문에 일어나기도 한다.

(2) 조직변화의 요인

조직변화의 요인은 조직의 내·외부에서 나타나는데 구체적으로 살펴보면 다음과 같다.[4)]

1) 외부요인

조직변화를 일으키게 하는 외부환경요인은 매우 많다.

4) 이재규, 경영학원론, 박영사, 2000, p. 286.

넓게는 자원내셔널리즘과 보호무역주의의 대두, 환경오염방지 및 소비자운동, 가격의 변화, 이자율 등 경제정책의 변화, 인구학적 특성의 변화 등이고, 좁게는 조직의 과업환경, 즉 이해자 집단에 이르기까지 조직에 영향을 미치는 모든 외부요인을 환경이라고 할 수 있기 때문이다.

이와 같이 많은 외적 요인들이 조직으로 하여금 구조·목표·운영방침 등을 수정하도록 압력을 가하게 된다.

2) 내부요인

조직변화의 압력은 조직내부요인들 예를 들면 종업원의 태도와 행동의 변화, 기술의 변화, 새로운 전략과 조직의 수립 등으로부터도 발생한다.

2. 계획적 조직변화

(1) 계획적 조직변화의 의의

조직이 변화에 때한 압력에 대응하는 방법에는 2가지가 있다.

첫째, 변화요인이 발생할 때마다 수정을 함으로써 변화압력에 대응하는 반응적 변화이다.

둘째, 미래를 예측하고, 조직을 변화시키기 위해 상당한 시간과 자원을 미리 투자하는 계획적 조직변화가 있다.

계획적 조직변화는 조직의 의사와 관계없이 발생하는 불가항력적인 변화나 계속되는 변화가 아니라 목적을 갖고 의도적으로 추구하는 변화이다.

계획적 조직변화는 조직의 목표, 조직구조, 조직운영방법, 개인의 태도 및 집단관계 등 조직 전체의 문제를 포함한다.

조직변화의 목적은 보다 효율적으로 조직의 목표를 달성하고 조직구성원들의 만족감과 사기를 높이고 조직의 안정성과 계속성을 유지하려는 것이다.

(2) 계획적 조직변화의 과정

계획적 조직변화를 도모할 때는 일반적으로 다음과 같은 과정을 밟는다.[5)]

① 진단 단계

조직변화의 필요성을 인식하고 조직의 내·외부요인을 정확히 진단한다.

② 변화계획의 수립 단계

조직 내외에 존재하고 있는 공식적 또는 관행적인 제약조건을 고려하여 실행 가능한 변화전략과 방법을 설정한다.

③ 변화계획의 실행 단계

계획수립단계에서 채택된 변화전략이 실제로 집행되는 단계이다. 감수성훈련, 팀구축, 관리격자 방법 등 여러 가지 변화기법이 적용된다.

④ 실행결과의 평가와 사후검토 단계

변화계획을 실행 후 결과를 측정하고 계획과 실제 결과를 비교하여 문제점이 있으면 피드백시켜 준다.

3. 조직변화의 저항과 극복

(1) 조직변화에 대한 저항

계획적 변화, 즉 새로운 정책·목표 또는 운용방법을 실행할 때 주요한 장애는 조직구성원들의 변화에 대한 저항이다. 일반적으로 3가지 요인 때문에 조직구성원들이 변화에 대해 저항을 한다.

- 변화의 원인과 결과에 불확실성
- 현상유지로 인한 기득권의 상실
- 변화계획에 있어 약점의 존재

5) 이재규, 상게서, p. 287.

(2) 조직변화에 대한 저항 극복 방안

조직변화에 대한 저항을 극복하는 방법은 다음과 같다.

- 계획적 변화의 필요성을 사전에 알리고 교육한다.
- 변화대상자를 변화계획 수립과정에 참여시킬 뿐만 아니라 실행과정에 개입시킨다.
- 변화과정을 용이하게 하고 변화대상자들을 지원한다.
- 잠재적 저항자들과 사전협상을 한다.
- 변화에 대한 저항을 하지 못하도록 사전에 조작을 한다.
- 명시적 또는 묵시적인 위협을 함으로써 강제로 변화계획에 따르도록 유도한다.

4. 조직개발

(1) 조직개발의 의의

계획적 조직변화의 접근방법은 직접적이고 특수한 문제를 해결하는 데 적합한 조직변화전략이다. 반면에 조직개발(organizational development : OD)은 보다 장기적이고 포괄적인 변화로서, 전체 조직의 기능과 성과를 향상시키고, 조직구성원의 만족도를 높이려는 것이다.

조직개발에 대한 정확한 정의는 없지만 여러 연구가의 견해를 종합해 보면 다음과 같다.

- 조직이 의도적으로 계획하고 주도하는 계획적 변화이다.
- 조직 유효성을 높이는 데 초점을 둔다. 즉, 개인과 조직 모두 목표달성을 지향한다.
- 행동과학의 지식을 이용한다.
- 관리자들이 직면하는 새로운 문제에 적합한 관리 형태로 빨리 전환할 수 있도록 조직의 자기갱신과정을 개선하는 것이다.

(2) 조직개발의 목표

조직개발의 궁극적인 목표는 구성원의 잠재능력을 개발하고 정적이고 경직성을 띤 조직을 보다 효율성이 높고 동태적이며 적응력이 있는 조직으로 만들어 시너지효과를 극대화하는 데 있다.

조직개발 활동에 있어서 공통되게 나타나는 조직개발의 목표에 대해 프렌치(W. French)의 견해를 보면 다음과 같다.[6)]

- 조직구성원의 상호신뢰와 협동을 향상시킬 것
- 집단 내 또는 집단 간의 문제를 회피, 은폐하지 않고 문제와 정면 대결하여 해결하는 능력을 기를 것
- 직위에 부여된 권한이 지식과 기술에 기초를 둔 권한에 의하여 보장될 수 있는 분위기를 조성할 것
- 종적·횡적인 의사전달의 개방성을 제고시킬 것
- 조직구성원의 개인적 만족과 직무수행능력을 제고시킬 것
- 협동적 노력에 의하여 창조적 문제해결능력을 향상시킬 것
- 업무의 계획과 실천에 있어서 개인과 집단이 더 많은 자율성과 책임을 지게 할 것

(3) 조직개발 기법

조직개발을 위하여 변화담당자들이 변화계획에 이용할 수 있는 조직개발 기법은 여러 가지가 있다. 조직개발 기법은 그 적응대상의 수준에 따라 다음과 같이 3가지로 분류할 수 있다.

1) 개인차원의 조직개발 기법

각종 상담을 통한 카운셀링, 직무에 보다 많은 권한을 부여하는 직무충실화, 대인관계 능력을 키우는 의사교류분석(transaction analysis), 심리학 등을 이용하는 긴장이완훈련 등이 있다.

---

6) W. French, *The Personnel Management Process*, 3rd ed.(Houghton Mifflin Co., 1974), p. 665.

2) 집단차원의 조직개발 기법

구성원이 협조적인 관계를 형성하여 업무수행의 효율화를 추구하는 팀 구축법(team building), 새로운 아이디어를 창출하기 위한 회의법인 브레인스토밍(brain storming), 집단역학을 이용하여 구성원의 태도, 행동 등을 반성하고 변화시키려는 감수성 훈련(sensitivity traninig) 등이 있다.

3) 조직차원의 조직개발 기법

조직수준의 조직개발 기법으로는 관리격자법, 목표에 의한 관리제도, 인센티브제도인 스캔론플랜, 종업원에게 주식을 가지게 하는 종업원지주제도, 근로생활의 질(QWL)의 향상을 위한 프로그램 등이 있다.

제 5 절
조직의 균형

1. 조직균형의 의의

조직은 주주·경영자·종업원·소비자·유통업자·공급자 등 각 참여자와 협동체계를 이루고 있다.

그러므로 조직이 존속하기 위해서는 각 참여자가 경영에 계속적으로 공헌하려고 하는 협동적 의사를 가지지 않으면 안 된다.

각 구성원의 협동적 의사가 있어야 비로소 조직에 대한 급부행위가 이루어질 수 있기 때문이다. 그리고 각 구성원이 조직에 대해 공헌을 유인하기 위해서는 조직은 각 구성원이 조직에 유인을 제공하지 않으면 안 된다.

이와 같이 조직은 개인과 집단에 대한 유인(inducement)과 공헌(contribution)의 균형을 유지시킴으로써 조직의 존속과 성장이 가능하다고 주장하는 이론을 '조직균형이론'이라고 한다.

(1) 조직균형의 원리

조직의 존속과 성장을 위해서는 조직목표 달성에 필요한 각 구성원들의 공헌을 얻어야 하며 조직이 지속적으로 공헌을 얻기 위해서는 조직은 구성원들에게 충분한 유인을 제공해야 한다.

이 경우 유인과 공헌의 균형이 곧 조직균형이며 이러한 조직균형에 의해서 비로소 기업의 존속과 성장이 가능하다는 이론이다.

이는 바나드(C. I. Barnard)에 의해 창안되었고, 사이먼(H. A. Simon)에 의해

그림 7-10 조직의 균형

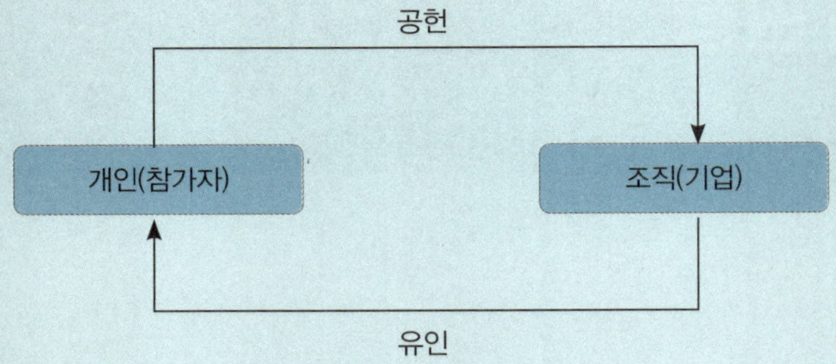

※ 조직의 존속과 성장 조건 : 유인≥공헌
※ 조직의 해체나 참가중단 조건 : 유인<공헌

발전된 근대조직이론으로서 조직의 공헌자와 참여자에게 필요한 유인을 제공하여 동기를 유발함으로써 조직의 효율성원리를 중심으로 조직의 유지와 존속 문제를 규명한 이론이다.

(2) 조직균형의 여러 조건

조직에 참여하는 구성원은 여러 종류가 있지만, 그들은 각기 다른 형태의 조직에 대해 공헌을 하고 그 대가로서 유인을 받는다.

1) 경영자

경영자는 자신이 가진 경영자적 능력 노력을 조직에 공헌하는 대신 반대급부로서 높은 경제적 보수나 사업욕, 기타 권력욕, 만족 등의 유인을 받는다.

2) 종업원

종업원은 자신의 노동력을 노동시간기준에 따라 조직에 공헌함으로써 각종의 경제적 보수나 기타 사회적·심리적 만족의 유인을 얻는다.

3) 주주

주주는 출자행위를 공헌행위로서 조직에 받치고 그 대가로 이익배분이나 자본소득을 유인으로 받는다.

4) 소비자

소비자들은 화폐를 기업에 지급함으로써 그들의 공헌행위를 기업(조직)에 대하여 실행하고 그 대가로 상품이나 서비스의 제공을 기업으로부터 유인으로 받는다.

이상의 참여자들은 '공헌가치'와 '유인가치'를 수시로 비교함으로써 공헌가치보다 적은 유인가치를 받을 때는 곧 조직에 대한 참여를 중지하게 된다.

2. 조직의 대내적 균형

(1) 조직의 대내적 균형조건

유인배분의 경제성을 확보함으로써 조직과 각 참가자 개인과의 사이에 균형을 유지하고 각 참가자의 순만족을 확보하는 것을 조직의 '대내적 균형'이라고 한다.

조직이 대내적으로 균형을 유지하기 위해서는 조직과 개인 사이에 유인과 공헌의 균형이 이루어지지 않으면 안 된다.

즉, 조직이 존속하기 위해서는 각 참가자에게 배분되는 유인과 공헌이 같거나 또는 공헌보다 유인이 더 커야 한다.

또한 유인-공헌의 값이 +일 때 참가자는 순만족을 느끼고 조직에 참여를 계속하며 그렇지 못하면 참가자는 조직에서 이탈하게 된다.

이와 같이 유인과 공헌의 균형을 유지하기 위해서는 적극적으로 유인을 증가시키든가(예 : 임금의 증가) 혹은 개인의 부담을 감소시킴으로써(예 : 근로시간 단축) 순유인을 증대시켜야 한다.

(2) 유인의 2가지 측면

바나드는 기업이 제공하는 유인에는 2가지 측면을 제시했다. 하나는 유인의 객관적 측면으로서 임금과 작업조건 등이고, 다른 하나는 이윤의 주관적 측면으로 이것은 개인의 동기수준과 욕구수준에 비추어서 개인의 입장에서 평가되는 주관적인 측면이다.

따라서 조직이 존속하기 위해서는 객관적 유인을 충분히 제공해서 참가자의 공헌과 같게 하든지 또는 비록 불충분한 객관적 유인이지만 개인의 동기수준과 욕구수준을 낮춤으로써 공헌에 대한 기대치를 유인과 같도록 해야 한다.

바나드는 객관적인 유인을 효과적으로 제공하는 과정을 '자극의 방법'(method of incentives)이라고 부르고 있다.

기업에서는 유인의 객관적인 측면에 중점을 두는 것이 일반적이지만, 유인의 객관적 측면과 주관적 측면을 둘 다 병용하지 않으면 존속할 수 없다.

1) 유인의 방법

바나드는 자극의 방법으로서 특정적 유인과 일반적 유인을 제공해야 한다고 말하고 있다. 전자는 특정 개인에게 제공하는 유인이며, 후자는 일반인에게 제공하는 유인이다.

① 특정적 유인요소

- 물질적 유인
  - 예 임금, 상여금, 복리후생시설 등
- 비물질적 유인
  - 예 명예, 승진, 위신, 개인적 권력 행사의 기회 등
- 물적 작업조건
  - 예 쾌적한 작업환경, 최신설비 및 공구 등
- 이상의 만족
  - 예 작업에 대한 기쁨, 가족 또는 타인에 대한 봉사 및 미덕 등

② 일반적 유인요소

- 사회접촉상의 매력

  예 관습, 도덕, 교육, 정도 등과 같은 점에서 사회적 접촉이 적합

- 관습적인 작업방법과 태도에 대한 작업조건의 적합성
- 참가기회의 확대
- 친교의 상태

  예 사회관계에서의 우정·상호부조 등에 대한 감정

2) 설득의 방법

바나드는 "만일 조직이 그것에 필요한 개인적 공헌을 끌어내는 데 충분한 유인을 제공할 수 없다면, 조직이 제공할 수 있는 유인이 충분한 것이 될 수 있도록 대다수의 참가자들의 동기수준을 설득방법에 의해 변경해야 한다. 그렇지 못하면 조직은 존속할 수 없다"라고 말하고 있다. 설득의 방법에는 3가지가 있다.

① 강제적인 방법

개인의 욕구가 너무 높아 설득의 방법이 효과가 없을 때 채택되는 방법으로 그러나 오늘날 바람직한 방법은 아니다.

② 유인의 합리화

개인적으로 갖고 있는 능력이 현 조직에 참가하는 것이 이익이 된다는 것을 개인적인 퍼스낼리티를 중심으로 설득하는 방법이다.

③ 동기의 주입

교육과 선전에 의해 동기주입을 시켜 설득하게 함으로써 개인의 공헌을 유인하는 방법이다.

Chapter

08

경영지휘

인생은 모험이다

성공하는 사람들은 자신의 인생을 모험으로 여기도 끊임없이 도전한다. 그들은 인생을 음미하며 재미있게 살아간다. 그들에게 인생의 재미란 단순한 유흥을 의미하는 것이 아니라 미래에 대한 도전, 그것을 향한 진취성, 의지, 용기, 창의성, 정력, 천부적인 재능이 총체적으로 사용되어짐으로써 얻어지는 결과에 대한 만족을 의미한다. 인생을 모험으로 여기는 삶에 있어 세상을 보는 눈이 한 곳에 고정되기보다는 유연성을 가져야 한다.

성공한 사람들은 주위 사람들로부터 인정을 받는다. 사회적으로 성공했다고 하면 많은 돈을 벌었거나 권력을 잡았거나, 수많은 사람들로부터 존경을 받거나, 대중들로부터 인기를 얻은 사람들이다. 정직하게 살면서 불법, 편법 등을 하지 않고 자신의 노력으로 엄청난 부를 모으고, 높은 권력을 얻어 모든 사람들로부터 존경받는다면 그 사람은 성공한 삶을 살아가고 있는 것이다.

성공한 삶을 살아가기 위한 방법에는 여러 가지가 있다. 그중 한 가지 방법이 바로 '모험'이다. 누구나 자신이 이루고자 하는 목표가 있을 것이다. 자신이 세운 목표를 달성하는 것이 바로 인생의 성공이다. 이러한 목표를 달성하기 위해서 모험이 필요하다.

인생의 성공과 모험은 서로 간에 필수불가결한 관계에 있다고 보아야 한다. 지금껏 자신이 가진 것, 끊임없는 유혹, 주위 사람과의 관계, 이미 하고 있는 안정적인 일 등 많은 것들을 포기하고 자신이 원하는 바를 이루기 위해 자신을 투자해야 한다. 이런 모험을 했을 때 비로소 도전이 성공적인지 실패를 했는지를 이야기할 수 있다. 목표를 달성하기 위해서는 도전을 해야 하고 이러한 도전이 비록 실패로 돌아가더라도 굴하지 않고 일어나서 재도전해야 하는 의지가 필요하다. 특히 꼭 성공하겠다는 불굴의 의지가 필요하다.

자신이 하고 싶고 원하는 목표에 도달하기 위해 노력하다 보면 주변에 사람들에게 알려지게 되고 유명해지게 된다.

현대그룹의 창업자이신 정주영 회장은 대표적인 기업가이며 모험가라고 할 수 있다. 정주영 회장은 성공과 모험에 대한 일화가 많다. 경부고속도로 건설, 해외 건설시장

진출, 무일푼으로 시작해 세계 최대 조선소 건립, 소양강 사력댐 건설, 유조선 공법, 대통령 출마 등 그의 인생은 항상 모험의 연속이었다.

사우디아라비아는 총공사비 15억 달러 이상이 드는 주베일의 산업항 건설계획을 발표했다. 정주영 회장은 입찰단을 이끌고 현지에 가서 체류하면서 9억 4,460억 달러를 적어내 공사를 따냈다. 입찰 금액은 1976년 우리나라 예산의 절반에 해당하는 액수였다. 낮은 금액으로 수주한 탓에 어쩔 수 없이 공사비를 낮추는 데 총력을 기울였다. 공사를 하던 중 그는 여러 가지 아이디어로 세상 사람들을 놀라게 했다. 공사 기간을 단축해야 이익을 남길 수 있어 모든 기자재를 울산에서 만들어 세계 최대 태풍권인 필리핀 해양, 동남아 해상, 몬순의 인도양을 거쳐 걸프만까지 대형 바지선에 실어 나르는 대양 수송 작전을 발표했다. "모든 자재는 국내에서 송출한다." 그의 발표로 세계 건설 사상 초유의 드라마가 펼쳐지기 시작했다. 울산에서 주베일까지 1만 2천 킬로미터, 경부고속도로를 15번 왕복하는 대장정이었다. 직원들은 불가능한 일이라고 반대했지만 그는 자신의 뜻을 굽히지 않았다. 많은 사람들이 현대가 객기를 부리다가 사우디 앞바다에 침몰할 것이라고 우려했지만 그는 수차례 수송에 35일이 걸리고 그것도 19차례나 계속되는 대모험을 보험도 들지 않고 진행했다고 한다. 전 세계가 그의 모험적 정신과 불굴의 용기에 감탄하지 않을 수 없었다. 하지만 그가 '무데뽀'로 결단을 내린 것은 아니었다. 그는 해조류의 흐름을 미리 철저히 계산했고, 컴퓨터 시뮬레이션 작업을 통해서 예행연습을 실시했다. 결국 그의 결단으로 공사기간 단축과 경비 절감의 효과와 조선 경기 침체로 놀고 있던 울산 조선소에도 일감이 늘어나게 하는 일거양득의 효과를 얻을 수 있었다.

모험은 성공을 위한 필수 요소이다. 자신만의 확고한 기준을 가지고 그 누구도 쉽게 시도하지 못하는 엄청난 위험이 수반되는 모험을 시도한 끝에 성공한 것이다. 모험이 없다면 성공이냐 실패냐를 말할 수 없다. 모험을 무사히 마친 사람들에게 붙는 단어가 바로 '성공'이라는 두 글자를 붙일 수 있다.

– 변상우, 〈행복하면 성공하게 되고 리더가 된다〉, 도서출판 청람, 2014

제 1 절
경영지휘의 본질

1. 경영지휘의 의의

계획을 수립하고 이의 실행을 위한 조직화가 되면 그 다음으로 수행해야 할 경영자의 기본적인 과업은 조직에서 설정한 목표를 효과적으로 달성할 수 있도록 하여야 한다.

이를 가능하게 하기 위해서는 모든 종업원이 자신의 능력을 충분히 발휘할 수 있도록 하는 관리활동이 필요하다. 이러한 관리활동이 바로 경영지휘이다.

또한 지휘기능은 구성원의 행동을 유발시키는 문제와 관련이 있기 때문에 경영관리과정의 핵심부문에 해당한다.

지휘(directing, leading)란 조직이 구성원들이 맡은 임무를 효과적으로 수행하여 조직의 목표달성에 기여하도록 이끌어가는 과정이다.

경영자의 지휘기능에는 동기부여, 리더십, 의사소통, 의사결정 등의 기능이 있는데 경영자는 리더로서 이에 대한 이해와 능력을 지니고 있어야 한다.

2. 경영지휘의 구성요소

조직에서 경영자나 관리자와 같은 리더들이 지휘를 효율적으로 하기 위해서는 다음과 같은 기본적인 요소가 수반되어야 한다.

① 동기부여

조직 구성원들이 조직의 목표를 달성할 수 있도록 그 행동의 방향을 설정하고 의욕을 가지고 일할 수 있도록 동기를 부여해야 한다.

인간은 일정한 동기에 의해 행동하므로 일정한 행동을 유발시키기 위해서는 욕구를 충족시켜 줄 실마리를 제공해야 한다. 즉, 목표달성을 위해 욕구를 유발시켜 인간의 행동을 하게 하는 유인체계가 바로 동기부여(motivation)이다.

② 리더십

리더십(leadership)은 조직의 목표를 달성하기 위하여 구성원들이 자발적으로 노력하도록 영향력을 행사하는 과정이다. 따라서 리더십은 지휘 과정에서 매우 중요한 가능을 발휘하게 된다.

③ 의사소통

조직에서 구성원 간 의사소통(communication)이 잘 이루어질 때 구성원들의 활동이 원활히 진행되고, 조직의 통합이 가능하게 되어 조직 전체의 유효성을 제고할 수 있다.

그림 8-1 경영지휘의 구성요소

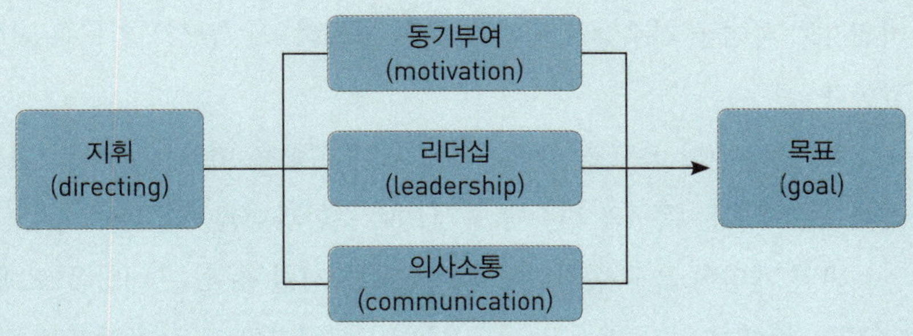

제 2 절
동기부여

1. 동기부여의 개념

(1) 동기부여의 의의

조직구성원의 성과는 단순히 개인의 능력뿐만 아니라 개인이 자발적으로 일을 하겠다는 의욕에 의해서 좌우된다. 여기에서 자발적 의욕을 갖도록 하는 것이 바로 동기부여이다.

이러한 관점에서 경영자들은 구성원의 업무수행을 촉진하는 데 있어 실제적으로 문제가 되는 것은 개인이 가지고 있는 능력 자체보다는 능력을 발휘할 수 있도록 자발적 의욕을 고취시켜 주는 일이다.

동기부여란 "인간이 자발적으로 맡은 직무를 수행하고자 할 때 상위자가 하위자로 하여금 직무상의 목적을 가장 능률적으로 달성시키도록 하는 기능"을 말한다.

즉, 종업원의 욕구를 만족시키기 위한 행동을 이끄는 내부적 과정이다. 따라서 동기부여는 욕구와 변수를 중심으로 순환과정을 이룬다.

만약 개인이 욕구가 결핍되면 이를 충족시킬 수 있는 대안을 모색하게 되고 그 대안 중에서 가장 적절한 행동 대안이 선택되어 목표 지향적인 행동을 하게 된다.

(2) 동기부여의 성격

1) 인간욕구와 관련성

동기부여는 인간의 욕구와 밀접한 관계를 가지고 있다. 즉, 인간이 일을 하고 싶어 하는 의욕을 생기게 하는 데는 인간의 욕구가 크게 영향력을 미친다.

욕구(needs)에는 1차적 욕구와 2차적 욕구로 구분된다. 1차적 욕구는 인간의 생명유지나 종족보존과 직접 관련된 욕구를 말하는 것으로 이를 '생리적 욕구'라고 한다. 2차적 욕구는 인간이 경험에 의해 습득한 욕구를 말하는데 이를 '사회적 욕구'라 한다.

2) 욕구·기대치·유인과의 상승효과성

동기부여의 강도는 개인이 갖는 여러 가지 욕구 중에서 그 욕구의 순위, 강도, 목적달성의 가능성인 기대치 및 목적달성에 의해 얻을 수 있는 보상, 즉 유인의 가치함수로서 결정되는데 이를 공식화하면 다음과 같다.

동기부여 강도＝욕구(순위·강도)×기대치(달성 가능성)×유인(보상)

이와 같이 동기부여의 강도는 욕구, 기대치, 유인의 3요소에 의한 상승효과로 측정될 수 있다.

(3) 동기부여의 과정

동기부여는 일정한 목표를 달성하기 위해 욕구를 유발시켜 행동을 유인해야 하기 때문에 동기부여는 하나의 과정을 거쳐서 이루어진다는 것이다.

따라서 동기부여과정은 〈그림 8-2〉와 같은 순환과정을 이룬다. 〈그림 8-2〉에서와 같이 개인의 욕구가 결핍되면 이를 충족하기 위한 대안을 모색하게 되고 그 결과 하나의 적절한 행동 대안이 선택되어 목표지향적인 행동을 하게 된다.

그러한 과정을 통해 욕구가 충족되고 일정한 시간이 지나 욕구결핍을 재평가함으로써 순환과정을 반복하게 된다.

그림 8-2 동기부여의 과정

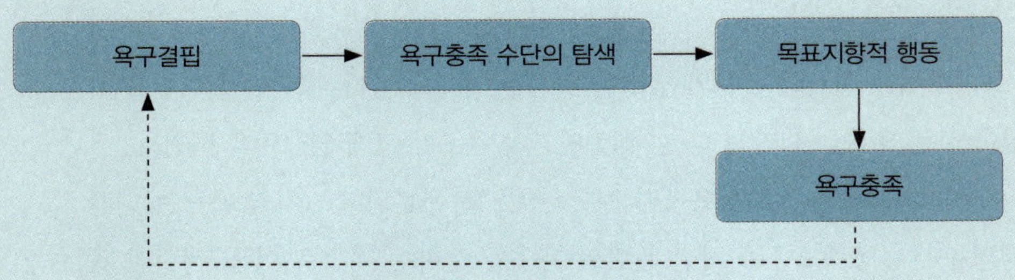

(4) 동기유발의 요인

동기유발에 영향을 미치는 여러 요인 가운데 가장 기본적인 3가지 요인으로 개인적 차이, 직무특성, 조직적 설계가 있다.[1)]

1) 개인적 차이

모든 사람은 독특하며 개성이 있다. 개인적 차이는 개인의 욕구, 가치, 태도, 직무에 대한 흥미 등의 차이가 있다. 이러한 특성은 사람에 따라서 다르기 때문에 그러한 특성이 사람들을 동기유발시키게 된다.

예를 들어 어떤 근로자는 임금으로서 동기유발이 되지만 또 다른 근로자는 높은 보수보다는 실업의 위험이 적은 안정성이 있는 직무에서 일하는 것이 동기유발이 될 수 있기 때문이다.

2) 직무 특성

직무특성은 직무와 한계와 본질을 결정하는 요소이다. 이러한 특성에는 기술의 다양성, 직무의 정체성, 직무에 대한 공헌의 중요성, 근로자들이 받는 성과의 피드백 내용, 자율 등이 포함된다.

3) 조직적 설계

조직적 설계는 규칙, 인사정책, 관리실체, 보상체계 등이 포함된다. 이 중

1) 김영규, 경영학원론, 박영사, 2001, pp. 304~306.

에서 보상정책에 따른 부가급여는 신규근로자를 유인하고 장·노년 근로자들을 기업에 계속 있도록 하는 요인이 된다.

보상을 공정하게 성과에 따라서 실시하면 근로자들의 동기유발을 도모할 수가 있다.

예를 들어 수익목표를 달성한 경우 연간 보너스를 추가로 지급할 수 있는 보상체계를 자기고 있는 기업은 이러한 보상체계가 근로자들의 동기를 유발시키게 되어 성과의 향상을 실현할 수 있고, 그 결과 수익목표가 달성되어 추가적으로 매월 보너스를 지급하게 된다.

4) 요인의 상호작용

이러한 3가지 요인의 상호작용에는 ① 작업장에서 근로자들이 수행하는 개인의 질적 수준, ② 작업 상태에서 수행하는 행동, ③ 작업장에서 근로자들에게 영향을 미치는 조직적 체계가 포함된다.

근로자들이 동기유발을 갖고 일할 때 경영자들은 이들 3가지 요인을 모두 고려할 필요가 있다.

2. 동기부여이론

인간의 행동이 동기유발되는 과정은 실제로는 개인의 내부에서 일어나는 심리적 변화과정이다. 따라서 이러한 과정을 추론과 실험을 통해 분석하여 일정한 가설을 입증하려는 시도를 지속적으로 해왔다.

일반적으로 동기유발이론은 내용이론과 과정이론 및 강화이론으로 구분된다.

(1) 내용이론

내용이론은 개인행동이 동기유발 되는 개인과 환경상의 요인을 규명하는 이론이다. 내용이론에는 여러 모형이 있지만 허즈버그의 2요인이론, 알더퍼의 ERG이론, 맥클리랜드의 성취동기이론을 중심으로 살펴보기로 한다.

1) 허즈버그의 2요인이론

허즈버그는 동기부여에 관한 요인을 분석하기 위하여 직무태도에 관한 실증연구결과 인간에게 만족을 주는 용인을 동기요인(motivation), 인간에게 불만족을 주는 요인을 위생요인(hygiene factors)이라 구분하였다.

동기요인(motivation factors)은 직무 자체와 관련된 요인으로 성취, 인정, 책임, 직무 그 자체, 개인적 성장 등이 이에 해당한다. 이러한 요인들은 직무만족과 동기를 부여할 수 있어 만족요인이라고도 한다.

한편 위생요인은 직무와 관련된 여러 가지 환경, 즉 작업조건, 보수와 안정, 회사정책, 감독자, 대인관계 등이 포함된다.

원래 위생이란 주변 환경을 청결히 하여 사람들이 질병에 걸리지 않게 예방하는 활동을 말한다. 이와 마찬가지로 작업조건이나 보수 그리고 회사정책 등과 같은 요인들은 이를 통해 불만족을 느끼지 않도록 해줄 수 있다는 예방적 의미를 지니고 있다 하여 위생요인이라고 한 것이다.

위생요인들은 만족감이나 동기유발 정도를 높이지 않고 이러한 요인들이 충족되면 불만족을 감소시킬 뿐 만족에는 직접적으로 영향을 미치지 않는다. 따라서 위생요인을 불만족요인이라고도 한다.

허즈버그는 기업의 성과를 증진시키는 긍정적 직무수행의 행동이나 태업, 이직 등의 부정적 행동은 각각 직무의 만족과 불만족의 정도에 의해 좌우된다고 전제하였다.

허즈버그는 〈그림 8-3〉처럼 2요인은 만족과 불만족의 공통 요인이 아니라 별개의 2원 구조로 독립되어 있음을 증명하였다.[2)]

허즈버그의 2요인 이론에 따르면 경영자들은 우선 위생요인을 충족시켜 조직구성원들의 불만을 느끼지 않도록 해야 한다고 주장했다.

즉, 적절한 수준의 임금을 지급하고, 계속 조직에서 일할 수 있도록 해주어야 한다. 그리고 안전하고 쾌적한 작업환경을 만들어 주고, 감독방식이 적절하도록 노력해야 한다는 것이다.

---

2) F. Herzberg, "One More Time : How Do you Motivate Employees," *Harvard Business Review*, vol. 46. no. 1, Jan-Feb. 1968, p. 58.

그림 8-3 허즈버그의 만족-불만족 연속관계

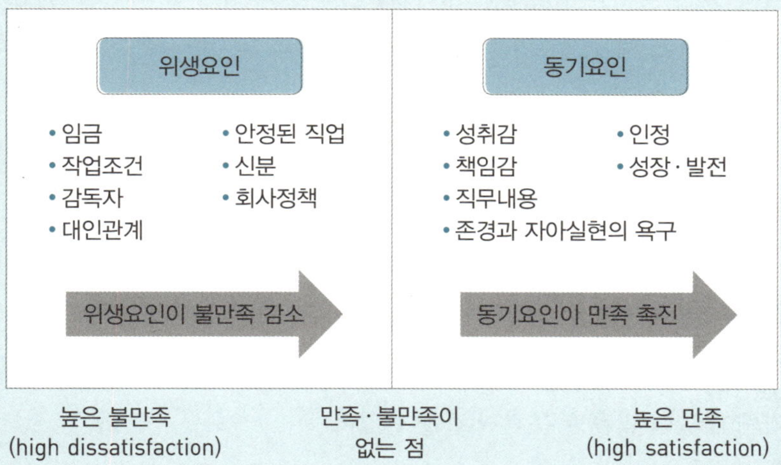

뿐만 아니라 회사의 정책이안 경영방침이 조직구성원들에게 받아들여질 수 있고 구성원들 간의 관계가 원만하도록 해주어야 한다는 것이다.

그 결과 구성원들의 불만족은 점차 감소하게 되고 조직에 대한 자부심, 동기부여 등이 작동되어 일할 의욕이 생기게 된다.

다음으로 경영자들은 구성원들이 일을 통해 성취감을 느끼고 그의 능력이나 성과에 대해 인정을 해주어야 한다. 직무내용을 충실하게 만들어 구성원들이 일 자체를 즐기며 보다 많은 책임감을 느낄 수 있도록 배려해야 한다는 것이다.

이렇게 되면 조직의 구성원들은 보다 높은 의욕을 가지고 일을 하게 되고 조직 전체의 유효성을 제고할 수 있다.

그러나 2요인이론은 그 이후 많은 연구가들로부터 적지 않은 논쟁과 비판을 유발하였다. 그 내용을 살펴보면 다음과 같다.

- 200명의 기술자와 회계사 등 전문직을 대상으로 한 연구결과로 2요인이론이 일반근로자에게도 과연 적용될 수 있는가?
- 동기유발요인에 의해 만족한 사람이 과연 반드시 더 자발적으로 열심히 일하는 방향으로 행동이 유발된다고 볼 수 있는가?

즉 만족이 반드시 직무수행의 동기로 이어진다는 보장이 없다는 것이다. 따라서 높은 직무만족→높은 성과라는 허즈버그의 주장보다 높은 성과→적절한 보상→높은 직무만족의 논리가 좀 더 현실과 일치한다는 주장이 기대이론 등에서 제기된다.

직무의 불만족-만족요인이 반드시 허즈버그가 제시하는 것처럼 2원적 구조로 이루어져 있다는 보장이 있는가?

상징성이 강한 임금 등의 경제적 요인은 오히려 동기유발요인의 의미도 강하기 때문에 임금에 대한 욕구의 미충족은 낮은 만족과 낮은 성과로 이어지는 경향이 크다는 지적이 있다. 이와 같이 허즈버그의 이론은 연구방법과 이론 그 자체에 있어 많은 학문적 비판을 받았다.

그러나 직무의 내재적 특성과 관련된 동기유발요인에 대한 강조를 통해 직무확대, 직무충실 등의 기법이 개발되어 직무재설계에 대한 관심을 제고시켰다는 점에서 크게 기여했다.

또한 일반적인 행동이 아니라 기업구성원의 직무수행이라는 작업동기에 초점을 맞추었다는 점에서 2요인이론의 의의를 찾을 수 있다.

2) 앨더퍼의 ERG이론

매슬로우가 인간의 욕구를 5가지로 분류한 데 반하여 앨더퍼(C. P. Alderfer)는 3가지로 분류했다. 그러나 매슬로우의 5가지 욕구가 모두 포함되어 있다. 앨더퍼는 이론의 기반을 조직의 실제를 다룬 현장연구에 두고 조직 내에서의 인간의 욕구를 중심으로 설명하였다.

기는 인간의 욕구를 존재의 욕구, 관계의 욕구, 성장의 욕구로 구분하였다.

① 존재의 욕구(E : existence needs)

존재의 욕구는 다양한 형태의 물질적, 생리적 욕구들이다. 조직에서는 임금이나 쾌적한 작업조건 등에 관한 욕구가 이 범주에 속한다. 매슬로우 이론의 생리적 욕구와 물리적 측면의 안전욕구 등이 이에 속한다.

② 관계의 욕구(R : relatedness needs)

관계의 욕구는 조직에서 인간관계와 관련된 모든 것을 포함한다. 이 욕구의 범주는 매슬로우의 사회적 욕구와 존경의 욕구가 이에 포함된다.

③ 성장의 욕구(G : growth needs)

성장의 욕구는 개인의 능력개발 및 자아실현 노력과 관련된 모든 욕구들이다. 매슬로우의 자아실현의 욕구나 일부 존경의 욕구가 이 범주에 해당된다. 이는 개인의 능력개발과 창의력 발휘 등이 포함된다.

매슬로우의 이론과 앨더퍼의 이론은 공통점이 많다. 그러나 다음의 3가지 측면에서는 차이를 보여주고 있다.

첫째, 매슬로우의 욕구단계설은 저차원의 욕구가 만족되면 보다 고차원적인 욕구로 진행해 나간다는 이론에만 근거를 두고 있는 데 반해, ERG이론은 이러한 접근법에 더하여 좌절-퇴행의 요소가 가미되어 있다.

둘째, 매슬로우의 이론과는 달리 한 가지 이상의 욕구가 동시에 작용할 수 있다.

셋째, ERG이론은 보다 고차원적인 욕구가 행동에 영향력을 행사하기 전에 반드시 사람들은 성장배경이나 경험 때문에 존재욕구가 충족되지 않음에도 불구하고 관계욕구나 성장욕구를 충족하는 쪽으로 행동한다. 또한 성장의 욕구를 추구하다가 이것이 좌절되면 관계욕구의 중요성이 더 강해짐으로써 저차적 욕구가 중요한 동기로 작용한다는 것이다. 따라서 ERG이론은 매슬로우의 이론을 더욱 보완해 주고 있다.

3) 맥클리랜드의 성취동기이론

맥클리랜드(D. C. McClelland)는 작업상황과 관련된 동기를 성취욕구, 권력욕구, 친교욕구로 나누어 설명하였다. 그는 한 개인이 퍼스낼리티는 인간의 행동을 동기화할 수 있는 잠재력이 있는 여러 가지 욕구로 구성되어 있다고 보고 특히 성취욕구의 중요성에 깊은 관심을 두었다.

그는 인간의 모든 욕구는 학습된 것이며 개인의 행동에 영향을 미칠 수 있는 잠재력을 지닌 욕구들의 서열은 개인마다 다르다고 보았다.

① 성취욕구(need for achievement)

이는 좋은 성과를 얻기 위하여 높은 목표를 설정하고 이를 달성하려는 욕구이다. 성취욕구가 강한 사람은 노력이나 능력을 통하여 무엇인가 성취할 수 있는 상황을 좋아하고 실현가능한 목표를 추가하며, 노력의 결과에 대하여 피드백이 주어지는 것을 좋아하고 미래지향적인 상황을 좋아한다.

② 친교욕구(need for affiliation)

다른 사람들과 친하고 밀접한 관계를 가지려는 욕구이다. 친교욕구가 큰 사람은 타인과의 인간관계에 대해 관심이 많고 중요하게 생각하며 생활한다. 그러므로 조직에서 이러한 욕구가 강한 사람을 동기부여시키려면 상호관계를 잘 연결시켜 주고, 의사소통 기회를 잘 조성해 주거나, 인간적인 분위기를 만들어줄 필요가 있다.

③ 권력욕구(need for power)

권력욕구는 타인에 대하여 영향력을 미치거나 통제하고자 하는 욕구로 지배욕구라고도 한다. 이 욕구가 강한 사람은 다른 사람에게 지기를 싫어하고 타인의 행동을 변화시키려 하며 권위와 지위를 얻거나 자신의 영향력을 행사할 대상을 찾는 데 많은 관심을 가지고 있다.

(2) 과정이론

과정이론은 동기부여의 과정을 중심으로 인간이 어떤 과정을 거쳐서 동기부여가 되는가를 설명하는 데 초점을 두고 있는 이론이다. 과정이론에는 브룸의 기대이론, 포터와 로울러의 기대이론, 아담스의 공정이론 등이 대표적인 이론이다.

1) 브룸의 기대이론

기대이론(expectancy theory)은 개인이 일정한 행동을 유발하려 할 때 어떤 심리적 과정을 통하여 행동이 나타나게 되는가를 설명하려는 것이다. 기대이론에서 개인은 자신이 행동을 했을 때 어떤 결과를 얻을 수 있는가를 기대하면서 그에 따라 행동을 할 것인지를 결정한다는 것이다.

기대이론에 의하면 최선의 대안으로 행동하게 되기까지 개인은 다음의 개념을 근거로 합리적 평가를 한다고 한다.

① 1차·2차 수준결과

1차적 수준결과는 일 자체와 관련된 것으로 직무성과, 생산성 등이 포함된다, 2차적 수준결과는 1차적 수준결과에 대한 보상으로서의 금전, 승진, 인정 등과 같은 것이다.

1차적 수준결과는 조직의 목표와 관련이 있으며, 2차적 수준결과는 개인의 목표와 관련이 있다.

② 유인가(valence)

보상의 절대적 가치가 아니라 개인이 원하는 보상에 대한 선호도로서 개인의 욕구나 감정적 지향성을 반영하는 개념이다.

즉, 유인가란 보상에 대한 주관적 매력도라고 할 수 있다. 예를 들면 임금상승을 커다란 보상으로 느끼는 근로자도 있지만 오히려 근로시간 단축을 더 큰 보상으로 인지하는 근로자가 있을 수도 있는 것이다.

한편 유인가는 보상, 승진, 인정과 같은 긍정적 유인가와 작업과정에서의 압력과 처벌 등의 부정적 유인가로 구분된다.

③ 기대감

개인이 일정한 순간에 지니고 있는 신념으로서 어떤 행동이 수반할 결과, 즉 업적 또는 성과에 대한 주관적 확률을 의미한다.

수치로 표현하면 행동과 결과 사이에 전혀 관계없을 때의 0에서부터 시작하여 양자의 관계가 확실한 1의 사이에 존재한다.

노력(effort) → 성과(performance) 기대

④ 수단성

수단성이란 1차 수준의 결과에 의해 2차 수준의 결과를 가져오게 되리라고 믿는 정도를 의미하며 이것은 주관적 확률치를 말한다.

예를 들어 높은 성과를 달성했을 때 항상 승진, 승급이 이루어질 경우의 +1의 관계로부터 성과와 보상 간에 전혀 관계가 없는 0관계, 그리고 높은 성과가 도리어 봉급 삭감을 가져오는 −1의 관계 사이에 존재한다.

성과(performance) → 보상(reward) 기대

브룸은 이들 요인과의 관계를 아래와 같은 3단계 과정으로 파악하여 개인의 동기유발과정을 설명하고 있다.

- 1단계 : 성과는 개인의 능력과 어떤 일을 수행하고자 하는 힘 또는 동기부여의 곱에 의해서 나타난다는 것이다. 즉, 성과(P)는 동기부여(M)와 능력(A)이 곱의 함수로써 $P=f(M\times A)$로 표시된다.
- 2단계 : 일을 수행하고자 하는 힘 또는 동기부여의 정도는 일을 수행하여 얻는 성과에 대해 개인이 부여하는 가치 또는 유인성과 그러한 성과를 올릴 수 있을 것이라고 믿는 기대감의 곱에 의해 결정된다.

  그러므로 $M=f(V_j\times E)$로 나타낸다. 여기서 어떤 성과가 정(+)의 유인성을 갖고 있다 하더라도 만일 성과를 올릴 수 있으리라는 기대감이 없다면 그 성과를 달성하기 위한 힘이나 동기부여가 나오지 않을 것이라는 결론을 내릴 수 있다.
- 3단계 : 개인이 갖는 성과에 대한 가치 또는 유인성은 일을 하여 얻은 성과가 각 개인들에게 가져다 주리라고 기대하는 보상과 그러한 성과가 보상에 대해 가지는 수단성의 곱의 함수이다.

즉, $V_j=f(V_k\times I)$ 이다.

여기서 P(Performance) : 성과
M(Motivation) : 동기유발의 강도
A(Ability) : 능력
V_j(Valence) : 1차 수준결과의 유인가
V_k(Valence) : 2차 수준결과의 유인가
E(Expectancy) : 1차 수준결과에 대한 기대감
I(Instrumentality) : 수단성(보상에 대한 기대감)

브룸의 위의 변수들을 중심으로 개인이 여러 가지 행동 중에서 어느 하나를 선택하게 되는 메커니즘을 다음과 같은 개념으로 설명하고 있다.

$$V_i = f\{\sum(V_k \times I_{ik})\}$$

여기에서 F는 동기수준의 힘이며 E는 기대감, I는 수단성, V는 유의성을 뜻하며, V_k는 2차적 결과의 유의성을 나타낸다. 이 2개의 공식은 기대이론의 메커니즘을 축약적으로 표현하고 있다.

즉, 어떠한 목표행위의 동기수준 F_i는 1차적 결과의 유의성과 기대감의 곱

그림 8-4 기대이론의 행동선택 사례

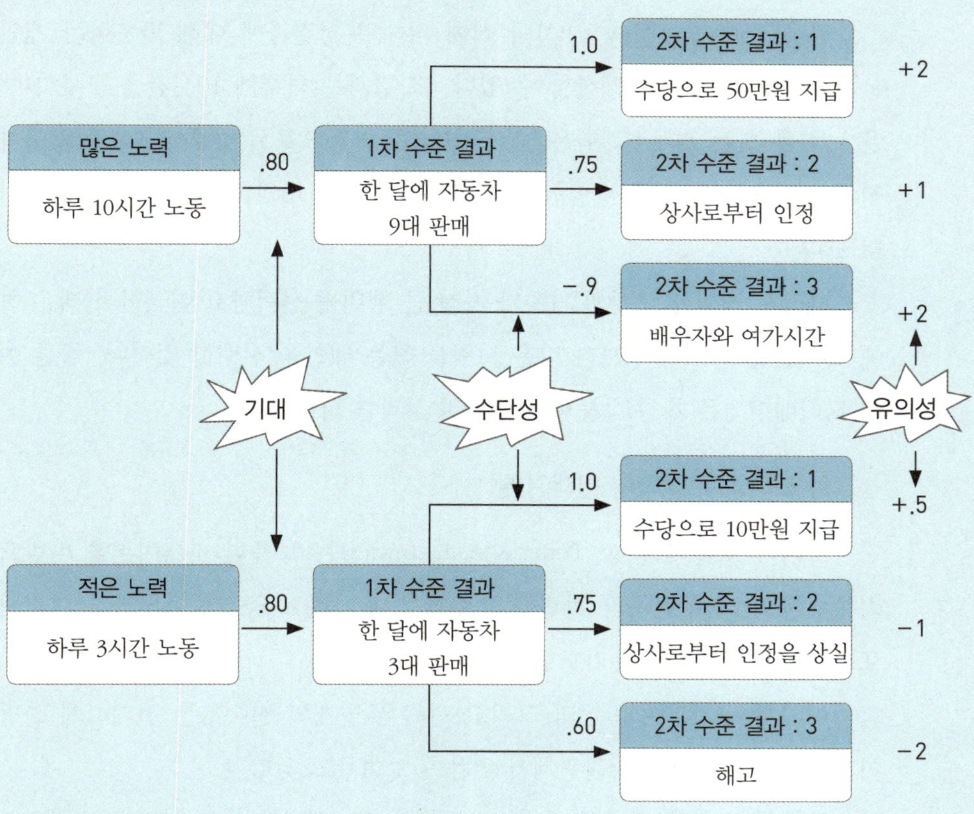

의 함수로 나타나며 같은 행위의 유의성 V_i는 2차적 결과의 유의성 V_k와 수단성 I_{ik}의 곱의 함수로 나타낸다.

브룸의 기대이론을 총체적인 입장에서 이해하기 위해 다음의 행동선택 사례를 중심으로 살펴보기로 하자.

기대이론의 행동선택사례는 〈그림 8-4〉와 같이 자동차 관리자의 행동대안의 선택과정이다.

자동차 영업 관리자는 2차 수준결과인 수당, 인정, 여기시간을 유발할 수 있는 1차 수준결과가 있을 수 있다는 것을 알고 있다. 그리하여 $V_i=f\{\sum(V_k \times I_{ik})\}$의 식에 따라 1차 수준결과의 값을 계산할 수 있다. 한 달에 자동차 9대를 판매하는 성과는 $(2\times1.0)+(1\times0.75)+(2\times-0.9)=0.95$가 되며 같은 방식으로 한 달에 자동차 3대를 판매하는 성과는 $(0.5\times1.0)+(-1\times0.75)+(-2\times0.6)=-1.45$가 된다.

다음으로 $F_i=f\{\sum(V_j \times E_{ij})\}$의 식에 의해 특정결과에 대해 반응하는 개인의 동기부여에 대한 힘을 계산할 수 있다. 그 결과는 하루에 10시간을 근무하며 많은 노력을 하는 경우 그 힘은 $(0.95\times0.8)=0.76$으로서 하루에 3시간 근무하며 적은 노력을 하는 경우의 힘인 $(-1.45\times0.8)=-1.16$의 경우보다 보상의 가치가 더 크다.

따라서 개인은 보상의 가치가 가장 큰 행위를 선택하고 이러한 선택은 하루에 10시간을 근무하며 보다 많은 노력을 하는 대안을 선택할 것이다. 물론 여기서 모티베이션은 개인의 능력과 어울려 성과를 나타낸다.

2) 포터와 로울러의 기대이론

포터와 로울러(L. W. Porter & E. E. Lawler)는 브룸의 기대이론을 바탕으로 직무수행 및 직무만족과 관련된 변수들을 추가하고 공정성이론까지 연결시켜 포괄적이고 종합적인 동기모형을 제시했다.

여기서 동기부여와 성과 그리고 만족은 별개의 변수라는 전제하에 출발하여 이들 세 변수 간에 상관관계가 있음을 보여주고 있다.

브룸의 모형과 중요한 차이는 노력(힘 또는 동기부여)이 성과에 직접적으로

그림 8-5 포터와 로울러의 기대이론 모형

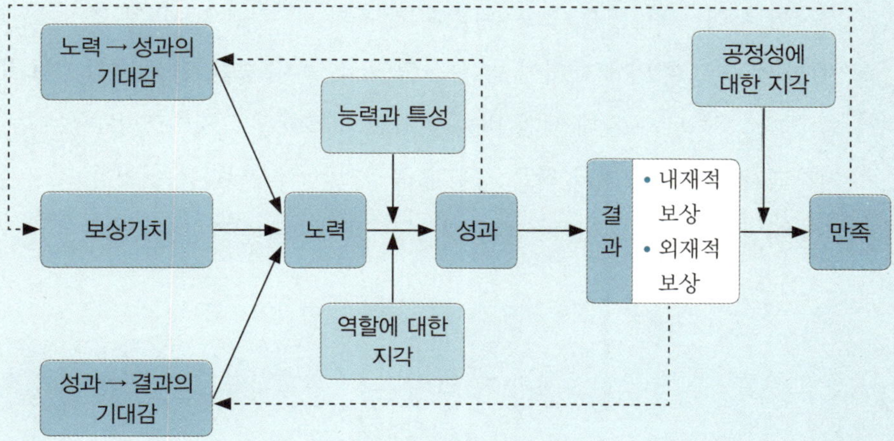

연결되지 않고 브룸의 모형에서 고려되지 않았던 직무수행에 필요한 능력과 특성 그리고 역할지각(role perception)에 의해 조정이 된다는 점이다.

이 모형에서 만족은 실제 성과에 다하여 지각된 실제보상에 따라서 부분적으로 결정되고 있음을 알 수 있다.

그리고 성과에 따른 보상은 외재적 보상과 내재적 보상으로 구분되어지는데, 외재적 보상은 외부적이고 인위적인 것으로 인간행위 자체와는 직접적으로 관련이 없는 보상으로 물질적 보상이나 승진 등이 해당된다.

예를 들어 개인이 좋은 아이디어를 제안했을 때 포상금을 주는 것이 이에 해당된다. 내재적 보상은 성취감 등과 같이 개인의 내부에서 발생하는 것으로 인간의 행위 자체와 심리적을 관련된 보상이다.

예를 들면 어떤 프로젝트를 성공적으로 완수했다든지 자신의 능력을 최대한 발휘하여 성과를 올렸을 때 얻을 수 있는 성취감 같은 것 등이 있다.

따라서 내재적 보상에 의해 동기를 부여하려면 도전할 만한 가치 있는 직무를 수행하도록 하는 것이 중요하다.

3) 공정성이론

아담스(J. S. Adams)의 공정성이론(equity theory)은 각 개인이 직무상에서 자신이 투입(노력, 기술, 교육, 비용, 시간 등의 직무수행에 소비된 모든 자원과 에너지)한 것과 그 투입에 대하여 받는 산출(임금, 표창, 승진, 인정, 성취 등의 직무수행의 결과로 나타난 모든 대가)의 비율을 서로 비교하여 그것이 같을 때는 공정성이 지각되나 그것이 크거나 작을 경우 불공정성이 지각된다는 것이다.

아담스의 공정성이론을 다음과 같은 공식으로 설명할 수 있다.[3)]

$$\left(\frac{O}{I}\right)_F \leftrightarrow \left(\frac{O}{I}\right)_R$$

공정성의 비교대상이 되는 준거인물의 선정은 주로 자신과 비슷한 위치에 있는 사람을 선정하게 된다.

개인이 지각하는 자신의 산출/투입의 비율과 준거인물의 산출/투입의 비율 사이에 불균형관계를 지각하면 개인은 일반적으로 균형 상태를 이루기 위하여 여러 가지 행동을 하게 된다. 어떤 사람이 다른 사람에 비해서 불공정하게 보상을 받거나 보상을 더 받게 되면 불공정성을 느끼게 되고 그런 불공정성을 줄이기 위해 노력(동기유발)한다. 만일 다른 사람보다 적은 보상을 받고 있다고 생각하면 자신의 직무에 대해서 노력을 적게 함으로써 투입을 줄이거나 아니면 더 많은 보상을 요구하기 위해 산출(노력)을 높이려고 한다. 그래도 여전히 불공정하다고 지각되면 비교대상을 바꾸든지 조직을 떠나게 된다.

그러므로 이 이론을 적용할 때 경영자는 종업원들에 대한 보상이 항상 공정성을 느끼도록 하는 것이 중요하다. 비록 많은 보상이 주어진다 해도 그것이 공정하게 배분되지 않으면 종업원들을 동기유발시키기 어려우므로 투입(노력)에 따라 적절한 보상이 이루어져야 한다.

---

3) J. S. Adams, "Toward and Understanding of Inequity", *Journal of Abnormal Social Psychology*, Vol. 67(1963), pp. 422~436.

(3) 강화이론

이 이론은 행동에 대한 설명으로서 개인의 사고과정과 관련이 없다는 점에서는 인지이론에 반대되는 것이다. 강화이론은 결과로 행동을 설명하는 이론이다. 이 이론은 스키너에 의하여 처음으로 제시되었다. 강화이론은 효과의 법칙(law of effect)에 의해서 설명되고 있다.

효과의 법칙은 즐겁고 긍정적인 결과를 가져오는 행동은 좀 더 반복적이어야 한다는 것이다.

강화과정은 결과에 의하여 추구되는 행동·반응을 위한 자극인 것이다. 따라서 보상이 주어질 경우, 미래에 자극이 그러한 행동을 좀 더 반복적으로 하게 되고 반대로 보상이 주어지지 않으면 미래에 자극이 발생하여도 행동은 일어나지 않는다.

1) 강화의 종류

강화이론에서 사용되는 방법이 행동수정(behavior modification)이다. 행동수정을 위한 4가지 강화형태에는 적극적 강화, 소극적 강화, 소거, 처벌 등이 있다.

한편, 적극적 강화와 소극적 강화는 행동을 증가시키는 데 목적이 있고, 소거와 처벌은 행동을 줄이는 데 중점을 두고 있다.

① 적극적 강화(positive reinforcement)

반응행동의 결과가 만족스러울 때 원하는 보상을 해줌으로써 그 자극과 반응과의 관계를 강화시켜 주는 것을 적극적 강화라고 한다.

예를 들어 아침에 일찍 출근을 하는 사람 명단을 작성하여 인사고과나 봉급

표 8-1 강화의 종류

방법 \ 자극	원하는 자극	원치 않는 자극
자극의 적용	① 적극적 강화(positive reinforcement)	② 처벌(punishment)
자극의 제거	③ 소거(extinction)	④ 소극적 강화(negative reinforcement)

에 좋은 영향을 미치도록 한다면 조직구성원들의 출근시간은 보다 앞당겨질 것이다.

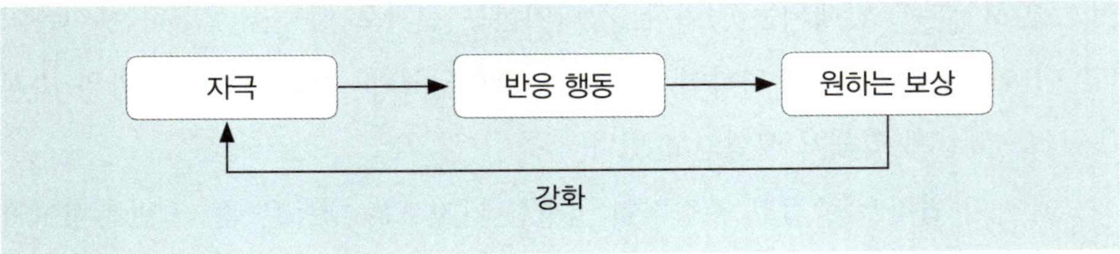

② 소극적 강화(negative reinforcement)

반응행동의 결과에 대해서 원하지 않는 자극을 제거해 줌으로써 그 자극과 반응행동과의 관계를 강화시키는 것을 소극적 강화라고 한다.

예를 들어서 불황에 닥쳐 인원감축을 해야 하는 회사에서 아침 출근율이 높은 사원들을 우선 감원대상자에서 제외시킨다면 회사 전체의 출근시간이 앞당겨진다.

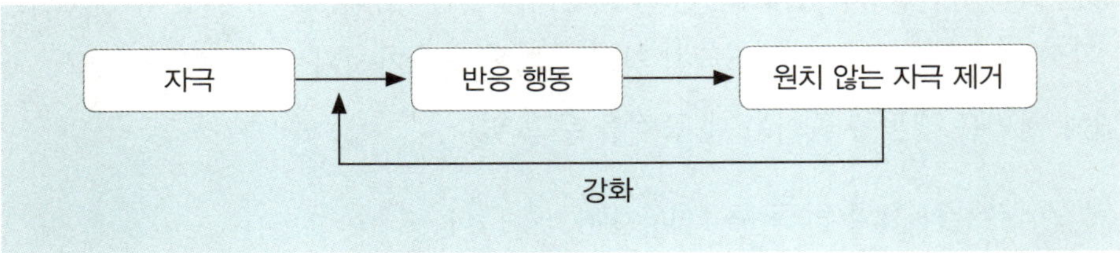

③ 소거(extinction)

조건자극에 의해서 행하였던 조건반응 행동의 결과가 무조건자극에 의해서 강화되지 않는다면 점차 조건반응은 점차 약화되어 사라지게 될 것이다. 이런 것을 소거라고 한다.

예를 들어, 개에게 고기 한 덩어리를 주는 일과 종소리를 울리는 일을 동시에 하였을 때(조건자극) 개의 침분비량은 늘어날 것이다(조건반응).

이런 일이 반복된 후에 종소리만을 울리고 고기는 주지 않을 때(무조건자극) 개의 침 분비량이 증가한다(무조건반응). 그러나 그런 일이 계속되어지면 개의 침 분비량은 종소리와는 무관하게 될 것이다(소거현상).

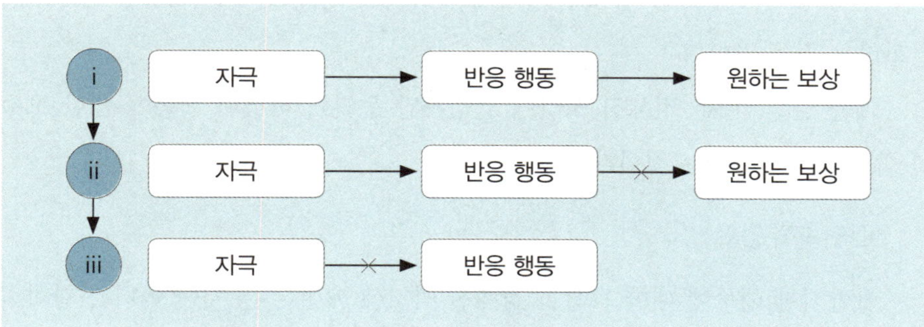

④ 처벌(punishment)

행동의 결과에 대해서 원하지 않는 자극 및 부정적 보상을 해줌으로써 그 반응행동의 강도나 횟수를 감소시키는 것이다.

예를 들어 회사에서 아침에 늦게 출근하는 사람들의 명단 및 기록을 작성하여 인사고과 및 봉급 및 수당 지급에 감점요인으로 반영할 경우에 회사에 늦게 출근하는 것이 줄어들게 될 것이다.

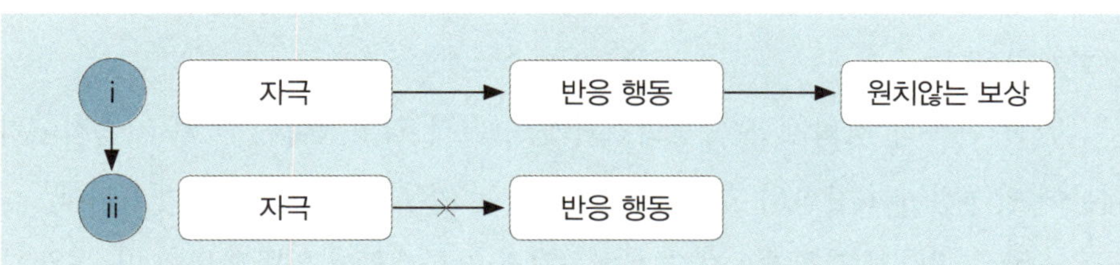

2) 강화계획

강화는 강화를 하는 시기와 신속성에 의해서 크게 좌우된다. 그렇기 때문에 강화를 하는 시기와 방법을 적당히 조절하는데 이것을 강화계획이라고 한다.

① 강화계획의 종류

강화계획은 강화시기에 의해 다음 2가지로 분류된다.

㉠ 연속적 강화

이미 공시되어 있는 정해진 시기에 바람직한 행동에 대한 보상을 함으로써 강화하는 것을 말한다.

예를 들면, 매달 정해진 시간에 일정기간 동안 일하였던 행동에 대한 보수를 줌으로써 강화하는 것이다.

㉡ 단속적 강화

바람직한 행동에 대한 보상을 정해진 시기에 매번 주는 것이 아니라 강화의 효과를 고려하여 간헐적, 부정기적으로 보상을 줌으로써 강화하는 것을 말한다.

즉, 부정기적, 불규칙적 강화를 말한다. 예를 들어 회사에 일찍 출근하는 사원에게 그때그때 바로 포상을 해주는 것이 아니라, 수시로 일찍 출근한 사람을 조사하여 포상하는 경우를 의미한다.

② 강화계획과 조직행동과의 관계

연속적 강화계획은 일시적으로는 조직구성원들의 행동변화에 영향을 주지만 강화요인이 사라질 때에는 급속히 강화효과가 약해지는 단점을 가지고 있다. 그래서 연속적 강화계획은 강화의 횟수가 많지 않고 덜 안정적인 업무에 적절한 강화계획이다.

반면 단속적 강화계획은 강화효과가 연속적 강화계획에 비해 지속적이기 때문에 안정적이며 강화의 횟수가 많아야 하는 업무에 적당한 강화계획이다.

또한 고정간격 강화계획보다는 변동간격 강화계획이 일반적으로 더 높은 강화효과를 가져오는데 그 이유는 행동과 그에 따른 보상과의 상관관계가 높고 불확실성이 있기 때문에 조직구성원들은 더욱 긴장하여 업무에 임하기 때문이다.

그리고 고정비율 강화계획보다는 변동비율 강화계획이 더 높은 강화효과를 가져오는데 행동과 그에 따른 보상과의 높은 상관관계 때문이다.

③ 강화계획의 실무적 응용

바람직한 행동에 대한 보상지급의 시간간격과 보상지급비율의 고정성 및 유동성에 의해서 다음 4가지의 강화계획으로 분류할 수 있다.

㉠ 고정간격 강화

바람직한 행동에 대한 보상을 일정한 시간간격으로 해줌으로써 강화하는 경우를 말한다. 대표적인 예는 월급이다.

㉡ 변동간격 강화

강화행위를 예상치 못하도록 바람직한 행동에 대한 보상을 불규칙적으로 하는 경우를 말한다. 대표적인 예는 불시에 행하는 감사행위 등이다.

㉢ 고정비율 강화

바람직한 반응행동의 횟수에 일정하게 비례하여 보상을 함으로써 강화하는 경우를 말한다. 대표적인 예는 성과급제도이다.

㉣ 변동비율 강화

바람직한 행동에 대한 보상비율을 평균적으로 어떤 수준에 이르도록 하는 것이다. 예를 들어 제품 15개를 생산함을 평균으로 삼는다면 때로는 10개 생산 시, 때로는 20개 생산 시에 보상을 하여 평균을 유지하도록 하는 것이다.

3) 강화이론의 활용

관리자들은 바람직한 행동을 촉진하기 위하여 적극적 강화를 강조해야 한다. 그리고 미리 행동에 대한 보상에 대하여 알려주어야 한다.

일단 요구되는 행동이 발생하면, 변동간격과 변동비율 강화유형이 가정 효과적인 방법이다.

제 3 절 리더십

1. 리더십의 의의

현대 사회에 조직은 각기 다른 목표를 가지고 여러 구성원들에 의해 목표를 추구하고 있다. 그런데 조직의 목표가 설정되고 구성원들이 목표를 달성하기 위해 노력한다고 해서 조직의 성과가 제대로 달성되는 것은 아니다. 무엇보다도 리더가 조직 구성원들이 목표를 달성할 수 있도록 구성원의 노력을 통합하고 조정하도록 이들에게 영향력을 행사하는 것이 필요하다. 즉, 조직의 리더들은 조직의 구성원들이 목표달성에 기여하도록 사기를 앙양시키고 그들의 잠재능력을 활성화시킬 수 있도록 영향력을 행사해야 하는 것이다.

리더십에 대한 정의 학자에 따라 매우 다양하게 정의되고 있다.

플레쉬만(E. A. Fleishman)은 리더십을 '어떤 목표를 달성함에 있어 커뮤니케이션 과정을 통해서 구성원들에게 영향력을 행사하는 것'이라 하였으며, 쿤쯔와 오도넬(H. Koonz & C. O'Dnnell)은 '사람들로 하여금 공동목표를 위하여 자발적으로 노력하도록 그들에게 영향력을 행사하는 기술 또는 과정'이라고 리더십을 정의했다.

리더십에 대한 정의를 종합해 보면 리더십이란 '조직의 목표를 달성하기 위해 구성원들이 자발적으로 노력하도록 영향력을 행사하는 과정'이라 말할 수 있다.

2. 리더십 이론

(1) 특성이론

1) 특성이론의 의의

리더십에 대한 초기의 연구는 유능한 리더에게는 남다른 개인적인 특성과 자질이 있다고 생각했다. 따라서 리더가 지니고 있는 공통적인 특성추구에 주력하였기에 자질론 또는 특성이론 등으로 설명되기도 했다.

이 이론의 접근방법은 1940년대에 본격적으로 등장했고, 지도자의 개인적 특성이 리더십 성공을 결정한다는 가정 아래 리더십을 설명하고 있다. 바나드(C. I. Barnard)는 인격적 자질과 능력의 측면에서 다음과 같은 것들을 리더십의 자질적 요소로 들고 있다.

① 추진력과 지구력

이는 심신에 넘치는 왕성한 의욕과 정열이며, 어떠한 난관에서라도 목표를 관철하겠다는 강한 의지력이다.

② 결단력

조직에서 어려운 문제가 발생하였을 경우, 우유부단하지 않고 신중히 생각하되 주저 없이 실행하는 태도를 말한다.

③ 설득력

사회는 다양한 사고와 행동, 그리고 각자의 주장이 천차만별로 나타나기 마련이다. 설득력이란 이러한 현상을 극복하기 위해 도리와 성의를 가지고 꾸준히 납득시켜서 합의를 도출해 낼 수 있는 능력을 말한다.

④ 책임감

자기 판단하에 명령과 지시를 내리고 그 결과에 대해서 전체적인 책임을 지는 용기와 덕을 가지고 있어야 한다.

⑤ 지적·기술적 능력

이것은 올바른 사리판단을 위한 다방면의 지식과 분별력을 말한다.

2) 특성이론의 한계

리더십에 관한 특성이론은 다음의 몇 가지 한계점을 가지고 있다.

첫째, 연구가 계속 진행됨에 따라 리더의 특성에 대한 학자마다의 견해가 다른 동시에 특성의 수가 무제한 증가하였다. 따라서 리더가 구비해야 할 공통의 특성을 일반화하기가 어렵다.

둘째, 리더의 특성과 리더십의 유효성 간의 관계에 대해 각 연구마다 일관성 있는 결과가 나타나지 않았다.

따라서 리더십의 성과에 대한 각 특성의 예측성이 의문시되었다, 리더십의 특성요인은 부하들이나 추종자들에게 영향을 미치는 데 있어서 단편적으로 작용하기보다는 복합적으로 작용하는 경우가 대부분이다.

셋째, 리더십을 설명함에 있어 개인적 특성만으로는 설득력이 부족하였다. 리더십 특성이론은 유능한 리더가 그들의 직무를 수행함에 있어 실제로 무슨 일을 하는지 파악하는 데 용이하지 않다. 이를 위해서는 유능한 리더와 무능한 리더를 오랜 동안 관찰할 필요가 있다.

그리하여 연구자들은 리더십 과정에서 실제로 표출되는 리더의 행동과 리더십의 성과에 영향을 미치는 상황이 리더십의 설명에 더 적절하다는 주장을 제기하였다.

이러한 주장의 배경에는 리더의 능력이 선천적 요인보다 후천적인 학습, 경험을 통해 개발될 수 있다는 행태학파나 리더십의 유효성이 상황에 따라 다를 것이라는 상황조건이론이 대두되었기 때문이다.

그러나 특성이론에서 밝혀진 여러 리더의 특성은 현대의 기업경영에서 효과적 인적자원관리를 하는 데 매우 중요한 의미를 지니고 있다.

(2) 행동이론

1) 행동이론의 의의

리더십의 특성연구에서 문제점과 한계가 나타나자 리더의 특성보다는 실제 행동에 초점을 맞추는 접근이 1950년대 초에 시작되었다. 유능한 리더의 개인적 특성을 일관성 있게 규명하지 못한 학자들은 차츰 리더의 실제 행동에 관심을 두기 시작했다. 따라서 리더의 행동을 관찰하여 성과와 효과적인 행위유형의 관계를 규명하고자 리더십 유형을 연구하였다. 이것을 리더십의 행동이론이라고 한다. 특성이론과 행동이론 접근방법의 차이를 보면 다음과 같다.

첫째, 특성이론은 리더의 개인적 자질에 초점을 둔 데 비해 행동이론은 실제적인 리더의 행동에 초점을 둔다.

둘째, 특성이론의 연구는 리더와 비리더를 구분하려는 데 초점을 두었으나, 행동이론의 연구는 부하와 리더의 여러 가지 특정 행동이 부하들의 업적과 만족에 어떠한 영향을 미치는가를 규명하는 데 연구의 초점을 두었다.

2) 리더십의 유형

리더십은 목표설정과 목표달성을 위해 노력하는 조직화된 집단의 활동에 영향을 미칠 때 다음과 같은 접근방법에 의해 영향을 미칠 수 있다, 즉 자유방임적 방법, 독재적 방법, 민주적 방법, 그리고 이 3가지의 적절한 결합방법 등이 그것이다.

① 전제적 리더십

조직의 정책을 혼자서 수립하고 이에 따르는 모든 의사결정을 하며 모든 책임을 담당하고 부하들에게는 그의 지시나 명령에 복종할 것만을 요구한다. 이와 같은 리더십은 종업원 중심적 감독보다는 엄격하고 철저한 감독을 하게 된다.

② 민주적 리더십

민주적 리더는 부하들로 하여금 목표설정이나 작업방법의 개선에 참여하도록 권고하고 새로운 아이디어나 제안을 제출하도록 권장한다. 또한 리더는 부하들의 창의력이나 판단력을 믿으며 부하들은 그들 자신들의 일을 계획하고 실행하는 데 있어서 많은 자유를 누리게 된다.

③ 자유방임형 리더십

리더는 조직의 계획이나 운영방침의 결정에 특별히 관여하지 않고, 수동적 입장에서 행동하며 부하들에게 자유행동을 방임해 버리는 리더십 유형을 말한다.

훌륭한 리더가 되기 위해서는 각 상황과 그 상황 속의 사람들을 분석하여 어떤 유형의 리더십(전제적, 민주적, 자유방임적)이 그 상황에 가장 적절한가를 결정하는 것이다.

리더십은 부하나 집단과 더불어 특정한 리더십 풍토 속에서 특정한 조직의 제약조건하에서 그리고 특정한 비공식집단 등이 있는 조직상황 속에서 리더에 의해 수행되는 것이다.

3) 관리시스템이론

리커트(R. Likert)는 많은 조직을 대상으로 행동과학적 연구를 시행한 결과 「경영관리의 새로운 형태」라는 저서를 통해 '관리시스템(management system)'이론을 제기하였다.

그의 관리시스템이론은 조직을 과학적으로 관리하는 방식으로서 경영에 실행되고 있는 관리의 패턴을 다음과 같이 4가지로 구분하였다.

리커트는 현재 일반적으로 통용되고 있는 조직 관리스타일들을 시스템 I에서 시스템 IV까지 하나의 연속선상에 그려볼 수 있음을 발견하게 되었다. 이들 시스템들은 다음과 같다.

① 시스템 Ⅰ : 독선적 전제형

이는 과업지향적, 직무중심적 감독형태로서 매우 구조화된 권위주의적 관리방식이다. 따라서 관리자는 부하를 신뢰하지 않는다. 경영상의 모든 의사결정이 상위계층에서 이루어지고 명령계통을 통하여 하부에 전달됨으로써 부하는 그저 기계적인 방법으로 업무를 수행하게 된다.

이 경우 부하는 공포나 협박 또는 처벌에 의해서 움직여지며 저차원의 욕구만이 실현될 뿐이다.

② 시스템 Ⅱ : 온정적 전제형

관리자는 부하를 어느 정도 신뢰하고 있다. 대부분의 의사결정은 톱에서 이루어지나 약간의 권한위양이 수반된다. 의사소통은 대부분 하향적으로만 수행되나 약간의 상향적 의사소통도 이루어진다.

③ 시스템 Ⅲ : 협의형

관리자는 상당한 신뢰감을 가지고 부하를 대한다. 쌍방 커뮤니케이션이 이루어지고 중요정책은 최고경영층에서 행해지지만 구체적인 의사결정은 하위계층에 권한이 위양된다. 모티베이션 수단으로는 보수와 처벌과 참가가 활용된다.

④ 시스템 Ⅳ : 집단참가형

관리자는 부하를 신뢰한다. 의사결정은 조직의 각 부서에서 이루어지지만 잘 통합되어 있다. 의사소통은 계층에 따라 상하로 잘 이루어지고 있으며 의사소통은 항상 신뢰 속에 원활히 이루어지고 동료 간의 수평적 의사소통도 잘 이루어지고 있다.

종업원은 경제적 보수제도의 결정, 목표의 설정, 작업방법의 개선 및 목표달성의 진도 평가 등에 참가하고 관여함으로써 동기화된다. 상사와 부하 사이에 광범위하고 친밀한 상호 작용이 신뢰의 바탕 위에서 이루어지고 있다.

이러한 4가지의 관리시스템 중 시스템 Ⅰ이 가장 전통적인 것이고, 시스템 Ⅳ가 가장 이상적인 것이다. 조직의 관리방식이 시스템 Ⅳ에 가까울수록 생산성이 높고, 시스템 Ⅰ에 가까울수록 생산성이 낮음을 알 수 있다.

따라서 리커트는 시스템 Ⅳ를 적용하려는 리더가 가장 건전하고 성공적인 지도자가 될 수 있다라고 주장한다.

4) 관리격자이론

리더의 행동에 관한 2차원적인 접근방법 중의 하나가 블레이크와 무튼(R. R. Blake & J. S. Mouton)의 관리격자이론(managerial grid theory)이다.[4)]

4) R.R. Blake and J.S. Mouton, *Corporate Excellence through Grid Organizational Development*, Gulf Publishing, 1968.

그들은 리더의 행위를 인간에 대한 관심측면과 생산에 대한 관심측면의 2가지로 구분하고, 리더가 이들 2가지 측면에 대하여 어느 정도의 관심을 갖느냐에 의해 리더십 유형을 구분하였다.

인간에 대한 관심이란 리더가 모든 종업원들이 중요하다고 생각하며 건전한 인간관계를 발전시키는 데 시간과 노력을 기울이는 경우이며, 생산에 대한 관심이란 종업원을 조직목표수행의 도구로 보며 생산과 직무의 기술적 측면을 강조하는 경우이다. 이처럼 리더가 지향할 수 있는 행동방향을 구분하여 나타내면 〈그림 8-6〉과 같다.

가로축은 생산에 관심으로 정도를 9등급으로 나누고, 세로축은 인간에 대한 관심의 정도를 9등급으로 나누어 이들 간의 결합에 의해 여러 리더십 유형이 나타나는데 이 중 기본적인 것을 살펴보면 다음과 같다.

그림 8-6 관리격자

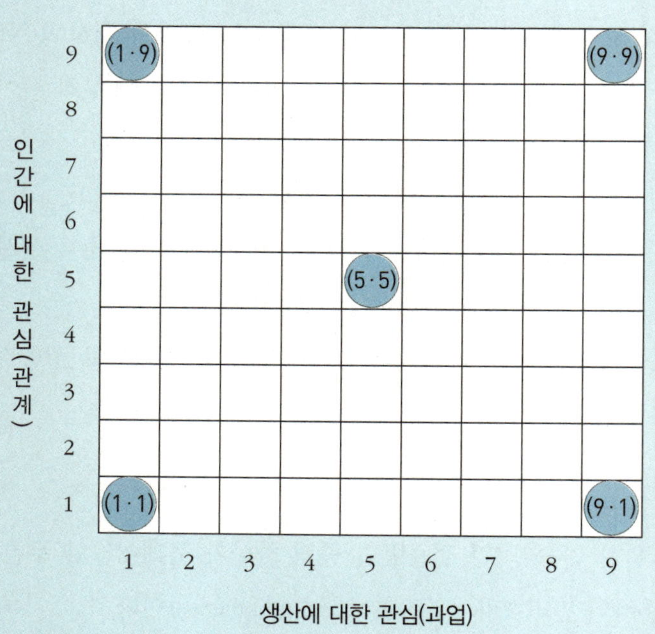

① (1·1형)

무관심형으로 과업달성과 인간관계유지 모두에 대하여 관심을 기울이지 않는 유형이다. 무책임하고 방임형인 리더이다.

② (9·1형)

과업형으로 생산에 대하여는 상당한 관심을 보이나 인간관계유지에 대하여 적은 관심을 기울이는 유형이다. 일 중심형이라고 한다.

③ (1·9형)

생산에 대한 관심은 거의 없으나 인간에 대한 관심이 매우 높은 관리자로서 일보다는 인간관계를 중요시하는 리더이다. 이를 인간 중심형이라고 한다.

④ (5·5형)

생산과 인간에 대한 관심이 중간 정도인 관리자형을 말한다. 이를 중용형이라고 한다.

⑤ (9·9형)

생산과 인간, 양쪽 모두에 관심이 매우 높은 관리자형으로서 이를 이상형이라고 한다.

관리격자이론은 조직체에서 관리자의 실제 리더십 개발에 많이 적용되고 있다. 이 이론에 따르면 (9·9형)이 가장 이상적인 리더십 유형이며 따라서 실제 리더십 유형이 관리격자의 어디에 위치하는가를 측정한 다음 (9·9형)의 이상형을 목표로 하여 체계적이고 단계적으로 리더의 행동을 개발시켜 나가는 것이다.

그러나 (9·9형)의 이상형이 모든 조직에서 항상 최선의 리더십 유형이 될 수 있는 것은 아니며 조직이 처한 구체적인 상황에 따라 이에 적합한 리더십 유형을 달라질 수 있기 때문이다.

(3) 리더십 상황이론

리더십에 관한 특성이론과 행동이론들은 모든 상황에서 가장 이상적인 리더의 특성이나 행동유형, 즉 리더십형태를 발견하려는 데 집중되어 있었다. 그러나 그와 같은 연구결과로 리더십의 유효성을 인정받지 못하게 되자 리더가 처한 상황적 변수를 연결시키려는 상황적응이론(contingency theory)이 등장하게 되었다.

상황적응이론은 조직이 처한 여건(상황)이 갖고 있는 요소가 리더십을 결정짓는다는 사고방식이다.

즉, 리더십은 조직의 목표와 성격, 조직이 속해 있는 사회, 문화적 성격과 유형 및 발전도 그리고 종업원의 기대와 욕구 등의 산물이라고 보는 이론이다. 그러나 이 이론 역시 이의가 제기되고 있다.

즉, 이 이론이 주장하는 것처럼 상황만이 리더십의 결정요인이라면 동일한 상황하에서 어떤 특정인이 다른 사람들보다 훌륭한 리더가 되는 이유는 무엇인가를 명백히 구분해 주지 못하고 있다.

이러한 상황이론에서 고려되는 상황적 요소에는 〈그림 8-7〉과 같이 리더

그림 8-7 리더십에 영향을 미치는 상황적 요소

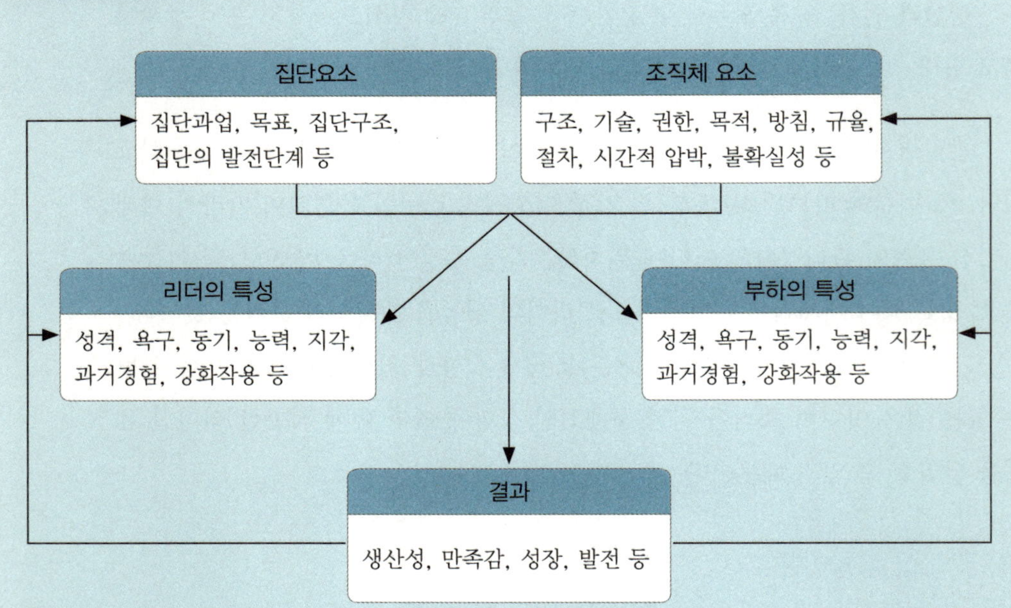

의 행동적 특성, 부하의 행동적 특성, 집단요소, 조직체요소이다. 상황적응이론은 이러한 상황적 요소를 중심으로 리더십 상황을 유형화하고 이들 요소의 역할과 리더십의 유효성을 분석하고 있다.

1) 피들러의 상황적합성이론

상황적응론적 접근방법을 발전시킨 최초의 학자인 피들러(F. E. Fiedler)는 상황적응론적 리더십모형을 통해서 리더십의 유효성은 리더와 집단구성원의 상호작용유형과 그들이 처해 있는 상황의 적합성에 따라서 결정된다고 주장하고 있다.

다시 말해서 〈그림 8-8〉에서처럼 과업지향적이거나 관계지향적인 리더십은 상황적 특성, 즉 상황이 리더에게 호의적인 정도에 따라 다른 효과를 나타낼 수 있다는 것이다.

이상에서 설명한 3가지 변수의 결합방법에 따라 〈그림 8-9〉와 같이 상황이 리더에게 가장 호의적인 데서부터 가장 비호의적인 데까지 8가지의 조합이 나올 수 있으며 이를 리더가 처한 환경에 따라 가장 불리한 상황, 가장 유리한 상황, 중간 정도의 상황의 3가지로 구분할 수 있다,

그림 8-8 상황적합성이론 모형

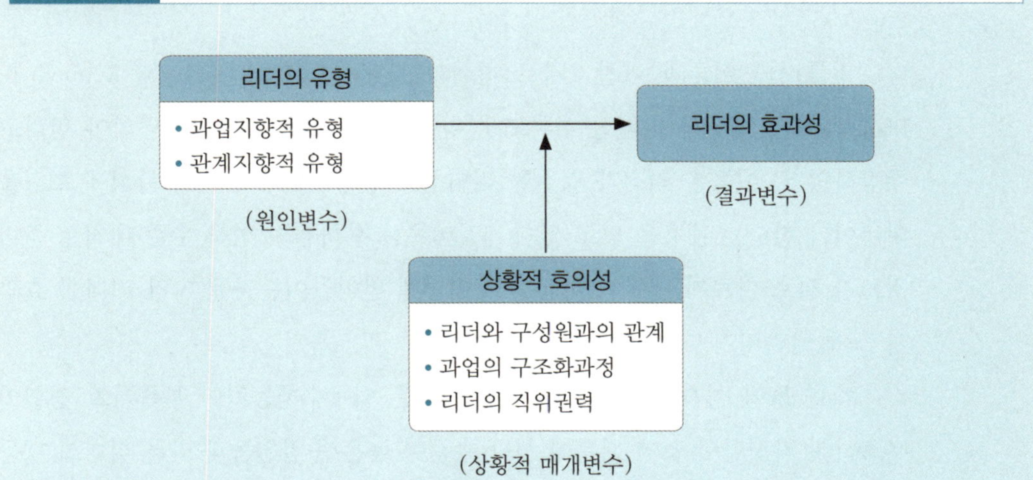

그림 8-9 피들러의 리더십모형

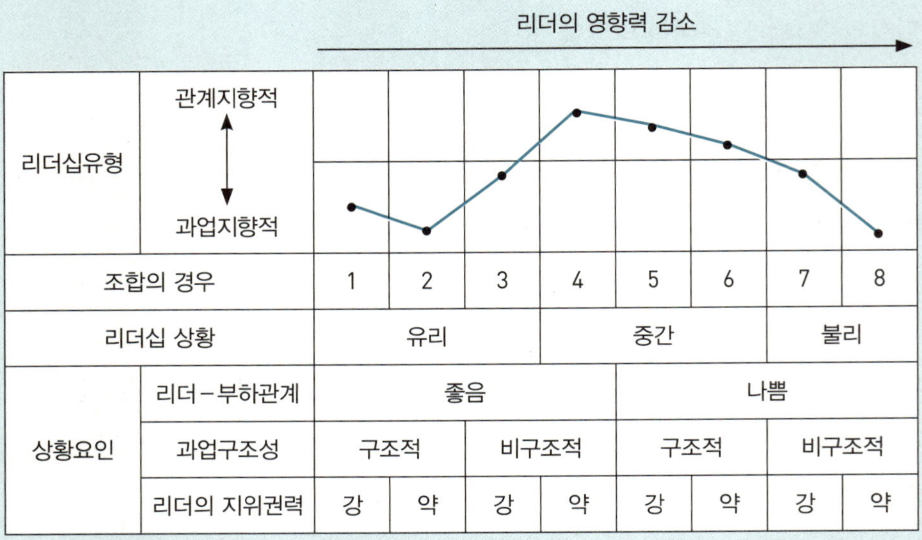

피들러의 현장조사 결과에 따르면 조합 1, 2, 3, 7, 8의 경우는 '과업지향적' 리더십이, 조합 4, 5, 6의 경우는 '인간' 중심의 관계지향적 리더십이 효과적이라는 사실을 발견했다.

2) 허쉬와 블랜차드의 상황이론

피들러의 이론과 마찬가지로 허쉬와 블랜차드(Paul Hersey & Kenneth E. Blanchard)의 상황적 리더십 이론도 상황에 따라 리더십 유형이 달라야 한다고 주장하였다. 이들은 리더가 적절한 리더십 행동을 할 때 부하의 특성에 초점을 맞추어야 한다는 내용을 담고 있다. 그 이유는 부하들의 성숙 수준 내지는 준비 정도가 서로 다르기 때문에 하급자가 어떻게 받아들이는지에 따라 리더십 효과가 크게 달라지기 때문이라는 것이다.

예를 들어 성숙 수준이 낮은 종업원들은 업무수행능력이 부족하고 경험이 부족하여 자신감이 없기 때문에 성숙 수준이 높은 종업원들과 다른 리더십 행동이 요구된다는 것이다.

그림 8-10 허쉬와 블랜차드의 상황이론

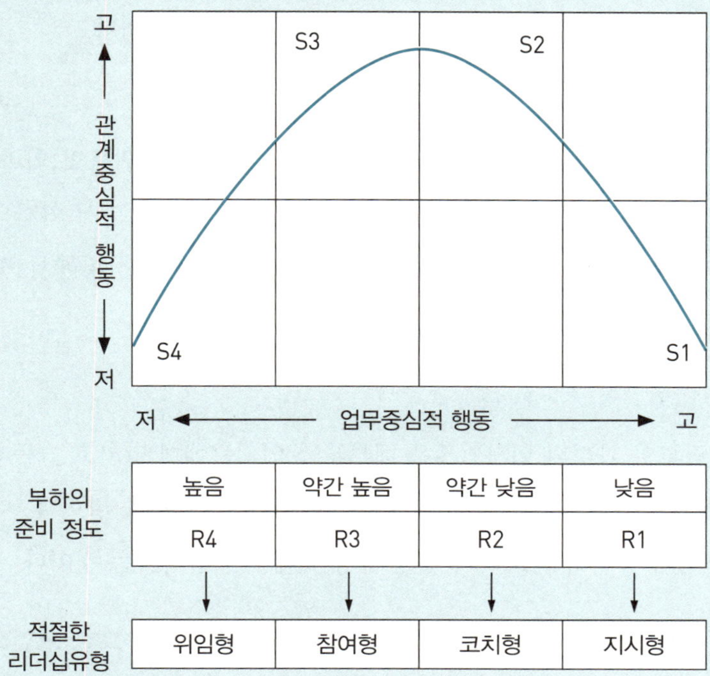

이러한 점들을 고려하여 리더십을 〈그림 8-10〉과 같이 업무중심적 행동(task behavior)과 관계중심적 행동(relationship behavior)의 결합에 따라 4가지 상황으로 구분하고, 부하의 준비 정도(follower readiness)에 따라 적합한 리더십 유형을 제시하고 있다.

① 지시형(telling)

리더가 업무수행에 중점을 두기 때문에 세부적인 지시를 하고 철저하게 감독하는 리더십 유형을 말한다. 이렇게 업무중심적이면서 인간관계에 관심이 없는 지시형은 부하의 준비 정도가 매우 낮은 상황에 적합하다는 것이다.

② 코치형(selling)

업무수행뿐만 아니라 종업원들과의 원만한 인간관계를 위해서도 많은 노력을 기울이는 리더십 유형을 말한다. 일방적인 지시나 명령보다 업무수행 방향을 충분히 설명하고 설득하여 종업원들이 받아들이도록 한다. 부하의 준비 정도가 약간 낮은 상황에서는 이러한 지도형이 적합하다는 것이다.

③ 참여형(participating)

종업원들이 참여하여 업무수행 방향에 대한 종업원들의 의견이 반영될 수 있도록 하는 리더십을 말한다. 인간관계에 관심이 많으면서 약간의 업무중심적 형태인 참여형은 부하들이 어느 정도 준비되어 있는 상황에서 적합하다는 것이다.

④ 위임형(delegating)

업무와 관련된 의사결정을 대부분 종업원들에게 맡기고 그들과의 인간관계에 대해서 별다른 노력을 기울이지 않는 리더십 유형을 말한다. 이러한 위임형은 부하가 충분히 준비되어 있는 상황에 매우 적합하다는 것이다.

허쉬와 블랜차드 이론에서는 부하들의 성숙도를 중요한 요인으로 생각하여 성숙 정도에 따라 적합한 리더십을 행사하면 부하들의 직무수행능력이 향상될 수 있다고 보고 있다. 구체적으로는 R1에 대해서는 S1과 같은 지시형 리더십이, R2에 대해서는 S2와 같은 코치형 리더십이, R3에 대해서는 S3와 같은 참여형 리더십이, 그리고 R4에 대해서는 S4와 같은 위임형 리더십이 적합한 리더십 유형이라고 제시하였다.

Chapter

09

경영통제

혁신성

21세기 4차산업혁명 시대에 기업경영에 요구되는 것이 바로 혁신성이다. 혁신(革新)이란 사물, 생각, 진행 상황 및 서비스 등에서의 급진적인 변화를 일컫는 말이다. 그러므로 혁신의 목표는 사람 및 사물의 긍정적인 변화가 반드시 수반되어야 한다.

피터 드러커는『혁신과 기업가정신』에서 21세기에는 새로운 것을 창조하기 위해서 혁신이 필요하다고 강조했다. 성공한 기업가는 새로운 분야를 개척하는 정신, 사업을 성공시키기 위한 신제품발명, 신기술개발, 신시장 개척, 신원료 확보, 신조직 형성 등 창의성을 바탕으로 끊임없는 혁신을 하여야 한다.

성공한 창업자들은 기술개발과 경영혁신을 가장 중요하게 생각하고 창의와 혁신이 없다면 사업을 성공으로 이끌 수 없으며 사업을 지속할 수 없다고 생각한다.

혁신성을 추구하여 기업을 크게 성장시킨 혁신적인 리더로는 애플의 CEO였던 스티브 잡스를 들 수 있다. 그는 창조적인 리더십을 통해 혁신적인 휴대폰 제품인 아이폰으로 애플을 세계 1위 기업으로 등극시켰다.

혁신적인 리더로 IBM의 루이 거스너 회장이 있다. 거대기업인 IBM이 1992년 49억 달러의 적자를 내며 최대 위기에 봉착하게 되었다. 그때 IBM은 승부수로 1993년 루이 거스너 회장을 영입한다. IBM 기업사에 최초로 외부에서 영입된 거스너 회장은 강력한 리더십으로 임직원들을 장악하고 진행하고 있는 사업에 있어 '선택과 집중' 작업에 들어갔다. 우선 비핵심사업의 자산을 처분해 첫해에만 65억 달러의 비용을 절감했다. 이후 IBM의 핵심역량이라고 할 수 있는 컴퓨팅, 네트워크 솔루션을 결합해 IBM을 IT(정보기술) 서비스 기업으로 재탄생시켰다. 거스너 회장은 2002년 퇴임 후 파산위기에 몰렸던 IBM을 회생시켰다는 평가를 받게 되었다.

들어가며

리더가 혁신성은 기업에게 엄청난 성장과 기회를 가져다 준다. 반대로 혁신성이 없는 리더는 기업에 극심한 침체를 불러오게 한다. 기업의 성장에 큰 영향을 미치는 리더의 혁신성을 발휘하려 어떻게 해야 할까?

첫째, 변화 선도 팀을 구성해야 한다. 변화는 변화를 이끌러갈 역량을 갖춘 사람들로 팀을 구성해 혁신에 착수해야 한다. 선도 팀이 선두에서 서서 솔선수범해서 변화를 이끌어 나가면 구성원들도 변화에 동참하게 된다.

둘째, 기업의 비전을 새롭게 구성해야 한다. 조직이 나아가야 할 모습대로 비전을 재구성하고, 거기에 맞는 구체적인 실행 전략들을 수립해서 실천에 옮겨야 한다.

셋째, 조직원들이 진정으로 동참할 수 있도록 효과적인 소통의 수단을 통해서 소통을 해야 한다.

넷째, 장기적인 비전 달성을 위해서는 단기적 성공을 함께 해나가야 한다. 원대한 비전만 세워놓고 단기적인 실적은 무시하고 가는 경우가 많다. 이런 경우 리더와 구성원들이 쉽게 좌절할 수 있다.

다섯째, 변화의 속도를 늦추지 말아야 한다. 비전을 실현할 때까지 장애물에 굴하거나 멈추지 말고 지속적인 변화를 추진하여 조직에 변화를 정착시켜야 한다.

혁신을 추진할 때 주의사항으로 혁신을 주도하는 자는 공정한 태도를 취해야 한다. 구성원들에게 혁신의 방향에 대해서 친절한 설명과 일관된 태도를 취하고 혁신의 적절한 시점을 놓치지 말아야 한다.

– 변상우, 〈행복하면 성공하게 되고 리더가 된다〉, 도서출판 청람, 2014

제 1 절
통제의 본질

1. 통제의 의의

경영자의 기능 중의 하나인 통제(controlling)란 실제의 경영활동이 계획된 대로 진행될 수 있도록 감시하고, 계획으로부터 벗어나는 것을 사전에 예방하거나 수정하는 활동을 말한다.

경영자는 계획수립 과정에서 조직의 목표와 전략을 수립하고 그것을 달성하기 위하여 조직구조를 설계하며 인적·물적 자원을 활용하여 조직의 목표를 달성한다.

이때 계획된 대로 경영활동이 집행될 수 있도록 경영자가 취하는 여러 관리활동이 통제활동이다.

따라서 계획, 집행, 통제의 3가지 기능은 상호 유기적으로 연결되어 경영관리활동의 핵심을 이루고 있다.

2. 통제의 필요성

조직의 목표를 달성하기 위해서는 통제가 반드시 필요하다. 오늘날 통제는 과거와는 달리 매우 중요한 관리과정이다.

이와 같이 통제가 중요시되는 이유는 조직 환경의 변화, 기업규모의 확대와 복잡성, 구성원 실수의 심각성, 그리고 권한의 위양을 들 수 있다.

(1) 조직환경의 변화

통제의 필요성이 중요시되는 주된 이유로 조직의 환경변화를 들 수 있다. 오늘날 기업은 과거와는 질적으로 다른 환경에 놓여 있다.

즉, 아무리 안정적인 환경의 기업이라도 변화와 무관한 기업은 없다. 이제 기업환경의 변화는 피할 수 없는 불가결한 요인이 되었다.

이러한 변화는 기업에게 기회의 원천이 되기도 하지만 동시에 위험의 원천이기도 하다. 이러한 변화를 제대로 수용하지 못하는 기업은 적응력이 떨어져 결국은 시장에서 사라지게 된다.

따라서 경영자는 끊임없이 변화하는 조직의 내·외부환경을 감지할 필요가 있으며 이러한 변화에 적절하게 대처하는 방안을 강구하여야 한다.

경영자는 통제기능을 통하여 그 결과 조직의 재화와 서비스에 영향을 미치는 이러한 변화를 인지할 수 있고 변화에 수반된 기회와 위협에 대응할 수 있게 되는 것이다.

(2) 기업규모의 확대와 복잡성

오늘날 기업의 규모는 점차 확대되고 다양해짐에 따라 기업의 구조는 더욱 더 복잡하게 되었다.

이러한 복잡한 구조 내에서 발생하는 다양한 행동을 조정, 통합하기 위해서는 적절한 통제가 필요하다. 그리고 기업의 규모가 확대됨에 따라서 조직의 분권화가 이루어져 통제기능은 보다 단순하게 된다.

(3) 조직구성원의 실수

경영진이나 구성원들이 실수를 하지 않는다면 단순히 성과기준을 설정하고 예기치 않은 환경변화에만 주시하면 된다. 그러나 조직의 구성원은 잘못된 부품을 주문하기도 하고 가격결정을 잘못할 수도 있으며 문제를 잘못 진단하기도 한다.

이러한 잘못이 가져오는 결과는 과거에는 그 영향의 범위가 좁고 피해가 크지 않았으나 오늘날에는 이러한 잘못이 기업에 치명적인 영향을 미칠 수 있다.

그것은 기업의 규모가 그만큼 크고 경쟁이 보다 치열해지는 등 환경의 불확실성이 과거와는 다르기 때문이다.

따라서 구성원들의 잘못된 의사결정을 사전에 예방하고 방지책을 강구해야 할 필요성이 증대되었으며 통제과정은 이러한 구성원들의 실수나 의사결정이 심각한 수준에 이르기 전에 발견하고 수정하도록 해준다.

(4) 권한의 위양

효과적인 통제시스템을 통하여 경영자는 어떤 업무에 대한 권한을 위양하고 의사결정을 분권화할 수 있다.

이 경우 경영자는 업무에 대해서 권한을 위양하고 분권화하더라도 최종적인 책임을 져야 하므로 구성원들을 감독할 수 있는 통제수단이 필요하다.

따라서 효과적인 통제시스템을 통해서 종업원들을 감독하는 것이 보다 중요하게 된다.

한편, 통제라는 말이 개인의 자유와 자율을 제한하는 것처럼 보이기 때문에 부정적인 인식을 갖고 있다.

그럼에도 불구하고 통제는 조직에 있어서 반드시 필요한 것이며 이러한 통제의 중요성은 점차 증대하고 있다.

그러나 과도한 통제는 기업뿐만 아니라 종업원 모두에게 악영향을 미칠 수 있다. 그러므로 경영자는 통제의 비용과 수익분석을 통하여 적절한 경영통제와 개인의 자율성 사이에 균형이 이루어질 수 있도록 합리적인 통제량을 정해야 한다.

또한 경영자는 변화하는 환경 속에서 통제시스템을 효과적으로 운영하기 위하여 통제시스템을 지속적으로 검토하고 수정해야 한다.

제 2 절
통제의 유형과 과정

1. 통제의 전제

경영자가 어떤 통제제도를 설계하거나 운영하기 위해서는 2가지 중요한 전제가 충족되어야 한다. 즉, 모든 통제는 계획수립이 전제되어야 하고, 그 다음 책임소재가 명확해야 효과적인 통제가 이루어질 수 있다.

(1) 계획 수립

통제기법이 적용되거나 통제제도가 설계되기 전에 먼저 계획이 수립되고 있어야 한다. 계획이 보다 명확하고 완전하고, 통합되어 있을수록 보다 효과적인 통제가 가능하다.

어떤 조직이 무엇을 달성해야 하는지를 모른다면, 즉 조직목표가 설정되어 있지 않다면 성과의 측정이라는 개념 자체가 성립되지 않는다.

이와 같은 의미에서 볼 때 통제는 계획의 반대측면이라고 할 수 있다. 경영자가 계획을 수립하는 것은 바람직한 행동이 이루어졌는가를 측정하는 표준을 설정하는 것과 같다.

계획수립과정에서 설정되는 표준에는 시간표준, 생산성표준, 원가표준, 품질표준, 행동표준 등 여러 가지가 있다. 따라서 계획을 고려하지 않고 통제시스템을 설계하려고 하는 것은 무의미하다.

(2) 책임 소재

통제의 목적은 성과를 측정하고 또한 계획이 달성될 수 있도록 수정행동을 취하는 것이다. 따라서 어떤 부문에서 계획과 실적이 크게 차이가 있는지를 파악하여야 하며 책임이 누구에게 있는가를 알아야 한다.

그러기 위해서는 조직구조가 합리적으로 편성되어 있어야 한다. 계획에 있어서와 마찬가지로 조직구조가 보다 명확하고, 완전하고, 통합되어 있을수록 통제는 보다 효과적이다.

2. 통제의 유형

경영통제의 기본적인 유형은 통제의 시점을 중심으로 하여 사전통제, 동시통제, 사후통제로 구분하고 있다.

(1) 사전통제

사전통제는 '예방통제(prevention control)', '피드포워드통제(feedforward control)'라고도 하며, 실제로 경영활동이 이루어지기 전에 행해지는 통제로서 투입요소와 산출된 결과를 사전에 구체적으로 검토한다.

즉, 달성해야 할 성과목표가 명확히 정해지고, 이 목표를 달성하는 데 필요한 투입요소(자원)가 제대로 준비되어 있는가를 미리 확인하는 것이다.

이 같은 과정에서 보면 사전통제는 예방적이고 미래지향적이며 가장 바람직한 통제유형이라 할 수 있다. 사전통제에서는 PERT/CAM 기법과 같은 네트워크 계획기법이 사용된다.

(2) 동시통제

동시통제는 변형과정 중의 활동들이 사전에 설정된 조직의 표준이나 기준에 적합한지를 분석하고자 하는 것이다. 이러한 통제의 필요성은 잘못된 산출을 가져오게 될 변형과정인 생산과정의 어려움을 인식하고자 하는 것이다.

그림 9-1 통제 유형

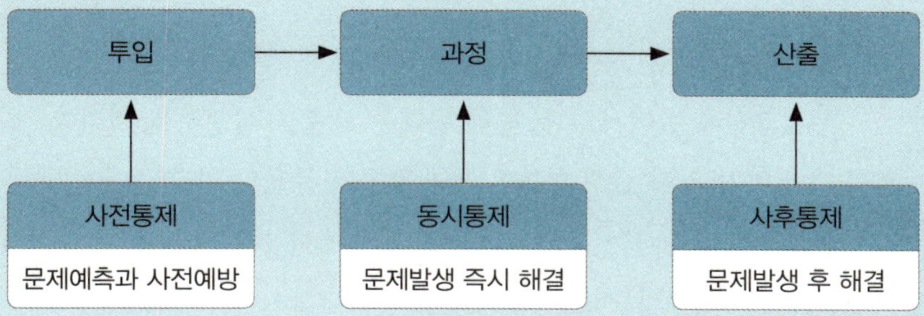

생산과정은 직접적으로 산출에 영향을 미치는 것이다. 그러므로 항상 현재 이루어지고 있는 변형과정이 정해진 기준에 적합한지를 분석해야 하는 것이다.

동시통제는 때로는 '가르기 통제(screening control)'나 '예스-노(yes-no)식의 통제'라고 한다.

이렇게 불리는 이유는 동시통제는 생산과정을 계속할 것인지, 수정활동을 취할 것인지, 생산을 아예 중단할 것인지 등과 같은 생산과정의 중요한 의사결정을 결정하기 위한 많은 체크포인트를 가지고 있기 때문이다.

(3) 사후통제

사후통제는 최종적인 제품이나 서비스가 창출된 이후에 제품이나 서비스가 원래 설정한 조직의 목표나 표준에 적합한지를 분석하는 것이다.

보통 통제라고 했을 때는 이러한 사후통제를 의미하게 된다. 사후통제는 종종 산출통제나 피드백 통제로 불리기도 한다.

어느 통제방법도 사용할 수 있다면 사후통제보다는 사전통제나 동시통제가 보다 효과적인 통제방법일 수 있다. 그것은 일이 잘못되기 전에 통제가 가능하다면 보다 바람직스러운 결과를 가져올 수 있기 때문이다.

그러나 현실적으로는 사전통제나 동시통제가 불가능하거나 너무 비용이 많이 들어가는 경우가 있어 사전통제나 동시통제보다는 사후통제를 선호하게 된다.

3. 통제의 과정

(1) 표준의 설정

통제과정에 있어서의 첫 번째 단계는 표준을 설정하는 것이다. 표준이란 성과를 측정하기 위해 설정해 놓은 통제활동의 목표 내지 기준을 말한다.

쿤쯔(H. Koontz)는 표준은 전략적 관점에서 설정되어야 하며 전략적 통제를 위한 전략적 표준으로서는 5가지를 들고 있다.

1) 생산성 표준(productivity standards)

양적 표준이라고 하며, 이는 비화폐적 측정을 위한 표준으로 산출량, 단위당 노동시간, 기계시간당 생산량과 같이 수량적 성과를 나타낸다.

생산적 표준은 제품의 강도, 내구성, 불변성 등과 같이 질적 성과를 나타낼 수도 있다.

2) 원가 표준(cost standards)

화폐단위로 측정된 표준으로서 제품단위당 직접원가와 간접원가, 제품단위당 노무비, 제품단위당 재료비, 그리고 판매단위당 판매비 등을 들 수 있다.

3) 자본 표준(capital standards)

자본표준의 예로서는 투자수익률, 유동비율, 부채비율, 당좌비율 및 재고자산회전율 등이 있는데 주로 대차대조표와 관련이 있으며 기업에 투자된 자본과 관계가 있다.

4) 실시계획 표준(program standards)

예산의 실시계획, 신제품개발계획 또는 판매원의 자질향상계획 등과 같이 하나의 프로그램 자체가 표준이 되는 경우이다.

이러한 표준의 성과를 평가하기 위해서는 어느 정도 주관적인 평가가 필요하다.

5) 추상적인 표준(intangible standards)

양적·화폐적 수치로는 표시되지 않는 표준이다. 예를 들면 광고, 공중관계의 유지, 감수성훈련, 사기앙양과 충성심 제고 등과 같은 표준은 그 성과를 판단하는 데 있어서 추상적인 표준이 설정된다.

(2) 성과의 측정

일정한 표준이 정해지고 이를 달성하기 위한 활동이 진행되어 성과가 나타나면 이를 측정하게 된다. 즉, 경영활동의 성과를 표준과 비교하여 확인하는 일이 성과의 측정 단계이다.

측정의 방법으로는 계수나 사실을 분석하여 작성된 자료를 구두나 서면으로 보고받기도 하고 실제로 현장에서 진행된 활동이나 성과를 관찰하거나 조사를 한다.

(3) 비교와 수정

성과를 측정했으면 설정된 표준과 측정된 성과를 비교하여 수정조치를 취하는 것이다. 측정된 성과를 표준과 비교하였을 때 표준과 일치할 수도 있고 높거나 낮을 수도 있다. 경영자는 이러한 기준으로부터의 차이, 즉 편차를 어느 정도까지 수용할 것인지를 결정하여야 한다. 때에 따라서는 근소한 차이도 문제가 될 수 있고 제법 큰 차이도 별 상관이 없을 수 도 있다.

표준과 편차를 인식한 다음에는 편차를 줄이기 위한 수정활동이 이루어져야 한다. 통제의 목적은 바로 이러한 수정활동에 있는 것이다.

즉, 표준과 측정된 성과 사이의 편차가 발생하였을 경우 편차의 원인을 분석하고 그 시정을 위한 조치를 취함으로써 통제활동이 완성되는 것이다. 편차가 있는데 수정활동이 이루어지지 않는다면 통제의 목적이 달성되었다고 볼 수 없다. 편차가 발생하였을 경우 수정조치는 대개 2가지의 방향에서 이루어진다.

첫째, 주어진 기준의 달성 정도, 즉 성과를 조정 변화시키는 것이다.

둘째, 기준 자체를 변경시키는 것이다.

그림 9-2 통제과정의 기본단계

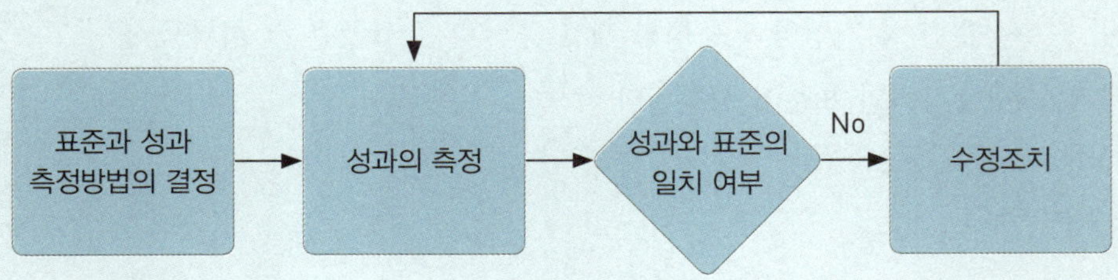

전자는 대개 동기부여나 교육, 훈련 그리고 인원의 추가나 업무의 제 할당 등과 같은 수정조치들을 통한 업무성과의 향상을 도모하는 것으로 대개 수정조치는 이러한 것을 의미한다.

후자의 경우는 성과를 비교하는 대상인 기준을 변경하는 것이다. 이는 주로 성과가 기준으로부터 상당히 벗어났을 때 이루어진다. 결과가 표준으로부터 상당히 벗어났을 때 이루어진다. 결과가 표준으로부터 상당히 벗어났을 때는 성과를 개선하여 표준을 달성한다는 것이 너무 어렵거나 때로는 불가능하기도 한다.

이런 경우에는 계획이 설정된 이후에 무엇인가 중요한 변화가 발생하였다는 것을 짐작할 수 있다. 따라서 변화의 원인을 분석하고 그에 따른 계획이나 표준을 변경하는 방안을 고려해야 한다.

기업이 실패하게 되는 원인 중의 하나는 변화와 무관하게 행동하여 처음 세운 계획을 대책 없이 추진하는 것이다. 계획은 변화에 대해 능동적으로 수정될 때 올바른 계획이 되는 것이다.

4. 효율적인 통제

효율적인 통제시스템은 일반적으로 다음과 같은 공통적인 특성을 가지고 있다. 통제시스템을 평가할 때 다음과 같은 요소들이 고려되어야 한다.

① 미래지향적

통제시스템이 효과적이기 위해서는 과거의 잘못을 지적하기보다는 미래의 상황을 처리할 수 있는 것이어야 한다. 잘 설계된 통제시스템은 작업의 진척상황을 알려주고 미래에 교정되어야 될 조치 부분을 알려주며 개발할 수 있는 기회를 발견하도록 해준다.

② 다차원적

대부분의 경우에 있어 통제시스템은 성과와 관련된 요인을 찾아낼 수 있도록 다차원적일 필요가 있다. 목표의 양적 측면뿐만 아니라 질적인 측면도 통제할 수 있는 시스템이 되어야 한다.

③ 경제적

통제의 비용은 중요한 요인이다. 통제를 하는 데 드는 비용보다는 통제로 얻어지는 수익이 많아야 한다. 따라서 경영자는 최소의 비용으로 적절한 통제가 이루어질 수 있는 시스템을 구축하여야 한다.

④ 정확성

통제는 미래의 행동을 위한 기초를 만들어주는 것이기 때문에 그 정확성이 필수적으로 요구된다. 부정확한 통제자료는 없는 것보다 못하다. 왜냐하면 잘못된 자료로 인하여 올바른 의사결정을 할 수 없기 때문이다.

⑤ 현실적

통제시스템은 수정활동이 이루어진 후 어떤 결과가 초래될 것인지를 현실성 있게 나타내 주어야 한다. 그렇지 않다면 종업원들은 통제시스템을 합리적이지 않은 것으로 인식하여 무시하거나 저항할 수 있다.

⑥ 적시성

통제시스템은 적시에 필요한 자료를 제공할 수 있도록 설계되어야 한다. 아무리 좋은 자료도 적시에 제공되지 않는다면 가치가 떨어지는 것은 당연한 것이다. 정확한 정보 못지않게 정보의 적시성이 요구된다.

⑦ 감시가능성

통제시스템은 기대하는 바대로 운영되고 있는지를 감시할 수 있도록 설계되어야 한다. 통제시스템이 제대로 가능한지를 알지 못한다면 적절한 통제를 할 수가 없다.

⑧ 수용가능성

구성원들이 통제시스템을 수용할 때 효과적으로 기능을 하는 것이다. 종업원들은 통제시스템이 중요한 사항을 다루고 있고 그들의 성과에 대한 객관적이고 유용한 정보를 제공하고 있다고 믿을 때 통제시스템을 수용하게 된다.

⑨ 유연성

조직이 변화하는 환경에 유연하게 적응해야 하는 것과 같이 통제시스템도 새롭게 개정된 요구사항들을 수용할 수 있도록 유연성이 있게 설계되어야 한다. 새로운 정보와 새로운 노력들은 신속하게 측정하고 보고할 수 있어야 한다.

제 3 절

경영통제의 기법

1. 경영통제 기법의 의의

경영자가 통제를 효과적으로 할 수 있도록 돕기 위한 기법(도구)이 실무적으로 여러 가지 있는데도 불구하고 모든 조직 활동을 통제할 수 있는 기법은 고안되지 못하고 있다.

그것은 하나의 시스템을 통제하기에는 조직활동이 너무나 많고 다양하기 때문이다. 그래서 경영자는 상이한 문제를 처리하기 위해 여러 가지의 통제방법과 시스템은 〈그림 9-3〉과 같다.

우선 경영자는 재무통제시스템을 사용한다. 재무통제시스템은 자금에 관련된 문제를 다루는 것으로 이익이 발생했는지 혹은 부채가 적정한지를 통제하고자 하는 것이다.

그림 9-3 통제시스템

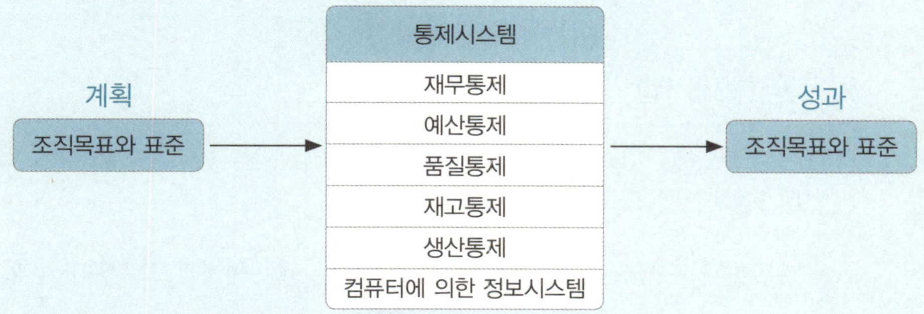

그림 9-4 경영관리계층과 시점에 의한 통제시스템

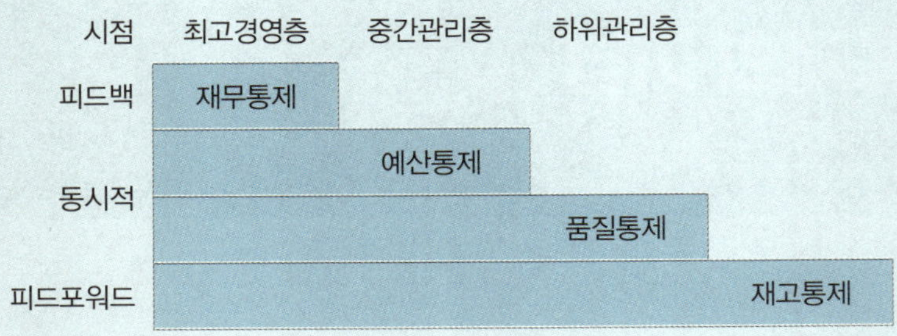

그리고 예산통제시스템은 계획된 대로 수익과 비용이 계획과 일치하는지를 검색하는 것이며, 품질통제시스템은 점차 중요성이 더해가고 있는 제품과 서비스의 품질을 평가하기 위한 수단이다.

재고통제시스템은 필요한 투입이 최소한의 가격으로 적시에 제공될 수 있도록 하기 위한 것이며, 운영관리는 제품과 서비스의 직접적인 생산과정을 통제하기 위한 것이다. 정보통제시스템은 정보나 그와 관련된 기능들에 대한 보다 나은 통제를 위하여 고안되었다.

이러한 통제시스템은 조직의 계층과 통제가 행해지는 시점이 각각 다르다. 〈그림 9-4〉에서 보는 바와 같이 재무통제는 최고경영층에서 주로 행하며, 재고통제는 하위 관리층에서 행사한다. 그리고 통제가 행해지는 시점도 통제 시스템에 따라 다른데 재무통제는 사후적으로 통제가 이루어지며 재고통제는 사전적으로 통제가 이루어진다.

2. 경영통제기법의 유형

(1) 재무통제

재무통제는 생산과 원가를 통제하기 위한 표준원가제도로부터 현재의 정교한 예산편성기법으로 발전하였다. 경영자가 사용하는 통제기법은 다양하지만 주로 사용되고 있는 통제기법으로 재무제표, 비율분석, 재무감사 등이 있다.

1) 재무제표

재무제표(financial statement)란 하나의 회계기간 동안 특정기업의 실체에 관련하여 회계상의 측정·기록·분류·요약한 회계보고서로서, 기업체의 일정시점의 재무 상태와 일정기간의 경영성과를 요약한 표라고 말할 수 있다.

이와 같은 재무제표는 기업의 불특정다수의 이해관계자, 즉 투자자·채권자·국가·경영자 소비자·종업원 등에게 기업의 재무적 정보를 제공하게 된다.

재무제표에는 재무상태표와 손익계산서가 대표적이며, 이는 조직의 재무통제를 위한 기본적인 정보를 제공한다. 재무제표는 다음과 같은 3가지 주된 상태를 통제하기 위한 수단을 제공한다.

① 유동성(liquidity)

단기부채를 갚은 능력이라고 정의되며, 기업이 현재의 재무적 요구와 부채를 해결하기 위한 자산을 현금화할 수 있는 능력(현금화 소요시간과 확실한 정도)을 의미한다.

② 일반적인 재무상태(general financial condition)

이는 부채와 지분(부채 상환 후의 자산) 간의 장기적인 균형 상태를 말한다.

③ 수익성(profitability)

이는 일정기간 이후에 이윤을 얻을 수 있는 능력을 말한다.

재무상태표(statement of financial position)란 일정시점의 재무상태를 명백하게 표시하기 위한 회계보고서로서 기업의 자산, 부채, 자본의 상호관계를 표시한 계산서를 말한다.

재무상태표가 일정시점에서 자산, 부채, 자본의 상태를 표시한 것이라 하더라도 이것은 특정시점에 있어서의 자산, 부채의 현재가치를 측정하여 표시한 것이 아니란 점에서 유념해야 한다.

오늘날 기업회계는 자산원가를 시간적으로 파악하여야 한다는 사고에 따라

취득원가주의를 채택하고 있다.

포괄손익계산서(income statement)란 기업의 일정기간 동안의 경영성과를 명백히 파악하기 위한 회계보고서이다.

여기서 경영성과란 의미는 경영성적을 뜻하는 것으로, ① 일정기간의 수익 산정, ② 일정기간의 비용(원가) 산정, ③ 지출, ④ 순손익의 결정이라는 4가지가 포괄된다.

포괄손익계산서는 정보이용자가 가장 관심을 갖고 있는 순이익, 매출액, 매출원가 등의 정보와 수익력을 표시해 줌으로 재무상태표보다도 중시되고 있는 최근의 추세이다.

이러한 경향은 이익강조, 이익중시로 연결되었으며 이익결정이 오늘날 회계의 최대관심사가 되고 있다.

우리나라 기업회계기준에서는 손익계산서 작성에 ① 수익과 비용의 발생주의 및 수익의 실현주의, ② 수익과 비용항목의 대응주의, ③ 총액표시, ④ 구분표시 등의 기준에 따르도록 규정하고 있는데, 계정식과 보고식이라는 2가지 양식 중에서 후자를 요구하고 있다.

2) 비율분석

비율분석(ratio analysis)은 위의 재무제표에 나타난 자료를 사용하여 재무상태를 파악하기 위한 기법이다. 즉, 재무제표상의 항목들을 활용하여 여러 가지 비율을 산출하여 재무적인 통제를 하고자 하는 것이다.

한 개인에서와 마찬가지로 조직에서도 재무업적은 상대적이어서 두 숫자 사이의 관계를 비율로 표시하는 것이 이 기법인데 이는 기본적으로 시간기준에 의한 비교와 조직 간의 비교의 2가지 비교분석으로 이루어진다.

비율분석은 재무제표상의 항목들 간의 비율을 분석하고 평가하는 과정으로 이러한 비율은 특정항목에 대한 당해 항목의 비율로 주로 백분율로 측정된다.

비율분석에서 사용되는 지표는 다양하지만 주로 사용되는 것으로는 유동성 비율, 활동성 비율, 레버리지 비율, 수익성 비율이 있다.

① 유동성 비율

유동성 비율(liquidity ratio)은 기업의 단기부채에 대한 상환 능력을 측정하려는 것으로서 유동비율과 당좌비율의 2가지로 구분된다.

유동비율(유동자산÷유동부채)은 대차대조표상의 유동자산을 유동부채로 나눈 것으로 기업의 유동성을 측정하는 데 가장 많은 사용되는 비율이다. 가장 중요한 비율분석이며 재무분석의 시발점이기도 하다.

당좌비율[(유동자산－재고자산)÷유동부채]은 유동자산 중에서는 재고자산이 가장 유동성이 낮고 매각처분시에도 손실 위험이 매우 많다. 그러므로 기업의 단기부채 지급능력은 재고자산의 처분 없이 그 채무를 이행할 수 있느냐가 중요하다. 따라서 당좌비율은 유동비율보다 더 엄격한 유동성 측정비율이다.

② 활동성 비율

활동성 비율(activity ratio)은 기업의 자산이 효율적으로 관리되고 있는가를 나타내는 지표이다. 이와 같은 활동성은 주로 기업의 자산과 자본의 회전율에 의하여 측정된다.

활동성을 나타내는 비율로는 총자산회전율, 고정자산 회전율, 재고자산 회전율이 있다.

총자산회전율(매출액÷총자산)은 총자산(또는 총자본)이 1년에 몇 번이나 회전하였는가를 나타내는 비율로서 총자본회전율이라고 한다. 회전율이 높으면 유동자산이나 고정자산이 효과적으로 이용된 것이며, 비율이 낮으면 과대투자나 비효과적인 투자를 한 것이다.

고정자산 회전율(매출액÷고정자산)은 고정자산이 어느 정도 능률적으로 이용되고 있는지를 측정하는 비율이다. 이 비율이 높을수록 고정자산의 이용도가 양호하다고 할 수 있으나 업종과 기업규모에 따라 편차가 크다.

재고자산 회전율(매출액÷재고자산)은 재고자산이 일정기간 동안 몇 번이나 당좌자산으로 전환하였는가를 측정하는 것이다. 재고자산 회전율이 높다는 것은 적은 재고자산으로 생산 및 판매활동을 능률적으로 수행하고 있다는 뜻이다.

③ 레버리지 비율

레버리지 비율(leverage ratio)은 기업의 자본구조인 부채의존도를 나타내는 지표이다. 이 지표는 3가지의 경제적인 의미를 가지고 있다.

첫째, 부채상환의 안정도를 나타내는 것으로 이 지표를 통하여 기업의 채무불이행 위험을 평가할 수 있다.

둘째, 레버리지 비율은 재무레버리지 효과를 가져오게 한다. 즉, 자산의 수익률이 부채에 대한 이자율보다 높게 될 때 자기자본에 대한 기대수익률을 확대하는 것이다. 이러한 효과를 보통 재무레버리지 효과라 부른다.

셋째, 재무위험의 지표로서의 의미가 있다. 이는 기업의 수익률변동이 발생하게 될 때 보다 크게 나타난다는 것이다. 레버리지 비율로 흔히 사용되는 지표로는 부채비율과 이자보상비율이 있다.

부채비율은 총자본을 구성하고 있는 자기자본과 타인자본의 비율을 말한다. 타인자본은 유동부채, 장기차입금, 사채 등을 포함하며, 자기자본에는 보통주, 유보이익, 자본준비금이 포함된다.

이자보상비율은 타인자본의 사용으로 발생하는 이자부담이 기업에 어느 정도의 압박을 가져오는가를 측정하기 위한 것이다. 기업의 영업이익(이자 및 납세전 이익)이 매년 지불해야 할 이자의 몇 배의 해당하는가를 나타내는 비율이 바로 이자보상비율이다.

④ 수익성 비율

기업의 수익성은 기업의 제정책과 의사결정의 종합적 결과로서 나타나는 것이다. 따라서 수익성 비율(profitability ratio)은 모든 기업의 활동이 복합적으로 어떤 결과를 나타내는가를 측정하는 것이다. 수익성 비율에는 투자수익률, 매출액이익률, 자기자본이익률 등이 있다.

투자수익(return on investment : ROI)은 순이익과 총자본과의 관계를 나타내는 비율로서 기업의 수익성을 총칭하는 비율이다. 총자본이익률이라고도 한다.

매출액이익률은 순이익을 매출액으로 나눈 것으로 매출로부터 얼마만큼의 마진을 얻고 있느냐를 나타내준다.

자기자본이익률은 순이익을 자기자본으로 나누어 자기자본에 대한 영업실적을 평가하는 비율이다.

3) 재무감사

재무감사(financial audit)란 조직 내의 재무기록이 정확하고 기준에 맞게 적용되었는가를 내부 또는 외부전문가에 의해 평가하는 재무통제방식이다. 최고경영층에서는 이러한 재무감사를 통하여 통제를 한다. 재무감사는 내부감사와 외부감사로 구분된다.

① 내부감사

내부감사(internal audit)는 조직 내의 감사실이나 재무부서의 전문 스태프 등에 의해서 경영을 자체적으로 평가하는 통제방법이다.

즉, 재무구조의 정확성뿐만 아니라 감사의 범위를 확대하여 조직의 전반적인 활동에 대해서도 감사를 한다. 그러므로 내부감사는 전반적 경영에 대한 감사이므로 경영활동에 대하여 수시로 계획과 실적을 대비해 봄으로써 업무활동을 점검한다.

내부감사는 여러 가지 내부의 감사요원에 의해 이루어지기 때문에 조직 내부의 운영 상태를 잘 알고 있으므로 내부감사를 통하여 보다 많은 정보를 얻을 수 있다.

뿐만 아니라 내부감사는 주기적으로 실시할 수 있어서 문제를 일찍 발견하거나 문제의 확대를 미리 방지할 수 있다. 반면에 전문적 감사요원이 필요하며, 감사결과 문제점이 발견되면 이를 정책적으로 처리하는 경향이 많다.

② 외부감사

외부감사(external audit)는 외부의 전문적인 회계사에 의해서 이루어지며, 전통적으로 조직의 재무적인 회계와 재무제표의 독립적인 평가(감정)를 포함하는 확인과정이다.

외부감사는 재무제표의 준비에 있어서뿐만 아니라 조직의 실제적인 운영에 있어서 정직성을 촉구하는 중요한 역할을 한다. 그 밖에도 은행이나 잠재적인 투자가와 같은 조직 외부의 사람들을 위해 재무제표가 정확하다는 사실을 공증하게 되므로 외부감사는 중요한 기능을 담당한다.

그러나 외부감사는 조직이 일정한 운영기간이 지난 후 재무제표가 완성된 다음에 하게 되고, 또한 한정된 재무제표와 거래행위에 대해 감사를 하기 때문에 진행 중에 있는 업무를 통제하지 못한다는 단점이 있다.

(2) 예산통제

1) 예산통제의 의의

위에서 살펴본 재무적 통제기법이 최고경영층이 주로 사용하는 통제 기법인 데 비하여 예산통제는 중간관리층이 주로 사용하는 통제기법이다.

예산은 실제로 이루어진 경영성과를 비교하기 위하여 미리 책정된 표준이라고 할 수 있다. 이와 같이 예산은 기업 전반적인 것으로 나타나며, 이것을 조직상의 부문별로 구분하게 된다. 예산은 경영자의 계획수립과 통제직능의 수행을 촉진시켜 준다.

즉, 예산은 이용 가능한 자원으로서 계획대로 이용하여 효과적인 경영활동을 수행하였는가를 검토할 수 있다.

그리고 성과목표를 달성하기 위해 필요한 자원을 합리적으로 배분하게 함으로써 효과적인 사전통제가 이루어질 수 있다. 또한 성과에 대한 분기 또는 반기보고가 마련되는 경우에 진행통제를 수행하게 된다.

한편 예산이랑 자원을 배분하는 사람과 제공받는 사람 사이에 이루어지는 공약이므로 자원 활용의 능률향상을 위한 용도나 성과목표 달성과정에 대한 사후 통제수단으로도 이용된다.

따라서 예산통제(budget control)란『미래의 일정기간에 대한 예산을 편성하고 이에 따라 경영활동을 수행하고 편성된 예산과 집행결과의 차이를 분석함으로써 경영활동을 효율적으로 관리하기 위한 제도』이다.

2) 예산통제의 단계

예산통제를 유효하게 실시하기 위한 단계로서는 ① 예산편성, ② 예산집행,

③ 예산집행의 결과인 성과와 예산을 비교하는 예산차이의 분석이 필요하다.

① 예산의 편성

예산통제의 첫 번째 단계는 예산편성 단계이다. 예산통제가 예산을 목표로 하여 경영활동을 전개하고 예산을 기준으로 경영활동을 수행하는 것이라고 보면 예산편성이 기초적으로 중요한 단계임을 알 수 있다.

기업을 예산은 기업전체로서의 합리성과 균형성이 유지되도록 편성되어야 하며 부분예산을 통합하는 종합적이고 통일적인 체계로써 편성되어야 한다.

기업의 예산편성 방법은 기업의 규모나 업종에 따라 다르지만 최근에는 제로베이스 예산편성 방법을 채택하는 기업이 늘고 있다.

제로베이스 예산편성은 모든 활동과 프로그램에 대한 계획과 예산을 편성함에 있어 일체의 과거 기록을 참조하지 않고 효율성과 우선순위에 따라 계획과 예산을 편성하는 방법이다.

이러한 예산의 특징은 과거의 경험이나 비용에 기초하는 예산과는 다르며 예산이 가장 효율적으로 사용되게 한다는 데 근본 목적이 있다.

② 예산의 집행

예산은 예산기간이 시작됨과 동시에 집행되는데 이 경우 경영자는 그의 업무활동이 예산대로 집행되는가에 대하여 항상 주의를 기울여야 한다.

이를 위해서는 집행상황을 회계적으로 방법으로서 명확히 기록하고 상급자에게 정기적으로 보고할 필요가 있다.

③ 예산차이분석

예산차이분석은 예산과 집행결과를 비교·분석하여 차이가 발생한 장소, 발생원인 및 차이에 대한 책임의 소재를 명확히 하는 단계이다.

원래 예산이란 경영활동에 대한 미래의 계획을 수치화한 것으로 경영활동의 결과가 반드시 예산과 합치될 수는 없는 것이다.

따라서 이러한 예산차이분석에 의해 각 부문별 예산집행결과에 대한 책임이 명확하게 되고 나아가서는 차기의 예산편성의 자료로 사용될 수 있는 것이다.

예산의 계획과 집행과정에서 효과를 거두기 위해서는 다음과 같은 사항들이 요구된다.

㉠ 최고경영층의 지원

예산의 계획과 집행과정이 효과적이기 위해서는 최고경영층으로부터 전폭적인 지지를 받아야 한다.

최고경영층은 각 부서로 하여금 확고한 계획을 토대로 예산을 편성하도록 한 다음 그것을 검토하고 적극적으로 지원해 주어야 한다. 예산은 조직의 각 계층의 관리자들에게 동기부여를 할 수 있고 결과적으로 조직에 활력을 불어넣을 수 있다.

㉡ 관리자의 참여

최고경영층의 참여 외에도 예산이 효과를 거둘 수 있도록 하기 위해서 모든 관리자들이 예산편성 작업에 참여하도록 하는 것이다.

그리고 각 부서의 관리자들이 전체예산의 범위 내에서 예산을 수정하거나 자금지출을 변경시킬 수 있도록 하는 것이 바람직하다.

㉢ 표준의 개발

예산을 효과적으로 편성·운영할 수 있는 또 다른 방법은 프로그램이나 과업이 어떤 표준에 의하여 노동·운영비용·자본지출·부지 및 그 밖의 다른 자원들의 요구대로 전환될 수 있는 표준을 개발하여 이용할 수 있도록 해야 한다.

(3) 품질통제

품질은 제품이 사용목적을 달성하기 위하여 갖추어야 할 모든 특성과 형태 및 여러 조건과 상태, 즉 제품의 유용성을 결정하는 제품의 구성요소를 의미한다.

이러한 제품의 품질에 대한 관리는 제품이나 서비스가 구성요소의 특정기준을 충족시키도록 통제하는 과정이다.

오늘날 소비자의 영향력이 증대되어 감에 따라 제품의 품질은 기업의 이미지와 직접적인 관련을 가지며 기업의 생산성과 마케팅활동의 결정적인 요인이 된다.

제품의 품질은 판매된 제품에 대해서도 책임을 져야 한다. 제품의 품질은 기업의 이미지와 직접적인 관련을 가지며 기업의 생산성과 마케팅활동의 결정적인 요인이 된다.

제품의 품질은 판매된 제품에 대해서도 책임을 져야 한다. 제품의 품질이 열악하여 판매 후에 기업이 책임져야 할 것이 많아진다면 책임비용이 상승하게 되고 이는 기업의 부담으로 남게 된다.

그리고 제품의 품질은 생산성을 하락시키고, 기업의 비용을 증가시키는 원인이 된다. 또한 높은 불량률은 생산성을 감소시키고 수선과 폐기에의 비용을 증대시키게 된다.

오늘날 품질통제는 제품을 가장 경제적으로 생산할 수 있도록 생산의 모든 단계에 통계적 원리와 기법을 적용시키는 통계적 품질관리(Statistical Quality Control : SQC)와, 소비자가 만족할 수 있는 품질의 제품을 가장 경제적으로 생산 내지 서비스할 수 있도록 사내 각 부분의 노력을 품질개발, 품질유지, 품질개선을 위해서 조정·결합시키는 시스템적 접근방법에 의한 총괄 품질관리(Total Quality Control : TQC), ZD프로그램, QC서클 등이 있다.

(4) 재고통제

재고(inventory)는 경제적 가치가 있는 유휴자원(idle resource)으로서 대개의 경우 원료나 생산과정에 투입되어 있는 재공품이나 반제품 그리고 아직 팔리지 않은 완제품이 이에 해당한다.

재고관리(inventory management)는 『기업 내에 있는 재고의 양과 질을 가장 적합하게 유지되도록 계획·통제하는 관리활동』이다.

재고통제의 목적은 재고자산에 대한 최적 수준을 결정하고 이를 유지하는 것이라 할 수 있다.

재고통제기법으로는 자재소요계획, 경제적 주문량모형, JIT시스템 등이 있다.

1) 자재소요계획

자재소요계획(Material Requirement Planning : MRP)은 기본생산계획을 통하여 제품을 생산하는 데 필요한 부품의 종류, 수량, 납기, 발주일자 등의 계획을 수립하는 것을 의미한다.

자재소요계획의 중요한 목적은 생산에 필요한 부품, 원자재 등이 재고를 적절히 관리함으로써 생산의 효율성을 증가시키고, 고객서비스의 질을 향상시키며, 재고비용을 줄이는 데 있다. 대개 자재소요계획을 적절히 수립하기 위해 기업에서는 컴퓨터를 이용하고 있다.

2) 경제적 주문량모형

경제적 주문량모형(Economic Order Quantity : EOQ)은 재고유지비용과 발주비용의 합을 최소화할 수 있는 주문량을 결정하는 모형이다.

3) JIT시스템

JIT시스템(just-in-time system)은 요구되는 부품을 요구되는 수량만큼 요구되는 시기에 제공함으로써 불필요한 낭비적인 요소를 제거하고자 하는 제고관리 방식이다.

JIT시스템은 일본의 토요타 자동차 회사에 의해 개발된 방식이다. JIT의 궁극적인 목적은 원가를 절감하고 재고를 감축시키며 품질향상을 꾀하는 데 있다.

JIT시스템에서 재고관리 문제와 깊은 연관을 가지고 있는 것이 JIT재고시스템이다. JIT재고시스템은 완벽한 시스템을 유지하고 위해 필요한 재고를 최소화하는 것이다.

이러한 JIT재고를 이용하여 정확한 양의 제품(부품, 반제품)과 현장에서 요구한 제품이 공장에서 필요로 하는 정확한 시점에 도달하게 된다.

따라서 JIT재고를 달성하기 위해 관리자는 공장 내부나 외부요인에 의해 발생하는 변동을 최소화시켜야 한다. JIT재고시스템의 장점은 기업이 가지고 있는 문제점을 쉽게 파악하게 하여 그에 합당한 조치를 취할 수 있게 해준다는 것이다.

표 9-1 경제적 주문량 모형(EOQ)

• 관련 비용 : 연간 주문비와 재고유지비
• 부호 의미 : D=연간 수요량
S=1회 주문비용(준비비 혹은 구입주문비)
H=연간 단위당 재고 유지비
Q=최적 주문량(확정량)

모형 구조

연간 총 재고유지비는 1년 동안 재고를 유지하는 비용과 관련된 평균 재고수준이다. 간단히 나타내보면, 평균재고수준은 $Q/2$이다 따라서

연간 총 재고유지비=$Q/2(H)$

연간 총주문비는 1회 주문비에 따라 연간 주문횟수와 같다. 도식해 보면 연간 주문횟수는 D/Q으로 나타낼 수 있다. 그러므로,

연간 총 주문비=$D/Q(S)$

연간 총 재고유지비와 연간 주문비의 합이 총비용이 된다.

$$TC=Q/2(H)+D/Q(S)$$

EOQ 공식의 유도

주문량(Q)에 의해 총비용(TC)을 유추해 보면

$H/2-DS/Q^2=0$이 된다는 것을 알 수 있다.

이 공식을 다시 정리해 보면,

$Q^2=2DS/H$가 되고,

$$Q=\sqrt{2DS/H}$$

이것을 최적의 경제적 주문량으로 EOQ라 한다.

또 JIT시스템은 시장의 변화와 높은 품질표준을 유지하도록 신속하게 반응할 수 있으며, 항상 기계 등의 설비가 완벽하게 작동되는지를 파악시켜 줌으로써 높은 생산성을 달성할 수 있게 해 준다.

(5) 생산통제

수요예측에 의해 제품에 대한 예상수요가 결정되면 이에 따라 전체적인 생산계획을 수립하여야 한다. 생산계획은 총괄생산계획과 일정계획으로 나눌 수 있다.

1) 총괄생산계획

생산통제는 총괄생산계획(aggregate planning)에 따라 모든 제품에 대한 생산계획을 통제하는 것이다.

이에는 연간계획이나 3개월에서 1년 정도의 생산에 대한 계획이 해당된다. 그런데 총괄생산계획을 수립하는 경우에는 조업도, 작업인력, 재고수준 등에 대한 세심한 검토가 있어야 한다.

총괄생산계획의 수립에 사용되는 기법으로는 선형결정모형(Linear Decision Rule : LDR), 휴리스틱 기법(Heuristic Technique), 탐색결정기법(Search Decision Rule) 등이 있다.

선형결정모형은 생산계획기간 내에 최적생산율 및 작업자의 수를 결정하는 데 사용되는 결정규칙이나 선형방정식을 도출하는 기법이고, 휴리스틱 기법은 스스로 해결방안을 모색하여 점차적으로 해결책에 접근해 가는 방법을 말한다.

탐색적 기법은 총괄적인 생산계획문제를 컴퓨터를 이용하여 해결하기 위한 방법으로 이는 상황이 너무 복잡하여 수학적 기법을 적용할 수 없을 때 사용된다.

2) 일정계획

일정계획(scheduling)은 필요한 원재료의 조달반입으로부터 제품을 완성하기까지 수행될 모든 작업을 구체적으로 기계 및 작업자에게 각각 할당하고 각 작업이 수행되어야 할 시기를 결정하는 것을 말한다.

따라서 일정계획이 작성되려면 제품 생산에 필요한 모든 작업과 작업의 순서 및 작업을 수행하는 데 소요될 시간을 결정할 절차가 확립되어 있어야 한다.

일정계획의 방법은 간트차트(Gantt chart)와 PERT 등이 있다.

(6) 컴퓨터에 의한 정보시스템 기법

정보화 사회의 조직에서는 컴퓨터를 이용한 경영정보시스템(management information system : MIS)이 경영자가 필요로 하는 제반 정보를 수집·가공·처리하여 경영자의 의사결정이나 문제해결에 도움이 되는 정보를 제공하고 있다.

그러므로 오늘날 조직들은 정보를 중요한 자원으로 인식하고 모든 관리 활동을 효과적으로 수행하고 통제하기 위해 경영정보시스템을 마련하여 운영하고 있다.

특히, 경영정보시스템은 종합적인 정보에 의해 성과를 측정하여 이를 사전의 계획과 비교하여 통제를 할 수 있게 하는 새로운 통제기법이다.

이러한 정보시스템에는 종합적인 정보에 의해 성과를 측정하여 이를 사전의 계획과 비교하여 통제를 할 수 있게 하는 새로운 통제기법이다.

이러한 정보시스템에는 경영계층에 따라 일선업무를 수행하는 하위 감독층이 이용하는 거래 처리시스템(transaction processing system : TPS), 중간 감독층의 경영관리업무를 지원하는 경영정보시스템(management information system : MIS), 최고경영층의 전략적 기획과 각종 의사결정과 같은 경영활동에 필요한 정보를 제공하는 중역정보시스템(executive information system : EIS) 등이 있다

Part 04

경영의 주요 기능

04

Chapter

10

인적자원관리와 마케팅관리

성공하기 위해서는 '사람 보는 눈'을 갖자

우리는 일을 처리함에 있어 누군가와 관계를 맺게 되고 그들과 함께 일을 처리하게 된다. 어떤 사람과 함께 일을 도모하느냐는 매우 중요하다. 『서경』에 "사람을 잘 아는 자는 밝다. 밝은 자는 능히 사람을 관직에 잘 안배할 줄 안다"고 하였다.

피터 드러커는 조직관리를 함에 있어 다음과 같이 이야기하고 있다. "나의 의사결정으로 누군가에게 일을 맡겼는데 그 사람이 제대로 성과를 달성하지 못했다면 그것은 그의 잘못이 아니라 의사결정을 한 나의 잘못이다. 업무 수행한 사람도, 사업 환경도 아닌 그 사람에게 일을 시킨 자신의 잘못임을 인정해야 한다."

사람을 고용할 때에는 그 사람의 장점과 능력을 보고 써야 한다. 그 사람이 가진 장점과 역량을 찾아 잘 발휘하게 함으로써 사람이 근본적으로 가지는 약점을 최소화하는 것이 조직관리의 출발점이라 할 수 있다.

사람은 누구나 다양한 성격과 능력을 갖고 있다. 얼굴형이 둥근 사람은 성격이 원만하고 사람 상대하는 일을 어려워하지 않는다. 반면 볼에 살이 없는 사람은 신경이 예민하여 작은 일에도 스트레스를 많이 받을 수 있다.

사람은 자신의 역량에 맞는 일을 할 때 그 일에 흥미를 느끼고 매사에 최선을 다하게 된다. 관리자는 개개인의 직원들의 역량을 잘 파악하고 그에 맞는 업무를 맡길 때 자신의 하는 일에 몰입도를 높일 수 있고 그 결과 작업의 효율성이 극대화된다.

꼼꼼하고 정확하게 일을 하고 마무리를 잘하는지 알기 위해서는 입을 보면 된다. 우리는 생각하거나 집중할 때는 입을 꾹 다물고 있기 때문에 입술이 안으로 말려들어가서 입이 작아진다. 입이 단정하고 윤곽이 뚜렷하고 작은 사람은 꼼꼼하고 세밀한 일에 어울린다. 이런 사람은 기술직, 회계, 총무부 등에 잘 어울리는 사람이다.

코끝이 둥글고 관골이 좋으면 사람 만나는 것을 좋아한다. 긍정적인 에너지가 많아 잘 웃고 사람들과 트러블 없이 잘 지내는 사람이다. 또한 매사 적극적이고 실천력이 강해서 영업, 대인관계 업무에 적합하다.

평소 맡은 일을 잘하는 직원이 갑자기 그만두겠다고 했을 때 가만 뒤돌아 회상해 보면 이미 전에 기미를 보인다. 그런 조짐을 빨리 알아차리면 그 다음에 일어날 일을 가늠할 수 있다. 사람은 말로 표현하지 않아도 행동이나 얼굴 표정으로 자신의 속마음을 표현하게 된다. 일을 그만둔다고 했을 때 자신에게 맡겨진 일이 맞지 않은 일인지, 자신의 역량에 비해 너무 과한 업무를 맡긴 것인지, 자신의 성격에 부적합한 일을 하고 있는 것인지는 인상을 살펴보면 알 수 있다.

갈등이 발생했을 경우에 순간적으로 화가 나겠지만 상대방의 관상에 나타난 성격을 파악하면 역지사지할 수 있다. 코가 높은 사람은 주체성과 자존심이 매우 강하다. 이런 사람이 일을 실수해 지적할 일이 생긴다면 다른 직원이 없는 곳에서 해야 한다. 인중이 짧은 사람은 성격이 급한 편이다. 이런 직장 상사가 일을 시킬 경우 가급적 우선적으로 처리해 주는 것이 좋다. 입이 크고 두터운 사람은 먹는 것을 좋아한다. 갈등이 생겼을 때 맛있는 음식을 먹으면서 대화로 풀어나가는 것이 도움이 된다.

반면 입술이 얇은 사람은 이성적이며 상대방이 알아듣게 논리적으로 이야기를 풀어나간다. 눈썹이 옅은 사람은 내성적인 사람이며 겉으로는 활발하고 외향적인 것 같아도 사람을 가려 사귀는 편이다. 눈썹에 숱이 적당하고 가지런하게 잘 생긴 사람은 사교성과 친화성이 좋다. 조직 사이에 갈등이 생겼을 때 이런 사람을 보내면 원만하게 해결해 온다.

성공하는 기업이 되기 위해서는 조직관리를 잘해야 한다. 경영자는 어떤 일을 누구에게 맡기고 그 일에 적합한 사람이 누구인지, 주어진 일에 대한 의사결정을 누가 하는 것이 좋을지에 대한 결정을 해야 한다. 조직관리에 있어 사람을 볼 줄 아는 힘이 필요한 것이다.

– 김태연, 〈관상경영학〉, ㈜비즈니스북스, 2020

제 1 절
인적자원관리의 개념

1. 인적자원관리의 의의

인적자원(Human Resource)은 경영자원의 하나로서 경영활동의 중요한 요소이다. 통상적으로 경영자원이라는 것은 인적자원, 물적자원 등을 말하는데, 인적자원은 동태적이고 창의성을 가지고 있기 때문에 기업혁신에 필수적인 요소이다.

이러한 이유로 국내 및 해외의 우수 기업들은 인재경영을 내세우며 우수한 인적자원 확보를 위하여 사활을 걸고 있으며, 확보한 인적자원을 체계적으로 육성하여 동기부여 및 성과를 극대화하고, 성과에 대한 공정한 평가를 통해 성과 창출시 승진, 인센티브 등의 보상을 지급하고 있다.

이와 같은 인적자원의 채용, 교육훈련, 평가, 보상, 유지관리, 퇴직 등과 관련된 관리활동을 인적자원관리(Human Resource Management : HRM)라고 하며, 이러한 인적자원관리 활동은 더욱 중요시되고 있다. 이러한 인적자원관리 활동을 정리하면 다음과 같다.

(1) 채용

- 경쟁사에 비해 우수한 인재를 어떻게 더 확보해 올 것인가?
- 우리 회사 인재상에 적합한 인재를 어떤 도구와 절차로 선발할 것인가?

(2) 교육훈련

- 확보한 우수한 인재를 어떻게 체계적으로 교육훈련시킬 것인가?
- 근로자들의 경력관리를 어떻게 해줄 것인가?

(3) 평가

- 근로자들에 대한 공정한 성과평가를 어떻게 할 것인가?
- 근로자들의 정량적 성과뿐만 아니라 정성적 성과도 측정할 수 있을 것인가?

(4) 보상

- 근로자들이 창출한 성과에 대하여 보상은 어떻게 할 것인가?
- 근로자들의 지속적인 동기부여를 위해 보상은 무엇으로 할 것인가?

(5) 유지관리

- 근로자들의 노동3권(단결권, 단체교섭권, 단체행동권)을 어떻게 보장해 줄 것인가?
- 노동조합과의 관계는 어떻게 유지해야 할 것인가?

(6) 퇴직

- 근로자들이 퇴직 후에도 안정된 생활을 할 수 있도록 어떻게 도와줄 것인가?
- 근로자들의 전직 또는 창업에 도움이 될 수 있는 프로그램을 어떻게 설계해야 할 것인가?

2. 인적자원관리의 필요성

인적자원관리의 중요성이 지속적으로 커지고 있다. 특히 최근 창의성, 혁신, 융합 등의 실행주체인 인적자원이 부각되고 있으며, 인적자원관리가 경영의 핵심역량(Core Competence)으로 떠오르고 있다. 이러한 인적자원관리의 필요성을 살펴보면 다음과 같다.

(1) 조직규모 및 해외진출 확대

조직규모가 증가됨에 따라 조직을 체계적으로 관리할 수 있는 인적자원관리가 중요시되고 있다. 또한 최근 기업들이 국내뿐만 아니라 해외 진출도 확대됨에 따라 해외 현지인들에 대한 글로벌 인적자원관리도 중요시되고 있다.

(2) 직무의 전문화 및 세분화

글로벌화와 ICT(Information & Communication Technology)가 발달함에 따라 직무가 더욱 전문성을 요구하고 있다. 또한 직무가 더욱 세분화되고 있다. 이러한 직무의 전문화와 세분화는 인적자원관리 부서의 직무에 대한 철저한 분석과 관리를 요구하고 있다.

(3) 혁신과 창의성 강조

최근 기업들은 창의성을 바탕으로 한 혁신이 기업의 생존 또는 성장에 직접적인 영향을 미침에 따라, 근로자들의 창의성, 혁신노력, 지식경영 등이 중요시되고 있다. 이에 근로자들의 창의성, 혁신, 지식공유 등에 기여할 수 있는 인적자원관리 시스템을 구축해야 한다.

(4) 전략과의 연계 강화

최근 기업들은 기업의 경영전략과 연계한 인적자원관리를 수행함에 따라 전략적 인적자원관리(Strategic Human Resource Management : SHRM)가 중요시되고 있다. 이에 기업 또는 사업부의 전략에 맞추어 인적자원관리 부서에서는 인적자원전략을 수립해야 하며, 인적자원전략에 근거하여 실행해야 한다.

(5) 노동분쟁의 증가

최근 부당해고, 비정규직 차별시정 등의 개별적 노동분쟁과 복수노조, 공정대표의무 등의 집단적 노동분쟁이 급증하고 있다. 이에 기업이 고성과작업시스템(High Performance Work System : HPWS)을 구축하기 위해서는 사용자와 노동조합은 협력적 노사관계를 구축해야 할 것이며, 인적자원관리 부서에서는 노동조합과 지속적인 정보교류, 성실한 단체협상, 노사상생경영 등을 추진해야 할 것이다.

제 2 절

인적자원관리의 내용

인적자원관리의 내용은 크게 채용, 교육훈련, 평가, 보상, 유지관리, 퇴직 등의 활동으로 구분할 수 있는데, 근로자 입장에서 생각해 보면 입사하여, 직무 교육을 받고, 성과평가를 통해 보상을 받고, 노동조합에 가입하고, 퇴직하는 직업생애주기와 일치한다.

그림 10-1 인적자원관리의 내용

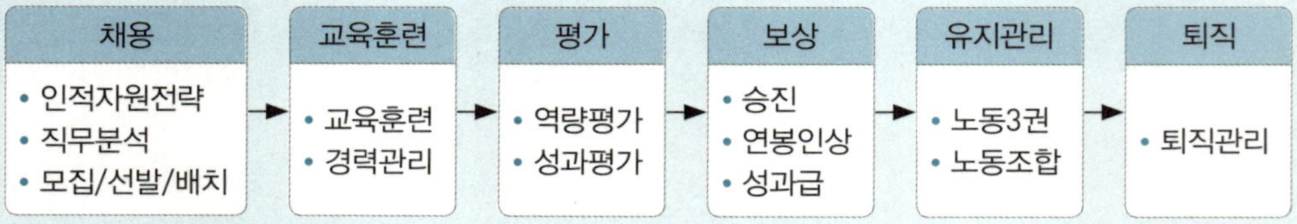

1. 채용

인적자원의 확보가 바로 채용인데, 채용은 인적자원전략, 직무분석, 모집/선발/배치 등으로 세분화할 수 있다. 각 내용에 대해 세부적으로 살펴보면 다음과 같다.

(1) 인적자원전략

기업은 경영전략에 근거하여 경영자원을 확보하고 투입하게 되는데, 기업 수준의 전략(기업전략)은 사업부 수준의 전략(사업전략)에 영향을 미치고, 이는 다시 경영기능 수준의 전략(기능전략)에 영향을 미치게 된다. 이러한 것을 캐스캐이딩(Cascading)이라고 하는데, 인적자원전략 역시 기능전략의 한 부문이므로, 기업전략과 사업전략에 따라 수립되어야 한다.

즉 인적자원전략(Human Resource Strategy)은 인적자원에 대한 총체적이고 포괄적인 계획이므로, 연도별 예측되는 소요계획에 맞추어 생산에 직·간접적으로 필요한 인재를 확보 또는 감축하는 전략으로 볼 수 있다.

그림 10-2 인적자원전략

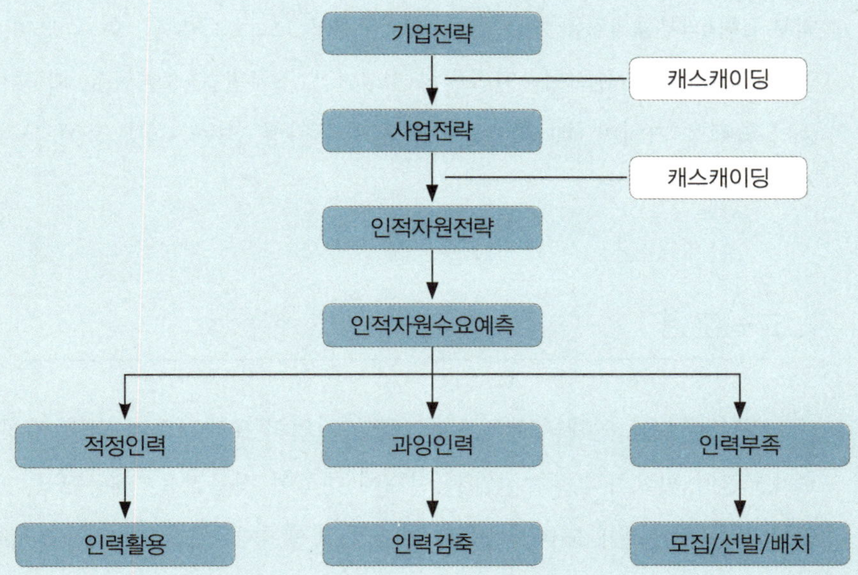

(2) 직무분석

직무분석(Job Analysis)이란 직무의 전문화와 세분화로 인하여 직무를 명확히 분석하는 것을 말하며, 직무분석을 통해 적정인력 산정이 가능하다. 또한 직무분석을 통하여 직무기술서(Job Description)와 직무명세서(Job Specification)를 작성할 수 있다.

세부적으로 살펴보면, 직무기술서는 직무내용, 직무환경, 직무요건, 임금 등 직무수행과 관련된 과업 및 직무행동을 기술한 문서를 말한다. 반면 직무명세서는 학력, 경력, 자격증, 지식 등 직무에 필요한 인적요건을 기술한 문서를 말한다. 즉 직무기술서의 초점이 해당 직무 자체에 있다고 한다면, 직무명세서의 초점은 해당 직무를 수행하는 데 필요한 사람에 있다고 할 수 있다.

(3) 모집/선발/배치

기업의 인적자원전략과 직무분석을 통해 채용예정 인원이 확정되면 모집, 선발, 배치의 일련의 과정을 진행한다.

세부적으로 살펴보면, 모집은 내부모집(전보, 내부승진, 내부공개채용)과 외부모집(외부공개채용, 기관추천, 개인추천 등)으로 구분할 수 있으며, 선발은 인·적성 검사, 서류전형, 면접전형(인성면접, 실무면접, 토론면접, 외국어면접 등) 등의 과정을 거치며, 배치는 선발된 인재의 적성, 역량, 희망 등에 따라 적재적소에 배치하게 된다.

2. 교육훈련

일단 우수한 인재를 뽑았으면, 해당 기업의 조직문화와 담당 직무에 대한 교육훈련이 필요하다. 즉 선발된 인재에 대하여 직무교육, 계층교육, 조직문화 교육 등을 실시하게 되며, 선발된 인재가 핵심인재로 지속적으로 육성될 수 있도록 기업 차원의 경력관리 지원이 필요하다. 특히 최근 지식과 관련된 고부가가치 산업이 활성화되면서 지식근로자들에 대한 교육훈련과 경력관리가 더욱 중요시되고 있다.

(1) 교육훈련

교육훈련(Human Resource Development : HRD)이란 인적자원의 직무, 리더십, 국제화 역량 등을 개발하는 것을 의미하는데, 실무에서는 HRD라는 용어로 많이 쓴다. 이러한 교육훈련은 해당 직무역량을 개발해 줄 뿐만 아니라, 자기개발에 대한 동기부여를 촉진하고 의사소통을 활성화하고 근로자들의 화합에도 기여한다.

또한 최근 기업의 혁신이 경영성과에 긍정적인 영향을 미친다는 다수의 연구결과들이 발표됨에 따라, 기업의 혁신을 이끄는 지식근로자들을 양성하기 위한 교육훈련이 강화되는 추세에 있으며, 과거에 인적자원관리(HRM)의 한 분야에 불과했던 교육훈련 분야가 최근에는 인적자원개발(HRD)이라는 독립된 분야로 위상이 강화되고 있다.

이와 같은 교육훈련은 크게 OJT(On the Job Training)와 Off-JT(Off the Job Training)로 구분할 수 있는데, 세부내용은 다음과 같다.

OJT란 배치받은 부서에서 부서선배를 통해 구체적인 직무를 도제식으로 지도받는 것을 말하며 직장내 교육훈련이라고도 한다. 반면 Off-JT란 교육훈련 전담부서(예 : 인사팀, 교육팀 등)에서 주관하는 집단교육을 말하며 직장외 교육훈련이라고도 한다.

(2) 경력관리

경력관리(Career Development Planning : CDP)란 근로자 개인의 경력목표를 설정하고 경력계획을 달성할 수 있도록 기업 차원에서 체계적으로 지원해주는 것을 말하며, 경력관리는 근로자 개인의 목표와 기업의 목표를 한 방향으로 이끌어 근로자의 역량 강화와 기업의 성과 창출을 동시에 추구하는 것을 말한다.

특히 최근 고용의 유연성이 확대됨에 따라 기업에서는 근로자들의 평생고용을 보장하지 못하기 때문에 근로자들의 경력관리 지원이 중요시되고 있다. 또한 신세대 직장인들은 조직의 성과도 중요하지만 개인의 역량 개발도 중요시하기 때문에 기업 차원의 경력계획, 경력경로, 경력관리 등의 경력관리시스템 구축 여부가 회사선택의 기준이 되기도 한다.

3. 평가

기업은 근로자들의 성과를 공정하고 객관적으로 평가해야 한다. 이러한 평가는 승진, 인센티브, 연봉책정 등에 직접적으로 영향을 미칠 수 있기 때문에 매우 중요하다. 평가에 대한 불공정성을 느낀 근로자들은 회사에 대한 저항감이 생기거나 자발적 이직의도를 가질 수 있기 때문에 평가는 최대한 공정하고 객관적으로 진행되어야 한다.

이러한 기업의 평가는 크게 역량평가와 성과평가로 구분할 수 있는데, 세부적으로 살펴보면 다음과 같다. 역량평가는 근로자들의 잠재성, 노력, 태도, 충성심 등에 대한 평가로써 정성적인 특성을 지닌다. 반면 성과평가는 근로자들의 성과에 대한 계량적인 평가로써 정량적인 특성을 지닌다. 기업 상황에 따라 평가기준 및 평가방법은 매우 상이하지만, 최근 기업들은 역량평가와 성과평가를 함께 반영하는 경우가 증가하고 있다.

4. 보상

기업은 근로자들의 성과를 공정하고 객관적으로 평가한 후, 그에 합당한 보상을 해주어야 한다. 보상은 근로자들의 동기부여와 직결되며 근로자들 간의 공정한 경쟁에도 기여하기 때문에 매우 중요하다. 기업의 보상의 방식에는 승진, 연봉인상, 성과급 지급, 해외연수, 휴가, 계약연장 등이 있다.

또한 기업은 일반적으로 생계비, 지불능력, 환경적 요인 등을 반영하여 기업의 보상시스템을 설계하는데, 보상시스템은 급여(기본급, 각종 수당), 성과급(정기, 수시), 복리후생(법정, 법정외) 등으로 구성된다. 중요한 것은 기업의 보상시스템은 근로자들의 동기부여와 직결되므로 공정한 보상이 필수적이라는 것이다.

예를 들어, 특정 직원에게 보상을 많이 지급했음에도 불구하고 그 직원이 경쟁 직원에 비해 공정하지 못한 보상을 받았다고 생각한다면 보상의 효과는 크게 줄어들 것이며, 반면 특정 직원에게 보상을 많이 지급하지 못했음에도 불구하고 그 직원이 경쟁 직원에 비해 공정한 보상을 받았다고 생각한다면 보상의 효과는 크게 증가할 수 있기 때문이다.

5. 유지관리

기업은 근로자들과의 관계를 잘 유지관리하여야 하는데, 이와 같은 사용자(경영자)와 근로자(노동자)와의 관계를 노사관계(Industrial Relations 또는 Labor-management Relations)라고 한다. 일반적으로 노사관계라고 하면 그 범위가 매우 넓은데, 협의의 의미에서는 기업 내부의 사용자와 근로자의 관계만을 의미하지만 광의의 의미에서는 산업별 또는 지역별 노사관계까지도 포함한다.

이러한 노사관계는 기업이 근로자를 고용하면서 형성되는데, 경영자는 근로자의 의견, 고충사항, 요구사항 등을 성실히 들어주어야 하며 근로자는 기업의 성과 창출과 이윤 극대화를 위해 성실히 업무를 수행해야 한다. 이와 같이 경영자와 근로자 간에 협력적이고 수평적인 노사관계를 협력적 노사관계(Cooperative Industrial Relations)라고 하고, 협력적 노사관계는 기업 성과 창출에 긍정적인 영향을 미친다.

이와 함께, 기업은 근로자들과의 관계를 잘 유지하기 위해서는 근로자들의 필수 권리인 노동3권을 보장해주어야 하며 근로자집단인 노동조합과의 성실한 교섭을 실시해야 한다. 이에 노동3권과 노동조합에 대해서 세부적으로 살펴보면 다음과 같다.

(1) 노동3권

노동3권이란 단결권, 단체교섭권, 단체행동권을 의미한다. 단결권이란 노동조합을 가입하거나 결성할 수 있는 권리이며, 단체교섭권은 사용자와 노동조합이 대등한 입장에서 단체교섭(협상)을 실시할 수 있는 권리이며, 단체행동권은 사용자와 노동조합의 단체교섭이 실패했을 경우 노동조합이 파업, 태업 등의 쟁의행위를 할 수 있는 권리이다. 이러한 노동3권은 근로자의 필수 권리이다.

(2) 노동조합

노동조합이란 근로조건의 유지 및 개선을 위하여 자주적으로 조직되고 운영되는 근로자집단을 의미한다. 즉 근로조건의 유지 및 개선이 노동조합의 가장 중요한 목적이며, 기타 공제적 기능, 경제적 기능, 정치적 기능도 일부 수행할 수 있다. 또한 최근 복수노조제가 시행되고 있으며, 복수노조제 시행 이후 노동조합과 노동조합 간의 갈등(노노갈등)도 증가하고 있다.

6. 퇴직

최근 대기업을 중심으로 근로자들의 퇴직관리 프로그램을 개발하여 제공하는 경우가 많다. 예를 들어 삼성은 향후 퇴직을 희망하는 근로자들을 수요 조사하여, 이들 근로자들에게 외식창업CEO 과정, 공인중개사 과정 등 다양한 교육 프로그램을 무료 또는 실비로 제공하고 있다. 글로벌 기업인 구글 역시 별도의 퇴직관리 프로그램을 설계하여 퇴직을 희망하는 근로자들이 전직 또는 창업에 성공할 수 있도록 다양한 프로그램을 제공하고 있다. 이는 퇴직 후의 근로자들을 안정적으로 사회에 정착하게 도와줄 뿐 아니라, 퇴직 후에도 소속했던 기업에 대한 호의적 감정을 갖게 해줌으로써 향후 자사 제품의 구매로 이어질 수 있도록 해준다.

제 3 절 마케팅관리의 개념

1. 마케팅관리의 의의

아무리 제품을 잘 만들어도 팔리지 않으면 아무 소용없을 것이다. 기업의 이익을 창출하기 위해서는 잘 파는 것이 매우 중요한데, 여기서 잘 파는 것을 포괄하여 마케팅이라고 한다. 예를 들어, 자동차 딜러가 자동차를 파는 것이나 자동차 마케터가 광고를 개발하는 것 등을 모두 포함한다.

즉 마케팅(Marketing)이란 개인 및 조직의 목표를 달성시키는 교환을 창출하기 위하여 아이디어·제품·서비스의 개발, 가격책정, 유통, 촉진 등을 계획하고 실행하는 과정인데(1985년 미국마케팅학회 정의), 현재의 마케팅 개념은 제품뿐만 아니라 서비스에도 당연히 적용할 수 있다. 또한 마케팅관리(Marketing Management)란 조직의 목표를 달성하기 위하여 이러한 마케팅전략을 수립하고 실행해 나가는 일련의 활동을 말한다.

특히 최근 고객의 눈높이가 높아지고 유선 인터넷 기반의 e-비즈니스나 무선 모바일 기반의 m-비즈니스 등이 발달함에 따라 마케팅관리의 중요성은 더욱 커지고 있다. 또한 ICT 시대를 맞이하여 마케팅관리 기법도 다양화되고 있다. 이러한 마케팅관리 활동을 정리하면 다음과 같다.

(1) 제품(Product)

- 고객이 감동할 만한 제품을 어떻게 개발할 것인가?
- 고객의 니즈(needs, 1차적 욕구)와 원츠(wants, 2차적 욕구)를 적절히 반영하여 상품기획을 하였는가?

(2) 가격(Price)

- 가격을 얼마에 책정하면 가장 잘 팔릴 것인가?
- 경쟁사(가격), 고객(수요), 원가를 종합적으로 반영하여 가격을 책정하였는가?

(3) 유통(Place)

- 도매업자, 소매업자, 유통업자 등의 유통단계를 어떻게 설정할 것인가?
- 기업의 마케팅전략을 반영하여 유통전략을 수립했는가?

(4) 촉진(Promotion)

- 광고, 홍보, 인적판매, 이벤트 중 어떤 촉진전략을 실행할 것인가?
- 광고를 통한 촉진시 어떤 매체를 선택하면 가장 효과적·효율적일 것인가?

이러한 제품, 가격, 유통, 촉진을 마케팅믹스(4P Mix)라고 하며, 마케팅믹스는 마케팅의 중요한 도구로써 활용된다. 즉 제품을 개발하고 가격을 책정하고 유통경로를 설계하고 촉진을 실행하는 것이 바로 마케팅믹스라고 할 수 있다. 이러한 마케팅믹스는 기업의 마케팅전략과 밀접한 관련이 있으며, 이에 관한 세부내용은 제4절에서 자세히 설명한다.

2. 마케팅 개념의 변화

마케팅 개념(Marketing Concept)은 시대가 변화함에 따라 그 개념이 조금씩 변화하고 있다. 이러한 마케팅관리의 개념은 크게 5가지로 구분할 수 있는데, 생산 개념, 판매 개념, 마케팅 개념, 통합적 마케팅 개념, 사회적 마케팅 개념으로 구분할 수 있다. 이러한 마케팅의 개념을 세부적으로 살펴보면 다음과 같다.

표 10-1 마케팅 개념의 변화

개념	환경	수단	목표	슬로건
생산 개념	공급 < 수요	생산 및 유통의 효율화	이익 극대화	"많이 만들자"
판매 개념	공급 > 수요	판매 및 촉진		"생산된 제품을 많이 팔자"
마케팅 개념	공급 ≫ 수요	제품, 가격, 유통, 촉진	고객 감동	"잘 팔릴 만한 제품을 만들자"
통합적 마케팅 개념		제품+가격+유통+촉진 통합		"마케팅믹스를 잘 연계하여 마케팅 시너지 효과를 극대화하자"
사회적 마케팅 개념	공급 ≫ 수요, 고객 의식수준 향상	그린 마케팅, 윤리 마케팅, 사회적 기업 등	고객 감동 및 지역사회 기여	"기업도 사회의 한 구성원으로서 고객과 지역사회에 기여하자"

(1) 생산 개념

생산 개념(Production Concept)은 과거에 수요가 공급보다 많았던 시대의 마케팅 개념으로써, 대표적인 예가 포드의 모델 T 자동차이다. 이 시대에는 수요가 공급보다 많았기 때문에 제품을 생산할 때 판매를 고려하지 않아도 되었고, 생산과 유통의 효율화를 통해 이익 극대화에만 집중하였다. 즉 이 시대에는 "많이 만들자"라는 슬로건을 활용하였다.

(2) 판매 개념

판매 개념(Selling Concept)은 기업들의 대량생산이 가속화됨에 따라 공급이 수요를 앞질렀던 시대의 마케팅 개념이다. 이 시대에는 기업들이 판매와 촉진 활동을 통해서만 제품을 판매할 수 있게 되었고, 판매와 촉진 활동을 하지 않으면 재고가 쌓이게 되었다. 즉 기업들은 판매와 촉진 활동을 통해 이익 극대화에 집중하였고, 이 시대에는 "생산된 제품을 많이 팔자"라는 슬로건을 활용하였다.

(3) 마케팅 개념

마케팅 개념(Marketing Concept)은 대기업, 다국적기업 등이 나타나면서 공급이 수요보다 월등히 초과하게 된 시대의 마케팅 개념이다. 이 시대에는 단순히 판매와 촉진 활동으로만 기업이 생존하기 어려워지고, 제품, 가격, 유통, 촉진의 마케팅믹스(4P Mix) 전 과정에 걸친 마케팅 활동이 요구되기 시작하였다. 또한 이익 극대화의 수준을 넘어 고객 감동의 수준까지 달성해야 고객이 구매하게 되고 기업이 생존이 가능해졌다. 즉 이 시대에는 "생산된 제품을 많이 팔자"의 수준을 넘어서 "잘 팔릴 만한 제품을 만들자"라는 슬로건을 활용하여 상품기획시부터 잠재고객의 욕구를 반영하여야 했다.

(4) 통합적 마케팅 개념

통합적 마케팅(Integrated Marketing Communication : IMC) 개념은 공급이 수요보다 월등히 초과하게 된 시대의 마케팅 개념으로써, 기존의 마케팅 개념에서 한 단계 발전된 개념이다. 즉 글로벌 무한경쟁이 가속화됨에 따라 기존의 마케팅 개념으로도 기업의 생존이 어려워지게 되고, 이에 기업들은 제품, 가격, 유통, 촉진의 마케팅믹스 전 과정에 걸친 마케팅 활동에 그치지 않고 마케팅믹스를 전략적으로 연계하여 마케팅 시너지 효과를 극대화하기 시작하였다. 이를 통해 고객 감동을 추구하고, 이 시대에는 "마케팅믹스를 잘 연계하여 마케팅 시너지 효과를 극대화하자"라는 슬로건을 활용하였다.

(5) 사회적 마케팅 개념

사회적 마케팅 개념(Social Marketing Concept)은 비교적 최근에 등장한 개념인데, 기존의 통합적 마케팅(IMC) 개념과 기업의 사회적 책임(Corporate Social Responsibility : CSR)을 통합한 개념이라고 할 수 있다. 이러한 사회적 마케팅 개념은 고객의 의식수준이 향상되면서 등장했는데, 최근 이슈가 되고 있는 그린 마케팅(Green Marketing), 윤리 마케팅(Ethics Marketing), 사회적 기업(Social Enterprise) 등이 사회적 마케팅 전략의 대표적인 예이다. 이러한 사회적 마케팅은 고객감동뿐만 아니라 지역사회 기여를 추구하고, "기업도 사회의 한 구성원으로써 고객과 지역사회에 기여하자"라는 슬로건을 활용하였다.

제 4 절
마케팅관리의 과정

마케팅관리의 과정은 경영환경 분석, 경영전략(기업전략, 사업전략) 수립, 마케팅 전략(STP 전략, 마케팅믹스 전략) 수립의 과정으로 구분할 수 있다. 특히 STP 전략과 마케팅믹스 전략은 마케팅 전략이므로 기능전략(기능수준의 전략)이라고 할 수 있다. 따라서 STP 전략과 마케팅믹스 전략은 기능전략의 상위수준 전략인 기업전략(기업수준의 전략)과 사업전략(사업수준의 전략)을 반드시 반영하여야 한다. 이를 캐스캐이딩(Cascading)이라고 한다.

그림 10-3 마케팅관리의 과정

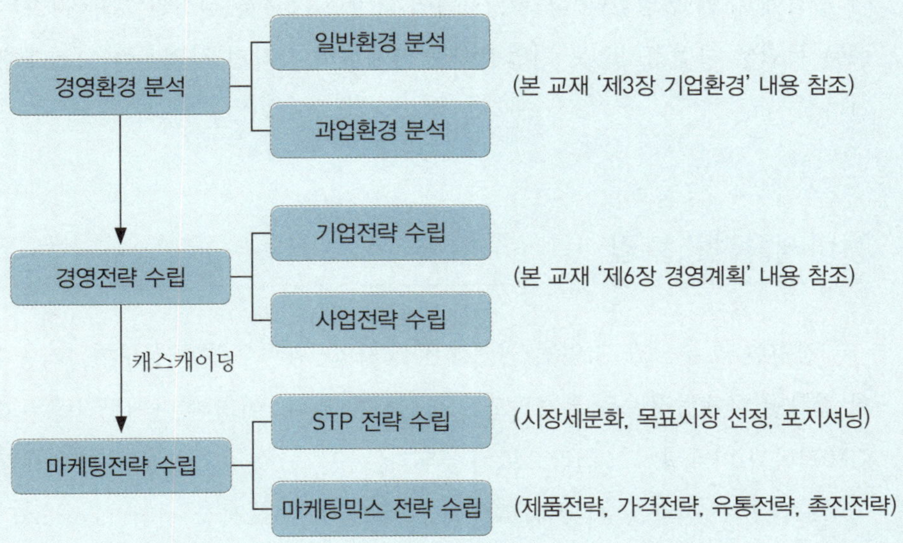

1. 경영환경 분석

경영환경 분석은 모든 전략 수립시 가장 먼저 하게 되는 절차인데, 경영환경 분석은 일반환경과 과업환경을 구분하여 분석한다. 세부적으로 살펴보면, 일반환경에는 경제적 환경, 정치적·법률적 환경, 사회적·문화적 환경, 기술적 환경, 자연적 환경, 국제적 환경 등이 있으며, 과업환경에는 주주, 소비자, 정부, 노동조합, 지역사회, 경쟁자, 공급자, 금융기관 등이 있다.

2. 경영전략 수립

경영환경 분석 후 경영전략을 수립하게 되는데, 경영전략은 기업수준의 전략인 기업전략, 사업수준의 전략인 사업전략, 기능수준의 전략인 기능전략으로 구분된다. 세부적으로 살펴보면, 기업전략은 한 개 이상의 사업부문을 포함하는 최상위의 경영전략으로써, 기업전략은 기업 내부의 자원배분을 통하여 기업 전체의 방향을 설정하게 되고 자원배분에 따라 기업조직에 많은 영향을 주게 된다. 그리고 사업전략은 기업전략에 종속된 하위전략으로써 기업 내의 특정분야 사업에 대한 경영전략으로써, 기업이 다양한 제품을 생산할 경우 각각의 제품은 독립된 사업조직으로 기업전략과 연계하여 각각의 사업전략을 전개해 나간다.

3. 마케팅전략 수립

경영환경 분석과 경영전략(기업전략, 사업전략) 수립이 끝나면, 기능수준의 전략인 마케팅전략을 본격적으로 수립하게 된다. 이러한 마케팅전략은 다시 STP 전략과 마케팅믹스 전략으로 구분된다.

또한 STP 전략은 시장세분화(Segmentation), 목표시장 선정(Targeting), 포지셔닝(Positioning)으로 구분되며, 마케팅믹스(4P MIX) 전략은 제품(Product)전략, 가격(Price)전략, 유통(Place)전략, 촉진(Promotion)전략으로 구분된다. 이러한 STP 전략과 마케팅믹스 전략에 대하여 세부적으로 살펴보면 다음과 같다.

(1) STP 전략

1) 시장세분화

시장세분화(Segmentation)는 기업이 마케팅전략 수립을 위해 전체시장을 특정 기준에 의해 세분화하는 것을 의미한다. 또한 특정 기준에 의해 나누어진 시장을 세분시장이라고 한다.

그리고 시장세분화 변수에는 지리적 변수, 인구통계적 변수, 심리묘사적 변수, 행위적 변수 등이 있는데, 시장세분화가 의미를 가지기 위해서는 특정 세분시장이 차별성, 측정가능성, 규모성, 접근가능성의 특징을 가져야 한다.

① 차별성

- 각 세분시장은 차별성을 가져야 한다.

② 측정가능성

- 각 세분시장의 규모는 측정이 가능해야 한다.

③ 규모성

- 각 세분시장은 마케팅 프로그램을 실행할 가치가 있을 만큼 적정 규모 이상이어야 한다.

표 10-2 시장세분화 변수

시장세분화 변수	세부 변수
지리적 변수	지역, 도시, 기후, 인구밀도 등
인구통계적 변수	연령, 성별, 소득, 직업, 교육, 종교, 인종, 사회계층 등
심리묘사적 변수	개성, 라이프스타일 등
행위적 변수	편익, 사용량, 충성도 등

④ 접근가능성

• 기업은 각 세분시장에 효과적·효율적으로 접근가능해야 한다.

예를 들어, 기업이 지역별로 시장세분화를 한다면 수도권, 영남권, 호남권, 충청권, 강원권 등으로 구분할 수 있으며, 기업이 연령별로 시장세분화를 한다면 아동, 청소년, 성인, 중장년, 노년층 등으로 구분할 수 있다.

2) 목표시장 선정

목표시장 선정(Targeting)은 기업의 목표, 역량, 경영자원, 경영전략 등을 종합적으로 고려하여 세분시장 전체 또는 일부를 목표시장으로 선정해야 한다.

예를 들어 대기업의 경우는 전 연령을 목표시장으로 선정할 수 있을 것이며, 중소기업의 경우에는 아동 또는 노년시장을 목표시장으로 선정할 수 있을 것이다. 또한 지역의 사회적 기업의 경우에는 해당 지역을 목표시장으로 선정할 수 있을 것이다.

이와 같이 기업의 마케팅전략은 몇 개의 세분시장을 목표시장으로 선정하느냐에 따라 비차별적 마케팅전략, 차별적 마케팅전략, 집중적 마케팅전략으로 구분할 수 있다.

표 10-3 목표시장에 따른 마케팅전략

마케팅전략	세부 전략	마케팅 범위
비차별적 마케팅전략 (Undifferentiated Marketing Strategy)	전체시장을 하나의 목표시장으로 삼고, 동일한 마케팅전략을 수립하고 실행하는 전략	전체 시장
차별적 마케팅전략 (Differentiated Marketing Strategy)	전체시장을 두 개 이상의 세분시장으로 구분하여, 각 세분시장에 대해 차별화된 마케팅전략을 수립하고 실행하는 전략	
집중적 마케팅전략 (Concentric Marketing Strategy)	한 개 또는 몇 개의 세분시장만을 목표시장으로 선정하여, 선택한 세분시장에 집중적으로 공략하는 전략	틈새 시장

3) 포지셔닝

포지셔닝(Positioning)은 자사 제품의 이미지를 소비자들의 지각 속에 적절히 인식시키려는 노력을 의미하는데, 포지셔닝은 세분시장에서 제품차별화를 통해 경쟁우위를 확보하는 전략이다.

이러한 포지셔닝 전략에는 제품 속성(효익)에 의한 포지셔닝, 사용 상황에 의한 포지셔닝, 사용자 특성에 의한 포지셔닝 등으로 구분할 수 있다.

또한 재포지셔닝(Re-Positioning)이란 경쟁 상황과 소비자의 욕구 변화를 반영하여 제품의 포지션을 다시 설정하는 활동으로써, 제품을 변경시키거나 제품의 변경 없이 광고나 마케팅 변수의 변경을 통해 포지셔닝의 위치를 변화시킨다.

표 10-4 포지셔닝 전략

포지셔닝 전략	세부 전략	예 시
제품 속성(편익)에 의한 포지셔닝	경쟁제품과 다른 속성 또는 편익을 가졌다고 소비자들에게 인식시키는 방법	'국물이 시원한 ○○라면'
사용 상황에 의한 포지셔닝	소구하고자 하는 제품의 적절한 사용상황을 묘사함으로써 소비자들에게 인식시키는 방법	'면접 후 ○○맥주파티'
사용자 특성에 의한 포지셔닝	특정 사용자층이나 소비자들에게 가장 적합함을 강조하여 인식시키는 방법	'신혼부부가 ○○자동차를 행복하게 운전하는 장면'

(2) 마케팅믹스(4P Mix) 전략 수립

STP 전략 수립 후 제품, 가격, 유통, 촉진 등 마케팅믹스(4P Mix) 전략을 수립하게 된다. 제품전략은 제품뿐만 아니라 서비스, 브랜드, 포장 등을 통해서 가치를 창출하는 전략이며, 가격전략이란 제품의 특성이나 시장 상황에 따라 고가 또는 저가전략을 활용하는 전략이며, 유통전략은 효율적이고 효과적인 유통경로, 수송방법, 재고수준 등을 결정하는 전략이며, 촉진전략은 광고, 홍보, 인적판매, 이벤트 등을 통해 고객과 소통하는 전략을 말한다.[1] 이와 함께, 마케팅

1) 허정수·노춘섭·장준호·김영환, 경영스케치, 도서출판 청람, 2014, p. 258.

믹스 전략은 제품뿐만 아니라 서비스에도 적용가능하다.

1) 제품전략

제품전략 수립시 제품의 수준을 반드시 반영해야 한다. 제품의 수준은 핵심편익(Core Benefit), 기본제품(Basic Product), 기대제품(Expected Product), 확장제품(Augmented Product), 잠재제품(Potential Product)으로 구분할 수 있다.

세부적으로 살펴보면, 핵심편익이란 고객이 특정 제품을 구매하여 그 제품으로부터 근본적으로 얻고자 하는 편익을 의미하며, 기본제품은 핵심편익을 구체적인 필수제품으로 형상화하는 것을 의미하며, 기대제품은 구매자들이 특정 제품을 구매할 때 일반적으로 기대하는 속성을 의미하며, 확장제품은 일반적인 고객의 기대를 넘어서는 높은 수준의 제품을 의미하며, 잠재제품은 현재에 없는 제품이지만 미래에 생길 수 있는 제품을 의미한다.[2)]

예를 들어, 호텔의 경우, 핵심편익은 잠자리, 휴식 등이 되며, 필수제품은 침대, 욕실 등이 되며, 기대제품은 청결, 정숙 등이 되며, 확장제품은 신속한 수속, 무료 식사쿠폰 등이 되며, 잠재제품은 수속 없는 호텔 등이 된다.

2) 가격전략

가격전략 수립시 반드시 고려해야 할 요소가 바로 소비자(수요), 경쟁사(가격), 원가 등이다. 즉 제품의 가격 책정시 소비자들의 수요를 우선 고려해야 하며, 현재 경쟁하고 있는 기업들의 제품 판매가격도 고려해야 하며, 이익과 직결되는 제품 원가도 반드시 고려해야 한다.

이러한 가격전략은 현상유지 전략, 이익 최대화 전략, 시장점유율 최대화 전략으로 크게 구분할 수 있는데, 각 전략을 세부적으로 살펴보면 다음과 같다.

첫째, 현상유지 전략은 현재의 사업유지에 최우선적인 목표를 두고, 현재의 고정비와 변동비 수준에서 가격을 결정하는 전략이다.

둘째, 이익 최대화 전략은 특정 제품의 단기 이익을 극대화하는 데 최우선적인 목표를 두고, 제품의 원가나 비용상의 경쟁우위를 최대한 활용하는 전략이다.

---

2) 정기한·신재익·오재신, 마케팅관리, 피앤씨미디어, 2014, pp. 213~214.

셋째, 시장점유율 최대화 전략은 단기 이익의 감소를 감소하고서라도 특정 제품의 시장점유율을 극대화하는데 최우선적인 목표를 두고 장기적인 이익을 증가시키는 전략이다.

3) 유통전략

유통전략은 제품의 유통경로를 결정하는 전략인데, 미국의 경우 유통경로에서 발생하는 이익이 제품가격의 30~50% 수준에 미치므로 유통전략은 매우 중요한 의사결정 중의 하나이다. 이러한 유통경로는 생산자, 도매상, 중간도매상, 소매상, 소비자 등의 과정을 선택적으로 거치게 되는데, 도매상, 중간도매상, 소매상 등을 유통기관(중간상)이라고 하며 유통경로는 다음과 같은 역할을 수행한다.[3)]

첫째, 유통경로는 교환과정을 촉진한다. 즉 시장에서 거래의 수를 감소시키고 거래를 촉진하기 위해 유통기관이 등장하였다.

둘째, 제품구색의 불일치를 완화한다. 즉 소품종 대량생산을 희망하는 생산자와 다품종 소량생산을 희망하는 소비자 간의 제품구색의 불일치를 완화시켜주는 기능을 한다.

셋째, 시간 및 장소의 효용을 제공한다. 즉 유통전문가인 유통기관이 생산자와 소비자 사이의 교환과정에서 발생되는 시간과 장소의 불일치를 해소시켜준다.

4) 촉진전략

촉진전략은 소비자의 수요를 환기시키고 판매를 촉진시키기 위한 광고, 홍보, 인적판매, 이벤트 등을 계획하고 실행하는 것을 말한다. 세부적으로 살펴보면, 광고는 광고주가 비용을 투자하여 매체(TV, 잡지, 신문, 라디오, 인터넷 등)를 통하여 자신의 기업이나 제품을 직접적으로 알리는 커뮤니케이션 활동이며, 홍보는 기사 형태로 자신의 기업이나 제품을 간접적으로 알려 이미지를 제고하는 활동이며, 인적판매는 영업사원이 영업스킬과 인적네트워크를 통해 제품을 판

---

3) 정기한·신재익·오재신, 마케팅관리, 피앤씨미디어, 2014, pp. 283~284.

매하는 활동이며, 이벤트는 문화이벤트, 자선이벤트 등을 통해 진행하는 기타 프로모션을 말한다.

이러한 촉진전략은 푸시(Push) 전략과 풀(Pull) 전략으로 크게 구분되는데, 세부적으로 살펴보면 다음과 같다.

푸시 전략은 생산자가 소비자에게 제품을 밀어내는 전략으로써, 생산자가 도매상, 중간도매상, 소매상에게 촉진전략을 수행하여 결국 소비자는 생산자가 생산한 제품을 선택할 수밖에 없도록 만드는 전략이다. 예를 들어, 마트에 진열되어 있는 저가 상품의 경우 소비자는 가급적 진열된 범위 안에서 제품을 구매하고자 한다.

반대로 풀 전략은 생산자가 소비자로부터 제품을 당긴다는 전략으로써, 생산자가 소비자에게 촉진전략을 수행하여 결국 소매상, 도매상이 생산자에게 그 제품을 생산해 달라고 만드는 전략이다. 예를 들어, 특정 자동차의 경우 입소문이 퍼져 고객들이 소매점(대리점)에 특정 자동차의 추가 생산을 지속적으로 요구하는 경우 생산자는 추가 생산을 진행하게 된다.

Chapter

11

재무관리

비즈니스 파트너를 어떻게 결정할 것인가?

우리는 파트너를 결정할 때 어떤 기준으로 선택할까? 흔히들 좋은 사람이란 자신의 가치관으로 본 좋은 사람과 상대가 말하는 좋은 사람은 다를 수 있다. 그리고 좋은 사람을 소개해 주어도 본인과 수준이 맞지 않으면 좋은 사람이라고 생각하지 않는다.

비즈니스 상대를 선택하기 전에 자기 자신을 먼저 생각해야 한다. 나한테 부족한 부분을 채워 줄 수 있는지, 서로 부딪히는 성향은 아닌지 살펴보아야 한다. 무엇보다도 중요한 것은 내가 인덕이 있는 사람인지, 나의 성격이 다른 사람과 함께 일하기에 적합한 성격인지, 실컷 남들에게 베풀었지만 돌아오는 것은 아무것도 없는지를 알아야 한다. 대개 인덕이 없는 사람은 동업해서 실패하면 남 탓을 한다. 인덕이 있는 사람은 좋은 동업자를 쉽게 만나고, 인덕이 없는 사람은 좋은 사람을 만나기가 어렵다.

비즈니스 파트너를 결정할 때 어떤 부위를 중점적으로 봐야 하는지 살펴보면 다음과 같다.

첫째, 눈썹이다. 눈썹이 좋으면 인기가 많고 대인관계가 원만하다. 눈썹털이 부드럽고, 숱은 약간 많은 편이며, 윤기가 나야 한다. 눈썹은 눈보다 길고 수려하면 좋다. 눈썹이 좋은 사람은 안 좋은 일도 잘되게 풀어 나가는 능력이 있으며, 상대방에 대한 불만이 있어도 잘 참아 내며, 한번 맺은 인연은 오래 유지한다. 희미하거나 끝이 흩어진 눈썹은 사업에 성과를 이루었다 하더라도 오래 유지하지 못하고 모두 흩어진다. 인간관계도 매끄럽지 못하다.

둘째, 코를 살펴보라. 특히 코끝 준두와 좌우 콧방울을 잘 봐야야 한다. 이곳이 좋은 사람은 본인이 가진 재물복이 있어 굳이 동업을 하지 않아도 된다. 그러나 눈썹이 좋고 코가 좋은 사람은 현재에 만족할 사람이 아니기 때문에 더 많은 재물을 벌려고 한다. 그래서 동업을 하면 성공할 가능성이 높다. 단, 코가 관골보다 높거나 코끝이 빈약하다면 기본적으로 사업가 상이 아니다.

셋째, 귀를 보아야 한다. 정면에서 보았을 때 귀가 반쯤 보여야 한다. 남의 말을 수용할 줄 아는 사람이기 때문이다. 귀가 크고 두텁고 좋아도 정면에서 볼 때 귀가 보이지 않는 사람은 고집과 아집이 강하다. 다른 부위로 인해 언뜻 보면 개방적인 것 같지만 남 말을 절대 안 듣는 타입이다.

넷째, 새로운 가게를 창업할 때 파트너를 구한다면 짧은 눈을 가진 사람을 선택하는 것이 좋다. 긴 눈은 에너지가 길기 때문에 오래 생각하는 사람이다. 눈이 짧으면 판단력이 빠르고 포기도 빠르며 순발력이 좋다. 단기 목표 지향적인 사람이므로 빠른 시일 내로 수익을 낼 만한 사람이다 반면 오래 일하는 직원을 채용할 때는 긴 눈을 가진 사람이 좋다. 짧은 눈은 단기 목표가 달성되면 또 새로운 것에 눈을 돌린다. 오랫동안 지속하는 힘은 약한 편이다. 눈이 툭 불거져 나온 사람은 적극적이고 급한 성격이다. 하고 싶은 일은 밀어 붙여서라도 하는 사람이므로 운이 좋을 때는 강한 추진력으로 운이 나쁠 때는 조급하고 경솔한 면으로 비춰질 수 있으므로 주의하는 것이 좋다.

– 김태연, 〈관상경영학〉, ㈜비즈니스북스, 2020

제 1 절
재무관리의 개념

1. 재무관리의 의의

재무관리(財務管理, financial management)는 기업에게 있어 마케팅, 회계, 인사, 생산과 함께 수평적 관리기능을 구성하는 주요 분야이다. 재무관리는 특정 조직에 있어서 필요한 자금의 조달 및 이의 사용과 관련한 일련의 관리행위를 다루는 학문이다.

재무관리의 관리적 기능을 초점으로 봤을 때 의사결정과정상 재무관리는 조직의 경영목표를 효율적으로 달성하기 위한 계획 → 실행 → 통제 과정 중 재무관리기능에 대한 계획 → 실행 → 통제의 제반 과정을 다루는 학문이라고 할 수 있다. 즉, 경영목표를 달성하기 위한 특정 조직의 소요자금을 조달하고 이를 집행하는 데 있어 보다 효율적인 재무기능을 달성하고자 하는 계획 → 실행 → 통제 과정에 관한 전반적인 내용을 다루는 학문이라고 할 수 있다.

경영활동을 개별자본의 운동으로 본다면, 이것은 자본조달 → 고용·구매 → 제조 → 판매의 반복 순환활동이 되어 재무활동은 자본조달에 한정된다. 그러나 자본조달은 운용을 전제로 하며, 조달된 자본이 설비·원재료·기계·노동력 등에 가치를 화체(化體 : transubstantiation)하면서 변형되어 생산에 공헌한다고 본다면 경영활동을 자본이라는 관점에서 통일적으로 이해하며 그 합리성을 검토하는 일이 필요하다.

경영활동을 자본의 전환과정으로 이해한다면 재무관리는 자본조달이라는 고유영역뿐만 아니라 전체 활동의 눈에 띄지 않는 부분을 자본운용으로서 간접적으로 관리하는 것이다.

전자를 협의의 재무관리, 후자를 광의의 재무관리라고 한다. 협의의 재무관리는 필요자본량의 산정, 주식·사채 등의 자본조달방법의 선택, 현금수지나 보관 등에 관한 집행적 재무활동을 대상으로 하는 것으로서 기업 금융론·경영재무론 등의 이름 아래 전통적으로 연구의 주 내용이 되어 왔다.

광의의 재무관리는 이익관리·예산관리·원가관리·경영분석 등을 주 내용으로 하는 계수관리나 관리회계를 가리키며, 최근에는 투자이론도 중시되고 있다. 이와 같은 연구를 주로 하는 것이 고유의 '재무관리론'이다.

2. 재무관리의 원칙

재무관리의 주요 관리원칙에는 자본유지의 원칙, 자본증식의 원칙, 안전성의 원칙, 유동성의 원칙 등이 있다.

(1) 자본유지의 원칙

자본유지는 소극적 하한선을 제시하는 원칙인데, 이는 다시 명목자본유지와 실체자본유지로 나누어지며, 실체자본유지가 지배적이다.

(2) 자본증식의 원칙

자본증식은 적극적인 면을 나타내는 원칙인데, 그 집약적 표현은 자본이익률에서 구해진다.

자본이익률은 매출액이익률과 자본회전율의 상승적(相乘積)으로, 자본증식을 위해서는 매출액이익률의 상승(예를 들면 코스트 다운)과 자본회전율의 향상(예를 들면 불량재고의 배제)이 추구되어야 한다.

(3) 안전성의 원칙

안전성의 원칙은 차입자본이나 타인자본의 변제에 있어서 문제가 되는 것으로, 조달원천과 운용형태의 상호관련을 적절히 할 필요가 있다. 단기차입자금으로 설비를 조달하는 것과 같은 자본운용은 안전성에 역행하는 것이 된다.

(4) 유동성의 원칙

유동성이란 기업의 지불능력으로, 경영분석에서의 유동비율이나 당좌비율은 이 점을 단적으로 나타낸다. 자본증식을 위한 수익성 향상과 유동성 유지와는 반드시 병행하는 것은 아니며, 때로는 상반된 결과를 초래하므로 재무계획에서 양자를 조정해야 한다.

3. 재무관리의 기능

기업은 자사가 활동하고 있는 시장에서 지속적인 성장과 발전을 하기 위해 사업 계획과 경기 전망, 그리고 매출 계획 등을 통해 장래 일정 기간 동안의 소요자금을 예측하고 이에 따라 주식시장이나 금융기관을 통해 필요한 소요자금을 조달하게 된다. 이렇게 조달된 자금을 경제적 가치 생산을 위한 생산시설이나 건물, 원자재, 노동 등의 구입을 위해 투자하고 영업 및 판매, 마케팅 활동을 통해 생산된 가치를 판매하여 수익을 얻게 된다. 수익은 필요에 따라 기업의 활동을 위해 재투자되고 일부는 주주나 이해관계자 집단에게 배당금이나 원리금의 지급 방식을 통해 제공된다. 이러한 일련의 과정은 지속적인 성장과 발전을 위해 순환되게 되며, 재무관리는 이러한 기업 활동의 순환과정에서 효율적인 자금의 흐름을 담당하게 되는 것이다.

4. 재무관리의 특성

재무관리의 기능을 자금의 조달과 그 운용이라는 기능으로 정의할 때 재무관리는 자금조달과 투자 및 그 운용을 위한 최적의 의사결정을 구하는 학문이다. 이러한 관점에서 볼 때 재무관리의 주요 특성은 다음과 같다.

첫째, 재무관리는 기업의 마케팅, 영업, 인사, 회계, 생산기능 중 이들을 지원하기 위한 자금조달 및 운용과 관련된 영역을 연구대상으로 한다.

둘째, 재무관리는 기업의 목표 달성을 위해 기업의 타 기능들과 연계하여 기업이 목표를 달성하는 데 필요한 자금을 조달하고 운용하는 데 있어 그 계획과 실행, 통제 및 조정을 담당한다.

셋째, 재무관리는 단지 자금조달과 운용에 관한 기능적 관점에서 연구되는 것이 아니라 중장기 전략경영 체제하에서 전사적인 관점에서 다루어지는 특징이 있다.

이상과 같은 내용을 중심으로 재무관리를 현대적 개념으로 정의하면 재무관리란 기본적으로 기업의 자금 흐름을 주 인식 대상으로 하여 기업 목표를 중심으로 한 전사적 관점에서 기업 활동을 소요자금의 조달 및 그 사용과 관련하여 계획하고 조정, 통제함으로써 기업 목표를 달성하려는 일련의 기업 활동이라고 정의할 수 있다.

제 2 절

재무관리의 접근방법 및 연구영역

1. 접근방법

재무관리에 대한 접근방법은 크게 전통적 접근방법과 현대적 접근방법으로 구분할 수 있다. 이는 재무관리의 학문적 발전단계와 어느 정도 궤를 같이하고 있다.

(1) 전통적 접근방법

재무관리에 대한 전통적인 접근방법은 주로 기업의 파산이나 재조직(reorganization), 합병과 관련된 법률적 문제, 주식, 사채 등 기업의 자금조달과 관련된 수단을 활용한 발행과 판매절차에 관한 문제, 자산의 감가상각에 따른 회계처리 문제, 주주 및 투자자에 대한 배당 문제 등 주로 자금조달과 관련된 문제를 주로 다루고 있다. 이를 분석하는 데 있어서도 극히 서술적인 접근방법을 활용하고 있다.

전통적 접근방법은 현대적 접근방법과는 다음과 같은 차이가 있다.

첫째, 총체적인 투자 규모의 합리성이나 조달된 자본의 기업 자산에 대한 합리적 배분 문제에의 관심이 결여되어 있다.

둘째, 자본의 조달에 있어서도 근본적으로 자본구조에 대한 인식을 소홀히 하여 현대 재무관리 이론의 핵심 분야의 하나인 자본비용과 자본구조 및 기업가치의 관계를 파악하지 못하고 있다는 결점을 가지고 있었다.

(2) 현대적 접근방법

재무관리를 연구함에 있어서 현대적인 접근방법은 1950년대 초 기존 재무관리 연구에 대한 접근방법의 반성으로부터 시작되었다. 전통적인 접근방법이 내부적 관점보다는 외부적 관점에 보다 많이 치중하고 지나치게 서술적인 접근방법을 사용하고 있다는 점이다. 이러한 비판적 시각에 따라 재무관리에 대한 연구는 새로운 전환점을 맞이하게 되었다. 즉, 기업 간 경쟁이 치열해지면서 기업은 생존과 지속적 성장을 위한 관리적 차원을 강조하게 되었고, 이로 인해 보다 효율적인 재무관리의 필요성이 대두되게 된 것이다.

재무관리 연구에 있어서 현대적 접근법은 관리적 기능의 중시로 인해 경제학의 제반 이론과 OR 등 계량적 기법의 도입을 통한 계량적 접근법을 주요 내용으로 하고 있다. 아울러 부채관리에서 자산관리로, 외부적 목적보다는 관리적·내부적 목적으로, 그리고 단순한 지식의 집합 같은 서술적 접근보다는 기업가치 극대화 목표를 달성하기 위한 최적의사결정의 해(solution)를 구하는 분석적이고 계량적인 현대적 접근방법으로 연구방향이 옮겨졌던 것이다.

2. 연구영역

현대적 의미의 재무관리에서는 자금조달 및 운용과 관련된 모든 분야를 연구대상으로 한다.

넓은 의미에서 기업의 지속적 성장과 발전을 위해 필요한 소요자금의 조달 및 운용과 관련하여 금융시장을 통한 자본의 창출과 그 시장의 균형 원리 등을 다루는 자본시장론과 유가증권, 즉 주식시장에서의 가격 형성 원리와 투자자들의 투자행태 및 투자기법을 다루는 투자론까지를 재무관리의 주요 영역으로 삼고 있다.

뿐만 아니라 타인자본을 조달하기 위해서는 저축-투자 간 중개기능을 담당하는 금융기관에 대한 각종 제도 등을 파악하고자 하는 금융제도론, 화폐 금융론, 금융기관 경영론 등 거시경제학(巨視經濟學, macroeconomics)의 일부까지를 그 연구대상으로 삼고 있다. 에즈라 솔로몬(Ezra Solomon, 1920~2002)에 의하면 재무관리라는 학문은 3가지의 기본과제를 중심으로 논의영역을 파악할 필요가 있다.

첫째, 총체적으로 기업에 얼마만큼의 자금을 투자하여야 할 것인가의 문제이다. 이는 기업이 예측한 환경과 향후 실현하고자 기업 규모 및 성장률을 어떻게 계획하고 있느냐의 문제와 연결된다.

둘째, 기업은 구체적으로 어떤 자산에 투자할 것이며, 이를 어떤 형태로 보유할 것인가의 문제이다. 이는 기업의 자산관리를 어떻게 할 것인가의 문제와 연관된다.

셋째, 소요자금을 어떠한 방법, 형태로 조달할 것인가의 문제이다. 즉, 자금조달과 관련하여 대차대조표상에 존재하는 부채 및 자본계정의 내용을 어떻게 구성할 것인가의 문제와 연결된다.

제 3 절
포트폴리오이론에 대한 이해

1. 포트폴리오의 개념

미래가 확실한 상황이라면 투자자는 단지 수익률이 가장 높은 자산을 선택하면 된다. 그러나 미래가 불확실한 경우에는 수익률과 함께 위험이 중요한 투자기준이 된다. 따라서 투자자는 위험을 줄이기 위하여 하나의 자산에만 투자를 하지 않고 여러 자산에 분산하여 투자를 하는데 이런 자산의 묶음을 포트폴리오라고 한다.

포트폴리오란 넓은 의미에서는 예금, 주식, 채권, 부동산 등의 여러 자산으로 이루어진 자산의 묶음을 말한다. 좁은 의미에서는 증권시장에서 거래되는 주식, 채권 등의 증권의 묶음을 말한다.

2. 포트폴리오의 기대수익률과 위험

포트폴리오의 기대수익률은 포트폴리오를 구성하는 개별자산의 수익률을 그 투자비율로 가중 평균한 값과 같다. 그렇지만 실제로 해당기간이 지난 후에 실현되는 수익률은 이러한 기대수익률과는 다른 것이 일반적이다. 따라서 투자자들은 기대수익률 자체보다는 이러한 기대수익률이 실제로 실현되지 않을 가능성인 위험에 대해 고려해야 한다. 실질적인 주식투자에 있어 기대수익률 개념보다는 목표수익률이란 의미를 더 많이 쓰고 있다. 즉 주식을 사서 몇 퍼센트가 오르면 팔겠다는 일종의 수익목표 개념으로 활용된다.

포트폴리오의 위험은 그 포토폴리오를 구성하는 개별증권의 위험과 투자비율뿐만 아니라 개별증권수익률 사이의 상관관계에 따라 달라진다.

3. 포트폴리오의 위험분산효과

투자자가 한 개에 투자하기보다는 두 개의 투자 안에 분산투자를 하게 되면 위험이 줄어든다. 포트폴리오 효과란 이와 같이 투자자가 한 개의 자산에 투자하지 않고 여러 개의 자산에 분산하여 투자를 할 경우 위험이 줄어드는 현상을 말한다.

일반적으로 포트폴리오의 위험은 포트폴리오를 구성하는 자산의 수가 증가할수록 줄어든다. 그런데 포트폴리오를 구성하는 자산의 수를 아무리 증가시켜도 줄어들지 않는 위험이 있는데 이와 같이 분산투자로 제거할 수 없는 위험을 체계적 위험이라고 한다. 체계적 위험은 인플레이션, 이자율 변동, 경기 변동 등 시장 전체적인 요인의 변화로 인하여 발생하는 위험이므로 시장 위험이라고 한다. 분산투자로서 제거할 수 있는 위험을 비체계적 위험이라고 한다. 비체

그림 11-1 포트폴리오 효과

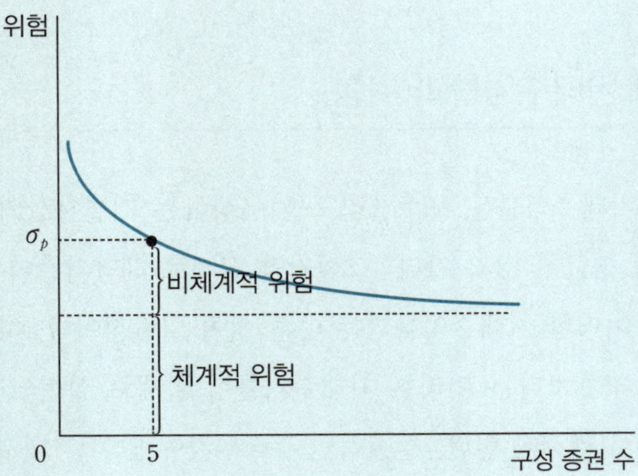

계적 위험은 파업, 판매부진 등 특정 기업이나 산업에 고유한 요인의 변화로 인하여 발생한다.

4. 마코위츠의 포트폴리이론

현대 포트폴리오 이론의 기초를 세운 이론으로서, 마코위츠는 1952년 박사 논문에서 투자대상을 유가증권의 집합체인 '포트폴리오'로서 포착한 점으로 획기적이었을 뿐만 아니라 오늘날 포트폴리오 이론체계의 기본을 형성하였다. 그의 이론은 다음과 같다.

첫째, 개개의 유가증권과 그의 집합체인 포트폴리오처럼 투자수익과 투자위험이라는 2가지 변수를 함께 사용하여 평가되어야 한다.

둘째, 유가증권의 투자수익은 일어날 수 있는 모든 수익을 그 확률로 가중평균한 기대치, 리스크는 그 기대치가 실현되는 확률척도인 예상 수익과 기대치와의 괴리를 나타내는 분산치 또는 제곱근인 표준편차로서 잡을 수 있다.

셋째, 포트폴리오에 포함된 개개의 유가증권의 효용은 단순히 그것이 지닌 고유의 기대 수익과 그 리스크가 크고 작다는 것에 한정시켜서 평가하지 않고 그것이 포트폴리오 전체의 리턴과 리스크에 미치는 영향에 의해서 평가되어야 한다.

넷째, 어떤 증권의 수익은 다른 증권의 수익과 여러 가지 상관관계를 갖고 있다. 모든 증권의 수익이 완전한 상관관계를 갖고 있지 않는 한 많은 증권을 추가함으로써 포트폴리오 전체의 리스크와 편입증권의 리스크를 편입비율로 가중시킨 합계보다도 상당히 저하시킬 수 있다. 즉 분산투자에 의해서 포트폴리오 전체의 리스크를 경감할 수 있다(분산투자 효과).

다섯째, 리스크를 수반하는 투자기회에 대한 평가는 효용을 최대화하는 것과 같으므로 투자자에 있어서는 수익과 리스크를 조합하는 기준이란 수익이 똑같은 경우 리스크가 보다 적은 투자기회를, 그리고 리스크가 같다면 보다 높은 기대 수익을 가져올 수 있는 투자기회를 선택하는 것이다(지배 원리).

여섯째, 편입대상 증권의 수익 기대치, 분산치 및 다른 편입증권의 수익과의 사이에 상관관계가 주어진다면 일정한 기대 수익 아래에서는 리스크를 최소로 하거나 또는 일정한 리스크하에서는 기대 수익을 최대로 하는 최적 편입비율에서 이루어지는 포트폴리오가 반드시 존재한다(유효 포트폴리오군).

일곱째, 특정한 투자자의 수익과 리스크의 조합에 관한 선호도(효용곡선)가 주어진다면 그 투자에 있어서 효용을 최대로 해주는 최적의 포트폴리오가 반드시 하나 존재한다.

제 4 절
재무 분석 및 레버리지 분석에 대한 이해

1. 재무 분석

재무관리의 목표는 기업가치의 극대화에 있다. 이를 위해서는 위험을 낮추고, 수익성을 높여야 한다. 기업은 합리적인 자본조달방법을 선택하여 최소의 비용으로 자금을 조달하고 최소의 위험부담으로 최고의 수익을 거둘 수 있는 투자 안에 자금을 운용하여야 한다. 이를 위해서 기업의 재무 상태와 관계된 문제점에 대해 정확히 분석해야 하는데 그 기초 작업을 재무 분석(financial ratio analysis)이라 한다.

재무 분석을 해석하는 데는 2가지 관점이 있다. 광의의 의미에서 재무 분석은 자금 조달 및 운용과 관련된 모든 활동을 평가하여 경영의사결정에 활용하기 위한 제반 분석을 의미한다. 기업의 재무활동 전반에 걸친 분석을 뜻한다. 일반적으로 재무 분석이라고 할 때는 기업의 과거와 현재의 재무 상태와 경영성과를 파악하여 경영의사결정에 필요한 기초자료를 만드는 분석활동을 말한다.

협의의 재무 분석은 '재무제표 분석'을 의미한다. 대표적인 재무제표에는 포괄손익계산서와 재무상태표가 있다. 재무제표 분석을 위하여 가장 많이 이용되는 방법으로 재무제표 항목 간의 비율을 분석하는 재무비율 분석이 있다.

(1) 재무비율의 종류

재무비율은 관계비율과 구성 비율로 나누게 된다. 관계비율이란 재무제표

항목 간의 관계를 나타내는 비율이고, 구성비율의 경우 포괄손익계산서에서는 매출액을 공통분모로 하여 각 항목을 매출액에 대한 백분율(%)로 표시하고, 재무상태표에서는 총자산을 공통분모로 하여 각 항목을 총자산에 대한 백분율로 표시한다.

재무비율은 안정성비율(stability ratio), 유동성비율(liquidity ratio), 활동성비율(activity ratio), 수익성비율(profitability ratio), 성장성비율(growth ratio), 시장가치비율(market value ratio) 등의 6가지 비율로 구분된다.

1) 안정성비율(stability ration)

기업의 장기지급능력을 측정하는 데 사용되는 비율로 레버리지 비율(leverage ratios)이라고 한다. 유동비율(비유동비율), 부채비율, 고정비율, 이자보상비율로 구분된다.

① 유동비율

유동비율은 기업이 보유하는 지급능력, 또는 그 신용능력을 판단하기 위하여 쓰이는 것으로 (유동자산÷유동부채)×100(%)의 계산식으로 산출된다. 기업의 신용분석적 관점에서는 가장 중요하다. 이 비율이 클수록 그만큼 기업의 재무유동성은 크다. 200% 이상으로 유지되는 것이 이상적이며, 2대1의 원칙(two to one rule)이라고 한다.

유동비율은 은행이 기업에 대한 신용수여의 관점에서 중요하기 때문에 은행가 비율(banker's ratio)이라고도 한다. 기업의 경영자로서도 재무유동성의 확보는 매우 중요하므로 이 비율에 언제나 주목하여 그 지급능력을 유지할 필요가 있다. 따라서 기업의 입장에서는 기업자본의 수익성을 저하시키지 않는 한도 내에서 유동비율이 커지도록 배려해야 한다.

② 부채비율(debt ratio)

부채, 즉 타인자본의 의존도를 표시하며, 경영분석에서 기업의 건전성의 정도를 나타내는 지표로 쓰인다. 기업의 부채액은 적어도 자기자본액 이하인 것이 바람직하므로 부채비율은 1 또는 100% 이하가 이상적이다. 이 비율이 높을

수록 재무구조가 불건전하므로 지불능력이 문제가 된다. 이 비율의 역수(逆數)는 자본부채비율(자기자본/부채총액)이 된다.

③ 고정비율(fixed ratio)

기업의 안정성 측정을 위하여 사용되는 고정자산의 자기자본에 대한 비율로로 나타낸다. 기업의 실적에 따라 그 비율에 차이가 있고, 보통 100%를 최저 안전한계로 보고 있다. 이 비율은 자본배분 상태, 즉 자본의 고정화 정도를 표시하는 것이다. 다시 말하면 자기자본이 자금의 회전율이 낮은 고정자산에 얼마나 투자되어 있는가의 정도를 표시하는 것이다. 이 비율이 높을 때는 자기자본이 고정자산에 과대 투자되어 있는 상태이고 이로 인하여 자금의 유동성(流動性)이 낮아진다.

$$고정비율(\%) = (고정자산 \div 자기자본) \times 100$$

④ 이자보상비율(Interest Coverage Ratio)

이자보상배율은 기업의 채무상환능력을 나타내는 지표로, 기업이 영업이익으로 금융비용(이자비용)을 얼마나 감당할 수 있는지를 보여주는 지표, 즉 과연 이 회사가 영업이익으로 이자를 감당할 수 있는가, 감당한 후 얼마나 여유가 있는가를 알아보는 지표이다.

이자보상비율이 1이면 영업활동에서 창출한 돈을 이자지급비용으로 다 쓴다는 의미이다. 이자보상비율이 1보다 클 경우 해당 기업은 자체 수익으로 금융비용을 능히 부담하고 추가 이익도 낼 수 있다는 사실을 의미한다. 기업의 이자지급 능력이 충분하다는 뜻이다.

반대로 1보다 작다는 것은 기업이 영업활동으로 창출한 이익을 갖고 대출금이나 기발행 회사채에 대한 이자 등 금융비용조차 감당할 수 없는 상태를 의미한다. 이자를 지급하기 위해 또다시 자금을 차입해야 하는 상태인 것이다. 영업이익이 적자인 경우 이자보상비율은 당연히 1 이하가 되며, 잠재적 부실기업으로 볼 수 있다. 통상 1.5배 이상이면 이자지급 능력이 충분하다고 본다.

2) 유동성비율

유동성비율(liquidity ratio)은 기업이 단기에 상환해야 하는 부채에 대한 변제능력을 평가하는 재무비율을 의미한다. 유동성비율의 지표로는 유동비율(current ratio)과 당좌비율(quick ratio)이 있다.

유동성비율은 유동부채에 대해서 유동자산이 차지하는 비율을 나타내며, 유동자산을 유동부채로 나누어 계산한다.

당좌비율은 유동자산에서 재고자산을 차감한 후에 그 값을 유동부채로 나누어 계산하는데, 유동비율보다 기업의 단기채무지급능력을 더욱 엄격하게 평가하기 때문에 당좌비율을 산성시험비율(acid test ratio)이라고도 한다.

3) 활동성비율

기업이 소유하고 있는 자산들이 얼마나 효율적으로 이용되고 있는가를 추정하는 비율로, 일정기간(보통 1년)의 매출액을 각종 주요자산으로 나누어 산출한다. 기업의 활동을 대표하는 것은 매출액이며 이를 뒷받침하기 위해 투자된 구체적인 형태의 자산이 외상매출대금, 재고자산, 총자산 등이다. 따라서 매출액과 주요 자산의 관계를 비율에 의해 평가하는 것은 기업을 이해하는 데 큰 도움이 된다.

① 재고자산 회전율

재고자산 회전율이란 연간 매출액을 평균재고자산으로 나눈 값이다. 일반적으로 이 비율이 높을수록 자본수익률이 높아지고, 매입채무가 감소되며, 상품의 재고손실을 막을 수 있고, 보험료, 보관료를 절약할 수 있어 기업 측에 유리하게 된다. 그러나 과대하게 높을 경우에는 원재료 및 제품 등의 부족으로 계속적인 생산 및 판매 활동에 지장을 초래할 수도 있다.

② 매출채권 회전율

매출 채권의 현금화 속도를 측정하는 지표로, 매출액을 매출채권으로 나눠 구한다. 매출채권 회전율이 높다는 것은 매출채권이 순조롭게 회수되고 있음을 나타내고, 반대로 이 회전율이 낮게 되면 매출채권의 회수기간이 길어지므로 그에 따른 대손발생의 위험이 증가하고 수익감소의 원인이 된다.

③ 평균회수기간

매출채권의 회수속도를 측정하는 척도로서 다음과 같이 계산된다.

평균회수기간은 짧을수록 재투자나 그 외 자금운용을 위한 자금이 빨리 회수되기 때문에 바람직하다고 볼 수 있다.

평균회수기간 = (매출채권) ÷ (1일 평균 신용 매출액)

④ 총자산회전율

총자본회전율이라고도 하며 매출액을 총자산으로 나눈 것이다. 이 비율은 기업이 소유하고 있는 자산들을 얼마나 효과적으로 이용하고 있는가를 측정하는 활동성비율의 하나로서 기업의 총자산이 1년에 몇 번이나 회전하였는가를 나타낸다. 총자산회전율이 높으면 유동자산·고정자산 등이 효율적으로 이용되고 있다는 것을 뜻하며, 반대로 낮으면 과잉투자와 같은 비효율적인 투자를 하고 있다는 것을 의미한다.

총자산회전율 = 매출액/총자산

⑤ 자기자본회전율

자기자본과 순매출액과의 관계를 표시하는 비율로, 자기자본의 회전속도를 표시한다. 이 비율에 의해 자기자본의 활용도를 측정·검토하여 그 활동성의 양호 여부를 판단하게 된다. 이 비율이 높을수록 자기자본의 이용도, 즉 자기자본의 활동성이 양호하다는 것을 나타낸다. 일반적인 판단기준으로서의 일정한 표준비율이 없으므로, 당해 기업의 과거기간의 평균비율 또는 동종 동규모 기업의 실제평균비율과 비교하여 측정된다. 또한 자기자본회전율이 높다는 것은 수익성 증대의 가능성이 높다는 것을 의미하기도 한다. 그러나 이 비율이 현저하게 높을 경우에는 외상매출의 과대현상 또는 자기자본의 과소현상이라는 재무 위험도 내포하고 있다.

4) 수익성비율

기업의 수익창출 능력을 나타내 주는 비율로서 영업성과에 미치는 종합적인 효과를 보여준다. 매출액과 관련된 수익성 비율은 이익계산서상의 각 항목들을 매출액에 대한 백분율로 표시함으로써 특정의 수익, 비용항목과 매출액 사이의 관계를 평가하는 것으로서 매출액 총이익률, 매출액 영업이익률, 매출액 순이익률 등이 있고 기업의 수익창출활동을 위해 사용된 투자자금에 대한 수익성 척도로서는 총자본이익률(ROA)과 자기자본이익률(ROE)이 있다.

5) 성장성비율

기업이 전기에 비해 당기에 얼마만큼 성장했는지 표시한다. 매출증가율, 총자본증가율, 자기자본증가율, 순이익증가율 등이 쓰인다.

① 총자본증가율

총자본증가율은 일정 기간 동안의 자본총액의 증가정도를 나타내는 것으로 기업의 외형성장의 정도를 나타낸다. 총자본증가율이 지나치게 높으면 무리한 고성장이 이루어진 것을 의미할 수 있다.

② 자기자본비율

장부 가치에 의한 자기자본증가율은 일정 기간 동안의 장부상 자기자본의 증가정도를 나타낸다. 납입자본, 이익잉여금, 자본잉여금의 증가가 자기자본의 증가로 나타난다. 자기자본이 증가했다는 것은 자본구조의 안정성이 증가했다는 뜻이다.

③ 매출액증가율

매출액증가율은 총자본증가율 등과 함께 기업의 외형성장의 정도를 나타내는 지표로 많이 사용한다. 매출액의 증가는 많은 투자를 필요로 하므로 매출액의 무리한 성장은 수익성의 악화와 관계될 수도 있다.

④ 순이익증가율

순이익증가율은 특정기간 동안 순이익이 얼마나 증가했는지 보여주는 지표이다. 순이익은 변화가 매우 심한 항목이다. 이는 주당이익의 변화가 심한 것을 의미하며, 결국 주청구권의 불확실성이 그만큼 크다는 것을 뜻한다.

6) 시장가치비율

① 주당 순이익(EPS)=당기순이익/발행주식수

② 배당성향(%)=현금배당/당기순이익×100

③ 주가수익비율(PER)=주가/주당 순이익

④ 주가매출액비율(PSR)=주가/주당 매출액

⑤ 주당 배당액= 총 배당액/발행주식수

⑥ 배당수익률= 주당배당액/주가

⑦ 배당률(%)=주당배당금/주식액면가격

⑧ 주가현금흐름비율(PCR)=주가/주당 현금흐름

⑨ 주가순자산비율(PBR)=주가/주당 순자산(자기자본)

⑩ 토빈의 q=자산의 시장가치/추정대체비용

- PCR이 낮으면 주식이 저평가되어 있다고 볼 수 있음
- PER은 높지만 PCR이 낮을 경우 주식이 저평가되어 있다고 볼 수 있음
- PER은 낮지만 PCR이 높으면 주식이 저평가되었다고 판단할 수 없음

(2) 재무 분석의 한계

재무 분석은 이해하기 쉽고 데이터를 이용하여 손쉽게 재무상태 및 경영성과를 평가할 수 있기 때문에 매우 경제적이라는 장점이 있다. 그러나 재무 분석은 다음과 같은 한계점을 가지고 있다.

첫째, 비율분석의 기초자료인 재무제표는 회계정보로서 과거자료인 데 반해 기업 이해관계자의 관심은 기업의 미래가치에 있기 때문에 분석의 시간적 차이로 인한 문제가 발생한다. 시장이 효율적이라면 과거정보는 이미 시장에 반영되었고, 과거 정보로부터 추가적으로 얻을 수 있는 정보는 없다고 보는 것이 맞다.

둘째, 회계처리방법이 상이한 기업들을 비율분석을 통하여 비교·평가하는 것은 무의미하다.

셋째, 표준비율의 설정이 어렵다. 이상적인 표준비율을 구할 수 있다면 최선이겠지만 이는 현실적으로 불가능하다. 보통 표준비율로 산업평균비율을 사용하는데 이는 하나의 차선책일 뿐이다. 목적에 따라 표준비율을 달리하여 사용할 수도 있겠지만 자의적으로 표준비율을 선정함으로써 분석결과에 대한 신뢰도를 떨어뜨릴 수 있다.

넷째, 재무 상태는 계절적 변동, 물가변동에 따른 가치의 변화를 반영하지 못하고 있다. 계절적 상품을 취급하는 기업의 재고 및 손익에 관한 자료는 계절적 변동성으로 인하여 신뢰성이 떨어진다. 이런 경우 표준비율과 맹목적으로 지표를 비교하는 것은 매우 위험하다.

2. 레버리지와 기업위험 분석

레버리지는 '지렛대'라는 의미로 금융계에선 차입을 뜻한다. 빚을 지렛대로 투자 수익률을 극대화하는 레버리지는 경기가 호황일 때 효과적인 투자법이다. 이는 상대적으로 낮은 비용(금리)으로 자금을 끌어와 수익성이 높은 곳에 투자하면 조달비용을 갚고도 수익을 남길 수 있기 때문이다.

(1) 레버리지 분석

매출액의 변화에 따른 영업이익(EBIT)의 민감도 및 영업이익의 변화에 따른 주당이익(EPS)의 민감도를 분석하는 것을 레버리지 분석이라고 한다.

1) 영업레버리지 분석

영업레버리지 분석은 매출량의 변화에 따른 영업이익의 변화의 민감도를 분석하는 것이다. 영업레버리지란 원가구성상의 영업비의 고정화정도를 말하는데 고정비의 비중이 높을수록 영업레버리지가 높게 나타난다.

2) 재무레버리지 분석

재무레버리지 분석은 영업이익의 변화에 따른 주당이익의 변화를 분석하는 것이다. 재무레버리지는 기업이 조달한 자금 중에서 부채와 우선주가 차지하는 비중을 말하며 부채와 우선주의 비중이 높을수록 재무레버리지가 높다. 재무레버리지의 효과란 재무레버리지가 높아짐에 따라 영업이익의 변화율에 대한 주당이익의 변화율이 증가하는 효과를 말한다.

3) 결합레버리지 분석

결합레버리지 분석은 매출량의 변화에 따른 주당이익의 변화를 분석하는 것이다. 매출액에서 순이익에 이르는 동안 영업고정비와 재무고정비라는 2종류의 고정비를 접하게 된다. 2종류의 고정비의 영향으로 인해 순이익의 변동성은 영업이익의 변동성보다도 더욱 증폭되어 나타난다. 결국 결합레버리지는 영업레버리지와 재무레버리지의 복합효과를 말하는 것으로 결합레버리지도는 매출량의 변화율에 대한 주당이익의 변화율의 비율로 구한다.

4) 레버리지와 위험

레버리지도가 높을수록 매출액의 변화율에 따른 기업의 영업이익이나 주당이익의 변화가 더 만감해짐을 의미하므로 레버리지도는 기업이익의 변동성 또는 위험도를 의미한다.

영업레버리지도가 증가하면 영업이익의 변동가능성(위험)이 증가하는 것을 뜻하며 재무레버리지도가 크면 당기순이익의 변동가능성(위험)이 증가하는 것을 의미한다.

(2) 손익분기점 분석

손익분기점(break-even point)은 매출액과 그 매출을 위해 소요된 모든 비용이 일치되는 점, 즉 어떤 일정한 매상의 경우에 얼마의 비용이 들며 손익은 얼마나 생기나, 또는 일정한 이익을 올리려면 매상이 얼마가 되어야 하며, 비용을 어느 한도로 억제하여야 하는가 등의 손익에 관한 매상, 비용의 관계에서 손실과 이익이 발생하지 않는 매출 수준을 의미한다.

손익분기점 분석은 기업의 경영활동과정에서 발행하는 원가(cost), 매출액(또는 매출량 : volume), 이익(profit)의 상호관계를 분석하기 때문에 CVP분석(cost-volume-profit analysis)이라고 한다.

손익분기점을 구하기 위해서는 먼저 영업비용을 고정영업비용과 변동영업비용으로 나누어야 한다. 고정영업비는 기업의 매출량에 관계없이 항상 일정하게 발생하는 비용이다. 대표적으로 건물과 기계의 감각상각비, 임차료, 경영진의 보수 등이 있다. 변동영업비는 매출량에 비례하여 발생하는 비용으로 직접노무비, 직접재료비, 판매수수료, 기타 등이 있다.

손익분기점은 총수익과 총영업비용이 일치하는 점으로서 이때 기업의 영업이익은 0이 된다. 이 손익분기점은 매출량 또는 매출액의 2가지로 나타낼 수 있다. 즉 몇 개를 생산해서 팔아야 영업이익이 0이 되는가 또는 얼마의 매출을 올려야 영업이익이 0이 되는가 하는 2가지로 관찰할 수 있다.

제 5 절

선물과 옵션에 대한 이해

오늘날 선물옵션에 가장 큰 매력을 느끼는 것은 아무래도 큰 수익률과 본인이 가지고 있는 포지션을 자유롭게 변경 가능한 것이다. 물론 선물옵션은 하이리스크 하이리턴 상품으로 큰 리스크를 감수하는 대신 큰 수익으로 보답 받는 상품이다.

선물옵션은 크게 2가지 종목인 국내선물옵션과 해외선물옵션으로 나눌 수 있다. 국내선물옵션의 경우 코스피 200 선물지수를 기반으로 거래하는 선물옵션이며, 해외선물옵션은 국내선물옵션에 비해 종목이 다양한 것이 특징이다. 큰 레버리지 효과로 인해 단기간 큰 수익을 노리기 좋은 선물옵션 종목이다. 또한 해외선물옵션이 현재 많은 투자자들에게 각광받고 있는 이유는 바로 짧은 국내 선물옵션 시간에 비해 24시간 거래를 할 수 있기 때문에 주간에 어쩔 수 없이 시장을 볼 수 없는 사람 혹은 직장인 투자자가 야간에 시간을 내서 거래하기 좋은 시장이 바로 해외 선물옵션 시장이다.

선물옵션은 예전에는 무조건 증권사를 이용하여 투자를 하였다. 그때는 증권사에서 요구하는 증거금의 양도 낮고, 기타 진입장벽이 낮기 때문에 신규 투자자들도 쉽게 접근할 수 있었고 선물옵션으로 투자 성공하는 투자자도 많았기 때문에 그 수익률로 인해 많은 투자자들이 몰렸기 때문에 증권사를 이용한 선물옵션 투자가 해 볼 만하였으나, 적은 금액으로 큰 금액의 수익을 낼 수 있기 때문에 헤지거래를 하기 위해 파생된 선물옵션 거래가 점점 투기형 거래로 거래가 변질이 되어 이를 제지하기 위해 증권사에서 점점 증거금을 많이 요구하게 되었다.

증권사에서 요구하는 선물옵션 증거금은 3,000만원에 이르게 되었으며 또한 총 80시간의 교육이수 시간, 파생상품 양도세 등등으로 인해 선물옵션 진입을 원하는 신규 투자자들의 발목을 잡는 부담감으로 자리 잡게 되었다. 그렇기에 많은 투자자들 또는 신규 투자자들은 선물옵션 증권사보다는 차선책으로 대여계좌업체를 선택하여 투자를 하고 있는 실정이며, 현재 대여계좌업체에 거래량이 증권사보다 높은 양을 차지하지만, 이를 제지한다면 선물옵션 시장이 점점 더 황폐해지기 때문에 증권사에서도 필요悪으로 대여계좌를 생각하기 때문에 이를 제지하지 못하고 있다.

대여계좌는 1계약 50만원이라는 저렴한 금액으로 선물옵션 투자를 할 수 있게 증거금이 들어 있는 계좌를 투자자에게 대여해주고, 거기에서 발생하는 수수료로 운영이 되는 회사를 말한다. 하지만 안전한 대여계좌업체는 찾기 힘들기 때문에 신중해야 한다.

선물이 다른 거래들과 다른 특징이 상대방의 계약불이행으로부터 계약 당사자들을 보호하기 위해 운용되는 선물증거금제도가 있다. 거래소는 모든 선물계약 거래자에게 거래를 개시할 때 일정한 증거금을 예치하게 된다. 거래 시작 후 시세가 거래자에게 불리한 위치로 움직일 경우 계약의 이행을 하지 않을 수 있는 상황에 대비하기 위한 것으로 거래소는 각 거래자에게 보증금으로 선물증거금을 받는다.

거래 개시 전에 예치하는 증거금을 개시증거금이라고 하는데, 개시증거금이란 거래자가 새로운 선물계약을 체결하고자 할 때 납부해야 하는 증거금이다. 개시증거금은 약정금액의 9%(2016년 5월 기준)를 증권사에 납부하게 된다. 거래자는 선물 개시증거금 중 1/3인 5%는 반드시 현금으로 납부해야 하고 개시증거금 중 나머지 10%는 본인이 보유한 현물 유가증권으로 대체할 수가 있다. 개시증거금은 대략 2,000만원 정도이고 선물증거금 중 유지증거금은 거래자가 계약을 보유하고 있는 경우에 유지되어야 하는 최소한의 선물증거금을 말한다. 거래자는 약정 금액의 10% 이상을 선물증거금으로 항상 유지되도록 해야 하고 일일정산 결과 손실이 발생해 선물증거금이 유지 증거금 아래로 내려가게 되면 거래자는 선물증거금이 개시증거금 수준으로 유지해야 하기 때문에 선물증거금을 추가 납부해야 한다.

매일 시장이 마감되면 청산소는 변동증거금을 계산해서 통보한다. 당일 정산가격을 기준으로 보유하고 있는 포지션에 대한 가격 변동 위험을 평가해 납부해야 할 증거금을 계산하고 이를 다시 전일의 증거금과 비교해 차액을 계산한 것이 변동증거금이다.

현금증거금의 납부금액과 미청산 포지션의 수익 합계가 개시증거금을 넘어가면 그 차액을 인출할 수가 있다. 하지만 선물증거금에서 미청산 포지션의 차액이 유지증거금 밑으로 내려가면 추가증거금을 납부해야 한다. 현금으로 선물증거금을 납부해야 한다.

선물증거금에 대해서 제대로 알아야 거래를 잘할 수 있다. 선물증거금이 부족하면 거래 중에도 거래를 하지 못하게 되는 상황이 발생될 수 있기 때문에 항상 증거금에 대해 유의하고 거래를 해야 한다.

1. 선물에 대한 이해

(1) 선물거래의 의의

선물거래(先物去來, futures trading)란 현재 시점에서 지정한 일시에 상품인도와 대금결제를 이행할 것을 계약하는 거래로 미래의 특정시점(만기일)에 수량·규격이 표준화된 상품이나 금융자산(외환, CD, 국채 등)을 특정가격에 인수 혹은 인도할 것을 약정하는 거래이다. 공인된 거래소에서 이루어지며 현시점에 합의된 가격(선물가격)으로 미래에 상품을 인수·인도한다. 상품 인도를 하지 않은 상태에서 되팔거나 되사들여 매매 차익을 정산할 수 있으며, 상품의 대량생산, 대량판매가 이루어짐에 따라 가격변동에 따른 손실을 예방하는 것을 주목적으로 한다. 농산물 중간상들이 출하 시기보다 한참 앞서 미리 가격을 정하여 '밭떼기'로 사놓고 출하 때 그 가격에 농산물을 넘겨받는 것과 유사한 거래 방식이다.

선물거래는 물건을 살 사람이나 팔 사람이 물건의 가격변동을 놓고 고민을 하거나 물건 값을 미리 잘못 판단하여 손해를 보는 위험을 피해 갈 수 있는 수단이 된다. 또 이런 시장이 만들어지면 미래의 가격에 대한 여러 투자자들의 예측치가 만들어지고 기업이나 금융기관은 이를 토대로 투자하게 되어 과(過)투자, 오(誤)투자의 가능성을 줄일 수 있다. 따라서 선물거래는 제한된 자원이 가장 효율적으로 배분될 수 있도록 하는 수단이다.

우리나라 선물 거래소에는 국채, 옵션, CD, 증권금리, 주가지수, 달러, 금 등이 상장되어 있다. 선물거래의 대상이 되는 특정 상품을 기초자산(underlying asset), 시장에서 거래되고 있는 기초자산의 현재가격을 현물가격(spot price), 선물계약이 이행(결제)되는 미래의 일정시점을 만기일(maturity date) 또는 인도일(delivery date), 만기일의 약정된 가격을 선물가격(futures price)이라고 한다.

선물가격은 만기일에 기초자산을 거래하기로 약정한 가격을 의미하는 것이지, 선물계약 자체의 가치(내재가치)를 의미하는 것은 아니다.

선도거래(forward trading)는 기초자산을 현재 시점에서 약정된 가격으로 미래의 일정시점에 매입 또는 매도하기로 약정하는 거래라는 점에서 본질적으로 선물거래와 같다. 그러나 선물거래와 선도거래는 몇 가지 점에서 구분된다.

첫째, 선도거래는 특정한 장소 없이 장외시장에서 당사자 간 직접계약에 의해서 이루어지는 반면 선물거래는 조직화된 공식적인 시장인 선물거래소(futures exchange)에서 공개입찰을 통해 이루어진다. 따라서 선물거래는 선도거래에 비해 계약상대방을 훨씬 쉽게 찾을 수 있다. 선물가격도 수요와 공급이 일치하는 균형수준에서 보다 쉽게 결정될 수 있다.

둘째, 선물계약은 거래소가 정한 계약조건(거래상품, 거래단위, 만기일 등)에 의해 표준화되어 있지만 선도계약은 거래당사자 간 합의에 의해 거래조건이 결정된다. 선물거래는 거래조건을 표준화함으로써 계약체결을 용이하게 하고 거래 자체의 유동성을 높여 만기일 이전이라도 언제든지 필요한 시점에서 계약을 제3자에게 양도할 수 있다.

셋째, 선물거래에서는 결제소(clearing house)가 거래의 상대방으로서 모든 선물계약의 청산에 대하여 책임을 지며, 계약의 이행을 보증하는 역할을 수행하기 때문에 청산위험이 거의 없으나, 선도거래의 경우 계약자 쌍방 간의 직접 거래이므로 계약당사자의 신용도에 따른 위험이 존재한다.

표 11-1 선도거래와 선물거래 비교

구분	선도거래	선물거래
• 거래 장소	장외시장	선물거래소
• 거래 조건	거래 당사자 간 협의에 의해 결정	상품, 거래단위, 만기일 등이 표준화되어 있음
• 거래 상대	직접 거래로 알려짐	알려져 있지 않음
• 증거금	없음	있음
• 가격변동	만기일까지 변동 없음	매일매일 가격변동(일일정산)
• 상품 인수·도	대부분 만기일에 인수·인도됨	인수·인도가 거의 없음. 대부분 반대매매에 의해 청산됨
• 거래 신뢰도	당사자 간 신용에 달려 있음	결제소의 이행보증
• 규제 방식	자율적 규제	엄격한 규제
• 시장 구조	불완전시장	완전시장

(2) 선물시장

선물시장(先物市場)은 미래의 특정 시점에 인도될 상품을 거래하는 시장이다. 선물거래(先物去來)가 이루어지는 시장을 말한다. 곧 수량이나 규격·품질 등이 표준화되어 있는 상품 또는 금융자산을 계약 시에 정한 가격으로, 장래의 일정 시점에 인수·인도할 것을 약속하는 거래가 조직화된 곳이다. 현재의 상품을 거래하는 현물시장(現物市場)에 상대되는 개념으로, 외환시장이나 상품거래소 또는 선물거래소 등이 있다.

선물계약을 규격화하고 선물거래에 관한 규정을 정하여 선물계약이 원활히 거래될 수 있도록 하는 시장으로, 장외거래와 달리 반대매매가 자유롭게 허용되는 특징이 있다. 또한 계약이 이행되지 않을 가능성을 줄이기 위해 일일정산제도나 증거금제도·청산제도와 같은 제도를 두고 있다.

선진국에서는 19세기 말부터 옥수수·밀·콩·커피와 같은 농산물과 구리·금·은과 같은 금속, 원유와 같은 에너지 등의 상품선물을 중심으로 발전되어 왔으나 근대화된 시장으로는 1948년에 개설된 시카고상품거래소(CBOT : Chicago Board of Trade)가 최초이다. 1972년에는 시카고상업거래소(CME)가 개설되어 금융선물거래가 개시되었으며, 1982년 캔자스시티 선물거래소에서 주가지수선물의 거래가 시작되었다.

(3) 선물거래의 종류

선물은 그 기초자산의 종류에 따라 크게 2가지로 분류된다. 즉 주요 원자재인 원유, 구리, 금, 은, 옥수수, 밀, 대두 등 일반상품을 기초자산으로 거래하는 상품선물과 주가지수, 금리, 통화 등을 기초자산으로 거래하는 금융선물로 구분할 수 있다.

우리나라의 경우 1996년 5월 3일 한국증권거래소에서 주가지수선물의 거래가 시작되었고, 1999년 4월 23일 부산광역시에 한국선물거래소가 개장되었다. 한국 선물거래소에서는 현재 개별주식선물, 주가지수선물(코스피 200선물, 스타지수선물), 금리선물(통안증권금리선물, 3년(5년, 10년) 국채(KTB)선물), 통화선물(미국달러선물, 엔선물, 유로선물), 상품선물(금(gold) 선물, 돈육선물) 등이 거래되고 있다.

표 11-2 선물계약의 분류

분류			기초자산
상품선물	농림산물선물		옥수수, 밀, 대두, 설탕, 고무, 원면, 목재 등
	축산물선물		생우, 생돈, 냉동삼겹살 등
	귀금속선물		금, 은, 백금 등
	비철금속선물		구리, 알루미늄, 납, 아연, 주석 등
	에너지선물		원유, 천연가스, 가솔린, 난방유, LP
금융선물	금리선물	장기	미국 T-bonds, 한국 국채, 일본 국채, 독일 국채 등
		중기	미국 T-notes, 통안증권 등
		단기	미국 T-bills, Eurodollars 등
	통화선물		미국 달러, 유럽연합 유로, 일본 엔, 영국 파운드, 스위스 프랑, 캐나다 달러 등
	주가지수선물		코스피 200, 스타지수, S&P500, NYSE Index, Major Market Index(MMI), Value Line Index, Nikkei225 등

(4) 증거금제도

매매계약의 체결과 동시에 상품의 인수·인도와 대금결제가 이루어지는 현물거래와 달리 선물거래는 미래 일정시점에서 정해진 가격으로 상품을 인수·인도하고 대금을 결제하기로 약속한 것이기 때문에 결제일에 계약당사자가 약속을 이행하지 않을지도 모른다는 우려가 있다. 즉, 선물을 매입한 후 선물가격이 하락하거나 선물을 매도한 후 선물가격이 상승한 경우 계약자가 계약이행에 따른 손실을 회피하기 위하여 계약을 이행하지 않을 가능성이 있다. 따라서 선물거래에서는 계약의 이행을 제도적으로 보장하는 것이 필요한데, 이를 위해 계약이행 보증을 위해 증거금제도가 마련되었다.

증거금제도로 인해 선물거래자는 큰 금액을 맡기지 않고도 많은 포지션을 가질 수 있어서 선물은 다른 금융상품보다 매우 큰 레버리지효과(leverage effect)를 갖게 된다. 레버리지가 높다는 것은 계약불이행 등으로 인한 위험이 높다는 것을 의미하지만 선물시장에서의 계약불이행 사례는 거의 없다. 이는 일일정산제도, 증거금제도 등의 제도적 장치에 기인한 것이다.

2. 옵션에 대한 이해

(1) 옵션의 개념

옵션(option)은 파생 상품의 일종으로 미리 결정된 기간 안에 특정 상품을 정해진 가격으로 사고팔 수 있는 권리를 말한다. 이러한 권리는 만기일이나 만기일 이전에 특정 금융 상품을 정해진 가격에 매입할 수 있는 권리를 가진 콜옵션(call option)과, 매도할 수 있는 권리를 가진 풋옵션(put option)으로 나뉜다.

옵션계약에서 정하는 특정자산을 사거나 팔 수 있는 권리는 옵션을 발행하는 자가 이를 매수하는 자에게 부여하고 옵션소유자는 일정기간 동안 옵션계약에 명시된 사항을 옵션발행자에게 이행토록 요구하거나 또는 요구하지 않아도 되는 조건부청구권을 가지게 된다. 옵션거래는 권리를 행사할 수 있는 기간이 미래에 있기 때문에 광의의 선물거래라고 할 수 있다.

이자율과 주식시장 위험률을 헤지하기 위한 파생금융상품의 하나로서 매입자에게 특정 금융수단을 일정기간(계약만료시점 이전)에 특정가격(행사가격)(exercise price : strike price)에 매입하거나 매도할 수 있는 선택권을 부여하는 계약을 말한다. 옵션의 매도자(seller, writer)는 매입자(purchaser)가 금융수단의 매입 또는 매도 선택권을 행사하는 경우 이에 상응하여 매도 또는 매입할 의무가 있으며 이에 반하여 옵션의 매입자 또는 보유자는 이러한 선택권을 행사할 수 있고 하지 않을 수도 있다. 이러한 선택권은 경제적 가치를 가지므로 이에 대하여 premium을 지불하게 된다.

그러나 옵션거래는 단순한 선물거래에 비해 시장상황에 따라 보다 다양한 전략을 구사할 수 있고 헤저에게는 위험을 커버하는 이중 장치의 역할을 할 뿐만 아니라 때에 따라서는 잠정적인 기회이익도 최대한 향유할 수 있다. 이에 따라 옵션거래는 1973년 시카고옵션거래소(CBOE)가 시장을 개설한 이후 거래규모의 확대 및 거래의 다양화가 급속히 이루어져 현재는 우리나라는 물론 대부분의 금융선진국에 옵션시장이 개설되어 있다.

(2) 옵션의 종류

옵션에는 여러 가지 종류가 있다. American option은 계약만료시점까지 언제든지 선택권을 행사할 수 있는 것이고, European option은 계약만료일에만 행사할 수 있는 것이다. 선택권의 대상이 되는 금융수단의 종류에 따라 주식 옵션, 금융선물 옵션 등이 있고 금융수단의 매입 선택권인지 매출 선택권 인지에 따라 Call option과 Put option이 있다.

美재무성증권을 대상으로 하는 금융선물에 대한 옵션을 예로 들면 June Treasury Bond futures contract를 115라는 가격에 매입할 수 있는 선택권을 premium 2,000달러에 매입한다면, 이 옵션의 매입자는 6월말일 이전 언제든지 June TB futures contract를 매입할 수 있는 선택권을 언제든지 행사할 수 있다. 따라서 June TB futures contract를 매입하는 경우와 비교하면 이러한 옵션을 매입하는 경우 TB가격이 115를 상회하는 경우 이익을 premium(2,000달러)

만큼 줄이는 대신에 115를 하회하는 경우 옵션을 행사하지 않음으로써 손실을 premium(2,000달러)에 한정하게 하는 일종의 보험과 같은 기능을 하는 것이다.

옵션계약의 종류에는 선택권 보유자, 권리행사 시기, 기초자산, 거래장소 등에 따라 다음과 같이 구분된다.

1) 선택권 보유자

- 콜옵션(call option) : 기초자산을 매입하기로 한 측이 옵션보유자가 되는 경우를 말한다. 즉 콜옵션의 매입자는 장래의 일정시점 또는 일정기간 내에 특정 기초자산을 정해진 가격으로 매입할 수 있는 선택권을 가진다.

콜옵션은 살 권리를 매매하는 것으로 쉽게 말해서 100원짜리 상품이 있다. 그 상품의 현재가는 100원이지만 1달 후에는 가격변동이 생겨나는 상품이다. 150원이 될 수도 있고 50원이 될 수도 있다. 여기서 콜옵션 매수란 100원에 살 권리를 10원에 프리미엄을 주고 사는 것이다. 그러면 10원을 주고 100원에 살 권리만 사는 것이다. 1달 후에 상품이 150원이 되면 100원에 살 권리를 사면 된다. 150원짜리를 100원에 살 수 있으니 50원이 이득이다. 그리고 10원을 프리미엄으로 지불했으므로 총 40원의 이익을 얻는다.

반대로 100원짜리 상품이 50원으로 떨어졌다. 그런데 100원에 살 권리가 있는데 50원짜리를 100원에 살 필요가 없다. 그러면 권리를 포기하면 된다. 그러면 10원만 손해를 보는 것이다. 콜옵션 매수는 이익은 무한대이지만 위와 같이 손해는 프리미엄값 10원에 한정되어 있는 상품이다. 반대로 콜옵션을 매도한 사람은 프리미엄값 10원만 벌고, 손실은 무한대가 된다.

- 풋옵션(put option) : 기초자산을 매도하기로 한 측이 옵션보유자가 되는 경우를 지칭한다. 즉 풋옵션의 매입자는 장래의 일정시점 또는 일정기간 내에 특정기초자산을 정해진 가격으로 매도할 수 있는 권리를 가진다.

거래당사자들이 미리 정한 가격(행사가격)으로 장래의 특정 시점 또는 그 이전에 일정자산을 팔 수 있는 권리를 매매하는 계약이다. 풋옵션 매도자에게 자산을 매도할 수 있는 권리가 풋옵션 매입자에게 부여되는 대신, 풋옵션 매입자는 풋옵션 매도자에게 그 대가인 프리미엄을 지급한다. 풋옵션 매입자는 현재가격이 행사가격보다 낮은 경우 매도권리를 행사하여 대상자산을 매도하게 되며 현재가격이 행사가격보다 높을 경우 매도권리를 포기하고 시장가격에 의해 대상자산을 매도한다. 이때 풋옵션 거래의 손익은 행사가격, 현재가격, 프리미엄에 의해 결정된다.

풋옵션은 콜옵션의 반대가 된다. 100원짜리 상품이 있고 조건은 콜옵션과 동일하다. 풋옵션은 팔 권리를 사는 것이다. 100원짜리 상품이 150원으로 올랐다. 풋옵션을 매수한 사람은 100원에 팔 권리가 있는데 150원짜리를 100원에 팔 이유가 없다. 그러면 프리미엄값 10원만 손해보고 팔 권리를 포기하면 된다. 반대로 100원짜리 상품이 10원으로 대폭락을 했다. 그런데 풋옵션을 매수한 사람은 100원에 팔 권리가 있다. 그러면 10원짜리 상품을 100원에 팔게 되므로 90원의 이익이 생긴다. 그리고 프리미엄 값 10원 빼면 총 80원의 이익이다.

위와 반대로 풋옵션을 매도한 사람은 이익은 10원에 한정되어 있고 손해는 거의 무한대라고 볼 수 있다.

결론적으로 콜옵션 매수(주식이 오르면 이익 무한정, 주식이 떨어지면 손해는 한정), 풋옵션매수(주식이 떨어지면 이익 무한정, 주식이 오르면 손해는 한정), 풋옵션매도(주식이 오르면 이익은 한정, 주식이 떨어지면 손해는 무한정), 콜옵션매도(주식이 떨어지면 이익은 한정, 주식이 오르면 손해는 무한정)가 된다.

콜옵션이건 풋옵션이건 매수는 최대 투자금액만 손해를 본다. 콜옵션은 주가가 큰 폭으로 오르기를, 풋옵션은 반대로 큰 폭으로 내리기를 기대하는 것이다. 반대로 옵션종류에 관계없이 매도자는 옵션프리미엄만큼 안정적인 수익을 기대하고 매도를 하는 것이다.

콜옵션이건 풋옵션이건 행사일 이전에 주가가 "큰 폭으로 변동하지 않는다면" 무조건 매도자가 이익을 보고 매수자는 손해를 보게 되어 있다.

옵션의 매도자는 주로 기관투자자 및 개인 고액투자자들인 경우가 대부분이다. 헤지 목적으로 옵션을 매도하는 경우도 있지만 투기목적(현물 주식 보유와 관계없이 안정적인 수익을 기대하고)으로 매도하는 경우도 있다.

옵션은 99% 매도자가 수익을 가져가는(초단타 매매가 아닌 만기까지 보유할 경우) 확률이 높은 게임과 같으므로 매수자는 로또와 같은 작은 확률 속에서 큰 폭의 주가변동을 기대하고 투자하는 것이고 매도자는 매우 높은 확률 속에 안정적인 수익을 기대하고 투자하는 것이다.

2) 권리행사 시기

- 유럽식 옵션(European option) : 옵션의 만기일에만(on expiration date) 권리를 행사할 수 있는 형태의 옵션을 지칭한다.
- 미국식 옵션(American option) : 옵션의 만기일이 될 때까지(by expiration date) 언제라도 권리를 행사할 수 있는 형태의 옵션을 지칭한다.

3) 기초자산

- 주식옵션(stock option) : 옵션 중 가장 흔한 형태로 개별 주식이 기초자산이 되는 옵션이다. 우리나라에서는 2015년 6월 기준으로 20개 대형주 종목에 대해 주식옵션이 상장되어 거래되고 있다.
- 주가지수옵션(stock index option) : 주가지수선물과 마찬가지로 주가지수 자체가 기초자산이 되는 옵션을 말한다. 옵션의 대상이 되는 주가지수로는 시장 전체의 움직임을 대표하는 경우도 있고 특정부문을 대상으로 하는 것도 있다. 우리나라에서는 1997년 7월부터 KOSPI 200주가지수옵션이 상장되어 매우 활발하게 거래되고 있다.
- 통화옵션(currency option) : 외국통화가 기초자산이 되는 옵션으로서 우리나라에서는 미국달러옵션이 상장되어 거래되고 있다.
- 금리옵션(Interest Rate Option) : 금리변동과 연계되는 금융상품이 기초자산이 되는 옵션으로 기간에 따라 단기, 중기, 장기로 구분된다. 우리나라에는 현재 금리옵션이 상장되어 있지 않다.
- 선물옵션(options on futures) : 지금까지 살펴본 옵션계약의 기초자산은 모두 현물이었던 데 반해 선물옵션은 이들 현물을 기초자산으로 하는 선물계약 자체를 기초자산으로 하는 옵션이다. 즉, 선물옵션은 선물계약과 옵

선계약이 복합된 형태로 이해할 수 있는데 선물옵션을 행사하면 대상이 되는 현물의 매매를 할 수 있는 것이 아니라 현물에 대한 선물계약을 가지게 된다.

4) 거래장소

- 거래소 옵션(exchange-traded option) : 정규 거래소에 상장되어 거래되는 옵션을 말하며 장내옵션이라고도 한다. 거래소옵션은 선물과 마찬가지로 계약이 표준화되어 있다.
- 장외 옵션(over-the-counter option) : 은행이나 증권사 등 거래당사자끼리 전화나 텔렉스 등을 통해 거래하는 옵션이다. 앞서 살펴본 선도계약과 선물계약의 차이점과 같이 거래소옵션은 계약이 표준화되어 거래소에서 거래된다는 점에서 선물계약과 유사한 반면 장외옵션은 계약당사자들 간에 자유롭게 계약조건을 정한다는 점에서 선도계약과 비슷하다고 할 수 있다.

5) 거래방법

옵션하기 위해서는 투자자는 가장 먼저 증권회사나 선물회사의 위탁계좌를 개설해야만 한다. 필요한 구비서류를 준비하고 가까운 증권회사를 방문하게 되면 위탁계좌는 바로 개설이 된다.

중개회사는 계좌를 개설하기 전에 선물옵션의 손실 위험을 알리고 '선물옵션 위험고지서'에 고객의 서명을 받는다. 고객은 선물상품에 따른 증거금을 위탁하고 전화나 HTS로 선물옵션을 하면 된다.

6) 사전교육

선물옵션 신규투자자는 사전교육을 받아야만 선물옵션 계좌개설이 가능합니다. 사전 교육은 금융투자협회 30시간 및 한국거래소 50시간을 이수해야 한다.

7) 파생 양도세

파생상품의 매매차익에서 나오는 수익에 5%를 양도세로 내어야 한다. 세율은 탄력세율을 적용해 5~20% 과세를 하게 된다. 대상으로는 코스피 200선물과 옵션, 해외파생상품에 대한 양도차익이다. 과세방법으로는 금융투자업자가 개인의 거래내역을 분기별로 관할 세무서에 송부하고 계좌별로 합산해 과세한다.

Chapter

12

회계관리와 생산운영관리

배움을 돈으로 바꿔라

많은 사람들이 포털 사이트에서 '무자본 창업' '1인 창업 아이템'을 검색한다. 검색해 보면 수많은 사이트가 뜬다. 도대체 어떤 아이템으로 1인 창업을 해야 성공할 수 있을까? 사실 1인 창업 유망 아이템은 원래 존재하지 않는다. 유망 아이템을 찾기 전에 먼저 자신에게 질문을 해 보라. "자신이 창업하고 싶은 이유가 무엇인가?" 그 물음에 사람마다 다양한 답변이 있을 것이다. 회사를 다니기가 정말 싫어서, 상사가 마음에 들지 않아서, 월급이 너무 적어서, 내 시간을 가질 수 없어서 등 이유는 많다. 어떤 이유이든지 중요한 것은 "내가 평생 동안 해도 질리지 않고 즐겁고 행복하게 할 수 있는 일이 있느냐?이다. 그것이 바로 1인 창업 유망 아이템인 것이다. 자신의 경험과 노하우, 지식을 살려서 할 수 있는 것이면 경쟁력이 있다. 그것은 누구도 따라 할 수 없는 차별화된 아이템이 된다.

관점을 바꾸면 돈이 보인다. '베스트'보다 '온리 원'을 추구한다면 성공할 수 있다. 성공한 사람들은 당연하지 않았던 것을 당연하게 만드는 사람이다. '이게 언제부터 당연해졌지?' 하고 질문을 던지는 습관을 가진다면 관점을 바꿀 수 있다. 관점을 바꾸기 위해서는 우선 자신이 가장 즐거움을 느끼는 일이 무엇인지 생각해 보아야 한다. 그래야 자신이 가야 할 방향을 명확히 알 수 있다. 자신이 평소에 했던 여러 일 중에서 이 일을 하면 즐겁고 행복했다면 그것이 바로 자신이 앞으로 가야 할 길이다. 우리 인간은 "가장 행복했던 일 3가지'가 무엇인지를 질문하면 바로 대답하지 못하고 머뭇거리는 경우가 많다. 한 번도 자신이 좋아하고 행복해 하는 일이 무엇인지 생각해 보지 않았기 때문이다. 자신에 대해 잘 알지도 못하면서 현재 하는 일에 대해 불만을 하는 것은 잘못된 것이다.

지식정보화시대인 오늘날 우리는 많은 지식을 접할 기회가 많다. 마음만 먹으면 언제든지 손쉽게 많은 지식과 정보를 습득할 수 있다. 그러나 강연이나 세미나를 듣고 "야 정말 감동적이다" "저런 방법이 있었구나! 놀라워"라고 말하며 끝내면 돈만 버리고 남는 것은 없다. 세미나에서 배운 지식을 활용해야 한다. 많은 사람들은 세미나를 들으며 공감하고 고개를 끄덕이며 노트 한쪽 면을 멋진 아이디어로 도배한다. 그리고 집에 돌아와서 책장 한 구석에 꽂아 놓고 그 노트가 있었다는 사실조차 잊어버린다. 세미나를 들을 때는 마치 내가 지금 강연하고 있는 사람이 된 것처럼 새롭고 흥분되지만 세미나가 끝남과 동시에 그 흥분도 사려져버리는 것이다. 세미나에서 배운 비결을 활용해야 한다. "1톤의 생각보다 1g의 행동이 중요하다"는 말이 있다. 일단 실행해야 한다. 크게 생각하고 작게 시작해 보자. 생각의 크기만큼 이루어져 있을 것이다.

생각은 크게 그러나 시작은 작게 해도 도니다. 일단 호기심을 갖고 먼저 두드리는 것이 중요하다. 첫 발을 떼기만 해도 자연스럽게 목표를 행해 달려가고 있는 자신을 발견하게 될 것이다.

세미나나 강연에 배운 것을 내 것으로 만들기 위해서는 먼저 녹음을 하거나 메모를 해야 한다. 듣는 것만으로는 하루가 지나기 전에 50% 이상 기억에서 지워진다. 한 달 후에는 불과 5%도 기억나지 않는다.

자신이 관심있는 분야에 강연이나 세미나는 여러 번 들어야 한다. 한번 듣고 만다면 그저 새로운 정보를 접하는 수준에 그친다. 비슷한 주제의 세미나를 반복해서 들으면 그 전에 들었던 것과 비교 분석할 수 있고 좀 더 체계적으로 배울 수 있다. 특히 자신이 창업하고자 하는 분야의 세미나라면 100번 이상을 듣겠다는 마인드로 달려들어야 한다.

쉽게 편하게 공짜로 창업하려고 하지 말아야 한다. 자신이 하고자 하는 분야의 시장조사는 필수적이다. 1인 창업가에게 가장 중요한 것이 목적의식이다. 내가 지금하고 있는 일에 대한 목적의식 없이 그저 남들이 하는 대로만 따라가는 것은 얼마 가지 못하고 무너진다. 무엇보다 자신이 하는 일을 진심으로 사랑하고 목적의식을 지닌다면 자신이 무엇을 할 것인지가 떠오르게 될 것이다. 그 일을 파고들자. 이 정도면 됐다 싶을 때 더 해야 전문가 될 수 있다.

창업에서 성공하기 위해서는 폭넓고 깊은 시식을 탐구해야 한다. 누구라도 내게 돈을 내고 배우고 싶어 할 정도로 지식을 갖추고 있어야 한다. 지식을 끊임없이 탐구하고 배워야 한다. 세상은 빠르게 변화되는데 제자리에 머물러 있어서는 안 된다. 필요하다면 함께 사업을 할 사람을 찾아야 한다. 각자 역할을 담당하며 협력관계를 유지할 수 있는 사람과 함께하는 것도 좋은 방법이다. 어느 정도 사업이 안정화되면 사업을 다각화하는 것도 좋다. 여러 분야의 일을 문어발식으로 경영하는 것이 아니라 연관성 있는 사업을 다각화하여 수입이 여러 곳에서 창출되도록 만드는 것이다. 오랫동안 꿈꿔온 일이 있다면 주저하지 말고 지금 바로 시작해 보자.

– 이선영, 〈당신이 지금 창업을 해야 하는 이유〉, 갈라북스, 2018

제 1 절
회계관리의 개념

1. 회계관리의 의의

회계(Accounting)는 기업의 언어로써, 기업의 경제활동을 식별, 측정, 전달하는 기능을 수행한다. 이에 미국회계학회에서는 회계를 회계정보이용자가 합리적인 판단이나 의사결정을 할 수 있도록 경제적 정보를 식별, 측정, 전달하는 과정으로 구성된 정보시스템으로 정의했다.

여기서 식별이란 경제적 사건을 인식하는 것을 의미하며, 측정이란 경제적 사건을 수치화하는 것을 의미하고, 보고는 측정된 회계적 정보를 재무제표로 전달하는 것을 의미한다.

그리고 회계정보이용자에는 주주, 채권자, 경영자, 근로자, 소비자, 정부, 지역사회 등이 있는데, 이러한 회계정보이용자는 각자의 이해관계는 다르지만 의사결정에 회계정보를 필요로 한다는 점은 공통점이다.

(1) 주주

- 올해 배당금은 얼마나 될까?

(2) 채권자

- 돈을 빌려줘도 회수가능한 회사인가?

(3) 경영자

- 올해 우리 조직의 경영실적은 어떻게 될까?

(4) 근로자

- 올해 경영성과에 따른 성과급은 나올 것인가?

(5) 소비자

- 이 기업은 재정적으로 안정된 회사인가?

(6) 정부

- 올해 세금을 얼마나 받을 것인가?

(7) 지역사회

- 올해 이 기업은 지역사회에 어떠한 기여를 할 것인가?

2. 회계관리의 목적

회계관리의 목적은 크게 기업 외부 측면과 기업 내부 측면으로 구분하여 살펴볼 수 있다.

첫째, 기업 외부 측면에서는 회계정보이용자들의 경제적 의사결정에 유용한 정보(Useful Information)를 제공해 주는 것이 주요한 목적이다. 예를 들어, 채권자, 소비자, 정부, 지역사회 등이 합리적 의사결정을 내릴 수 있도록 도와주는 역할을 한다.

둘째, 기업 내부 측면에서는 수탁책임과 회계책임을 수행하는 것이 주요한 목적이다. 예를 들어, 경영자(전문경영인)는 주주(기업의 주인)로부터 경영을 수탁받아 경영과 관련된 권리와 책임을 부여받는데, 이 때 부여받는 책임을 수탁책임이라고 하며 정기적으로 경영성과를 보고해야 하는 책임을 회계책임이라고 한다.

3. 회계관리의 분류

회계관리는 회계정보이용자에 따라 재무회계(Financial Accounting), 관리회계(Managerial Accounting), 세무회계(Tax Accounting)로 구분할 수 있다.

표 12-1 회계관리의 분류

구 분	재무회계	관리회계	세무회계
보고 대상	외부정보이용자	내부정보이용자	과세당국
보고 기준	IFRS	별도로 없음	세법(稅法)
보고 시기	정기	수시	정기
보고 형식	재무제표	별도로 없음	과세당국 양식

(1) 재무회계

재무회계는 외부정보이용자(채권자, 소비자, 정부, 지역사회 등)를 대상으로 유용한 의사결정에 도움이 될 수 있도록 재무제표를 작성하는 회계이다. 그리고 재무회계 보고시 과거에는 일반적으로 인정된 회계원칙인 GAAP(Generally Accepted Accounting Principles)에 의하여 보고했으나, 2011년 이후 모든 상장기업이 국제회계기준인 IFRS(International Financial Reporting Standards)를 의무적으로 적용하여 보고하도록 바뀌었다.

(2) 관리회계

관리회계란 내부정보이용자(경영자, 근로자 등)를 대상으로 경영관리에 도움이 될 수 있도록 작성하는 회계이다. 즉 관리회계는 경영자가 경영활동을 계획하고 통제하는 것을 도와주기 위하여 수시로 필요한 정보를 제공해준다. 또한 내부 경영관리 및 의사결정에 활용하기 위한 회계이므로 별도의 보고양식이 존재하지 않는다.

이와 함께, 관리회계와 유사한 회계가 원가회계(Cost Accounting)인데, 원가회계는 제품의 원가를 결정하고 관리하는 회계이다. 이러한 원가회계는 원가관리에 초점을 둔 관리회계의 한 영역에 속한다고 할 수 있다.

(3) 세무회계

세무회계란 과세당국(국세청, 지방세무서 등)을 대상으로 세금징수에 도움이 될 수 있도록 작성하는 회계이다. 즉 세무회계는 세법에 따라 납부할 세액을 계산하는 것을 의미한다.

제 2 절
재무제표

1. 재무보고를 위한 개념체계

IFRS에서는 재무보고를 위한 개념체계를 제시하고 있는데, 재무보고를 위한 개념체계에는 재무보고의 목적, 재무제표의 기본가정, 유용한 재무정보의 질적 특성 등의 내용을 포함하고 있다.

그림 12-1 재무보고를 위한 개념체계

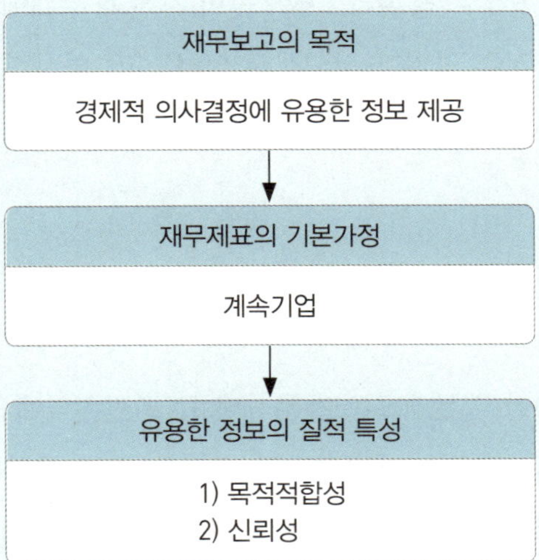

자료 : 곽수근·송혁준, 회계원리, 신영사, 2014, p. 137.

(1) 재무보고의 목적

재무보고의 목적은 주주, 채권자, 소비자, 정부, 지역사회 등 다양한 정보 이용자들의 경제적 의사결정에 유용한 정보를 제공해주기 위함이다.

(2) 재무제표의 기본가정

재무제표의 기본가정은 계속기업(going concern)이라는 점인데, 이는 기업이 예상가능한 기간 동안 영업을 계속할 것이라는 가정이다. 즉 기업은 재무제표 작성시 경영활동을 청산하거나 축소할 의도를 가지고 있지 않다고 가정한다.

(3) 유용한 정보의 질적 특성

유용한 정보의 질적 특성은 크게 목적적합성과 신뢰성으로 구분할 수 있다. 세부적으로 살펴보면, 정보의 목적적합성은 현재를 평가하거나 미래를 예측하는 데 도움을 주어 경제적 의사결정에 유용한 특성을 의미한다. 반면, 신뢰성은 과거를 평가하거나 오류나 편의가 없이 충실한 특성을 의미한다.

이러한 유용한 정보의 질적 특성인 목적적합성과 신뢰성은 상충관계(Trade-off)를 가지는 경우가 많은데, 예를 들어 자산과 부채에 대하여 공정가치를 적용하면 목적적합성은 있지만 신뢰성은 떨어지고, 역사적 원가를 적용하면 신뢰성은 있지만 목적적합성은 떨어진다.

2. 재무제표의 구성

IFRS에 의한 재무제표는 재무상태표, 포괄손익계산서, 현금흐름표, 자본변동표로 구성되어 있다. 세부적으로 살펴보면, 재무상태표는 일정 시점(201×, 12. 31.) 기준으로 기업의 자산, 부채, 자본 등 재무상태를 나타내는 재무보고서이며, 포괄손익계산서는 일정 기간(201×.1.1.~201×.12.31.) 동안의 기업의 수익과 비용 등 경영성과를 나타내는 재무보고서이며, 현금흐름표는 일정 기간(201×. 1.1.~201×.12.31.) 동안의 현금의 유입 및 유출을 나타내는 재무보고서이며, 자본변동표는 일정 기간(201×.1.1.~201×.12.31.) 동안의 자본의 변동을 나타내는 재무보고서이다. 재무제표 중 실무에서 가장 많이 활용되는 재무상태표와 포괄손익계산서에 대하여 살펴보면 다음과 같다.

(1) 재무상태표

재무상태표(Statements of Financial Position)란 일정 시점에서의 기업의 재무상태, 즉 자산, 부채, 자본의 상태를 나타내는 재무보고서이다. 여기서 자산, 부채, 자본에 대해서 자세히 설명하면 다음과 같다.

1) 자산(Assets)

- 기업이 보유하고 있는 권리, 미래 경제적 효익이 발생될 것으로 기대되는 자원
- 현금, 매출채권, 제품, 건물, 토지, 차량운반구, 기계장치 등
- 유동자산(당좌자산, 재고자산)+고정자산(투자자산, 유형자산, 무형자산)

2) 부채(Liabilities)

- 기업이 부담하고 있는 채무, 기업으로부터 유출될 것으로 기대되는 현재의무
- 차입금 등
- 유동부채+고정부채

3) 자본(Equity)

- 자산에 대한 소유주(주주)의 지분
- 자본금, 자본잉여금, 이익잉여금, 자본조정 등
- 자산-부채(자본등식)

그리고 재무상태표의 구조는 차변(왼쪽)에 자산, 대변(오른쪽)에 부채와 자본이 배치된다. 중요한 점은 [자산=부채+자본]이라는 점인데, 이를 자본등식이라고 한다. 이러한 자본등식을 조금 바꾸면, [자산-부채=자본]으로 바꿀 수

그림 12-2 재무상태표 구조

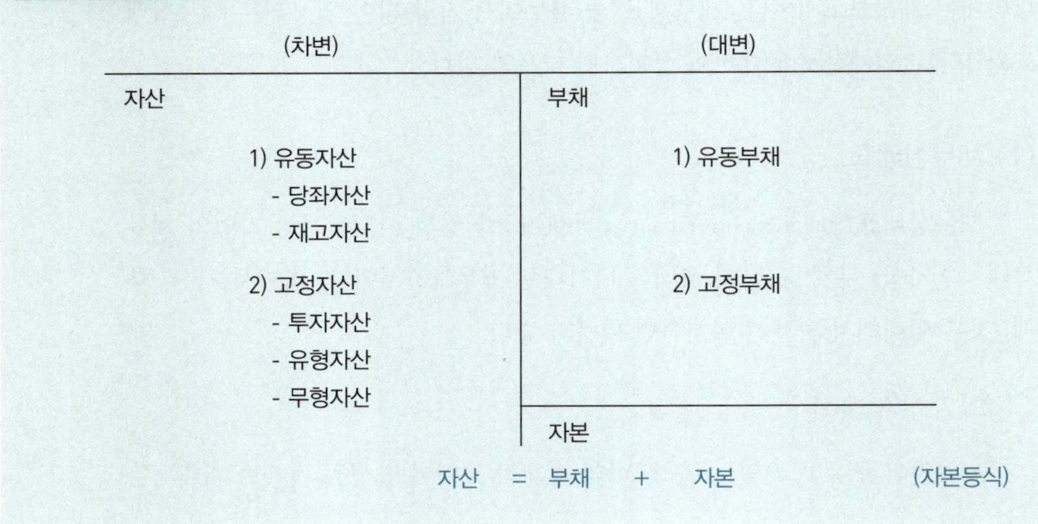

있는데, 이는 채권자 청구권인 부채는 주주 소유권인 자본보다 우선하므로 기업 청산시 채권자 지분을 우선 상환하고 남는 지분(잔여지분)에 한해 주주에게 배분하게 된다는 의미이다.

(2) 포괄손익계산서

포괄손익계산서(Statement of Comprehensive Income)는 일정 기간 동안의 기업의 수익과 비용 등 경영성과를 나타내는 재무보고서이다. 여기서 수익, 비용에 대하여 자세히 설명하면 다음과 같다.

1) 수익(Revenue)

- 고객에게 제품을 판매하고 그 대가로 받은 것, 기업의 영업활동으로 발생한 경제적 효익의 증가분
- 발생주의 적용(현금 유입 시점이 아닌 수익 발생 시점에 인식)

2) 비용(Expense)

- 수익 과정에서 지출된 경제적 가치, 수익을 획득하기 위해 희생된 경제적 대가

- 수익·비용 대응의 원칙 적용(수익이 발생한 회계기간에 대응되는 비용도 인식)

그리고 포괄손익계산서의 구조는 차변(왼쪽)에 비용, 대변(오른쪽)에 수익이 배치된다. 중요한 점은 [수익−비용=이익]이라는 점인데, 이를 수익등식이라고 한다. 이러한 이익은 바로 경영성과로 볼 수 있는데, 포괄손익계산서의 손익(당기순손익, 기타포괄손익)은 재무상태표의 자본과 자산을 변화시킨다. 여기서 손익이란 이익과 손실을 포괄하는 개념이다.

그런데, 기존 GAAP 적용시에는 손익(당기순손익)까지만 산출되었는데, IFRS를 적용한 이후 포괄손익(당기순손익+기타포괄손익)까지 산출하고 있다. 여기서 기타포괄손익이라는 것은 토지나 건물 등 유형자산에 대한 자산재평가이익 등을 의미한다. 이러한 기타포괄손익 역시 재무상태표의 자본과 자산을 변화시킨다.

그림 12-3 포괄손익계산서 구조

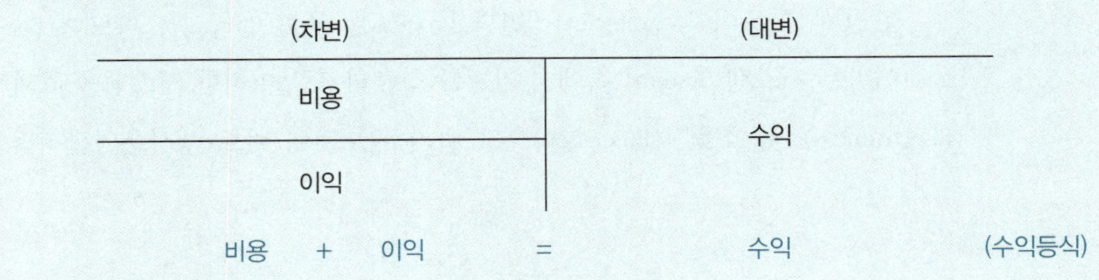

제 3 절
생산운영관리의 개념

1. 생산운영관리의 의의

생산운영관리(Production & Operation Management)는 경영자원을 투입하여 제품이나 서비스로 변화시키는 생산시스템을 효율적·효과적으로 관리하는 활동으로써, 투입하는 자원은 사람(Man), 기계(Machine), 원자재(Material), 자본(Money) 등이 있다.

즉 생산 활동이 투입(Input), 변환(Process), 산출(Output), 피드백(Feedback)이라는 시스템(System) 속에서 가치를 창출하므로 이러한 시스템을 효과적(Effectiveness) 및 효율적(Efficiency)으로 관리하는 것이 바로 생산운영관리라고 할 수 있다.

그림 12-4 생산운영 시스템

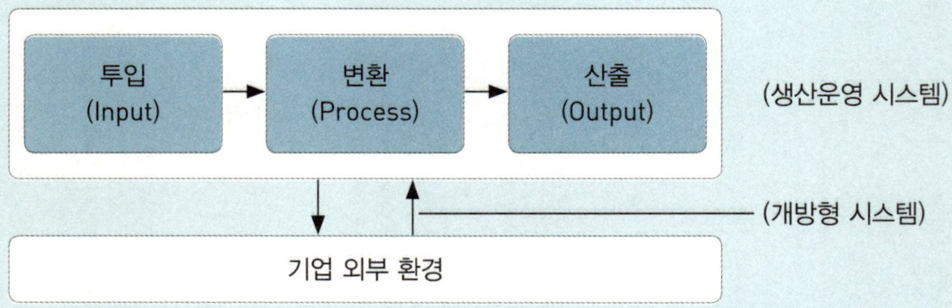

1) 효과성(Effectiveness)

- 효과성이라는 것은 목표 대비 성과 정도를 의미(효과=성과/목표)
- 자원의 낭비 여부와 관계없이 목표만 달성하면 효과성은 1임

2) 효율성(Efficiency)

- 효율성이라는 것은 투입 대비 산출 정도를 의미 (효율=산출/투입)
- 목표에 달성하지 못하더라도 자원 활용만 적절히 하면 효율성은 1임

2. 생산운영관리의 목표

이러한 생산운영관리의 목표는 원가 절감, 유연성 강화, 납기 단축, 품질 강화 등이 되며, 세부적으로 살펴보면 다음과 같다.

(1) 원가

생산운영관리의 첫 번째 목표는 원가(Cost)를 낮추는 것이다. 글로벌 무한경쟁이 치열해짐에 따라 가격 인상은 어려워지고 원가를 낮추어야 이익이 실현될 수 있다. 이에 기업들은 원가 절감에 최우선적인 노력을 하게 되고, 원가를 절감하기 위해서는 효율적인 생산운영시스템 구축 및 활용이 필수적이 되었다. 특히 원가우위 전략을 추진하는 기업들에 있어서는 원가가 제일 중요한 요소이다.

(2) 유연성

생산운영관리의 두 번째 목표는 유연성(Flexibility)을 강화하는 것이다. 최근 소비자들의 욕구가 다품종 소량생산방식을 선호하고 있을 뿐만 아니라 소비자들의 개성이 강해짐에 따라 신제품 도입, 생산제품 변경, 생산량 변경 등에 있어서 적기에 대응하는 것이 매우 중요해졌다. 예를 들어 신형 제네시스 판매가 일시적으로 증가할 때 기존 그랜저 생산라인에 일부 변경만 실시하여 신형 제네시스를 생산하는 것이 그 예가 될 수 있다. 이에 최근 생산운영시스템은 생산의

그림 12-5 생산운영관리의 목표

원가 절감 (Cost)	유연성 강화 (Flexibility)
품질 강화 (Quality)	납기 단축 (Lead-Time)

자료 : 허정수·노춘섭·장준호·김영환, 경영스케치, 도서출판 청람, 2014, p. 231.

유연성을 반영한 유연생산시스템(Flexible Manufacturing System : FMS)으로 구축되고 있는 추세이다.

(3) 납기

생산운영관리의 세 번째 목표는 납기(Lead-Time)를 단축하는 것이다. 납기는 고객이 제품이나 서비스를 주문한 시점부터 제품이나 서비스를 받는 시점까지의 소요시간을 의미하는데, 최근 소비자들은 기다리는 것을 꺼려하고 빠른 납기를 선호하고 있다. 이에 기업에서는 공정을 잘 관리하여 납기를 단축시키는 것이 생산운영관리의 중요한 기능이 되고 있다.

(4) 품질

생산운영관리의 네 번째 목표는 품질(Quality)을 강화하는 것이다. 현명한 소비자들은 가격은 싸더라도 품질이 좋은 제품을 선호하고 있다. 이에 품질은 기업의 선택사항이 아닌 필수사항이 되어 버렸고, 기업은 품질관리에 많은 노력을 기울이고 있다.

제 4 절
생산운영관리의 내용

1. 생산운영시스템의 유형

생산운영시스템의 유형은 크게 개별생산시스템과 연속생산시스템으로 구분할 수 있는데, 세부적으로 살펴보면 다음과 같다.

(1) 개별생산시스템

개별생산시스템은 항공기, 선박 등 다품종 소량생산방식에 적합한 생산운영시스템이다. 이러한 개별생산시스템의 제품이나 서비스는 고가인 경우가 많으며 대부분 주문생산으로 이루어지게 된다. 또한 외부수요 변화에 탄력적으로 대응할 수 있는 장점이 있지만, 규모의 경제를 실현하기는 어렵다.

(2) 연속생산시스템

연속생산시스템은 자동차, 석유화학 등 소품종 대량생산방식에 적합한 생산운영시스템이다. 이러한 연속생산시스템의 제품이나 서비스는 컨베이어 벨트 시스템으로 생산이 이루어지게 된다. 또한 규모의 경제를 실현할 수 있는 장점이 있지만, 외부수요 변화에 탄력적으로 대응하기 어렵고 재고비용이 발생한다.

2. 생산운영관리의 내용

생산운영관리는 제품설계로부터 공정설계, 생산계획, 재고관리, 품질관리로 이어지면서 효율적이고 효과적인 생산운영활동을 수행한다. 즉 생산운영관리의 내용에는 제품·공정설계, 생산계획, 재고관리, 품질관리 등이 있으며, 세부적으로 살펴보면 〈그림 12-6〉과 같다.

그림 12-6 생산운영관리의 내용

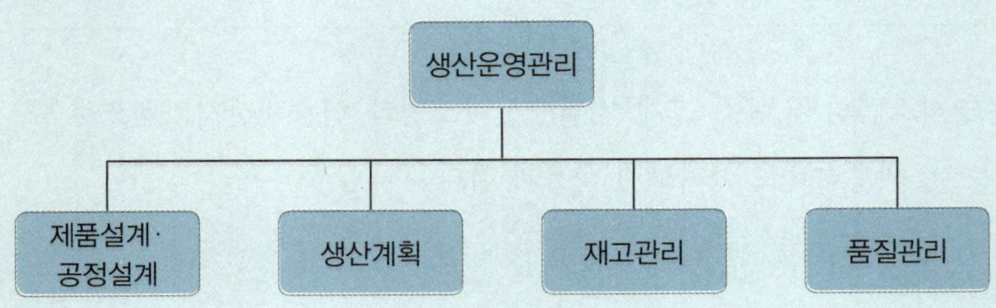

자료 : 박영배·김계수·남윤성, 알기쉬운 경영학, 도서출판 청람, 2013, p. 229.

(1) 제품·공정설계

제품설계(Product Design)는 기업이 생산할 제품을 설계하는 것을 의미하며, 제품콘셉트(Concept) 설계, 제품특성 설계, 시제품 개발 등의 과정을 포함한다. 그리고 공정설계(Process Design)는 제품설계 이후 대량생산을 위하여 생산공정(Process)을 설계하고 기계설비를 배치하는 것을 의미한다. 이러한 공정설계시 제품특성에 따라 개별생산시스템 또는 연속생산시스템 등을 결정하게 된다.

(2) 생산계획

생산계획(Product Planning)은 철저한 수요예측을 토대로 수립된다. 일반적으로 마케팅팀에서 정기적으로 수요예측을 하게 되는데, 이러한 수요예측을 토대로 생산계획, 자재소요계획, 생산일정계획 등을 수립하게 된다. 또한 생산계획은 기능수준의 전략이므로 기업전략과 사업전략을 반드시 반영하여 수립해야 한다.

(3) 재고관리

재고관리(Inventory Management)는 기업의 재고를 적정 수준으로 관리하는 것을 의미한다. 재고가 많으면 긴급한 수요에 대응하기에는 유리하나 재고관리 비용이 많이 들어가며, 반대로 재고가 적으면 재고관리 비용은 절감될 수 있으나 긴급한 수요에 대응하기 어려워진다. 이와 같이 적정 수준의 재고를 관리하고 유지하는 것이 생산운영관리의 중요한 내용 중 하나이다.

그리고 재고관리와 관련해서 중요한 개념이 JIT(Just In Time, 적시생산)시스템인데, JIT 시스템은 적시에 적량으로 생산함으로써 무재고에 도전하는 시스템이다. 왜냐하면 JIT시스템에서는 재고는 곧 낭비이자 비용이므로, 재고 없이 적시에 원재료를 납품받아 적시에 조립품을 만들고 적시에 제품을 납품하고자 하는 것이다. 이러한 JIT시스템을 토요타생산시스템(Toyota Production System : TPS) 또는 린생산시스템(Lean Production System)이라고도 부른다.

(4) 품질관리

품질관리(Quality Management)는 최근 소비자의 눈높이가 높아지고 품질에 대한 기대가 높아짐에 따라 품질을 체계적으로 관리하는 활동이다. 과거에는 품질과 가격은 반비례하는 경우가 많았으나, 최근에는 가격에 관계없이 품질은 일정 수준 이상이 되어야 소비자가 구매한다. 이에 기업에서는 제품이나 서비스의 품질관리에 심혈을 기울이고 있다.

그리고 품질관리와 관련해서 중요한 개념이 TQM(Total Quality Management, 전사적품질경영)인데, TQM은 전체 기업차원(전사적)에서 고객만족을 위한 품질을 관리하는 경영시스템을 의미한다. 즉 품질을 중심으로 통합적 경영시스템을 구축하는 것으로도 볼 수 있다. 이러한 TQM은 제조업뿐만 아니라 서비스업에도 적용가능하고, 기업내 전 부서 및 전 계층에도 적용가능하다.

3. 생산운영관리의 이슈

최근 생산운영관리의 이슈는 전사적자원관리와 공급사슬관리라고 할 수 있다. 이 두 시스템에 대하여 세부적으로 살펴보면 다음과 같다.

(1) 전사적자원관리

전사적자원관리(Enterprise Resource Planning : ERP)는 기업의 모든 경영자원을 체계적으로 통합(연계)하여 관리하는 경영정보시스템(Management Information System : MIS)을 의미하는데, 이는 기업내 모든 인적 및 물적자원을 경영정보시스템을 활용하여 통합 관리함으로써 기업의 경쟁력을 강화시키기 위한 통합정보시스템 전략을 의미한다.[1)]

이러한 ERP시스템은 1970년대 MRP I (Material Requirement Planning, 자재소요계획)에서 처음 시작하였고, 이후 1980년대 MRP II (Manufacturing Resource Planning, 제조자원계획)으로 발전하였으며, 1990년대 이후 ERP (Enterprise Resource Planning)로 발전하였다. 즉 ERP는 자재소요계획, 스케쥴링, 제조계획, 시뮬레이션 등과 관련된 생산운영분야에서 처음 시작되었다고 할 수 있다.

현재의 ERP는 웹기반의 개방형 통합정보시스템으로 운영되고 있으며, 생

그림 12-7 전사적자원관리 발전 역사

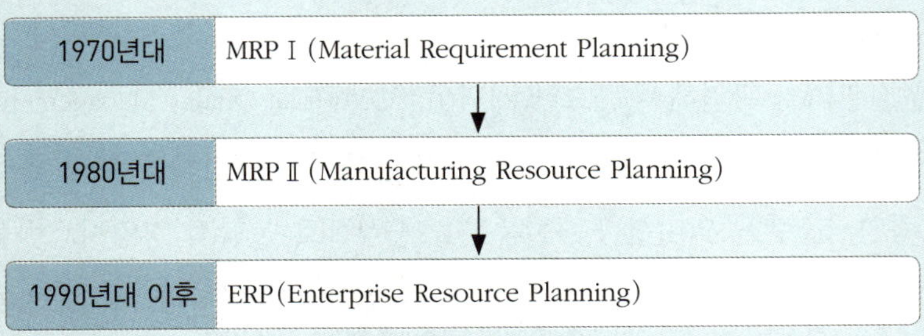

1) 허정수·노춘섭·장준호·김영환, 경영스케치, 도서출판 청람, 2014, p. 242.

산운영관리뿐만 아니라 인적자원관리, 마케팅관리, 회계관리, 자금관리 등의 경영 각 기능별 모듈이 통합적으로 연계되어 있어 기업의 경영자원관리에 적극 활용되고 있다.

또한 ERP는 경영층의 정보시스템인 EIS(Executive Information System), 중간관리층의 정보시스템인 MIS(Management Information System), 실무층의 정보시스템인 TPS(Transaction Processing System)가 통합적으로 연계되어 있어 기업의 계층별 업무관리에도 적극 활용되고 있다.

더불어, ERP는 SCM(Supply Chain Management : SCM), CRM(Customer Relationship Management) 등과도 연계가 가능하며, 패키지 구입형과 자체 개발형의 2가지 방식으로 ERP 도입이 가능하다. 대표적인 ERP 패키지업체에는 SAP, Oracle, 더존, 삼성SDS 등이 있다.

(2) 공급사슬관리

공급사슬관리(Supply Chain Management : SCM)는 공급업체(원자재 업체), 제조업체, 유통업체가 경영정보시스템을 활용(공유)하여 이러한 공급사슬(Supply Chain)을 전략적 및 적시적으로 통합 관리하는 시스템을 의미한다. 즉 공급업체, 제조업체, 유통업체가 유기적으로 연결되어 하나의 기업으로 움직이는 시스템을 SCM이라고 할 수 있을 것이다.

이러한 SCM이 활성화되면 외부수요 변화에 민첩히 대응할 수 있을 뿐만 아니라 재고도 감소시킬 수 있는 장점이 있는 반면, 기업의 중요 영업비밀 노출 등의 단점도 가지고 있다.

Chapter

13

경영정보와 국제경영

하고 싶은 일을 찾아라!

창업으로 성공하기 위해서는 제일 먼저 할 일은 자신이 하고 싶은 일이 무엇인지를 찾는 것이다. 애플의 성공신화인 스티브 잡스는 "당신이 사랑하는 일을 찾아보세요. 사랑하는 사람이 내게 먼저 다가오지 않듯, 일도 그런 것입니다"라고 했다.

자신이 하고 싶은 일을 해야 행복한 것은 진리이다. 별로 하고 싶지 않은데 돈을 많이 벌 것 같다고 그 일에 뛰어들게 되면 오래 유지해 나갈 수 없다. 반대로 자신이 좋아하는 일을 하면 24시간을 꼬박 써도 힘들지 않고 즐겁게 할 수 있다. 자신이 좋아하는 분야를 찾았다면 벌써 반은 성공한 것이나 다름이 없다.

우리는 대부분 자신이 무엇을 좋아하는지를 발견하는데 시간을 들이지 않고 있다. 남들이 하니까 나도 한번 해볼까 하는 그런 마음으로 뭐든 시작하는 경우가 많다. 매일 반복되는 일상과 업무, 시키는 일만 수행하면서 승진을 위해 앞다퉈 달려나가다 보면 자신이 진짜 하고 싶은 일은 뒷전이 되고 만다.

경험과 노하우는 시간이 지난다고 저절로 쌓이는 것은 아니다. 내가 어떻게 일을 해 왔고, 어떤 마음가짐으로 받아들여 왔느냐에 따라 천차만별이다. 그저 주어진 일만 하고 발전하기 위한 노력 없이 시간 떼우기 식으로 한다면 시간이 지나도 그 자리에 머물러 있을 수밖에 없다. 내게 주어진 일은 어떤 일이라도 '모두 다 내것으로 만들겠다는 마음으로 일하자.' 지금 하는 일이 전혀 도움이 되지 않는다고 생각이 들지라도 완벽하게 일을 해내자. 언젠가 그 일이 나중에 내가 하는 일에 크게 일조할 날이 올 것이다.

자신에 질문을 던져보자. 항상 5년 후, 10년 후 자신의 모습을 생각하며 준비해야 한다. 내가 관심이 있고 하고 싶은 분야가 있다면 나와 같은 생각을 하는 사람들은 반드시 존재하기 마련이다. 내가 관심이 있는 분야에 무엇이 가장 궁금하고 알고 싶은지는 이미 나 자신이 잘 알고 있다. 그것을 활용한다면 좋은 결과를 얻을 수 있다.

처음에 몰랐던 내 적성을 발견하고 지금은 내가 절실하게 하고 싶은 일이 돼버린 이 일은 내게 즐거움과 행복을 가져다 줄 것이다. 잘 모를 때는 일단 해보는 것이 좋다. 후회를 남기지 않게 무엇이든 '괜찮다' 싶은 것은 닥치는 대로 해보자. 지금은 자리를 잡지 못하고 허둥대는 자신의 모습에서 자괴감을 느낄 수 있지만 결국 지금의 모든 경험들이 나중에 빛을 발할 날이 반드시 오게 된다. 스티브 잡스가 "현재는 과거의 점을 연결한 선이다"라고 말한 것처럼 그 당시에는 방황하고 좌절하고 힘들었지만 결국 그때의 모든 경험들이 지금의 나를 만든 것이다. 미래를 바꾸고 싶다면 지금의 내 모습을 바꿔야 한다. 지금 당장 하고 싶은 일을 하기 위한 준비를 해야 미래에 내가 하고 싶은 일을 하며 즐겁게 살 수 있다. 결국 현재를 바꿔보고자 하는 노력이 있어야 미래를 바꿀 수 있다.

'생각하는 대로 살지 못하면 사는 대로 생각하게 된다'는 말처럼 내가 사랑하는 일을 찾자. 그리고 즐겁게 놀이하듯 일을 하자. 자신이 하는 일을 즐기면서 일을 해야 훨씬 더 멋지고 획기적이다. 다양하고 새로운 경험을 해 보자. 그리고 내가 사랑하는 일을 찾아야 인생의 성공의 열매를 수확하게 될 것이다.

– 이선영, 〈당신이 지금 창업을 해야 하는 이유〉, 갈라북스, 2018

제 1 절
경영정보시스템의 개념

1. 경영정보시스템의 의의

경영정보시스템(MIS)은 경영자가 필요로 하는 자료를 수집하고 분류하여 정보를 제공해 주는 역할을 한다.

즉, MIS는 조직 내외에서 발생하는 정보자료를 처리하여 경영자의 의사결정이나 문제해결에 도움이 되도록 정보를 제공하는 정보시스템이다.

따라서 MIS는 경영자가 계획·조직·지휘·통제의 모든 경영활동의 과정을 효율적이고 효과적으로 수행하는 데 필요한 정보를 제공하게 된다.

이러한 MIS의 기본원칙은 적시에 최소의 비용으로 필요한 사람에게 정보를 제공하는 것이다. 이와 같은 정의를 구체적으로 살펴보면 다음과 같다.

첫째, 경영정보시스템은 근본적으로 인간-기계시스템이다.

인간-기계시스템이라고 하면 인간과 기계가 상호보완적으로 결합되어 과업을 수행해 나가는 것을 의미한다. 컴퓨터를 포함한 여러 종류의 기계들이 날로 그 성능이 향상되어 인간의 능력을 대신하는 범위를 넓혀가고 있으나 그럴수록 인간은 보다 더 창의적인 과업을 분담하는 방향으로 인간과 기계의 상호작용이 이루어져야 한다.

둘째, 경영정보시스템은 통합시스템이다.

MIS는 조직에 있어서 정보처리 통합이 기초가 된다. 정보시스템 내에서의 개별응용은 다양한 사용자들에 의해 개발되기 때문에 만일 통합된 메커니즘이 없다면 이러한 개별 응용시스템 개발은 일관성이 없어서 여러 사용자가 동시에 사용하는 데 매우 불편할 것이다. 정보시스템의 통합을 위한 기준은 선정되는 장비가 현재 사용되고 있는 컴퓨터와 양립할 수 있어야 하며, 응용과정에서 중앙 데이터베이스와 커뮤니케이션할 수 있도록 설계되어야 한다고 규정할 수 있다. 정보시스템 설계의 방향은 응용처리와 이를 지원하는 데 사용되는 데이터를 구분하려는 방향으로 흐르고 있다.

셋째, 경영정보시스템의 목표는 조직 전체의 목표와 일치해야 한다.

이는 경영정보시스템이 경영조직을 구성하는 여러 하위시스템 중 하나이기 때문이다. 즉, 경영정보시스템은 조직이 목표에 보다 효율적·효과적으로 도달할 수 있도록 지원하는 하나의 하위시스템인 것이다.

넷째, 경영정보시스템이 제공하는 정보는 유용성이 있어야 한다.

즉 어떤 정보가 유용하게 활용되기 위해서는 이를 필요로 하는 의사결정자에게 적시에 적절하게 제공되어야 한다.

다섯째, 경영정보시스템은 조직의 계획·운영·통제 등 경영과정 전반에 걸친 활동을 포함한다.

2. 경영정보시스템의 등장 배경

정보시스템을 경영에 도입하게 된 배경은 우선 조직이 대규모화되어 경영요소들의 규모가 커졌기 때문이다. 또한 그로 인해 복잡성과 불확실성이 높아졌기 때문이다. 이러한 경영정보시스템의 등장 배경을 살펴보면 다음과 같다.

(1) 조직규모의 확대

경영조직의 대규모화는 정보의 시스템적인 구축을 필요로 한다. 일일이 조직구성원을 대면할 수 없기 때문에 시간과 에너지를 절약하기 위해 경영정보시스템의 구축이 필요하다.

즉, 종업원 수의 증가는 종업원 간의 인간관계의 수가 기하급수적으로 증가하므로 정보활동에 들어가는 비용이나 시간을 경제적으로 하는 데 경영정보시스템이 필요하다.

(2) 급격한 변화와 환경의 불확실성

경영을 둘러싼 환경은 변화의 속도나 폭이 빠르고 크다. 더욱이 전 세계가 국경 없는 무한경쟁시대로 돌입하였고, 이러한 국제경영환경에서는 정보의 효율적 이용이 조직성패의 관건이 된다.

또한 환경이 얼마나 어떻게 변화하게 될지 예측이 불가능하기 때문에 이를 수량화하고 예측할 수 있는 정보시스템의 지원의 필요성은 증대되는 것이다.

(3) 정보급증과 지식사회화

모든 면에서 지식의 발달 수준이 빠르고 광범위하다. 이러한 지식의 양이 곧 정보의 양인데 그 양은 폭발적인 증가세에 있다. 따라서 지식사회 근로자는 대부분의 시간을 정보를 창출하거나 전파하는 데 보내게 되므로 조직적인 정보시스템이 필요하게 되었다.

(4) 컴퓨터 이용의 용이성

기술의 발달은 컴퓨터기기 및 소프트웨어의 발달을 가져왔고, 컴퓨터에의 접근을 용이하게 해주었다. 컴퓨터 기술과 더불어 정보통신기술의 발달이 접목되어 정보의 가공(컴퓨터)과 정보의 전파(통신)가 급속도로 발전하게 되었다.

3. 경영정보의 특성

자료는 분석되고 처리되면 정보가 된다는 점에서 정보의 원천이기는 하나 자료는 개인이 받은 일련의 메시지이고 사실과 사건의 기록이며 숫자, 이름 또는 양과 같은 분석되지 않은 사실이다.

그러나 정보는 수신자에게 상황에 대하여 분석하여 처리된 의미 있는 자료이고, 수신자의 이해를 바꾸는 자료일 뿐만 아니라 경영관리자가 실제로 조직 내에서 어떤 사건을 해석하고 이해하기 위해 사용되는 자료라고 정의된다는 점에서 양자는 개념상 차이가 있다.

이과 관련하여 경영정보시스템이 경영자에게 제공하려고 하는 것이 자료가 아닌 정보라는 점에서 경영자에게 유용하게 쓰이려면 다음과 같은 속성을 가지고 있어야 한다.

(1) 적시성(timeliness)

정보는 필요시기에 이용될 수 있도록 제공 여건을 갖추어야 한다.

(2) 정보의 질(quality)

실재의 사실을 정확하게 비춰주는 정보의 입증 가능성을 말하는 것으로 정보가 정확하고 신뢰성이 있어야 한다.

(3) 완전성(completeness)

정보는 적절한 양을 확보하여 가급적 의사결정에 충분히 합리적으로 제공되어야 한다. 반면에 정보의 과부하(overload)는 의사결정에 혼란을 초래하므로 그 양은 적절해야 한다.

(4) 관련성(relevance)

정보는 관련자에게 의사결정과 직접적인 관련성이 있어야 한다.

제 2 절
경영정보시스템의 활용

1. 경영기능 부문과 경영정보시스템의 활용

정보시스템은 정보시스템이 지원하는 부서의 기능에 따라 분류할 수 있다. 기업의 경영활동 기능은 인사, 마케팅, 회계, 생산, 재무 등으로 나눌 수 있다. 이제 기업 내의 경영조직 부문으로 정보처리분야도 하나의 영역으로 자리 잡게 되었다. 뿐만 아니라 이러한 각 기능부문은 경영정보시스템의 하부시스템을 구성한다.

(1) 인사정보시스템

조직의 인사기능은 인력의 선발, 배치, 교육훈련, 승진, 급여 및 노사관계 등 인적자원의 운영 및 관리와 관계된 제반 기능을 수행한다. 인사시스템은 노사관계, 인사활동, 인사기록, 교육훈련, 급여의 5가지 모듈로 대개 구성된다.

초기의 인사정보시스템(human resource information system)은 급여내역이나 인사기록을 저장·관리하는 목적으로 활용되었다. 그러나 최근에는 기업의 가장 중요한 자원 중의 하나인 인력의 효과적인 활용을 위해 종합적인 인력관리를 지원하는 시스템으로 발전하고 있다.

(2) 마케팅정보시스템

마케팅정보시스템(marketing information system)이란 마케팅의 기획, 관리, 그리고 거래 처리에 관한 데이터를 처리하며, 또한 마케팅과 관련된 의사결정에 필요한 정보를 제공하는 정보시스템을 말한다.

마케팅 분야의 정보는 소비자 및 시장에 관한 정보, 주문처리, 대금청구 등에 관한 정보를 포괄하는 것으로 영업 및 마케팅계획을 수립하고, 수요예측, 마케팅 프로그램관리, 영업실적분석, 고객주문 처리와 대금청구 등의 업무를 MIS에 의해 처리하고 있다.

(3) 회계정보시스템

회계정보시스템(accounting information system)은 기업경영의 가장 기본적인 정보시스템으로 기업의 재무에 관한 자료를 수집·기록·정리하여 경영자 및 외부의 이용자가 의사결정을 하는 데 유용한 회계정보를 제공하는 시스템이라고 할 수 있다.

역사적으로 가장 먼저 기업경영에 도입된 회계정보시스템은 원가주의에 근거하여 자금의 흐름을 기록하고 보고하며 재무상태표와 포괄손익계산서와 같은 중요한 재무보고서를 만들어 낸다.

또한 과거와 현재의 자금운용 실태와 사업실적을 토대로 향후 예상되는 재무제표와 재무예산을 추정해 낸다.

회계정보시스템은 독자적인 거래 처리를 바탕으로 데이터를 처리하기보다는 생산, 판매, 인사, 재무와 같은 경영활동을 '돈'의 개념으로 집약하여 처리하는 시스템이므로 조직의 다른 정보시스템과 직접적인 관계를 유지하고 있다.

회계정보시스템을 구성하는 주요 시스템으로는 외상매출금, 외상매입금, 급여처리, 총계정 원장 등이 있다.

(4) 생산정보시스템

조직의 생산기능은 일련의 투입물을 변환하여 재화 또는 용역이라는 산출물을 만들어 냄으로써 가치를 창출하는 경제적 행위로 정의된다.

생산시스템(manufacturing information system)은 보통 엔지니어링, 자재소요계획(MRP), 조업, 출하 및 입고, 구매, 품질관리 등을 포함한다.

특히 공장자동화(factory automation : FA)의 발달은 컴퓨터의 도움이 컸는데,

특히 컴퓨터통합제조기술(computer integrated manufacturing : CIM)의 도입으로 인한 생산성 향상에 기여하며 무인공장시스템으로 발전해 가고 있다.

(5) 재무정보시스템

재무정보시스템(financial information system)은 자금조달 및 재무자원의 운용 및 평가에 관한 정보를 제공하여 이와 관련된 의사결정을 지원한다.

재무정보시스템의 주요 기능에는 현금과 유가증권관리, 자본예산수립, 재무계획 등이 포함되는데, 일반적으로 재무정보시스템은 회계정보시스템과 연계되어 운용된다.

2. 경영계층과 경영정보시스템의 활용

경영의 계층별로 요구되는 정보시스템은 다르다. 최고경영층은 기업 전체에 관한 전략적인 의사결정을 하게 되므로 다소 추상적이고 문제해결방식이 사례별로 상이하다. 따라서 비구조적인 의사결정 문제를 다룰 수 있는 최고경영지원시스템이 필요하다. 경영계층별로 요구되는 정보의 특성이 〈표 15-1〉에 나타나 있다.

최고경영층은 최고경영자지원시스템(executive information system : EIS)이 설계되어야 전략적 의사결정을 지원해 줄 수 있다. 중간관리층은 전술적인 통제부분이 많고 최고경영층의 전략을 좀 더 구체적으로 요약하여 실행한다. 그리고 의사결정의 성격은 반구조적이라고 할 수 있다, 즉, 완전히 계량적인 것은 아니지만 어느 정도 계량적이고, 어느 정도 정형화되어 있으므로 의사결정자의 상황 판단력도 중시되는 계층이다. 중간관리층은 의사결정지원시스템(decision support system : DSS)과 같이 협의의 경영정보시스템(MIS) 및 사무자동화시스템(office automation system : OAS)이 설계되어야 한다.

하위감독층은 자료처리의 수준이라고 할 수 있다. 하위층은 정보의 특성이 단순하고 반복적이고 업무와 연관된다. 따라서 의사결정의 성격은 정형화, 구조적이다. 이 계층은 자료처리가 비교적 명쾌한 전자데이터처리시스템(electronic data processing system : EDPS), 거래처리시스템(transactional processing system : TPS)이 활용된다.

조직계층별로 정보유형이 다르므로 정보시스템도 달라져야 한다. 〈그림 13-1〉은 계층별 정보시스템의 유형을 나타내 주고 있다.

표 13-1 경영계층별 정보의 특성

정보의 특성	하위관리자	중간관리자	최고경영자
원천	내부적	←→	외부
범위	좁다	←→	넓다
통합수준	세부적	←→	통합적
시간범위	과거정보	←→	미래정보
정보유포	높다	←→	낮다
정확성	높다	←→	낮다
이용빈도	높다	←→	낮다
의사결정특성	구조적	반구조적	비구조적

그림 13-1 계층별 정보시스템의 유형

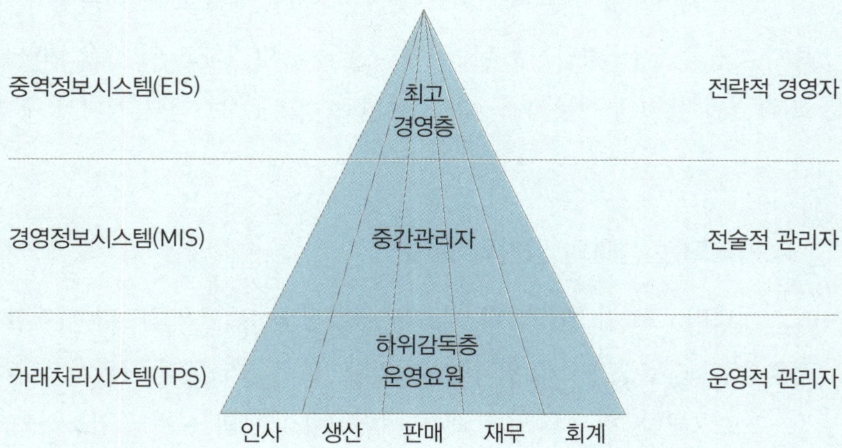

제 3 절

경영정보시스템의 설계 절차와 실행의 유의점

1. 경영정보시스템의 설계 절차

(1) 사전조사 및 문제의 정의

경영정보시스템을 설계할 담당조직이 구성되면 우선 기업의 능력과 전략적 목표를 면밀히 평가해야 하며 관련된 외부의 환경요인에 대해서도 파악해야 한다. 이와 같은 사전조사와 평가를 통하여 기업이 필요로 하는 정보시스템의 정의를 내릴 수 있고 목표를 명확히 정의할 수 있다

(2) 개념적 구조의 설계

현재 사용되고 있는 정보시스템을 분석하여 목표로 하는 특정의 성과를 충족시켜줄 수 있는 경영정보시스템의 대안들을 탐색하고 이 같은 대안들을 기업의 목표와 능력에 연관시켜 평가해보면 경영정보시스템의 개념적 구조를 설계할 수 있다.

(3) 기대되는 성과의 평가와 설계

개념적 구조가 결정되면 새로운 경영정보시스템으로부터 기대할 수 있는 성과를 비교적 상세하게 평가할 수 있다. 또한 시스템의 하위시스템과 구성요소, 프로그래밍, 플로우 차트 및 데이터베이스 등의 설계도 가능하고, 이 단계에서는 설계된 경영정보시스템의 모델을 만들어 실험하고, 시스템의 성과를 측

정한다. 이러한 과정은 목표로 하는 성과를 산출할 때까지 반복된다.

(4) 최종실행

마지막으로 새로운 경영정보시스템의 실행에 필요한 일을 준비한다. 그 예로는 공간배치, 보조설비, 서식·양식의 설계 등의 자료와 정보의 입·출력에 관련된 사항을 계획하고 아울러 교육훈련프로그램도 실시한다. 그리고 나서 경영정보시스템의 설계과 실험을 한 후 데이터베이스에 입력시킨다. 이와 같은 준비작업이 끝나면 경영정보시스템을 실행에 옮긴다.

2. 경영정보시스템 실행에서의 유의점

오늘날 조직은 경영활동 처리과정에서 점점 더 많이 컴퓨터를 이용하고 있다. 이러한 추세는 가속화될 것이다. 그러나 무조건 정보시스템을 구축해서는 안 된다. 경영자들은 정보시스템의 디자인이나 설치에 나타날 수 있는 문제들을 인식하여야 한다. 경영자들은 조직구성원들에게 정보시스템의 구축을 이해시키는 데 가장 중요한 요인이 무엇인지 그리고 무엇이 가장 어려운 것인지를 인식하여야 한다. 딕선(G. W. Dickson)과 사이먼(J. K. Simmon)은 새로운 정보시스템이 저항을 받을 것인지 어느 정도 호응을 받을 것인지에 영향을 미치는 5가지 요인을 지적했다.[1)]

첫째, 정보시스템이 이미 정착된 부서 간의 업무구분에 변화를 일으키는가?

정보시스템을 새로이 정착시키기 위해서는 몇몇 조직의 부서를 변화시켜야 한다. 예를 들면 재고관리부서와 구매부서는 정보시스템을 효율적으로 사용하기 위해 통합될 수 있다. 그러한 변화에 대하여 부서 직원들은 저항할 수도 있다.

둘째, 정보시스템은 비공식적인 시스템을 변화시키는가?

1) G. W. Dikson and J. K. Simmon, "The Behavioral side of MIS", *Business Horizon*, Vol. 13. August, 1970, pp. 59~71.

새로운 정보시스템에 의한 의사소통방식이 기존의 비공식조직인 의사소통 시스템을 변화시킬 수도 있다. 조직 구성원들이 비공식적인 의사소통 시스템을 더 선호한다면 그들은 새로운 시스템에 의하여 이루어지는 공식적인 시스템에 저항할 것이다. 새로운 정보시스템은 그러한 의사소통 통로를 막을 수가 없다.

셋째, 정보시스템이 개인의 특정한 특성을 변화시키는가?

조직에서 오랫동안 일을 한 사람들은 현재의 시스템 내에서 일을 하는 방법에 익숙해 있다. 이러한 사람들은 상대적으로 적은 시간 동안 회사에 근무한 사원들이나 조직에서의 노하우와 인간관계에 상대적으로 적게 노력한 사람들에 비해 이러한 변화에 대하여 더욱 고집스럽게 저항하게 된다.

넷째, 정보시스템은 조직의 문화에 부합하는가?

최고경영자가 개방적인 의사소통문화를 서호하고, 조직 전체를 신뢰하는 분위기라면 새로운 정보시스템을 설치하는 데 훨씬 적은 저항을 받을 것이다. 만약 최고경영자가 독선적이고 폐쇄적인 조직문화를 선호한다면 정보시스템은 효과적으로 실행되지 못할 것이다.

다섯째, 종업원들이 어떻게 변화가 이루어져야 하는지에 대하여 의견발표를 할 수 있는 기회가 있는가?

변화가 계획되고 실행되는 방식은 많은 저항을 야기시킨다. 일반적으로 경영자와 종업원들이 함께 의사결정을 한다면 이러한 변화들이 더욱 잘 받아들여질 것이다.

이외에도 정보보안문제도 정보시스템의 실행에서 유의하여야 한다. 정보를 집중적으로 관리할 때는 보안이 그다지 심각한 문제가 안 되지만 정보가 많은 사람들에게 분산되어 관리되면 정보가 외부로 유출되므로 유의해야 한다.

제 4 절
국제경영의 의의

1. 국제경영의 의의

경영학에서 국제경영이란 학문분야가 새로이 각광을 받기 시작한 것은 제2차 세계대전 이후의 일이지만 오늘날 교통·통신의 발달로 국제경영은 활발히 이루어지고 있다.

로빈슨(R. D. Robbinson)은 국제경영이란 “2개국 이상에 걸쳐 전개되는 경영활동”이라고 정의하였다.[2)]

로벅과 시몬즈(S. H. Robock & K. Simmonds)는 국제경영이란 “본질적으로 국경을 초월하여 수행하는 모든 기업활동에 관한 문제, 즉 제품·서비스·자본·생산기술 및 경영상의 노하우(know-how) 등을 다루는 것”이라고 정의했다.[3)]

코스(C. M. Korth)는 국제경영이란 “국제경영은 국경을 넘는 모든 종류의 사업활동을 포함하며, 이러한 사업활동에는 경제적 여러 자원-상품, 서비스(기술, 숙련노동, 수송 등) 및 자본의 국제적 이동이 내포된다”고 정의했다.[4)]

이를 요약해 보면 국제경영이란 국제기업의 경영을 뜻하는 것으로서 기업국제화 현상의 진전에 의하여 급속히 발전된 경영관리의 새로운 국면의 하나로

---

2) R. D. Robinson, *International Business*, New York : Holt, Rinehart & Winston, 1973, p. 1.

3) S. H. Robock & K. Simmods, *International Business and Multinational Enterprises*, R. D. Irwin, 1973, p. 3.

4) C. M. Korth, *International Business Environment and Management*, Prentice Hall, 1985, p. 2.

2개국 이상의 국가영역에 걸쳐서 전개되는 경영활동이고, 본국과 경영환경이 상이한 외국, 또는 국내에서 수행되는 경우일지라도 언어, 풍습, 사고방식이 이질적인 외국인과의 교섭이 전제되는 경영활동이라 할 수 있다.

2. 국제경영의 특성

기업경영활동의 국제화 또는 세계화라는 말은 우리 주변에서 쉽게 들을 수 있으며 오늘날 세계경제질서는 지구촌 자체를 하나의 단일 시장의 토대 위에서 영위되고 있다.

이처럼 거시적인 기업경영환경의 변화를 가능하게 한 것은 기술의 급격한 발전이었으며 기술개발에 의한 통신 및 교통수단의 발달은 정보와 지식의 국제간 교류를 활발하게 확대함으로써 소비자의 욕구와 취향을 범세계적으로 일체

표 13-2 국내기업과 국제기업의 특성비교

환 경	국내기업	국제기업
정치적·법적 환경		
1. 정치지향성(권력·이데올로기)	국가중심적	초국가적
2. 법적 환경(법률·규약·규정)	매우 유사	상이
3. 국가의 주권	한개	다양
4. 정부 정책·규정	동일	상이
경제적 환경		
1. 경제발전단계(저개발·선진공업화)	유사한 단계	상이한 단계
2. 경제제도(자본주의·혼합경제·공산주의)	유사	상이
사회·문화적 환경		
1. 가치관태도(업무성취·위험부담·과학적 방법 및 직무)	동질적	이질적
2. 사회조직(권위·지위·역할·관습·이동성·사회제도)	유사	상이
교육환경		
1. 언어(공식적인 말하기, 쓰기)	한 개	복수
2. 교육제도(질·수준·범위)	유사	상이

화시켜 세계를 하나의 시장으로 구축해 가고 있다.

그러므로 기업의 경영활동은 이러한 환경변화에 적응하면서 유지되어야 하며 기업경영활동에 영향을 주는 세계 각국의 다양한 환경, 즉 정치, 경제, 문화 및 법률적 변수들을 적극적으로 고려해야 한다.

따라서 국제경영은 단순히 국내경영의 연장이 아니라 본질적으로 양자 사이에는 중요한 차이가 존재하는바, 국제경영이 갖는 특성을 요약하면 다음과 같다.[5)]

① 세계성

경영활동이 세계시장을 대상으로 하는 만큼 관리의 내용이 효율적으로 추진되기 위해서는 범세계시장의 동향을 파악하여 이에 적응하는 관리활동이 전개되어야 한다.

② 계획성

해외진출 대상국의 수입규제, 관세 및 환율의 변동, 국제분쟁 등 경영성과에 영향을 미치는 환경의 변화가 부단히 발생하므로 이러한 변동요인에 대하여 치밀한 계획을 세우고 국제경영활동이 수행되어야 한다.

③ 기동성

본국과 지리적으로 먼 거리에 위치한 해외사업 활동이 주가 되는 만큼 현지사정에 적응하는 탄력적이며 기동성 있는 경영활동이 요구된다.

④ 능동성

국제경영활동은 수행하는 기업은 해외사업기회를 포착함에 있어서나 해외진출 자체를 어렵게 하는 애로사항을 극복함에 있어 더욱 진취적이고 능동적이어야 한다.

⑤ 적응성

급격한 경영환경의 변화는 통제가 어려운 만큼 국제기업은 이러한 변화에 창조적으로 적응해 나가야 한다.

---

5) 조희영, 경영학원론, 민영사, 2001, pp. 497~498.

국제경영의 성격이 이상과 같은 특성을 갖고 있고, 또한 국제경영에 고유한 위험과 기회가 있기 때문에 기업의 국제경영활동과 성과 그리고 이에 따른 이론적 배경을 탐구대상으로 하는 국제경영학이 필요하다.

제 5 절 기업의 국제화

1. 기업의 국제화 동기

오늘날 시장의 국제화 추세는 세계적인 현상으로 경영자의 경영이념이나 경영철학도 세계 지향적으로 바뀌고 있으며 기업 활동의 국제화 추세는 갈수록 가속화되고 있다.

기업국제화(business internationalization)란 기업의 사회활동이 국제사회로 진출하는 글로벌 상황을 의미한다. 기업이 이와 같이 해외시장에 진출하는 등 국제화를 적극 추진하는 동기에 대해 브룩과 리머스(M. Z. Brooke & L. H. Remmers)는 기업이 국제화 과정에 대한 광범위한 실증조사를 통해 다음과 같이 3가지로 나누어 설명하고 있다.[6)]

1) 공격적 경영전략 동기

공격적 경영전략의 동기에 대해 살펴보면 다음과 같다.

- 자본 및 설비, 인적자원, 노하우 등의 적극적인 활용을 통한 기업의 수익성 제고
- 각종 생산자원 및 새로운 시장의 개척
- 국내외 시장기반을 유지하기 위한 안정적인 공급선 구축
- 대외적 팽창욕구의 충족 등이 있다.

6) M. Z. Brooke & L. H. Remmers, *The Strategy of Multinational Enterprise*, London : Longman Group, Ltd., pp. 227~229.

2) 방어적 경영전략 동기

방어적 경영전략 동기에 대해 살펴보면 다음과 같다.

- 관세 및 비관세장벽, 수입규제, 독점금지 또는 무역협정상 각종 규제 조치에 대한 효율적 대응
- 해외시장의 보호유지
- 원자재 및 부품 조달의 애로 타개
- 외국의 신기술 및 노하우에 대한 조기 확보
- 경기변동에 따른 위험의 지역적 분산화
- 정치적으로 안정된 지역에서의 새로운 생산기지 확보

3) 기타 동기

기타 국제화 경영의 동기에 대해 살펴보면 다음과 같다.

- 진출대상국가의 금융 세제지원 등 유리한 투자환경의 이용
- 동종업종 경쟁사의 자극
- 기업 내부에서의 국제화 욕구 축적 등이 있다.

2. 기업의 국제화 과정

(1) 기업의 국제화 수준

기업의 국제화 정도는 학자들의 견해에 따라 각기 다르게 구분될 수 있겠지만 코스(C. M. Korth)의 분류를 살펴보면 다음과 같다.[7)]

기업의 국제화 수준은 일반적으로 제1수준에서부터 시작하여 제4수준으로 차례대로 진행해 가지만 경우에 따라서는 어느 한 수준에 정착해 있을 수도 있으며, 또는 자금 조달과 해외에서의 손실을 감소시키기 위해 해외시장을 폐쇄할 때와 같이 역순으로 진행할 때도 있다.

7) C. M. Korth, *International Business, Environment and Management*, PrenticeHall, 1985, p. 7.

표 13-3 기업의 국제화 수준

구분	제1수준	제2수준	제3수준	제4수준
해외시장과의 거래의 성격	간접적·수동적	직접적·적극적	직접적·적극적	직접적·적극적
국제적 활동의 본거지	국내	국내	국내 및 해외	해외
회사의 지향성	국내적	국내적	국외적	다국적(국내활동도 전체의 일부로 봄)
국제적 활동의 유형	제품·서비스의 해외거래	제품·서비스의 해외거래 수출·입	해외거래 및 해외 직접투자	해외거래 및 해외 직접투자
조직구조	전통적·국내적	국제부	국제사업부	범세계적 구조

그리고 어느 한 수준만이 아니고 각 시장의 특성에 따라 두 수준 이상을 동시에 택하는 경우도 있다.

1) 제1수준의 국제화

제1수준의 국제화는 기업이 단지 간접적이거나 수동적인 국제거래만을 수행하는 정도의 수준이다.

이와 같은 수준의 기업은 보통 해외의 고객이나 공급업자와 해당기업이 직접 거래하기보다는 중개역할을 하는 제3의 기업의 지원하에 이루어지는 것이 보통이다.

이 수준의 국제화에서는 아직 전담부서를 따로 설치할 만큼 거래의 규모나 중요성이 크지 않기 때문에 국제거래만을 전담하는 부서가 따로 없이 기존의 부서가 국제 업무를 겸하는 경우가 많다.

2) 제2수준의 국제화

제2수준의 국제화에서는 기업이 직접 해외 판매자와 거래를 한다. 이 수준에서도 중개상을 이용하기도 하지만 기업이 직접 해외고객이나 공급업자들을 탐색하기 때문에 기업은 수출입을 전담하는 부서를 따로 둔다.

또한 해외에 자회사를 갖고 있지 않기 때문에 해외고객과의 관계를 개선하고 필요한 해외시장정보를 수집하기 위해 경영자가 직접 해외거래처를 정기적으로 방문하기도 한다.

3) 제3수준의 국제화

기업의 국제거래의 규모가 증대되고 또한 그 중요성도 보다 높아졌을 때 기업이 수출입을 직접 수행하는 것 이외에도 해외에서 독자적으로 직접 제품이나 서비스를 생산·공급하는 제3수준의 국제화를 하게 된다.

이 수준에서는 해외에 상주하는 직원들 따로 두고 본사의 조직도 국제부가 아니라 국제사업부로 그 역할과 명칭이 바뀌게 된다.

4) 제4수준의 국제화

제4수준의 국제화는 기업이 국내 지향주의에서 벗어나 다국적 지향주의를 택하는 단계이다. 기업의 활동시장을 전 세계시장으로 보며 국내시장은 단지 그 일부에 불과한 것으로 간주한다.

이 수준의 기업은 세계기업 또는 다국적기업이라고 한다. 따라서 이러한 기업은 전체이익이나 매출액의 상당한 부분이 해외로부터 유입되며 해외에 투자된 자산도 큰 비중을 차지한다.

이상 기업이 국제화되어 가는 단계를 살펴보았는데 각 단계에 따라 기업의 해외활동 내용도 각각 다르다. 즉, 제1수준에서는 단순히 수출입활동을 수행하다가 차츰 고수준으로 진입해갈수록 라이선싱(licensing), 또는 프랜차이징(franchising), 경영계약(management contract), 조인트 벤처(joint venture), 그리고 최종적으로 해외직접투자(foreign direct investment)로 발전해 나간다.

이러한 활동단계도 반드시 절대적인 것은 아니다. 대기업의 경우 각 시장에 별개의 활동단계나 수준을 동시에 적용하는 경우가 많기 때문에 국제화수준 단계는 하나의 해외진출 전략으로 볼 수 있다.

(2) 국제화 기업의 유형

기업의 국제화 단계에 따라 국제경영 관리방식도 변화하는데 본사와 현지 자회사들 간의 역할과 책임 및 권한에 따라 그 유형도 다르다.

그림 13-2 국제화 단계

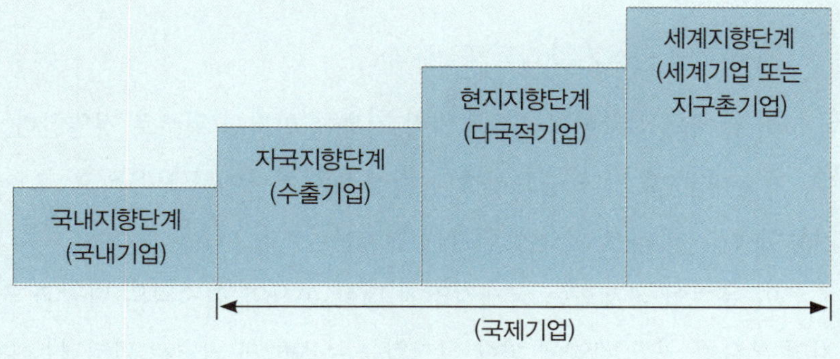

히낸과 펄뮤터(D. A. Heenan & H. V. Perlmutter)는 국제경영이 관리방식을 경영층의 경영방식과 국적의식 지향성에 따라 본국에로의 지향성이 강한 본국지향주의(ethnocentrism), 진출지역에서 조화를 지향하는 다국중심기업(polycentric enterprise), 세계적인 경영전략을 기초로 하여 범세계성을 지향하는 지구촌중심기업(geocentric enterprise)으로 분류하고 있다.[8)]

이와 같은 국제화의 발전단계에 대하여 펄뮤터는 최고경영자의 국민에 대한 심리적 태도, 현지국과 본국과의 환경의 차이, 모회사와 자회사 간의 경영자원관계 등에 따라 기업국제화 유형이 결정된다고 보고 특히 국제경영에 관한 최고경영진의 의식이 국제기업의 유형을 특징짓는 결정적인 요인이라고 하였다. 즉 경영자의 의식이 어느 형태에 속하는가에 따라 국제화 유형이 결정된다고 하였다.

1) 자국 중심기업(자국 민족 중심주의)

최고경영자의 의식이 자국 민족 중심으로 타국 민족에 대한 편협한 생각을 가지는 경우의 국제화 유형이다.

경영계획을 포함한 중요한 결정은 모두 본사 경영진에 의해 결정하고 자회사의 통제는 중앙집권방식에 의한다.

8) 박세홍 외 5인, 경영학원론, 청목출판사, 1999, p. 551.

그리고 자회사의 요직은 본사 파견사원이 차지하고 모든 의사결정이 본사에서 이루어지고 현지 자회사는 단지 본사의 지시대로 행하는 역할을 한다.

2) 현지국 중심기업(다국 중심주의)

이 단계에서는 현지사정에 가장 정통한 현지인 위주로 경영한다. 그러나 재무, 기술개발 및 기타 중요사항의 결정권은 본사에서 보유하고 그 이외의 것은 가능한 한 각국의 자회사에 권한을 위양한다.

이 유형이 국제화는 국제경영에 대한 본사와 현지와의 마찰과 저항이 많아지면 본사가 권한 위양에 의한 현지화를 추진하게 되면서 나타나는 현상으로 본사와 해외자회사 간의 의사소통이 비교적 적고 자회사의 인재를 본사 최고경영진으로 등용하는 일은 거의 없다.

3) 세계 중심기업(지구촌 중심주의)

이 단계에서는 국가주의적 편견이 배제되고 범세계화에 중점을 두는 상태의 국제화 유형이다.

이 유형의 국제화는 기업이익과 국가이익을 일치시켜 각국의 법제도와 정치의 허용범위 내에서 기업의 경영자원과 환경요인의 최적화를 세계적 시각에서 실현하는 것이다.

즉, 국가적·지역적 목표를 세계적 관점에서 실현하는데 모회사와 자회사는 상호의존적 관계를 가지고 유기적 기능을 수행한다. 인재는 국적에 관계없이 능력에 따라 등용하며 기업의 소유권은 다국적으로 분산되고 최고경영진도 국적에 관계없이 다수 국적인들로 구성된다.

펄뮤터는 오늘날 많은 국제기업은 자국 중심주의, 다국 중심주의, 지구촌 중심주의의 혼합상태이며 기업이 계속기업을 생존하기 위해서는 지구촌 중심주의의 방향으로 나아가야 한다고 주장했다.

3. 기업의 국제화 형태

(1) 수출방식에 의한 해외진출

1) 간접수출

특정 기업체가 처음으로 해외시장에 진입할 때 가장 기초전략으로 상품을 수출하되 간접수출부터 시작한다.

국내 중간수출업자를 통해 수출하는 경우로 수출경험이 없거나 수출 전문 인력을 이용할 수 없는 경우 또는 수출물량이 적은 경우에 이용된다.

2) 직접수출

직접수출은 생산업체가 해외시장에 있는 현지수입·유통업체·현지의 제조업체와 실수요자 등을 상대로 상품을 직접거래로 수출·판매하는 것이다.

해외시장에 상품을 직접 수출할 정도의 생산업체는 본사 조직의 일부로서 수출 부서를 운영하며 현재의 수출규모가 크거나 향후 해외시장 진입, 침투를 확대하려면 해외지사를 운영할 수도 있다.

(2) 국제계약방식에 의한 해외진출

1) 라이선싱(licensing)

라이선서(licensor : 면허자, 특허자)가 보유하고 있는 특허나 노하우, 등록상표, 공정기술 등 상업적 자산을 일정한 로열티(royalty)나 수수료를 받고 라이선시(licensee : 허가된 자)에게 제공하기로 하는 라이선싱 계약을 체결하여 해외시장에 진출하는 경영방식이다.

이 경우 국내생산원가가 너무 높을 경우, 수출현지까지의 운송비가 너무 많이 소요될 경우, 현지정부의 규제 때문에 현지생산이 불가능한 경우에 적합하다. 대표적인 예로 코카콜라, LG, IBM, 아남 니콘 등이 있다.

2) 프랜차이징(franchising)

프랜차이저(franchiser : 특권, 특허권을 가진 자)가 소유권이 독립된 프랜차이지(franchisee : 총판권자, 가맹점)로부터 일정한 수수료를 받고 상표 등에 대한 사용권을 허가해 주고 기업의 운영까지를 지원해 주는 라이선싱의 한 형태이다.

소유권과 경영권의 이전은 없고 마케팅 노하우만 거래대상이 된다. 대표적인 예로 즉석식품, 자동차 임대업, 건설, 음료, 호텔, 주유소 등이 있다.

3) 경영상담계약(management contract)

일정 기간 동안 계약당사자 중 한 기업이 다른 파트너가 소유하고 있는 기업을 대신 경영해 줌으로서 그 기간 동안 경영에 필요한 비법과 관리시스템을 이전키로 약정하는 계약이다.

경영담당 파트너는 관리적 노하우의 제공대가로 합작업체의 일부 소유권이나 로열티 또는 관리 대가를 받게 된다.

4) 턴키프로젝트(turn-key project)

특정 기업이 외국으로부터 공장이나 기타 산업시스템을 발주 받아 이를 설계하여 건설하고 초기 운영까지를 담당한 후 프로젝트를 완공하여 발주자에게 제공하는 방식이다. 플랜트수출(plant export)이라고 한다.

대표적인 예로 발전플랜트, 비료플랜트, 화학플랜트, 제철 및 제강플랜트 등이 있다.

5) 계약생산

생산능력이 있는 현지 기업을 선정하여 그 기업으로 하여금 자사가 요구하는 제품을 생산하여 공급하도록 하는 계약을 체결하고, 이 계약하에서 생산된 제품에 대한 마케팅은 자기 기업이 책임지는 방법이다.

주문자상표 부착방식(Original Equipment Manufacturing : OEM)에 의한 수출도 일종의 계약생산으로 볼 수 있다.

6) 전략적 제휴

경쟁관계에 있는 기업이 일부 사업 또는 기능별 활동부문에서 경쟁기업과 일시적인 협조관계를 갖는 것을 의미한다. 대부분 선진국 경쟁기업 간에 신규회사를 설립하지 않고 형성되는 것이 특징이다.

(3) 해외투자방식에 의한 진출

해외투자는 크게 직접투자, 간접투자(증권투자)로 나누어진다. 그리고 직접투자방식은 단독투자와 합작투자로 구분된다.

1) 단독투자(sole venture)

해외기업 의결권주의 95% 이상을 소유하여 진출하는 것으로 완전소유 자회사라고 한다. 단독투자는 새로운 기업을 신설하는 방식이나 기존 기업을 인수·합병하는 방식을 이용할 수 있다.

2) 합작투자(joint venture)

2개 이상의 기업, 개인 또는 정부기관이 영구적인 기반 아래 특정 기업체의 운영에 공동으로 참여하는 국제경영방식으로 전체 참여자가 공동으로 소유권을 갖는 것을 특징으로 한다. 특히 합작투자는 현지 파트너의 기여를 필요로 하는 경우 주로 이용된다.

공동 소유의 대상은 주식자본, 채무, 유·무형 고정자산, 경영노하우, 기술노하우 등 다양하다.

제 6 절
다국적기업

1. 다국적기업의 의의

다국적기업(multinational enterprises)이란 생산·판매의 거점을 본국뿐만 아니라 여러 나라에 걸쳐 배치하는 거대기업을 말한다. 다국적기업이란 용어가 학술용어로 1950년대 후반에 처음 사용되기 시작했다.

1960년 릴리엔탈(Lilienthal) 교수가 카네기공과대학에서 발표한 "Management of Multinational Corporations"라는 논문에서 다국적기업이란 정의를 "한 나라에 본사를 두고 문화와 법률, 관습이 다른 나라에 진출하여 활동하는 기업"이라고 정의했다.[9)]

다국적기업의 경영전략은 거대한 자본력과 탁월한 기술에 의하여 세계적 시야에서 수출활동, 기술제휴, 합작사업, 현지생산, 현지마케팅 등을 포함해서 일체의 사업 활동을 국제적 규모에서 추진하는 데 있다.

다국적기업은 국제사회에 존재하는 새로운 국제 분업의 한 패턴으로서 세계도처에서 자회사 또는 계열기업으로 구성되어 활동을 하지만 한 곳에 있는 본사에 의해 통제되고 있는 관련 회사들의 집합이다.

주요 다국적기업의 예를 들면 다음과 같다.

- 자동차회사 : GM, Ford, Toyota, Benz, Chrysler, Hyundai 등
- 석유회사 : Exxon, Mobil, Royal Dutch/Shell, Texaco 등
- 전자회사 : IBM, General Electric 등

9) 김중배, 국제경영학, 형설출판사, 2001, p. 29.

2. 다국적기업의 특성

다국적기업은 경영전략을 전개함에 있어 2가지 특성을 나타내고 있다. 현지화(localization)와 통합화(unification)를 들 수 있다.[10)]

(1) 현지화

투자대상국가의 기후조건, 경제적 여건, 내셔널리즘 등에 다국적기업의 활동을 조화시켜 나가는 것을 의미하는 것으로 투자대상국의 사정에 따라 제품계획과 생산체제, 마케팅방식이 달라지고 분권관리를 도입하게 된다.

현지화를 촉진시키기 위한 방안으로 부품의 현지조달, 현지인 경영자 채용, 합작을 통한 현지자본 이용, 이익의 현지법인에의 재투자 등이 있다.

다국적기업의 현지화전략은 해외사업의 초기단계에서의 해외공장의 수가 적을 경우나 단순히 제품기술의 해외이전을 목적으로 할 경우 채택된다.

(2) 통합화

범세계적 전략 입장에서 가능한 한 제품의 표준화와 통일화로 마케팅 및 로지스틱 등의 전략을 공통적으로 적용하려는 것이다.

다시 말해 생산의 국제성, 경영계획의 세계적 기준성 등을 통해 세계시장의 최적화를 이루려는 것이다. 해외공장이 수개국에 분포되어 있고 마케팅능력이나 경영능력을 포함하여 기업자원의 국제적 이전을 도모하고자 할 경우 다국적기업은 이 같은 통합화를 추구하는 것이다.

3. 다국적기업의 효과와 문제점

(1) 다국적기업의 효과

다국적기업의 해외진출이 미치는 경제적 효과는 투자국과 투자대상국의 경

10) 정경섭, 경영학원론, 법문사, 1988, p. 457.

우에 각각 상이하게 나타난다.[11)]

1) 투자국의 입장

- 외국에의 직접투자는 인력·자본·경영과 기술 등 생산자원의 해외진출을 수반함으로써 기업이윤과 요소소득을 해외에서 획득하게 된다.
- 과잉자원을 해외에 수출함으로써 높은 요소소득을 취득하게 된다.
- 외국투자의 무역에 대한 효과는 우선 수출증대를 들 수 있다. 그러나 수출증가효과는 투자국의 수출품과 경쟁관계에 있게 될 경우에는 상계효과를 나타내게 된다.
- 외국투자의 국제수지에 대한 효과는 투자수익이 증가하여 국제수지의 흑자요인을 형성한다.
- 외국에의 직접투자로 자본, 경영 및 기술의 상품무역을 대체한다.

2) 투자대상국의 입장

- 국내 저축의 부족과 국제수지의 역조를 극복할 수 있고, 인플레이션의 위험 없이 개발계획을 수행할 수 있다.
- 새로운 산업이 개발됨으로써 국내기업가에게 투자활동을 자극하는 선도적 기능을 담당한다.
- 외국인투자는 요소소득을 증대시키고, 선진기술과 경영을 전파시키는 매개적 역할을 하며, 국내자본 형성을 자극하는 역할을 한다.
- 생산시장 및 가격구조에 변혁을 가하여 국내무역을 확대시키고, 외부경제를 창출함으로써 저개발국의 경제발전을 촉진하게 된다.

(2) 다국적기업의 문제점

다국적기업의 해외진출은 투자국이나 투자대상국에 다 같이 큰 경제적 효과를 가져다 준다. 그러나 현실적으로 외국인투자는 본래의 이념대로 지켜지지 못함으로써 개발도상국과 마찰을 일으키게 되어 경제발전을 저해시키는 결과를 초래하게 된다.

---

11) 윤훈현·김재명, 최신경영학원론, 석정, 1999, pp. 512~515.

1) 투자대상국과 마찰의 이유

- 다국적기업은 투자대상국에 재투자하기보다는 본국에 더 많은 이익과 이자, 로열티 수입을 송금함으로써 대상국가의 국제수지를 악화시킨다.
- 다국적기업이 본국이나 본사를 위해 경영전략을 수립하고, 이를 달성하기 위해 투자대상국 정부에 지나친 경제적·정치적 압력을 가하게 된다.
- 투자대상국에 적합하지 않은 기술과 경영관리를 이전함으로써 투자대상국의 경제개발에 실제로 기여하지 못하고 있다.
- 다국적기업의 구성원과 투자대상국 직원들과의 경영상의 마찰로 경영의 불협화음이 잦은 경우가 있다.

2) 투자대상국에 대한 문제점

- 외국인 투자가 원료개발을 위한 채취산업에 집중되면 그에 필요한 기계나 원재료가 유입되는 반면, 생산물은 유출되어 국내자본의 투자기회를 박탈함으로써 경제의 예속화를 가져온다.
- 외국인투자가 사치성 소비재산업이나 비생산적 서비스 부문에 집중되면 경제의 균형적인 발전이 저해되며, 전시효과를 자극하여 소비성향을 높임으로써 국내 자본형성을 저해한다.
- 동일산업분야에서 경쟁관계에 있는 국내기업을 위축시키게 되며, 또한 새로운 산업에 대한 투자는 국내기업의 투자기회를 상실하게 한다.
- 외국인 투자는 국내생산요소의 수요를 증대시킴으로써 유휴자원을 개발하지만 이것이 완전고용수준을 초과하면 국내 한계생산 기업의 조업을 중단시킨다.
- 외국인 투자기업이 원자재 등의 해외의존도가 높은 경우, 그리고 수출이나 국내시장을 목표로 하는 산업에 투자하는 경우에는 수입만을 증대시킨다.
- 저개발국에 대한 외국인 투자는 경제의 이중구조를 심화시킬 우려가 있다.

제 7 절
국제기업의 경영환경

1. 현지국의 경제적 환경

국제경영활동은 기본적으로 국가 간 경제적 환경의 차이에 의해 발생된다고 해도 지나치지 않다.

애덤 스미스(A. Smith)의 절대 우위론, 리카도(D. Ricardo)의 비교 우위론 등 고전적 무역이론에서 주장하는 바와 같이 부존자원 등 국가 간 경제적 요인의 차이는 국제경영활동을 촉발시키는 기본적인 동인이다.

또한 국경을 초월한 기업 활동이라는 국제경영의 정의에서 볼 때 국제경영활동을 전개하는 기업에 있어서 진출하고자 하는 현지국의 경제적 환경의 파악은 국제경영업무의 기본이 된다.

한 국가의 경제적 환경은 경제를 이끌어 나가는 주체로서 인적요소와 주체행위의 대상으로서 객체적 물적요소, 그리고 외부기회로 구성된다.[12)]

(1) 인적요소

1) 근로자

현지국의 노동력에 관한 제반 요인들이 여기에 속한다. 이용 가능한 노동인력의 규모와 근로자의 임금수준, 교육수준, 작업숙련도, 임금 대비 생산성 등 근로자의 질적 특성, 그리고 조직에 대한 소속감, 상급자에 대한 복종심, 근로에 대한 열정 등이 중요한 요인이 된다.

---

12) 김희철, 국제경영, 학문사, 1999. pp. 68~71.

2) 정치가와 행정관료

정치가와 행정관료는 현지국의 경제정책을 입안하고 이를 실행에 옮기는 경제주체로서 의미가 있다. 따라서 현지국의 정치가와 행정관료들이 지향하고 있는 거시경제정책 및 산업정책의 기조에 대한 파악은 현지국의 경제상황을 파악하는 데 핵심적이다.

특히, 국제기업에 있어서 이들은 외국인 투자기업에 대한 규제 또는 지원정책을 수립하는 주체로서, 외국인 투자에 대한 기본적인 정책기조는 현지의 투자의사결정에 중요한 요소이다.

3) 기업가, 전문경영자와 기술자

현지국의 산업을 이끌어가고 있는 창업자로서 기업가, 그리고 현지기업의 전문경영자와 기술자는 현지국의 경제적 역동성과 발전가능성을 전달할 수 있는 좋은 지표가 된다.

국제기업의 입장에서 이들은 경쟁기업의 경영자로서뿐만 아니라 국제협력전략의 잠재적 파트너로서도 의미가 있다.

(2) 물적요소

1) 물적자원

특정국가의 물적자원은 부존자원과 창출자원으로 구성된다. 부존자원은 석유, 금, 은 등 천연자원과 토지, 물, 공기 등의 지리적 자원으로 나눌 수 있다.

창출자원은 개인, 기업, 정부 등이 노력을 통해 창출한 물적자원, 재무자원, 기술자원, 사회간접자원 등을 포함한다.

현지국의 물적자원은 현지국의 투자매력도뿐만 아니라 현지기업 활동에 중요한 의미를 가진다.

2) 경영환경

경영환경은 국가차원, 산업차원 그리고 기업차원의 변수로 분석할 수 있다. 국가차원의 변수는 자본주의에 대한 그 나라의 긍정적 의식, 시장 메커니즘에 대한 이해, 생산자·상인, 소비자 등 시장구성원의 질서의식과 신용, 조세제도 등을 포함한다.

산업차원의 변수로는 경쟁자의 수와 규모, 진입장벽의 종류와 높이 산업의 거래관행 등을 들 수 있다. 기업차원의 변수로는 기업의 전략과 조직 등이 있다.

현지국가의 경영환경은 국제기업이 특정산업에의 진입 여부를 결정하거나 해당산업에서 경쟁전략을 수립하고자 함에 있어서 고려해야 할 주요 변수들이다.

또한 현지국의 특정산업에 고유한 상관습 및 윤리, 유통체계 등에 대한 이해는 현지경영활동에 있어서 필수적이다.

3) 관련 산업

관련 산업은 수직적 관련 산업, 수평적 관련 산업 그리고 지원 산업으로 구분해 볼 수 있다.

수직적 관련 산업은 다시 상류부문과 하류부문으로 나눌 수 있고, 수평적 관련 산업은 같은 기술이나 원재료 유통, 마케팅을 활용하는 산업을 들 수 있으며, 지원 산업은 제조 산업에 대한 금융, 보험, 정보, 수송 등 서비스 부문을 포함한다.

현지국의 특정 산업에 진출할 경우 관련 산업의 발전 정도 등 관련 산업변수는 경영성과에 영향을 미치는 주요 요소의 하나이다.

4) 수요

수요에는 시장규모라는 양적 특성뿐만 아니라 현지시장의 질적인 특성이 포함된다. 시장규모나 시장잠재력을 나타내는 주요 변수로는 국민총생산 및 성장률, 인구규모 및 증가율, 1인당 국민소득 등이 있다. 질적인 변수에는 물가수준 및 상승률, 국민경제의 대외의존도 등이 포함된다.

(3) 기회

기회는 성격상 예외적이고 단속적이며 예측 불가능한 변수이다. 따라서 현지국에 발생가능한 기회를 사전적으로 예측하는 것은 매우 어렵다.

단, 특정국가 주변에서 발생한 우연한 기회가 그 국가경제에 큰 영향을 미친다는 것은 많은 사례를 통하여 알 수 있으므로 이러한 기회요인도 현지국의 경제적 환경 분석에 고려되어야 할 주요 요인이 될 수 있다.

2. 국제무역환경

제2차 세계대전 이후 1980년대 말까지 세계경제는 동서냉전이라는 정치적 틀과 GATT에 의한 자유무역체제라는 2개의 축을 바탕으로 발전해 왔으나 1990년대 들어와서는 새로운 정치·경제 질서가 태동되면서 국가 간의 경쟁도 종래와는 질적으로 다른 근본적인 구조변화를 보이고 있다.

(1) 국제무역환경의 특성

경제대공황과 제2차 세계대전을 거친 1940년대 후반 세계는 성장과 안정을 위해서 협력이 필요하다는 분위기 속에서 각종 경제협력 형태가 이어졌다.

즉 제2차 세계 대전 이후 국가 간의 경제적 마찰을 줄이고 국제경제의 조화로운 발전을 도모하기 위하여 브레턴우즈(Bretton Woods)체제가 출범되었다. 브레턴우즈체제는 무역부문에서 GATT, 통화금융 부문에서는 IMF, 국제부흥 및 개발 부문에서는 IBRD를 설립하여 세계경제 운영의 근간이 마련되었고, 이를 토대로 전후 세계경제의 회복과 성장을 이룩하였다.

브레턴우즈체제는 시간이 흐르면서 과학과 기술의 진보, 세계경제의 역학구도 변동 등으로 인하여 많이 변모되어 현재의 국제무역 및 경제환경은 다음과 같은 특성을 가지고 있다.

- 글로벌화
- 세계경제의 다극화
- 지역주의
- 다자간, 쌍무 간 국제협력주의
- 기술 및 지식의 중요성 증가

(2) GATT(관세 및 무역에 관한 일반협정)

제2차 세계대전이 끝난 후 연합국 정상들은 1930년대의 각국의 무역장벽 강화와 국제통화제도의 불안정에 따른 무역마찰이 제2차 세계대전을 유발시킨 원인이 되었다는 점에 반성하고, 1944년 브레턴우즈회담(the Bretton Woods Conference)에서 국제통화질서 회복차원에서의 국제통화기금(IMF)과 전후 복구를 위한 세계개발은행(IBRD)을 창설하고, 세계무역체제의 질서 확립을 위해서는 국제무역기구(International Trade Orgainzation : ITO)를 설립하는 데 합의하였다.

그러나 국제무역기구의 설립협상의 주도적 역할을 하던 미국이 자국의 의회에서 승인을 받지 못하게 되어 결국 ITO의 설립이 실패로 돌아갔고, 1946년 ITO헌장의 초안 중 일부인 관세 및 무역에 관한 규정을 발췌하여 23개국이 서명함으로써 '관세 및 무역에 관한 일반협정'(General Agreement on Tariffs and Trade : GATT)이 출범하게 되었다.

결국 불완전한 기구가 되기는 했으나 GATT는 자유무역을 통해서 세계 교역증대와 인류의 공존·공영과 후생을 증진시킨다는 취지하에서 1948년 1월 1일 협정문이 발효되었다.

GATT는 국제무역의 증대를 통한 전 세계의 경제발전을 궁극적인 목표로 삼고, 협정문 전문에서 그 이념으로 인류의 생활수준 향상, 완전고용의 실현 및 실질소득과 유효수요의 증대, 세계 자원의 완전 이동, 상품생산과 교역의 확대 등을 제시하였다.

이러한 기본목표를 달성하기 위해 자유무역주의, 무차별주의, 다자주의 등 일반적인 원칙을 두고 있었다.

GATT가 국제무역의 확대를 도모하기 위하여 가맹국 간에 체결한 협정내용은 다음과 같다.

- 회원국 상호간 다각적 교섭으로 관세율을 인하하고 회원국 간 최혜국대우를 베풀어 관세의 차별적 대우를 제거한다.
- 기존 특혜관세제도(영연방 특혜)는 인정한다.
- 수출입 제한은 원칙적으로 폐지한다.

- 수출입 절차와 대금 지불의 차별대우를 하지 않는다.
- 수출을 증대시키기 위한 여하한 보조금의 지급도 금지한다.

우리나라는 1967년 4월 1일 정회원국이 되었다.

(3) UR(우루과이라운드)과 WTO(세계무역기구)

1) UR

GATT(관세 및 무역에 관한 일반협정)는 그동안 다자간 무역협상을 통하여 국제무역의 발전에 크게 기여했다. 그러나 1960년대에 들어서면서 선진국 경제의 둔화, 1차·2차 석유파동 등으로 세계 경제는 더욱 침체되었다.

1980년대에 들어서면서 나타나기 시작한 선진국들의 저성장, 고실업, 신흥공업국의 성장과 선진국들의 산업구조조정 실패 등은 자유무역주의, 무차별주의, 다자주의를 일반원칙으로 하는 GATT 체제를 크게 약화시켰으며, 이는 새로운 국제무역체제의 필요성을 제고시켰다.

GATT 체제의 약화는 세계경제의 구조적 변화라는 외생적인 요인과 더불어 GATT 체제 자체의 내부적인 결함에도 크게 기인하였다.

GATT는 명실 공히 세계적인 기구로서의 단일체적인 역할과 기능을 수행하지 못함으로써 여타의 국제기구와는 달리 의사결정 권한이 극히 제약되어 있었고, 결정사항에 관한 집행력도 크게 결여되어 있었으며, 가입국의 의무불이행에 따른 분쟁이 발생하여도 효과적인 대응능력을 보유하지 못하고 있는 실정이었다.

또한 GATT는 첨단기술 제품과 서비스 등 새로운 무역이 계속 대두되고 있음에도 이에 대한 적절한 규범을 제시하지 못했다.

내·외적 요인으로 GATT를 중심으로 한 다자간 교역체제가 크게 약화되자 GATT는 1990년대 및 2000년대의 국제교역 질서를 강화하기 위하여 1986년 9월 우루과이라운드(UR)를 공식 출범시켰다.

1986년 9월 우루과이의 푼타델에스테(Punta Del Este)에서 협상을 개시하여 7년 반 동안 끌어온 우루과이 협상은 1994년 12~15일 모로코의 마라카시(Marrakesh)에서 개최된 UR 각료회의를 끝으로 협상이 타결되었다. 전 세계 협상 참가국 125개국의 대표들은 GATT의 한계를 극복하고, 향후 국제무역질서를 더욱 효과적으로 규율하기 위하여 WTO(World Trade Organization : 세계무역기구)를 신설하는 데 합의하게 되었다.

이에 따라 1947년 10월 제정되어 그간 47년여 동안 세계교역을 관할해온 GATT 체제는 신GATT 체제라 할 수 있는 WTO 체제가 출범함으로써 그 막을 내리게 되었다.

2) WTO

세계무역기구(World Trade Organization : WTO)는 세계 대부분의 국가 간의 무역에 관한 규칙, 즉 다자간 무역규범을 결정하고 유지하는 국제기구이다.

WTO는 세계은행(IBRD)과 국제통화기금(IMF)의 자매기구로 창설되어 GATT의 행정기구를 흡수하고 총괄협의회 산하에 상품, 서비스, 지적재산권 보호 등 GATT가 다루지 않았던 분야를 포함시켰으며, 다자간 무역체제의 기능을 획기적으로 강화하였다.

WTO의 출범으로 공산품의 관세, 비관세 등 모든 무역장벽들이 철폐 또는 한층 더 완화됨으로써 어느 국가를 막론하고 대폭적인 시장개방이 이루어질 것이며, 협정의 규율대상범위도 공산품교역에 국한되어 왔던 GATT에 비해 WTO 체제하에서는 국제무역질서의 포괄범위를 확대하여 농산물과 섬유, 서비스, 지적재산권, 투자 등 모든 분야의 국제거래의 협정이 적용되었다.

또한 거의 모든 무역활동에 있어서 국가 간섭의 여지가 축소되고, 세계 시장에서 기업이 보다 자유롭게 경쟁할 수 있는 이른바 '무한경쟁시대'를 도래시켰다.

WTO 체제의 특징은 다음과 같다.

① 독립적인 법인격을 갖춘 국제기구

WTO 체제는 브레턴우즈체제가 목표로 했던 IMF, IBRD, ITO라는 삼두체제의 완성을 나타낸다.

② 광범위한 규제 철폐

시장개방 확대 조치로서 공산품분야에 관세인하, 섬유부문의 수입제한장벽 철폐, 회색지대조치(수출자율규제) 철폐 등을 실시하였다. 또한 농산물분야에 있어 예외 없는 관세화, 관세의 단계적 감축, 최소시장접근 및 현재의 시장접근에 의한 수입기회보장방법 등을 통한 시장개방조치를 강화하였으며, 서비스분야는 155개 업종을 대상으로 한 자유화가 추진되었다.

③ 국제무역규범의 제정과 강화

공정하고 명료한 무역규범을 마련하기 위해 무역정책 검토기구(trade policy review body : TPRB)를 설치하였으며, 각 회원국의 무역정책과 관련제도 및 관행을 정기적으로 평가하기 위한 무역정책과 관련 제도 및 관행을 정기적으로 평가하기 위한 무역정책 검토제도도 실시하도록 하였다.

④ 협정위반자에 대한 제재조치의 강화

GATT 체제가 상설분쟁기구가 없음으로 인해 국가 간 분쟁이 발생 시 권고조치만으로 끝나던 것을 실질적으로 분쟁을 해결하기 위해 상설기구인 분쟁해결기구(dispute settlement body : DSB)를 설치하여 해결하도록 하고 있다.

특히 분쟁해결이 단계적 절차와 이행 기간을 명료화하였으며, 분쟁기구의 결정사항이 용이하게 집행될 수 있도록 하기 위해 교차보복(cross retaliation)의 조치를 취할 수 있도록 하였다.

(4) 신보호무역주의와 지역경제통합

1) 신보호무역주의

제2차 세계대전 이후 미국을 중심으로 한 자유무역체제가 성립된 이래, 세계 경제는 고도성장을 지속하였다.

이러한 고도성장과 함께 무역은 더욱 확대되고 경제성장의 원동력 역할을 수행하게 되었다. 그러나 1970년대 들어 미국의 경제력 쇠퇴, 국제통화체제의 동요와 석유파동 이후의 세계경제불황 등으로 순조롭게 추진되던 자유무역 분위기가 퇴조하기 시작하고 새로운 보호주의, 즉 신보호무역주의(new-protectionism)의 경향이 대두되었다.

기존 고전적 보호무역주의에 비해 신보호무역주의 특징으로 요약하면 다음과 같다.

첫째, 과거 개도국들이 공업화하는 과정에서 유치산업의 보호와 육성을 위하여 보호무역을 실시하였다. 그러나 오늘날 선진국들은 경쟁력을 상실한 자국의 사양 산업을 보호하기 위하여 보호무역을 실시하고 있다.

이러한 선진국의 신보호무역주의는 사양산업인 노동집약적 산업을 보호함으로써 자국의 고용을 유지하는 데 목적이 있다.

둘째, 고전적 보호무역주의는 주로 관세라는 수단에 의해 유치산업을 보호해 왔는데 신보호무역주의에서는 비관세장벽(NTB)이 주로 이용되고 있다. 그 이유는 전후 GATT에서도 다자간 무차별주의를 적용하였다. 그러나 신보호무역주의는 미국 등 선진국에 의해 상호주의가 주로 사용되고 있다. 이러한 상호주의는 차별적 성격이 강해 GATT에 의한 다자간 무차별주의와는 달리 무역을 제한하는 성격이 강하다.

미국이 우리나라 시장에 대해 행하고 있는 개방 압력은 신보호무역주의의 한 가지 형태이다.

넷째, 신 보호무역주의에서는 상품을 그 주된 보호대상으로 하던 고전적 보호무역주의와는 달리 금융, 보험, 지적재산권 등 서비스 산업에까지 그 대상을 확대하고 있다.

이러한 추세는 미국 등 선진국이 이러한 산업분야에서 국제적인 비교우위를 가지고 있는 것과 밀접한 관련이 있는 것으로 생각한다.

신보호무역주의 강화는 미국, EC 등 선진국들로부터 많은 개도국에 이르기까지 전 세계적으로 확산되고 있으며, 대상품목도 공산품은 물론 서비스산업에 이르기까지 그 대상이 점차 확대되었다.

2) 지역경제통합

지역경제통합이 세계적으로 급속히 확산되고 있다. 지역경제통합이란 경제적으로 상호의존성이 높은 국가들이 동맹을 결성하고, 역외국에 대해서는 기존의 관세 및 비관세장벽을 그대로 유지하면서 동맹국 상호간의 재화 및 생산요소의 자유이동을 도모하는 경제협력체제라고 정의할 수 있다. 지역경제통합의 정도와 진행과정에 따라서 4단계로 구분할 수 있다.[13)]

① 자유무역지역(free trade area : FTA)

자유무역지역이란 경제통합에 참가한 각 가맹국 상호간에는 상품 이동에 대한 일체의 무역제한 조치를 철폐하여 역내에서는 자유무역을 보장하는 한편 역외의 비가맹국에 대해서는 각국이 독자적인 관세정책 및 무역제한조치를 취하는 형태의 경제통합이다.

북미자유무역지역(North America Trade Agreement : NAFTA), 라틴아메리카경제연합(Latin American Integration Association : LAIA) 등이 이의 예이다.

② 관세동맹(customs union)

관세동맹은 자유무역지역에서 한 걸음 더 나아가 역외공동관세(common external tariff)를 부과하는 형태의 경제통합이다.

즉 가맹국 상호간에는 상품의 자유이동이 보장될 뿐만 아니라 역외 비가맹국으로부터의 수입에 대해서는 공동의 수입관세를 부과한다.

그러므로 이것은 관세에 관한 한 단일 경제단위가 되어 가는 상태이며 간접수입의 가능성은 배제된다. 중앙아메리카공동시장(Central America Common Market : CACM), 카리브공동시장(Caribbean Community and Common Market : CARICOM) 등이 이에 속한다.

③ 공동시장(common market)

공동시장은 관세동맹이 더 발전하여 역내 제국 간 생산요소의 자유이동이 보장되고 있는 형태의 경제통합이다.

즉 가맹국 상호간에는 재화뿐만 아니라 노동, 자본과 같은 생산요소의 자유이동이 보장되며, 역외 비가맹국에 대해서는 각국이 공동의 관세제도를 채택한다.

---

13) 김희철, 상게서, pp. 81~82.

이의 대표적인 예로는 유럽공동시장(European Community : EC)을 들 수 있다.

④ 경제동맹(economic union)

경제동맹에서는 역내 국가들 간에 상품과 생산요소의 자유로운 이동뿐만 아니라 금융, 재정, 운수, 통신, 사회복지 등 여러 분야에 걸쳐 통합을 이루게 된다.

결국 이 단계에서는 어느 정도의 정치적인 통합을 필요로 하게 된다. 벨기에-룩셈부르크 경제동맹이 이에 해당된다. 유럽연합(EU)도 이에 근접해 가는 형태를 보이고 있다.

최근 시장기반과 경제력을 갖춘 지역그룹은 유럽연합(EU), 북미자유무역협정(NAFTA), ASEAN AFTA, CEFTA, CACM 등이 있다.

2015년 환태평양경제동반자협정(TPP)이 협상 7년 만에 미·일 주도로 12개국이 참여하는 단체로 출발하게 되었다. 우리나라도 TPP 가입을 신중히 고려하고 있다.

(5) 신국제규범

WTO의 출범으로 각국의 시장문화가 대폭 개방될 뿐만 아니라 지금까지 각국이 자의적으로 운용해온 무역규범의 투명성 강화로 공정무역질서가 확립됨으로써 국제무역질서는 커다란 전환의 계기를 맞게 되었다.

선진국들은 특히 국제 간 국내 경제정책상의 상점들이 철폐 또는 완화되어야 실효성 있는 시장접근이 가능해진다고 주장하고 있다.

선진국들은 뉴라운드협상을 통해 종국적으로 무역관련 국내정책들을 국제적으로 표준화시키는 것을 목표로 하고 있다.

여기서 '뉴라운드'란 1994년 4월 15일 모로코의 휴양도시 마라카시에서 UR 다자간 무역협상의 결과를 구체화하는 최종서명을 하기 위해 참가한 각국의 각료들이 UR 이후의 새로운 의제로서 논의한 환경, 노동, 기술, 경쟁정책을 무역에 연계시킨 소위 '4R'인 GR(그린라운드/환경), BR(블루라운드/노동), TR(기술라운드/기술), CR(경쟁라운드/경쟁정책) 등이다.

1) 그린라운드

환경은 인간이 살아가는 데 필요한 여러 가지 요소들을 제공해주고 있으며, 인간이 생존하기 위해서는 지켜져야만 하는 것이다.

그러나 인간의 무분별한 공업화, 산업화의 추구는 인간의 삶을 윤택하게 하는 한 이에 대한 반대급부로 환경파괴를 유발하게 되었다. 인간의 환경파괴는 자연의 '자연적인 정화능력'으로는 도저히 감당할 수 없을 정도가 되었다. 이에 따라 산업발전에 성공한 선진국을 중심으로 지구환경을 보호해야 한다는 인식이 확산되기 시작하였다.

그린라운드(green round)는 '죽어가는 환경을 살리자'는 목표 아래 1992년 6월 브라질의 리우데자네이로에서 개최된 유엔환경개발(UNCED)에서 180여 개국의 대표단이 모여 발표한 '리우선언'을 계기로 개시되었으며 지구환경보전과 개발을 양립시키는 목적을 지니고 있다.

환경과 무역을 연계시킨 그린라운드는 세계 환경보호의 관점에서 새로운 국제무역·비즈니스 규범을 정립하는 시도로서 추진하고 있다.

대표적 국제환경협약을 보면 몬트리올의정서(오존층 파괴물질규제) 및 바젤협약(폐기물), 지구기후변화협약(이산화탄소 배출규제) 등이 있다.

2) 블루라운드

블루라운드(blue round : BR)는 마라카시 각료회담에서 선진국과 개발도상국간의 가장 첨예하게 대립한 문제로서 저임금이나 미성년근로자, 죄수노동자를 이용해 값싼 제품으로 만들어 수출하지 말라는 요구이다.

이는 근로자의 권리를 국제기준에 맞춰 보장하지 않는 국가에 대해 무역규제를 취한다는 내용을 담고 있는 것으로서, 국제무역체제와 국제적으로 인정될 수 있는 노동기준 사이에 연결고리를 마련하고자 다자간 논의를 총칭하는 것이다.

이처럼 무역과 노동을 연계시킨 이러한 블루라운드는 협상을 통하여 국제적으로 합의된 노동자의 권리를 보호하지 않는 국가들과 기업들의 제품에 대해 제제를 가해야 한다.

국제적으로 합의된 근로기준의 이행 여부에 따라서 무역 관련 편익 또는 불이익을 주어야 한다는 것이 주요 내용이다.

3) 기술라운드

기술라운드(technology round : TR)는 개발도상국이 선진국과의 기술 격차를 따라잡기 위해 기술개발정책을 강화하는 것을 선진국이 막으려는 다자간 협상이다. 즉, 기술라운드란 기술개발정책과 무역에 관한 다자간 논의를 총칭하는 말이다.

TR의 등장은 후발국들에 대한 기술이전 및 거래가 자국의 시장잠식의 결과를 낳았다는 데 대한 인식에서 비롯되었다.

사실 일본은 전후 미국의 기술이전과 기초 기술을 공짜로 줍다시피 하여 이를 응용해 제품화에 성공한 뒤 역으로 선진국 시장을 석권했는데, 이는 미국을 포함한 서방 각국에게 무역관련 기술정책을 재검토시키기에 충분한 것이었다.

이에 따라 기술의 재산권화가 진행되었고, 선진국들은 지적재산권보호 문제를 국제화하려 하는 것이다. 또한 기술 장벽을 낮춤으로써 국제무역을 활성화시키려는 노력도 TR 등장의 배경이 되었다.

4) 경쟁라운드

국가 간의 경쟁정책의 평준화를 목적으로 1992년 당시 브리튼 EC 부위원장에 의해 제시되어 1994년 클린턴 대통령이 UR 이후 주요 통상이슈의 하나로 거론하였다.

경쟁라운드(competition round : CR)의 핵심은 국제무역 및 기업 활동에서 공정경쟁을 조장하고 촉진시키기 위하여 외국인기업들에게 내국인 대우를 해주고, 내국인기업 보호적인 유통구조·사업관행·부패 등을 없애서 모든 국가들의 시장조건을 선진화하면서 세계적으로 표준화해야 한다는 것이다.

이 경쟁라운드의 핵심은 공정한 경쟁을 제한하고 있는 각국의 독특한 시장구조, 기업관행까지 규범화하자는 것이다.

그 대표적인 예로 미국에서는 어느 국가나 기업도 자유롭게 경쟁할 수 있지만 일본시장은 일본만의 복잡한 시장구조와 기업관행 때문에 경쟁이 제한받고 있으므로 이를 자유롭게 풀어야 한다는 것이다.

3. 국제금융환경

글로벌화로 표현되고 있는 국제경영환경의 급격한 변화는 우리나라 기업들로 하여금 외환과 국제금융에 대한 깊이 있는 이해 없이는 국제경쟁을 할 수 없도록 만들고 있다. 최근 국제금융환경은 동태적 변화를 보이고 있다.

국제금융시장에서는 거의 매일 새로운 금융상품이 출현하고 있는가 하면 환율의 변동, 국가 간 자본이동 등 국제금융환경은 과거 어느 때보다 동태적인 변화를 보이고 있다.

이러한 변화에 대해 기업과 정부는 적절히 대처해 나가지 않으면 국가의 경쟁력, 기업의 경쟁력은 저하를 초래하게 된다.

(1) 국제통화제도

화폐는 실물경제를 움직이는 혈맥이다. 국제경제에 있어서 모두에게 인정되고 널리 통용되는 화폐가 있어야 활발한 상품, 서비스, 자본 등의 거래가 가능해진다.

국제통화란 무역과 투자 등 국제거래에 이용되는 화폐, 또는 정부와 기업의 유동성 준비로서 사용되는 화폐, 즉 국제 간 상품, 서비스 및 자본이동에 따르는 대차관계를 결제하기 위한 자본수단으로서 범세계적으로 자유롭게 통용되고 있는 통화를 말한다.

구체적으로 미국 달러화, 일본 엔화, 유로화 등의 통화가 국제통화로서 이용되고 있다.

국제통화제도는 국제통화를 규제하는 제반제도, 정책 및 활동 등을 지칭하는 일반적인 개념으로 국제무역의 균형적 확대와 국가 간 자본의 원활한 이동을 지원하는 국제적인 통화제도 및 결제 메커니즘이라 할 수 있다.

여기에는 상용통화와 한 나라의 국민통화 간의 교환비율, 국제수지의 조정, 정책협조의 방법 등이 구체적인 내용으로 포함된다.

국제통화제도의 기본적 목적은 각국 간의 교역확대와 균형성장을 통한 국제적 완전고용의 달성, 실질 소득의 증대 및 세계경제의 발전을 촉진시키는 데 있다.

그러나 이와 같은 세계 전체의 균형적인 성장을 달성하기 위해서는 각국의 경제정책 목표의 차이가 우선적으로 조정되어야 한다. 국제통화제도는 외국환과 국제수지 측면에서 이러한 역할을 수행하고 있는 것이다.

국제통화제도의 문제는 주로 외환, 금융, 결제와 관련된 국제간의 제도적 문제가 중심이 된다. 이 중에서 가장 핵심적인 영역이 바로 환율 또는 제도문제이다.

(2) 외환시장

개방화·국제화시대를 맞이하여 상품교역, 해외여행, 기업의 해외진출 및 외국 기업의 국내투자, 내국인의 해외증권 및 부동산 취득, 해외로부터의 자본차입 등 여러 방면에서 국제거래가 점차 증대되고 있다. 특히 해외여행을 하고자 할 때 국내의 제조업자가 생산한 제품을 해외로 수출할 때 제품 및 용역의 수입업자가 외화로 표시된 수입대금을 지급하기 위해 원화를 해당 외화로 교환할 때, 해외증권을 사거나 팔 때, 외국으로부터 외화자금을 차입하거나 대여할 때 항상 외환의 문제에 직면하게 된다.

이러한 외환의 문제는 재화와 용역은 국제적이지만 통화는 국가마다 다른 형태로 통용되기 때문이다. 따라서 용도에 따른 적합한 형태의 통화로의 교환이 필요하다.

이러한 문제를 해결하고 국가 간 거래를 원활히 수행하기 위해 사용되는 수단이 바로 '외환' 또는 '외국환(foreign exchanges)이다. 오늘날 세계 각국은 물물교환이나 실물로 제공하는 경우를 제외하고는 대부분의 거래에서 외환을 사용하여 결제하고 있다.

즉, 외환이란 '국가 간의 채권·채무를 결제하기 위하여 자금을 이동함에 있어서 현금(외국화폐)을 직접 수송하지 않고 외국환은행을 중개자로서 활용하는 수단'을 말한다.

외환에 의해 국제적으로 자금의 결제를 하는 데는 2가지 방법이 있다. 하나는 자금을 송금하는 방법이고, 다른 하나는 자금을 추심하는 방법이다. '순환'은 채무자(수입업자)가 채권자(수출업자)에게 외화자금을 송금하는 방식으로서 '송금환'이라고 한다.

반대로 '역환'은 채권자(수출업자)가 채무자(수입업자)에게 추심하는 방식으로 대금을 회수하는 방식으로 '추심환'이라고 한다.

외환의 국제적 이동은 환어음(demand draft : D/D), 우편송금(mail transfer : M/T), 전신송금(telegraphic transfer : T/T) 등의 방법으로 이루어지며 환어음과 우편송금에 의한 것을 전신환과 구별하여 '보통환'이라고 한다.

이러한 보통환에 의한 결제는 거래해위가 발생한 당일에 이루어지지 않으므로 이자의 문제가 발생한다.

외환거래의 계약체결과 계약이행의 시차를 기준으로 현물환과 선물환으로 구분된다. '현물환(spot transaction)은 외환매매계약 후 둘째 영업일 이내에 거래가 실행되는 외환으로서 '직물환'이라고 한다.

반면 '선물환'(forward transaction)은 계약 체결 이후 상당한 기간이 경과 후(둘째 영업일 이후) 거래가 이행되는 외환으로서 '예약환'이라고도 한다.

즉, 일정한 기간 이후 일정률로 환거래할 것을 미리 예약하고 실제거래는 일정기간 후에 이루어지는 외환이다. 현물환과 선물환은 무역거래와 관련하여 실질적인 필요성에 의해 거래되기도 하지만, 상당한 양은 실물거래와 무관하게 투기적인 목적(환투기)으로 거래된다.

외환시장은 일반시장과 달리 다음과 같은 특징이 있다.

- 24시간 시장
- 점두시장
- 글로벌 시장
- 2가격시장
- 통신매체 이용 시장

환율제도에는 '고정환율제도'(fixed exchange rate system)와 '변동환율제도'(floating exchange rate system)로 나눌 수 있다.

우리나라는 해방 이후 고정환율제도에서 단일변동환율제도, 복수통화바스켓제도를 거쳐 1990년 3월부터 시장평균환율제도로 이행하다 1997년 11월 20일 1일 변동 허용폭이 2.25%에서 10%로 확대된 지 불과 한 달도 안 되어 시장평균환율제도가 12월 6일 전면 폐지되고, 자유변동환율제도가 전격적으로 시행되었다.[14)]

4. 정치적·법적 환경

외국에 진출한 기업의 경우 현지에서 여러 가지 면에서 이해관계의 상충으로 말미암아 직·간접의 차별적인 규제조치를 받게 됨에 따라 그 나라 국적의 기업보다 불리한 여건에 놓이게 된다. 국제기업이 직면하게 되는 정치적·법적 환경요인으로는 다음과 같다.

- 외국인 기업과 그 자산을 수용 또는 국유화할 가능성
- 노동관계법률과 조세정책
- 상법 등 법률체계
- 법적 분쟁 시 관할권
- 정부의 안정성
- 차별적인 각종 제도나 규제
- 독점규제 및 공정거래법
- 특허권, 상표권, 공업소유권 등의 보호

14) 김정수, 환위험관리해법, 두남, 1998, pp. 26~31.

5. 사회·문화적 환경

사회생활 가운데 모든 인간의 경험이 체계화된 것을 사회적 가치 또는 문화라고 할 수 있는데 이는 그 복잡성과 다양성으로 인해 국제경영에서 쉽게 극복하기 어려운 환경변수이다. 이러한 사회·문화적 환경요인을 살펴보면 다음과 같다.

- 교육수준
- 언어 및 문화적 특성
- 종교, 인종, 민족적 특성
- 이념, 민족주의 감정
- 경제·사회계층의 구조
- 생활관습 등

6. 교육환경

국제경영활동을 수행하기 위해서는 불가피하게 현지의 노동력을 이용하지 않으면 안 되기 때문에 진출대상국가의 교육 및 기술수준 역시 국제경영의 성패를 좌우하는 중요한 환경변수가 되고 있다.

진출대상국가의 교육체계가 훌륭하다면 숙련된 노동력을 이용할 수 있어 유리하지만 그렇지 못하면 현지 노동력을 교육·훈련시켜야 하는 부담을 안게 된다.

Chapter

14

경영컨설팅과 창업경영

창업과 마인드

우리는 누구나 기회만 되면 자기만의 새로운 무언가를 하고 싶어 한다. 누군가는 새로운 일을 하기 위해 수많은 경험을 하고, 열심히 노력한 결과 자금을 모아 창업을 한다. 새로운 사업에 대한 도전으로 마음속에는 한껏 장밋빛 청사진이 그려져 있다. 성공해서 큰돈을 모아서 하고 싶은 일을 다할 수 있을 것이라는 생각에 흥분이 된다.

누구나 창업은 쉽게 할 수는 있지만 그렇다고 성공을 보장해 주지는 않는다. 창업에 성공하기 위해서는 여러 가지 다양한 노력이 필요하지만 그중에서 가장 기본이 되는 것들을 충실히 이행하여야 한다. 그것이 바로 사업계획서, 아이템, 자본, 인적자원 등이 있지만 창업가의 창업 마인드가 매우 중요하다.

먼저 사업계획서를 작성해 보는 것이다. 창업을 하는데 아무런 계획 없이 하는 것은 무모한 짓이다. 철저한 사전 준비를 바탕으로 사업 계획서를 작성해서 사업의 성공 가능성을 분석해 보아야 한다. 사업계획서는 창업가에게는 청사진과 같은 것으로 사업 계획서에 따라 철저히 준비해 나가면 되기 때문에 매우 중요하다.

사업 아이템은 우리 주변에 너무나 많지만 빠르게 변하고 있는 게 사실이다. 불과 몇 개월 전에 유행했던 것이 지금은 또 다른 아이템으로 대체되고 있다. 사업 아이템은 자신이 평소 관심 있어 하고, 남보다 더 잘할 수 있는 것이면 좋다. 자신이 좋아하는 아이템은 상상력이 풍부해지고 지치지 않는 에너지를 쏟게 하는 결과를 불러일으킨다. 남들이 하는 것을 모방하는 것이 아니라 자신만의 새로운 상품을 창조해 낼 수 있는 원동력이 된다.

창업하는데 꼭 필요한 것이 바로 자본이다. 그렇다고 자본이 충분하다고 사업을 성공적으로 이끌어가 주지는 않는다. 자본에 맞는 적정 규모의 사업을 시작해야 한다. 너무 무리한 사업의 확장은 실패를 가져올 수 있다.

창업가를 중심으로 좋은 인재들로 조직화해야 한다. 창업 아이템을 가장 잘 수행할 수 있는 적임자들을 적재적소에 배치하여 각자에게 일을 맡기면 가장 효율적인 생산과 최고의 효과를 기대할 수 있다.

위에서 살펴보면 사업계획서, 사업 아이템, 자본, 인력 등이 모두 창업에 있어 매우 중요하다. 그러나 가장 중요한 것은 바로 창업가의 마인드이다. 알리바바의 마윈 회장이 소프트뱅크의 손정의 회장을 설득하여 200억원의 투자를 받을 때 특별한 사업계획서를 제시한 것이 아니라 그의 열정과 사업 아이디어를 듣고 투자를 결정했다고 한다.

페이스북, 구글, 유튜브 등 세계적인 글로벌 기업의 최초 사업 아이템은 호기심을 자극하는 아이디어 수준에 불과했다. 그런데 이들 기업을 성공으로 이끈 것은 바로 창업가의 열정과 포기 하지 않는 근성, 끝까지 해내겠다는 불굴의 의지와 긍정의 마인드였던 것이다.

자본이 없어서 성공을 못한다는 말은 이제 통하지 않는다. 돈이 없기 때문에 오히려 오기와 열정으로 똘똘 뭉쳐 결국 해내고 만다. 사업 초기 무리한 투자로 망한 회사가 수없이 많다. 돈으로 사업을 하는 시대는 지났다. 이제는 사업의 명분이 더 중요해졌다. 비전이 뚜렷하고 명확해야 한다. 망가지고 있는 지구를 살리고 세상을 살리겠다고 하는 기업에 모두들 격려와 박수를 보내게 될 것이다.

아무리 뛰어난 인재라도 그 사람과 삶의 철학이나 기업 운영 마인드가 창업가와 맞지 않는다면 둘의 관계는 지속될 수 없다. 훌륭한 인재가 기업의 성장에 매우 중요한 것은 사실이지만 이들 인재를 영입하는데 가장 중요한 요인은 바로 창업가의 마인드에 있다.

창업 마인드는 바로 창업가의 창업 이유, 경영 마인드, 경영철학, 서비스 마인드, 고객 가치 등 눈에 보이지는 않는 것들이 영향을 미치게 된다.

지금도 창업을 해서 성공해 보겠다고 준비하고 있는 수많은 사람들이 중요하게 여기는 것은 창업가의 마인드가 아닌 기술이나 아이템을 쫓아가고 있다. 창업가의 확고한 창업마인드가 정립되었다면 그 기반하에서 지금껏 준비해온 많은 것들을 하나하나 실행해 나가면 성공은 자연스럽게 옆에 와 있을 것이다. 무엇이 중요하고 우선 순위가 무엇인지를 살펴서 하루하루 최선을 다하는 자세를 갖는다면 주변 많은 기업들이 쓰러지더라도 결코 실패하지 않는 성공적인 기업으로 우뚝 살아남게 될 것이다. 창업을 준비하는 많은 사람들이 가장 소중하게 여겨야 하는 것이 바로 창업가의 마인드라는 것을 명심하고 자신이 하고자 하는 사업에 대한 명확한 가치와 비전을 먼저 생각해 보는 것이 이 순간에 해야 할 일 될 것이다.

제 1 절
경영컨설팅의 개념

1. 경영컨설팅의 의의

최근 기업들의 글로벌 무한경쟁이 강화되고 경영의 전문성이 요구되면서 경영컨설팅 시장이 크게 확장되고 있다. 특히 중소기업 경영자 또는 벤처기업 창업자의 경우 전문기술을 가지고 있으나 경영지식이 없는 경우가 많아 경영컨설팅을 의뢰하는 경우가 급증하고 있다.

이에 과거에는 대기업, 공공기관 퇴직자 위주로 경영컨설턴트가 배출되었다면, 최근에는 글로벌 컨설팅기관, 석·박사급 연구원, 전문자격사(경영·기술지도사, 공인노무사, 세무사, 법무사 등) 등의 상대적으로 젊은 경영컨설턴트들이 증가하고 있다.

이러한 경영컨설팅의 정의는 학자나 기관에 따라 다양하지만, 몇 가지 대표적인 정의를 살펴보면 다음과 같다.

(1) 국제노동기구(ILO)

- 조직의 목표를 달성하는 데 있어서 경영업무상의 문제점을 해결하고, 새로운 기회를 발견 및 포착하고 학습을 촉진하며, 변화를 실현하는 관리자와 조직을 지원하는 독립적인 전문 자문서비스[1)]

1) 방용성·주윤황, 컨설팅 방법론, 학현사, 2015, p. 3.

(2) 국제경영컨설팅협회

- 경영책임을 가지고 있는 고객을 대상으로 경영과정에 대하여 독립적인 조언과 지원을 제공하는 것

(3) 미국경영컨설팅엔지니어협회

- 전문화된 지식과 기법 및 사실의 시스템적 분석에 근거한 객관적인 판단을 적용하여 경영층으로 하여금 문제를 해결하거나 운용을 개선할 수 있도록 특별히 훈련되고 경험 있는 사람들에 의하여 수행되는 조직화된 노력

종합해보면, 특별한 훈련을 통해 일정한 자격을 갖춘 전문가(컨설턴트) 또는 전문가집단(컨설팅 기관)이 경영자가 혼자서 해결하기에 곤란하거나 많은 시간과 비용을 필요로 하는 경영상의 의사결정 문제에 대한 해결방안을 객관적, 독립적, 적시적으로 제공하는 유상의 전문지식서비스를 컨설팅으로 정의할 수 있다.

2. 경영컨설팅의 필요성

경영컨설팅의 수요는 지속적으로 증가하고 있는데, 이에 최근 경영컨설턴트가 되기를 희망하는 기업 내·외부 인재들이 급증하고 있다. 이러한 경영컨설팅의 필요성을 살펴보면 다음과 같다.

(1) 비정형·불확실한 경영문제 증가

최근 ICT 기술의 발달과 경영의 글로벌화로 인해 비정형 및 불확실한 경영상의 문제가 급증하고 있다. 예를 들어, 개인정보 판매, 해킹, 테러, 다민족 근로자간 갈등 등이 그 예이다. 즉 경영자가 기존에 접해보지 못했던 새로운 경영상의 문제들이 발생함에 따라 관련 경험이나 지식이 많은 경영컨설턴트의 조언을 필요로 한다.

(2) 기업 내의 복잡한 이해관계

기업내 특정 의사결정이 기업내 조직구성원들 또는 집단 간의 복잡한 이해관계에 의해 결정하기가 매우 어려운 경우, 객관적 입장에 설 수 있는 제3자인 외부 경영컨설턴트의 공정한 조언이 중요한 역할을 수행할 수 있다.

(3) 경영의 전문화 및 세분화

경영이 전문화되고 세분화됨에 따라 기술전문가인 경영자의 경우, 경영에 대한 전문적인 지식을 필요로 한다. 이러한 경영에 대한 전문적인 지식은 오랜 기간 동안 숙련된 경영컨설턴트로부터 쉽게 조언 받을 수 있으며, 이러한 경영컨설팅은 경영상의 시행착오를 줄여주어 결국 경영상의 비용을 절감시켜 준다.

(4) 혁신의 중요성 강화

기업들이 지속적으로 성장하기 위해서는 지속적인 혁신을 필요로 한다. 기업의 지속적 혁신은 기업의 발전에 기여하지만 조직구성원들의 변화에 대한 저항을 초래하는 경우가 많다. 이에 조직구성원들의 변화에 대한 저항을 관리하고 변화에 대한 학습에 경영컨설턴트가 주도적인 역할을 할 수 있다.

그림 14-1 경영컨설팅의 필요성

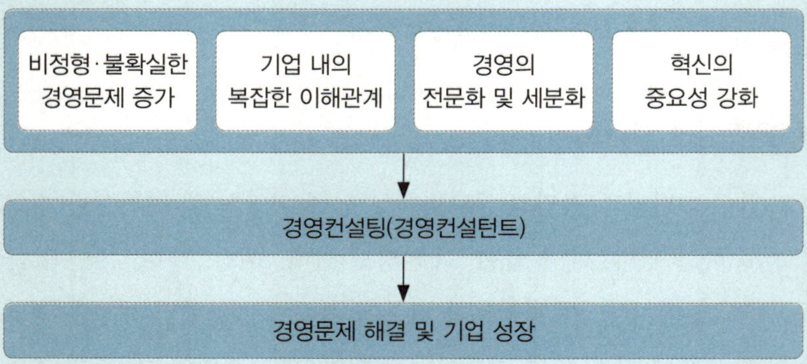

제 2 절
경영컨설팅 프로세스

1. 경영컨설팅의 분야

경영컨설팅의 영역은 경영전략, 인적자원관리, 마케팅관리, 회계관리, 생산

표 14-1 경영컨설팅의 분야

분 야	컨설팅 주제
경영전략	• 비전 및 전략 수립, 전략적 제휴시스템 구축 • 중장기 경영전략 수립, 단기 경영전략 수립 • 지식경영시스템(KMS) 구축, 인수합병(M&A) 이후 통합전략
인적자원관리	• 인적자원관리(HRM) 전략 수립, 성과관리시스템 구축 • 연봉제 설계, 직무분석, 조직개편 • 新조직문화 시스템 구축, 교육훈련(HRD) 시스템 구축
마케팅관리	• 마케팅관리 전략 수립, 수요예측 시스템 구축 • 신제품 기획, 가격 책정, 유통전략, 판촉전략 • 고객관계관리시스템(CRM) 구축
회계관리	• 재무회계 시스템 구축 • 원가관리 시스템 구축 • 내부통제 시스템 구축
생산운영관리	• 공정작업 관리, 납기 관리, 생산스케줄링 관리 • 유연생산시스템(FMS) 구축 • 전사적 품질경영(TQM) 시스템 구축
기타	• 전사적 자원관리(ERP) 시스템 구축 • 공급사슬관리(SCM) 시스템 구축 • 기술융합, 기술사업화, 인증컨설팅 • 노무컨설팅, 세무컨설팅, 법무컨설팅

자료 : 방용성·주윤황, 컨설팅 방법론, 학현사, 2015, p. 15.

운영관리 등의 경영분야의 계획 및 실행에 초점이 맞추어져 있다. 특히 최근에는 기술융합, 기술사업화, 인증컨설팅 등 기술경영컨설팅 시장도 확대되고 있는 추세이다. 또한 경영 분야와 노무, 세무, 법무 등 법률 분야의 융합컨설팅 시장도 증가하는 추세에 있다. 이러한 경영컨설팅 분야를 세부적으로 살펴보면 〈표 14-1〉과 같다.

2. 경영컨설팅 프로세스

경영컨설팅 프로세스는 착수, 기획, 실행, 종료, 사후관리의 5단계 프로세스를 거친다. 세부적으로 살펴보면 〈그림 14-2〉와 같다.

그림 14-2 경영컨설팅 프로세스

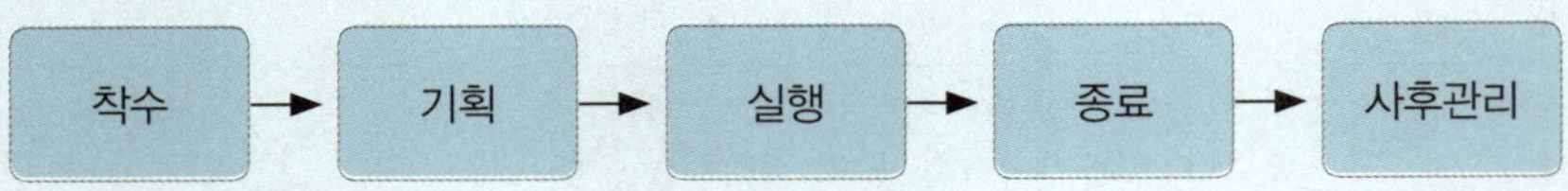

(1) 착수

착수는 경영컨설팅 프로젝트의 과업범위, 기간, 재원 등이 계약되어 컨설팅이 시작되는 것을 말한다. 과업범위는 경영컨설팅 분야 중 전체 또는 일부가 설정되고, 과업기간은 프로젝트 수행에 필요한 특정 기간이 결정되고, 재원은 컨설팅에 지원될 예산을 말한다. 이러한 과업범위, 기간, 재원 등에 의해 프로젝트에 투입될 최종 컨설턴트 명단이 결정된다.

(2) 기획

기획은 전체 업무범위, 업무목표, 업무분장, 추진일정, 예산집행 등을 구체화는 것을 말한다. 즉 프로젝트를 수행할 컨설턴트들이 과업기간 동안 수행해야 할 최종 목표를 수립하고, 목표달성을 위한 컨설턴트별 업무분장 및 세부 추진 일정을 확정하는 것을 의미한다.

(3) 실행

실행은 프로젝트를 실제로 실행하는 단계인데, 일반적으로 실행단계에서 경영자, 중간관리자, 근로자, 고객, 공급업체 등에 대한 인터뷰와 설문조사가 선행된다. 이러한 정성 및 정량 조사를 통해 명확한 문제점을 도출하게 된다.

명확한 문제점 도출 이후 해결방안 개발을 위해 여러 가지 문제해결 접근 기법들이 적용되는데, 이 때 벤치마킹, 브레인스토밍, 델파이기법, 역발상기법, 악마의 옹호자 기법 등을 활용하게 된다. 이러한 문제해결 접근기법들을 통해 실행단계에서 해결방안을 제시한다.

실행단계에서 가장 중요한 것은 컨설턴트가 이론적인 대안만 제시해주면 되는 것이 아니라 바로 실행할 수 있는 실행계획까지도 제시해 주어야 한다는 점이다. 왜냐하면 실패하는 컨설팅의 대부분이 대안이 좋지 않아서가 아니라 실행하지 못해서이기 때문이다.

이와 관련하여 컨설팅의 성공적인 실행을 위해서는 경영자의 의지와 참여가 매우 중요하다. 즉 컨설팅의 착수 단계부터 경영자가 관심을 가지고 경영자가 지속적으로 참여해야 컨설팅의 성공 가능성이 높아진다.

표 14-2 문제해결 접근기법

접근기법	세부 내용
벤치마킹	• 우수기업의 선진업무 프로세스(Best Practice)를 참고하는 기법
브레인스토밍	• 여러 사람들이 자유롭게 창의적인 아이디어를 창출, 결합, 개선하는 기법
델파이 기법	• 여러 전문가들에게 아이디어에 대한 피드백을 요청하여 아이디어를 수정하고, 이러한 과정을 여러번 반복함으로써 여러 전문가들의 의견을 모두 반영한 정제된 아이디어로 다듬는 기법
역발상 기법	• 문제를 역으로 뒤집어서 창의적인 대안을 개발하는 기법
악마의 옹호자 기법	• 대안 개발시 한두 사람이 악마의 역할을 맡아 각 대안의 약점을 공격하고 이를 통해 객관성과 논리성을 보완하는 기법

자료 : 방용성·주윤황, 컨설팅 방법론, 학현사, 2015, p. 303.

(4) 종료

프로젝트가 종료되고 나면 컨설팅 결과보고서를 고객(수진기업)에게 보고하게 되고 기타 계약상의 이행의무를 완료해야 한다. 이 때 고객의 만족도 조사를 실시할 필요가 있으며, 고객의 민감한 정보를 모두 파기해야 한다.

(5) 사후관리

통상적으로 경영컨설팅에서는 3~6개월의 사후관리 기간을 가진다. 이 기간 동안 고객의 컨설팅 실행 여부를 지속적으로 확인하며 컨설팅 성과가 극대화될 수 있도록 최선을 다해 사후관리해 주어야 한다. 이러한 사후관리 과정을 통해 고객과의 관계가 더욱 강화될 수 있을 뿐만 아니라, 새로운 컨설팅 프로젝트 연계 가능성도 발생한다.

3. 경영컨설턴트의 필요 역량

경영컨설턴트는 경영분야의 최고 전문가로서, 인적자원관리, 마케팅, 회계관리, 생산운영관리 등 경영 전 분야에 대한 지식과 경험이 필수적이다. 그리고 숨은 문제점을 찾고 최적의 해결방안 제시 능력이 필수적이다. 또한 고객과의 커뮤니케이션 역량과 실행 추진을 위한 리더십 역량이 필수적이다.

- 경영 전 분야에 대한 지식과 경험
- 문제점 발굴 및 해결방안 제시 능력
- 커뮤니케이션 역량
- 리더십 역량

제 3 절 창업경영의 개념

1. 창업경영의 의의

창업이란 새롭게 기업을 설립하는 것을 의미하는데, 최근 정부(중소기업청)의 창업지원정책, 취업의 어려움, 기업의 상시 구조조정 등으로 창업이 급증하고 있다. 그리고 과거에는 40대 이상의 생계형 소자본 창업이 많았으나, 최근에는 청년, 대학생, 여성 등을 중심으로 한 기술형 벤처창업도 크게 증가하고 있다.

그리고 창업경영이란 창업자가 중소기업을 설립하고 기업을 경영하는 것을 의미한다. 즉 창업경영이란 창업과 경영이 합쳐진 개념이라고 할 수 있다.

2. 창업자와 기업가정신

창업자란 창업을 하는 주체를 말하는데, 단독창업 또는 공동창업 형태를 취한다. 일반적으로 창업자가 기술지식과 경영지식 모두를 가지기는 힘들기 때문에, 창업초기에는 단독창업보다는 서로 보완적인 역량을 갖춘 사람들이 팀으로 협업하는 공동창업을 하는 경우가 많다.

이러한 창업자에게 필요한 역량을 기업가정신(Entrepreneurship)이라고 하는데, 기업가 정신은 혁신성, 진취성, 위험감수성 3요소로 구성된다.[2)]

(1) 혁신성

2) 이상석, 창업론, 도서출판청람, 2015, pp. 8～9.

- 혁신이란 새로운 제품, 새로운 프로세스, 새로운 경영방식 등 기존과 다른 방식을 채택하는 것을 말한다. 이러한 혁신은 창의성과 밀접한 관련이 있으며, 혁신은 기업의 성과에 긍정적인 영향을 미친다.

(2) 진취성

- 진취성이란 적극적인 경영활동으로 시장을 개척하고 경쟁자에게 직접적으로 도전하는 자세를 말한다.

(3) 위험감수성

- 위험감수성이란 새로운 사업추진시 실패의 위험을 두려워하지 않고 위험을 긍정적인 긴장으로 승화시키는 것을 말한다. 이러한 위험감수성은 사업성공시 더 높은 수익(이익)을 가져다준다.

최근에는 기존의 기업가정신과 기업의 사회적 책임(CSR)이 합쳐져서, 사회적 기업가정신이라는 개념이 부각되고 있다. 즉 창업자는 혁신성, 진취성, 위험감수성 등의 기업가정신도 중요하지만, 지역사회 및 여러 이해관계자들을 배려하는 사회적 책임경영정신도 가져야 한다는 것이다. 또한 이러한 사회적 기업가정신은 장기적인 관점에서 창업기업의 성과에도 도움이 될 수 있다.

제 4 절
창업경영의 프로세스

1. 창업경영의 프로세스

창업경영은 창업자, 사업아이템, 창업자금 등의 창업의 3대 요소가 결합되어 이루어지는데, 창업경영의 프로세스는 사업아이템 선정, 사업성 분석, 사업계획서 작성, 창업자금 조달, 창업 실행의 과정을 거친다. 각 프로세스를 세부적으로 살펴보면 〈그림 14-3〉과 같다.

그림 14-3 창업경영의 과정

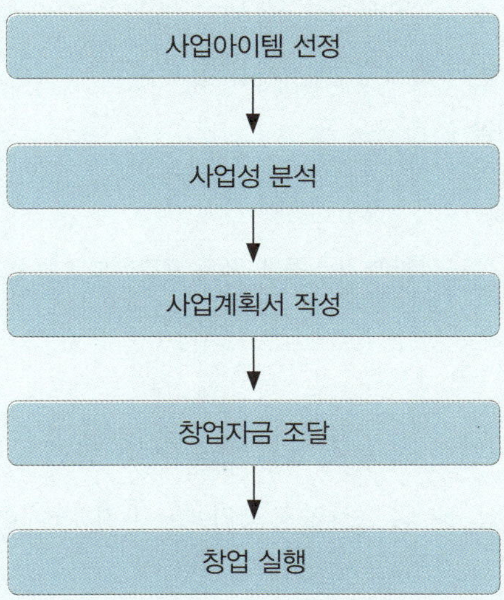

(1) 사업아이템 선정

사업아디이어를 발굴하고 사업아이템을 선정하는 것이 바로 창업경영의 첫 번째 프로세스이다. 여기서 사업아이디어가 그림의 스케치와 같이 막연한 개념이라면, 사업아이템은 바로 창업을 시작할 수 있는 구체적인 개념을 의미한다. 이러한 사업아이템 선정시 몇 가지 기본원칙이 있다.[3)]

- 장기적으로 성장 가능성 있는 아이템 선정
- 창업자의 경험이나 전문지식 있는 아이템 선정
- 창업자의 적성이나 흥미가 있는 아이템 선정

이와 더불어, 최근 사업아이템 트렌드를 살펴보면 다음과 같다.[4)]

- 소비자들의 불편해소 아이템
  예 무선청소기, 날개 없는 선풍기, 무풍에어콘 등
- 웰빙(Well-being) · 힐링(Healing)
  예 웰빙디저트가게, 곤충쿠키 등
- 고령친화 관련 아이템
  예 사망 후 유품정리 대행, 사망 후 인터넷계정 정리 등
- 렌탈(Rental) · 쉐어링(Sharing)
  예 자동차 공유, 집 공유 등
- 싱글(Single)족
  예 도시락 배달, 1인석 레스토랑, 재혼 결혼정보업체 등

(2) 사업성 분석

선정된 아이템이 과연 이익을 창출할 수 있겠는가를 분석하는 것이 사업성 분석이며, 사업성 분석은 창업경영의 두 번째 단계이다. 창업자는 사업아이템

---

3) 방용성·주윤황, 창업경영, 학현사, 2014, pp. 69~71.

4) 유성은, 스토리 창업과 경영사례, 피앤씨미디어, 2015, pp. 61~73.

표 14-3 사업성 분석 기준

기준	평가 요소
시장성(수요)	1. 시장규모는 어느 정도인가?
	2. 장기적으로 시장이 더 커질 것인가?
수익성(이익)	3. 생산시 수익률은 얼마나 될 것인가?
	4. 원자재 조달은 용이하고 안정적인가?
안정성(자금)	5. 초기투자는 어느 정도가 필요하며, 사업진행시 자금조달에는 문제가 없는가?
	6. 재고의 회전율은 어느 정도인가?
상품성(경쟁력)	7. 제품 경쟁력이 있는 제품인가?
	8. 제품의 수요 변화가 큰 제품인가?

자료 : 유성은, 스토리 창업과 경영사례, 피앤씨미디어, 2015, p. 58.

선정 후에 반드시 사업성 분석을 실시해야 하며, 본인의 사업아이템이 사업성이 없다고 판단되면 과감히 포기할 줄 알아야 한다.

이러한 사업성 분석에 대한 명확한 기준이 있는 것은 아니지만, 일반적으로 다음의 기준으로 사업성 분석을 실시한다.

(3) 사업계획서 작성

사업성 분석이 끝나면 사업계획서를 작성한다. 사업계획서는 사업 개요, 사업아이템 개요, 제품 개발 및 사업화 계획, 자금 조달 및 집행계획 등이 포함되어야 한다. 이러한 사업계획서 목차는 다음과 같다.

표 14-4 사업계획서 목차[5)]

1. 사업 개요
   ① 사업 동기 및 목표
   ② 사업 사전준비 사항
   ③ 창업팀 조직 및 창업자 업무분장

2. 사업아이템 개요
   ① 기능 및 특징
   ② 기존 경쟁제품과의 차별성 및 독창성
   ③ 시장성 및 성장가능성

3. 제품 개발 및 사업화 계획
   ① 제품개발 계획
   ② 사업화 계획
   ③ 창업 및 성장 계획
   ④ 추진 일정

4. 자금 조달 및 집행계획
   ① 자금 조달
   ② 자금 집행계획

(4) 창업자금 조달

창업자금을 어떻게 조달할 것인가 하는 문제는 창업자에게 매우 중요하다. 이러한 창업자금은 연구개발 및 창업초기 단계, 사업화 및 성장단계, 안정화 및 성숙단계로 구분할 수 있는데, 대부분의 경우 창업초기의 자금지원을 가장 필요로 하고 있다.[6)]

각 단계별 일반적인 창업자금 조달 방법은 다음과 같다.

연구개발 및 창업초기 단계

- (공동)창업자의 자본, 엔질 투자자, 정부기금 대출(지원) 등

5) 중소기업청『스마트벤처창업학교 사업』사업계획서 일부 변형.
6) 방용성·주윤황, 창업경영, 학현사, 2014, pp. 155~159.

사업화 및 성장단계

- 금융기관, 신용보증기관, 창업투자회사, 정부기금 대출(지원) 등

안정화 및 성숙단계

- 주식공개 등

(5) 창업 실행

창업자금을 조달한 이후 본격적으로 창업을 실행하게 된다. 창업 실행이란 개인 또는 법인으로 기업을 설립하고, 사업자등록을 실시하고, 사무실을 임대하여 집기를 구입하고, 창업자 및 직원들의 업무분장을 통해 기업을 시작하는 것을 말한다.

이 단계에서부터 본격적으로 창업을 했다고 볼 수 있으며, 창업기업의 경우 최초 손익분기점을 넘을 때까지는 고정비를 최소화하여 전략적으로 운영할 필요가 있다. 즉 전략적 창업경영을 통해 창업의 목표를 반드시 달성해야 한다.

찾아보기

ㄴ

ㅊ

ㅋ

ㅌ

ㅍ

ㅎ

기타

저자약력

변상우

부산대학교 경영학박사(인사 · 조직전공)
부산가톨릭대학교 경영학과 조교수 역임
신라대학교 경영학과 겸임교수 역임
현) 부산대학교 교육인증원 리더십개발과 훈련 교과목 담당 책임교수

[저서 및 논문]

현대경영조직론(형설출판사, 2005)
글로벌 시대의 인적자원관리(무역경영사, 2012)
조직행위론(도서출판 대진, 2006)
글로벌 리더십(도서출판 청람, 2014)
글로벌시대의 노사관계론(피앤씨미디어, 2015)
글로벌시대의 경영조직의 이해(피앤씨미디어, 2015)
관광지 선택 동기가 관광지 이미지, 재방문의도에 미치는 영향에 관한 연구, 대한경영정보학회, 2015
비전이 학교생활에 미치는 영향에 관한 연구, 대한경영정보학회, 2014
글로벌 공학리더를 양성하기 위한 리더십 역량 연구, 한국공학교육학회, 2012
셀프리더십이 목표몰입에 미치는 영향에 관한 연구, 대한경영정보학회, 2012 외 다수

원종하

인제대학교 국제경상학부 학부장
인제대학교 입학홍보처 처장
인제대학교 글로벌벤처창업학부 학부장
부산대학교 대학원 경영학 박사
창원대학교 대학원 경제학 박사
필리핀 South Western University 연구교수
미국 California State University Fullerton 연수
한국벤처 창업학회 이사
한국창업학회 부회장
전) 인제대 · 김해창업보육센터 센터장
사단법인 김해중소벤처기업연구소 소장
인제대학교 학생복지처 처장

전외술

일본 국립가나자와 대학교 객원 연구원
경희대학교 경제통상학부 교수
행정안전부 7급 공무원 출제위원(무역학)
현) 창원대학교 글로벌비즈니스학부 교수

[저서 및 논문]
북한정치경제론(신영사, 공저)
국제통상실무(신영사, 공저)
글로벌경영(민영사, 공저)
최신 무역학원론(두남, 공저)
글로벌화시대의 글로벌경영(대명)
최신 글로벌경영론(대명, 공저)
온라인 쇼핑몰에 있어 서비스품질이 구매의도에 미치는 영향에 관한 연구
은행고객들의 수익성향상을 위한 서비스품질과 충성도의 관계
지각된 서비스품질과 가격지각이 고객만족, 고객충성도 및 고객유지에 미치는 영향
What caused the ICT Progress? 외 다수

제3판
21세기를 선도하기 위한 경영학의 이해

초 판 발 행　2017년 1월 10일
제2판 발행　2018년 2월 28일
제3판 발행　2022년 1월 31일

지은이　변상우 · 원종하 · 전외술
펴낸이　박노일

총괄기획　김중용 · 최준규
편　집　심성보

펴낸곳　pnc publishing and culture 피앤씨미디어
경기도 고양시 일산동구 강송로 153 310-1501
등록 제396-2012-000203호
전　화　070)7550-3758　팩　스　02)718-8554
홈페이지　www.pncmedia.co.kr　이메일　pnc@pncmedia.co.kr
ISBN　979-11-5730-806-4　93320

정 가　26,000원